教育部高等学校地矿学科教学指导委员会
矿物加工工程专业规划教材

矿物加工技术经济

主 编 雷绍民 陶秀祥

中南大学出版社
www.csupress.com.cn

内 容 简 介

本书是在借鉴吸收国内外技术经济学领域最新研究成果、相关著作和优秀教材的基础之上,根据编者多年来从事矿业技术经济学的教学、科研、工程管理的积累编写而成的。主要内容如下:绪论、技术经济评价基本要素、资金时间价值与等值计算、经济效果评价方法与不确定性分析、投资项目可行性分析、价值工程、技术改造与设备更新的技术经济分析、技术创新、矿物资源开发及矿物加工建设项目技术经济评价案例、矿物加工建设项目管理等。每章设有本章小结、中英文名词术语和思考与练习,书末附有复利系数表,方便使用者学习和参考。本书主要供高等院校矿业工程学科各专业学生作为教材使用,也可作为相关专业的本科生和研究生参考书,或作为矿物资源开发、矿物加工、矿业工程造价与概算、工程管理等专业技术人员的培训教材或参考书。

图书在版编目(CIP)数据

矿物加工技术经济/雷绍民,陶秀祥主编. —长沙:中南大学出版社,
2012.3

ISBN 978 - 7 - 5487 - 0488 - 1

Ⅰ. 矿… Ⅱ. ①雷…②陶… Ⅲ. 选矿 - 技术经济学
Ⅳ. F407. 1

中国版本图书馆 CIP 数据核字(2012)第 036685 号

矿物加工技术经济

雷绍民　陶秀祥　主编

□责任编辑　陈海波
□责任印制　文桂武
□出版发行　中南大学出版社
　　　　　　社址:长沙市麓山南路　　　邮编:410083
　　　　　　发行科电话:0731-88876770　传真:0731-88710482
□印　　装　长沙利君漾印刷厂

□开　　本　787×1092　1/16　□印张22　□字数542千字　□插页
□版　　次　2012 年 3 月第 1 版　□2012 年 3 月第 1 次印刷
□书　　号　ISBN 978 - 7 - 5487 - 0488 - 1
□定　　价　48.00 元

总序

    "人口、发展与环境"是 21 世纪人类社会发展过程中的重要问题。矿物资源是人类社会发展和国民经济建设的重要物质基础。从石器时代到青铜器、铁器时代，到煤、石油、天燃气，到电能和原子能的利用，人类社会生产的每一次巨大进步，都与矿物资源利用水平的飞跃发展密切相关。

    人类利用矿物资源已有数千年历史，但直到 19 世纪末至 20 世纪 20 年代，世界工业生产快速发展，使生产过程机械化和自动化成为现实，对矿物原料的需求也同步增大，造成了"矿物加工"技术从古代的手工作业向工业技术的真正转变，在处理天然矿物原料方面获得大规模工业应用。

    特别是 20 世纪 90 年代以来，我国正进入快速工业化阶段，矿产资源的人均消费量及消费总量高速增长，未来发展的资源压力随之加大。我国金属矿产资源总量不少，但禀赋差、品位低、颗粒细、多金属共生复杂难处理，矿产资源和二次资源综合利用率都比较低。

    矿物加工科学与技术的发展，需要解决以下问题。

    （1）复杂贫细矿物资源的综合回收：随着富矿和易选矿物资源不断开采利用而日趋减少，复杂、贫细、难处理矿产资源的开发利用成为当前的迫切需要。

    （2）废石及尾矿的加工利用：在选矿过程中，全部矿石经过碎磨，消耗了大量原材料和能源，通常只回收占总矿石质量 10%～30% 的有用矿物，大量的伴生非金属矿不仅未能有效利用，并且当作"废石"和"尾矿"堆存成为环境和灾害的隐患。

    （3）二次资源：矿山、冶炼厂、化工厂等排出的废水、废渣、废气中的稀有、稀散和贵金属，废旧汽车、电缆、机器及废旧金属制品等都是仍然可以利用的宝贵的二次资源。由于一次资源逐步减少，二次资源的再生利用技术的开发无疑成了矿物加工领域的重要课题。

（4）海洋资源：海洋锰结核、钴结壳是赋存于深海底的巨大矿产资源，除富含锰外，铜、钴、镍等金属的储量也十分丰富，此外，海水中含有的金属在未来陆地资源贫化、枯竭时，也将成为人类的宝贵资源。

（5）非矿物资源：城市垃圾、废纸、废塑料、城市污泥、油污土壤、石油开采油污水、内陆湖泊中的金属盐、重金属污泥等，也都是数量可观的能源资源，需要研发新的加工利用技术加以回收利用。

面对上述问题，矿物加工科技领域及相关学科的科技工作者不断进行新的探索和研究，矿物加工工程学与相邻学科的相互交叉、渗透、融合，如物理学、化学与化学工程学、生物工程学、数学、计算机科学、采矿工程学、矿物学、材料科学与工程已大大促进了矿物加工学科的拓展，形成各种高效益、低能耗、无污染矿物资源加工新知识、新技术及新的研究领域。

矿物加工的主要学科方向有：

（1）浮选化学：浮选电化学；浮选溶液化学；浮选表面及胶体化学。

（2）复合物理场矿物分离加工：根据流变学、紊流力学、电磁学等研究重力场、电磁力场或复合物理场（重力＋磁力＋表面力）中，颗粒运动行为，确定细粒矿物的分级、分选条件等。

（3）高效低毒药剂分子设计：根据量子化学、有机化学、表面化学研究药剂的结构与性能关系，针对特定的用途，设计新型高效矿物加工用药剂。

（4）矿物资源的生化提取：用生物浸出、化学浸出、溶剂萃取、离子交换等处理复杂贫细矿物资源，如低品位铜矿、铀矿、金矿的提取，煤脱硫等。

（5）直接还原与矿物原料造块：主要从事矿物原料造块与精加工方面的科学研究。

（6）复杂贫细矿物资源综合利用：研究选－冶联合、选矿、多种选矿工艺（重、磁、浮）联合等处理一些大型复杂贫细多金属矿的工艺技术和基础理论，研究资源综合利用效益。

（7）矿物精加工与矿物材料：通过提纯、超细粉碎、纳米材料制备、表面改性和材料复合制备等方法和技术，将矿物加工成可用的高科技材料。

现今的矿物加工工程科学技术与 20 世纪 90 年代以前相比，已有更新更广的大发展。为了适应矿业快速发展的形势，国家需要大批掌握现代相关前沿学科知识和广泛技术领域的矿物加工专业人才，因此，搞好教材建设，适度更新和拓宽教材内容对优秀专业人才的培养就显得至关重要。

矿物加工工程专业目前使用的教材，许多是在 20 世纪 90 年代前出版的教材基础上编写的，教材内容的进一步更新和提高已迫在眉睫。随着教育部专业教育规范及专业论证等有关文件的出台，编写系统的、符合矿物加工专业教育规范的全国统编教材，已成为各高校矿物加工专业教学改革的重要任务。2006 年 10 月在中南大学召开的 2006—2010 年地矿学科教学指导委员会（以下简称地矿学科教指委）成立大会指出教材建设是教学指导委员会的重要任务之一。会上，矿物加工工程专业与会代表酝酿了矿物加工工程专业系列教材的编写拟题，之后，中南大学出版社主动承担该系列教材的出版工作，并积极协助地矿学科教指委于 2007 年 6 月在中南大学召开了"全国矿物加工工程专业学科发展与教材建设研讨会"，来自全国 17 所院校的矿物加工工程专业的领导及骨干教师代表参加了会议，拟定了矿物加工专业系列教材的选题和主编单位。此后分别在昆明和长沙又召开了两次矿物加工专业系列教材编写大纲的审定工作会议。系列教材参编高校开始了认真的编写工作，在大部分教材初稿完成的基础上，2009 年 10 月在贵州大学召开了教材审稿会议，并最终定稿，交由中南大学出版社陆续出版。

本次矿物加工专业系列教材是在总结以注教学和教材编撰经验的基础上，以推动新世纪矿物加工工程专业教学改革和教材建设为宗旨，提出了矿物加工工程专业系列教材的编写原则和要求：①教材的体系、知识层次和结构要合理；②教材内容要体现科学性、系统性、新颖性和实用性；③重视矿物加工工程专业的基础知识，强调实践性和针对性；④体现时代特性和创新精神，反映矿物加工工程学科的新原理、新技术、新方法等。矿物加工科学技术在不断发展，矿物加工工程专业的教材需要不断完善和更新。本系列教材的出版对我国矿物加工工程专业高级人才的培养和矿物加工工程专业教育事业的发展将起到十分积极的推进作用。

形成一整套符合上述要求的教材，是一项有重要价值的艰巨的学术工程，决非一人一单位之力可以成就的，也并非一日之功即可造就的。许多科技教育发达的国家，将撰写出版了水平很高的、广泛应用的并产生了重要影响的教材，视为与高水平科学论文、高水平技术研发成果同等重要，具有同等学术价值的工作成果，并对获得此成果的人员给予的高度的评价，一些国家还把这类成果，作为评定科技人员水平和业绩和判据之一。我们认为这一做法在我国也应当接纳及给予足够的重视。

感谢所有参加矿物加工专业系列教材编写的老师，感谢中南大学出版社热情周到的出版服务。

王淀佐

2010 年 10 月

前　言 ......

　　矿物是不可再生的稀缺资源,矿物资源的合理加工利用对于建设资源节约、环境友好型和谐社会和经济建设可持续发展具有深远意义。矿物加工技术经济学是一门矿业技术科学、经济科学与管理科学相结合的交叉学科。

　　"矿物加工技术经济"课程是面向高等院校矿业工程专业、环境工程专业以及其他工科专业本科生和研究生开设的一门技术经济学基础课程。该课程旨在让学生学会矿业技术经济学的基本原理和方法,掌握技术比选、经济分析和效果评价常用方法的基本理论,包括时间型、价值型、效率型经济评价方法和不确定性经济评价方法,为工程投资决策提供可靠依据。

　　《矿物加工技术经济》教材是在借鉴吸收国内外相关著作和优秀教材的基础之上,根据编者多年来从事有关技术经济学的教学、科研、工程管理和成果转化工作的积累总结而编写成的。主要内容包括绪论、技术经济评价基本要素、资金时间价值与等值计算、经济效果评价方法与不确定性分析、投资项目可行性分析、价值工程、技术改造与设备更新的技术经济分析、技术创新、矿物资源开发及矿物加工建设项目技术经济评价案例、矿物加工建设项目管理等。每章设有本章小结、中英文名词术语和思考与练习,方便使用者学习和参考。

　　本教材还介绍了最新的国家相关政策、法规、税制改革与经济转型方面内容,旨在使读者在工程技术经济论证与规划管理的决策过程中具有前瞻性和政策性。

　　本教材共分11章,其中第1、2、4章和附录由武汉理工大学雷绍民教授编写;第3、6章由中国矿业大学陶秀祥教授编写;第5章由辽宁工程技术大学路世昌教授和任瑞晨教授编写;第7、8、9章由河北联合大学张锦瑞教授、聂轶苗副教授和赵礼兵博士编写;第10章由昆明理工大学刘殿文教授编写;第11章由中南大学邓海波副教授编写。

全书由主编雷绍民教授和陶秀祥教授负责制定大纲和最后统稿。研究生李佩悦、李雪琴、杨光、李健、曾华东和慎舟等同学为本书的编写做了大量的基础性工作。对此,我们一并表示衷心感谢! 由于作者学识水平及时间有限,书中内容难免有不妥之处,恳请读者批评指正。

编 者

2011 年 5 月

目　录

第1章 绪 论

1.1 技术经济学的发展历程

人类的一切活动都属于经济活动范畴。现代物质文明和精神文明十分发达的今天，人类的经济活动更加广泛，并且具有区域性和国际性。国民经济区域化，区域经济产业化，全球经济一体化的趋势日益明显。随着科学技术的快速发展，可持续的经济繁荣依赖于技术的不断进步。

经济的含义就是资源优化配置后产生的效益。经济问题的核心是效益，经济活动不仅产生经济效益而且创造社会效益。所谓企业的经济效益是指成本和利润，而社会效益包括利息、税收、物质产品、就业机会与经济环境。经济学中的资源是指人力、资本和物质资源。资源优化配置的过程就是解决生产什么、怎样生产、为谁生产的过程。

生产什么是一个决策问题，完成建设项目决策过程是一个系统工程(机会研究和可行性研究：多大规模，多少投资，多大成本，多少利润，多大风险)。怎样生产是个技术问题，采用什么技术对产生的经济效益起决定性作用。为谁生产是个市场问题，决定产品的服务对象。资源优化配置形成的产品经过市场竞争获得社会效益和经济效益。因此，经济学是研究资源配置的学问。由于资源具有稀缺性的属性，资源配置过程中的核心问题是技术选择问题。必须采用先进技术，确保各种资源生产要素的高效性。为了解决资源配置问题，技术经济学应运而生。

技术经济学的起源最早可追溯到19世纪后期，1887年美国铁路工程师阿萨姆·威林顿(Arthurm. Wellington)在其所著《铁路位置经济评价》一书中第一次把项目投资同经济分析结合起来。1920年格登门(O. B. Goldman)在《财务工程》一书中第一次把复利公式应用于投资方案评价，并且批判了当时研究工程技术问题不考虑成本、不讲究节约的倾向。1930年格兰特(Eugene L. Grant)教授出版了《工程经济原理》一书，第一次以复利计算为基础对固定资产投资经济评价的原理做了阐述。由于该书对工程经济学原理深入浅出地阐述并具有较强的实用性，因而深受当时工程专业学生的欢迎，也为从事工程技术工作的人员提供了一本具有使用价值的专业参考书，从而得到较高的评价。这本书问世后，工程经济作为一门独立的学科得到了迅速的发展，格兰特本人也被誉为"工程经济之父"。20世纪30年代美国在开发西部的田纳西流域中，就开始推行"可行性研究"方法，从而把工程技术和工程项目的经济问题研究推向一个新的阶段。20世纪40年代后期，美国通用公司组织如何开展物质替代、有效利用资源、降低成本的研究。1947年美国通用工程师麦尔斯以《价值分析》为题发表其研究成果，提出了价值分析的一整套方法，在20世纪50年代这一新兴管理技术得到了极大的发展，称为"价值工程"，这对完善技术经济分析方法起了很大的作用。这一时期技术经济分析论证开始在苏联出现，并逐渐推广到规划、设计和工程建设项目中，后被广泛用于企业生产经营各项活动中,逐渐形成了比较完整的技术经济论证程序与分析评价方法。

我国对投资项目的分析和评价起步较晚,20世纪50年代初期从苏联引进技术经济分析和论证的方法,技术经济学的发展在我国经历了开创发展、破坏停止和复兴发展的过程。

1)技术经济学的开创发展

第一个五年计划期间,我国从苏联引进了156个大型建设项目。在建设过程中,同时引进了技术经济分析论证方法。著名经济学家孙冶方、于光远等提出了生产建设要讲求经济效率,要用较少的劳动消耗取得较大的劳动成果的见解,为建立有中国特色的技术经济学奠定了基础。1962年由聂荣臻、张劲夫同志主持、科学技术专家为主体编制了《1963—1972年科学技术发展纲要》。1963年由中共中央和国务院批准了的这个科学技术发展纲要中,技术经济被列为一个独立的部分。第一个五年计划期间,在苏联的援助下,国家经济建设比较注意技术和经济相结合的运行管理机制。对建设项目进行技术经济评价和建设后评价。这就是我国技术经济学产生的历史背景。随着专业化发展,经济学科产生了许多分支学科,技术经济学就是其中的一个分支。技术经济学科从1963年开始正式被投入研究,一直到"文革"开始的1966年,这是技术经济学的开创发展阶段。

2)技术经济学的破坏停止

"文革"期间,国民经济建设遭到空前破坏,技术经济学研究工作完全停止。

3)技术经济学的复兴发展

随着"文革"的结束,国民经济建设逐步走向发展的正常轨道。1978年成立了中国技术经济研究会,1981年成立了国务院技术经济研究中心,很多高等院校相继建立了技术经济专业或开设技术经济学课程,对技术经济学的学科体系、理论与方法、性质与对象的研究工作十分活跃;有关技术经济和相关的投资理论、项目评价等著作和文章大量涌现,逐步形成了一个体系完整、符合我国国情的技术经济学。

从20世纪80年代到90年代,技术经济学的发展是在实际工作的经验总结和引进国外技术经济分析论证方法相结合的工程中实现的。工程经济学、工业工程、价值工程、绩效分析等方法得到了传播和运用。这些方法在考虑时间的经济价值进行动态分析和全过程分析方面,比苏联的技术经济分析方法又有很大的优势,因此很快成为我国技术经济学应用方法的主流。

进入21世纪以来,随着我国进入世界贸易组织(WTO),与世界发达国家的经济贸易活动日益增多,技术引进速度加快,发达国家先进的管理与技术促进了我国国民经济建设的进程。经济是发展的基础,技术是持续发展的保障,技术经济学科的研究也迎来了快速发展的春天。

1.2 技术经济学的性质与特点

1.2.1 技术与经济

学习和研究技术经济学,首先要了解技术和经济的基本含义,以及两者的关系。

1.技术

对"技术"(Technology)一词的解释始于《大不列颠百科全书》,由希腊词techne(艺术、手工艺)和logos(词、言语)组成,意味着好又可用。古希腊亚里士多德曾把技术视为人们在生产活动中的技艺能力或者技能。Technology最早出现在英文中是在17世纪,且仅被用来讨论艺术应用,到 20 世纪其含义被迅速扩展。随着时间的推移,其内涵越来越大,归结起来,主要有狭义和广义之分。

狭义的技术是指用于改造自然的各种生产工具、装备、工艺等物质手段的总称,即物化形态的"硬技术"。具体表现为:(1)技术是技巧、技能或操作方法的总称;(2)技术是劳动手段的总和;(3)技术是客观的自然规律在生产实践中有意识的运用,是根据生产实践经验和科学原理而发展成的各种工艺操作方法与技能。狭义技术的基础和核心是劳动工具,其缺点是忽视了技术的动态过程。

广义的技术是指人类在认识自然和改造自然的实践中,按照科学原理即一定的经济需要和社会目的发展起来的,为达到预期目的而对自然、社会进行协调、控制、改造的知识、技能、手段、方法和规则的复杂系统,包括了"硬技术"和"软技术"。具体表现为:(1)技术是完成某种特定目标而协同运作的方法、手段和规则的完整体系;(2)技术是按照某种价值的实践目的,用来控制、改造和创造自然与社会的过程,并受科学方法制约的总和。广义的技术是技术经济学的研究对象。

2. 经济

经济(Economy)一词在不同范畴内有不同的含义。在古汉语中经济是"经邦济世"、"经世济民",意指治理国家、救济庶民,包括政治、经济、文化、军事、外交等一切治国方针。现在我们通用的"经济",是由日本学者从"Economy"一词翻译而来的,其主要含义有:(1)经济指社会生产关系的总和,是人类历史发展到一定阶段的社会经济制度,是政治和思想等上层建筑存在的基础;(2)经济指物质资料的生产、交换、分配、消费等活动的总称;(3)经济指一个社会或者国家的国民经济的总称及其组成部分。国家管理层面的宏观经济(macro-economic):研究生产关系,经济制度,经济基础,国民经济的总称及其各部门经济,如工业经济、农业经济等部门经济;地方管理层面的中观经济(区域经济或介观经济 regional economic):研究区域内的城市规划,产业布局,资源配置;经济实体的微观经济(micro-economic):研究社会的生产和再生产过程,如经济效益、经济规模,强调对有限资源的优化配置和节约。

3. 技术与经济的关系

技术与经济(The Relationship of Technology and Economy)在人类进行物质生产、交换活动中始终并存,是不可分割的两个方面。技术具有强烈的应用性和明显的经济目的性,没有应用价值和经济效益的技术是没有生命力的;而经济的发展必须依赖于一定的技术手段,世界中不存在没有技术基础的经济发展。技术与经济是相互依存、相互促进而又相互制约,存在着极为密切的、不可分割的关系。

1)依靠技术进步是我国经济发展模式转型的基础

技术进步(Technical Progress)是社会经济发展中最活跃、最关键的要素之一。人类社会发展的历史证明,从第一次技术革命,人类从工场手工业步入大机器工业时代(蒸汽机的发明),到第二次技术革命,人类进入电器时代(电子、电机应用、无线电通讯),第三次技术革命进入核能时代(相对论、原子弹),第四次技术革命进入信息时代(计算机技术的飞速发展)。人类的每次跨越都伴着新技术、新方法的出现和发展。根据有关统计数据表明,20 世纪初,工业劳动生产率的提高只有 5% ~30% 是靠运用新技术达到的,而现在有 60% ~70% 是科学技术成果投入应用作出的贡献。

我国改革开放的前 30 年,经济发展是以资金密集型,劳动密集型的模式为主。靠低工资，低成本来增加出口和增加企业财富积累。这种发展模式前提是低工资劳动力无限多，在改革开放初期是可以的。随着改革的深入，融入全球经济一体化的进程越来越快，还靠这种经济发展模式已经行不通了。一旦完成原始资本积累阶段，劳动力不再充足，工资必须增加时，经济增长必须转型。经济发展模式转型的基础恰恰是依靠技术进步，研发高新技术，靠知识产权生产高科技含量品牌产品，占领国内国际市场。从资金密集型、劳动密集型的模式发展到以技术密集型为主的经济发展模式。占领"微笑曲线"的两端，提高投资的经济效益是今后我国经济发展的必然趋势，把我国建设成资源节约型、环境友好型的低碳经济和谐社会必须依靠先进的科学技术。

当信息时代，知识经济来临之际，知识、技术在经济发展中占有更为重要的地位，随着技术进步的加快，经济也在高速增长，技术进步成为经济发展的强大推动力。世界各国竞相采用知识产业、高技术产业来促进经济发展的态势也日益凸显。

2）经济发展的需要是技术进步的基本动力

技术进步不仅推动社会经济的快速发展，同时，经济发展（Economic Development）对先进技术成果的需求又成为技术进步的直接动力。任何新技术的产生与应用都需要经济的支持，但又会受到经济的制约。纵观世界各国，凡是科技领先产品超群的国家，无一不是对研究与开发高投入的国家。美国、日本、德国、英国、法国等国家的研究与开发费用在 20 世纪 80 年代就已占国民生产总值的 2.3% ~ 2.8%，而大部分发展中国家由于经济的制约只能在 1% 以下。经济愈发展，经济系统所孕育的科技需求就愈广泛、愈强烈，从而使大量的新技术不断涌现。我国从"十五"规划开始，从培养各层次人才到科学研究和技术开发都出台了鼓励技术创新的政策。国家政策创新直接引导科学技术的创新。技术进步必将加速促进经济的发展。

3）技术和经济的协调发展

技术和经济是对立统一的关系。技术进步是推动经济发展的主要条件和手段，是经济发展的主要因素。同时，技术的发展也受到经济条件的制约。因此，只有技术和经济协调发展才能取得良好的经济效益。

1.2.2 技术经济学的性质与特点

技术经济学是研究在各种技术的使用过程中如何以最小的投入取得最大的产出的一门学问，即研究技术的经济效果。技术经济学（Technology Economics）是研究技术发展与经济发展相互推动、最佳结合的规律及其实现方法的科学，它是一门研究技术与经济最佳结合的新兴学科。技术经济学主要研究技术方案的经济效果（Economic Effect）、技术与经济相互促进、相互协调发展，以及技术进步与经济增长（Economics Growth）的相互关系及其规律性。技术经济学应用理论经济学基本原理，研究技术论关于经济问题和经济规律、技术进步与经济增长相互关系、技术领域内资源的最佳配置，寻找技术与经济的最佳结合，以求可持续发展。

技术经济学是一门经济学的科学，介于技术科学与经济科学之间的一门讲求经济效益的应用性、交叉性的边缘科学，是技术与经济相结合、相渗透的学科，是以特定的技术科学或泛指的技术科学为基础，研究经济问题的学科，它具有以下特点：

1）综合性

技术经济学是在多学科的基本理论和方法的基础上形成的。它建立在数学、统计学、管理学、经济学、运筹学、会计学、工程学、技术学、组织行为学、市场营销、计算机应用等多门学科的基础之上,因此,它是一门综合性很强的学科。

2)系统性

技术经济系统是一个跨技术、经济、社会、生态等领域的复杂系统,其面临问题涉及技术、经济、社会、资源、环境等多个方面,而且大多是多目标、多因素、多层次的问题。技术经济方案最优化的是吸纳,需要这些多因素、多目标、多指标的组合才能达到,而且这些因素都是在不断运动和变化的,因此,在进行技术经济学研究时,要有系统观念,必须运用系统工程的理论与方法,将影响预期目标效果的全部因素纳入到一个系统中,分清主次,明确重点,进行综合分析。

3)预测性

技术经济是一门决策性科学,它主要是对未来实施的工程项目、技术方案、技术政策、技术措施与规则、市场需求、销售价格、投资风险估计等进行事前分析和论证,这就决定了技术经济学的分析预测性。预测是在事件实际发生之前进行,它需要有一定的假设条件,或者是以以往的统计数据为分析依据,并根据过去和现在的实际情况,推断未来情形。但未来的变化难以准确预测,因此预测结果具有一定的不确定性。为了提高决策的精确性和科学化水平,技术经济评价还要进行详尽的敏感性分析和概率分析,把投资的风险降低到最低程度是十分重要的。

4)选择性

多方案比较选择是技术经济学突出的特点,也是管理科学化、决策民主化的要求。在对技术方案分析取舍之前,都应该找出可以类比的备选方案;而任何一种技术,又可以找出若干不同的采纳方式和条件。技术经济评价(Technical and Economic Evaluation)首先就是对备选方案进行技术经济分析,确定方案的可行性,并通过多方案的比较、分析、评价,选取综合效益最优者。在进行方案比较研究时,要注意备选方案的可比性,保证方案的技术先进性和经济合理性。

5)实践性

技术经济学是一门实用性很强的科学,它分析、论证、评价的技术方案来源于实际工程技术的实践。利用技术经济学评价工程项目时要密切结合国家和各地区的自然资源禀赋与特点、物质技术条件和社会经济状况、产业政策与城市规划进行具体分析、定量与定性相结合。技术经济学研究的成果又直接用于生产、建设实践,并通过实践检验分析研究成果的正确性。随着科学技术的迅速发展,新的科技成果在各行业生产建设中的推广、应用、技术创新、转移、扩散的深入发展,实践中涌现出的技术经济问题越来越多,这也为技术经济学科的发展开辟了广阔的前景。

1.3 技术与经济的研究对象与内容

技术经济学是一门技术学与经济学交叉的学科,它是应用经济学的一个分支。众所周知,应用经济学是指应用理论经济学的基本原理,研究国民经济各部门、各专业领域的经济活动和经济关系的规律性,和对经济活动领域进行经济效益、社会效益的分析而建立的经济学科。技术经济学是一门应用理论经济学基本原理,研究技术领域经济问题和经济规律,研究技术进步与经济增长之间的相互关系的科学,是研究技术领域内资源的最佳配置,寻求技术预警的最佳集合以求得可持续发展的科学。

技术经济学研究的对象主要有下列三个方面：

1）研究技术方案的经济效果，寻求具有最佳经济效果的方案

技术方案的经济效果是指实现技术方案时的产出和投入之比。所谓产出是指技术方案实施后的一切效果，包括可以用经济指标度量和不能用经济指标度量的产品和服务；所谓投入是指各种资源的消耗和占用，技术经济的采用都必须消耗和占用人力、物力和财力。由于资源的有限性，特别是一些自然资源和矿产资源的不可再生性，要求人们有效地利用各种资源，以满足人类社会不断增长的物质生活的需求。技术经济学就是研究在各种技术的使用过程中，如何以最小的投入取得最大产出的一门学问，即研究技术方案的经济效果。投入和产出在技术经济分析中一般被归结为货币量计算的费用和效益，所以也可以说，技术的经济效果是研究技术应用的费用与效益之间关系的科学。

研究技术方案的经济效果，一般是在技术方案实施之前，通过对各种可能方案的分析、比较、完善、选择出最佳的技术方案，保证决策建立在科学分析之上，以减少投资决策的失误。这是关系到有限资源最佳利用的大事，也是关系到国家和企业竞争力强弱的重大问题。可行性研究就是技术实施前，在调查研究的基础上，通过对技术方案的市场分析、技术分析和经济效益分析，对技术可行性和经济合理性进行综合分析评价。

研究技术的经济效果，不仅仅应用在投资项目实施前的科学论证上，还广泛应用于产品设计开发中的经济效果比较和分析，应用于设备更新、原料选择和工艺选择等领域。

在技术方案实施后，通过实际调查分析，得到方案实施后的技术经济效果，即技术方案的后评价。后评价对技术方案的投入产出进行技术经济分析，目的是总结工程项目的技术经济管理与决策水平，为技术方案的更好运行提供相关建议，为以后的投资决策提供借鉴。

2）研究技术和经济的相互促进与协调发展

技术与经济是相互促进、相互制约的。技术经济的研究就是要从这对矛盾关系中寻找一条协调发展的途径，以求经济快速、持续的发展。技术经济的关系体现在两个方面：一方面，发展经济必须依靠一定的技术手段，技术的进步永远是推动经济发展的强大动力，人类社会的发展历史雄辩地证明了这一点。18世纪末，从英国开始的以蒸汽机的广泛应用为标志的工业革命，使生产效率大大提高；到19世纪中叶，科学技术的进步使生产效率提高到了手工劳动的108倍；20世纪40年代以来，科学技术的迅猛发展导致的社会生产力的巨大进步更是有目共睹。另一方面，技术总是在一定的经济条件下产生和发展的，经济上的需求是技术发展的直接动力，技术的进步要受到经济条件的制约，只有经济发展到一定水平，相应的技术才有条件得到广泛应用和进一步发展。

技术和经济之间有这种相互渗透、相互促进又相互制约的紧密联系。任何技术的发展和应用既是一个技术问题，又是一个经济问题。研究技术和经济的关系，探讨如何通过技术进步促进经济发展，在经济发展中推动技术进步，是技术经济学进一步丰富和发展的一个新领域。

技术和经济的协调包含两层含义：第一层含义是技术选择要视经济实力而行，不能脱离国情，也不能脱离国际大环境，特别是在全球经济一体化进程日益加快的时代，技术落后必然导致经济落后。第二层含义是协调的目的是为了发展，以发展为中心，在发展中协调，在协调中发展，是一种动态的发展。讲发展就要有超前意识，要抓住关键领域、关键部门、关键产品、关键技术的超前发展，带动其他领域、部门、产品、技术的协调发展。处理技术和经

济协调发展的核心问题是技术选择问题，从国家层面上要研究在一定发展阶段内国家和区域内的产业政策、技术政策和技术路线，要明确鼓励什么、淘汰什么，技术选择要符合技术发展的趋势、我国的国情以及可持续发展的战略。

3）研究技术创新，推动技术进步，促进企业发展和国民经济增长

科学是第一生产力，技术创新是促进经济增长的根本动力，是转变经济增长方式的唯一途径，是创新者将科学知识与技术发明应用于工业化生产，并在市场中实现经济价值的系列活动，是科学技术转化为生产力的实践过程。技术创新的这种特殊地位，决定了它是技术经济学的重要研究对象。

技术创新是 1912 年由美籍奥地利经济学家瑟夫·阿洛斯·匈彼得（1883—1950）在《经济发展理论》中首次提出。进入 20 世纪 70 年代以后，技术创新已成为世界性的热门研究课题。匈彼得的创新理论在世界经济史上具有革命性的意义。

技术创新包括新产品的生产、新生产技术在生产过程中的应用、开辟原材料的新供应来源、开辟市场和实现企业目标的新组织。技术创新从本质上讲是一个经济概念，它与技术开发不一样，后者是一个技术概念。技术创新强调的是新技术成果在商业上的第一次运用（追求的是潜在的差额利润），强调的是技术对经济增长的作用。

所谓经济增长是指在一国范围内，年生产的商品和劳务总量的增长，通常用国民收入或国民生产总值的增长来表示。经济增长可以通过多种途径取得，既可以通过增加基本建设投入来带动经济增长，也可以通过提高劳动生产率、技术进步来实现经济增长，还可以通过国家实施民生工程计划，拉动内需来带动经济增长。改革开放 30 年后，国家积累了强大的财力，出台拉动内需既可以让国民享受改革开放的成果，提高人们物质文化生活水平，又能刺激经济保持持续增长。改革开放以来我国经济增长迅速，主要得益于技术创新。其中部分得益于高新技术的引进，大量得益于高、中、低技术的模仿扩散。目前，我国经济增长主要还是以资本密集型、劳动密集型的粗放型经济增长方式为主。随着科学研究投入的增加，技术进步不断得到提升，将会逐步向以技术密集型为主的经济增长方式转变。

创新是国家兴旺发达和企业长足发展的源动力。因此中国提出要把建立国家创新体系和技术创新机制作为建立社会主义市场经济体制的一个重要目标，把建立健全企业的技术创新体系作为建立现代企业制度的重要内容和搞好国有大中型企业的关键环节，是有重要意义的。

学习技术创新的理论就是要树立技术创新意识，掌握技术创新规律和一些基本的实施要领，建立技术创新的机制和环境，推动技术进步，促进企业发展方式的转变和国家经济增长方式的转变。

1.4 技术与经济的研究方法与程序

1.4.1 技术经济学的研究方法

技术经济学是一门以技术经济分析方法为主体的应用学科，因此，方法论是技术经济学的重要组成部分。其方法体系主要分为三个层次：第一层次是哲学意义上的方法论，如唯物辩证法，是技术经济学的基本分析方法论；第二层次分为基本方法和专门方法，基本方法是适用于解决技术经济问题的普遍方法，专门方法是技术经济学某些特定领域或者解决每个特

定问题的方法；第三层次则是一些具体的分析方法。

1)系统分析法

系统分析法(System Analysis Method)是将研究对象置身于一个系统内,采用系统分析、因素分析、因果分析、需求分析、人均分析、弹性分析等方法进行研究,然后对系统研究成果进行整体分析与最优分析,以整体最优为准则选择最佳方案。该方法常用于宏观的技术经济研究中,如经济社会发展战略、地区发展战略、技术发展战略、技术发展规划,以及建设研制、推广与应用等活动中,它是一种以定量为主,定量与定性相结合的研究方法。

2)方案比较法

方案比较法(Project Contrast Method)是技术经济方法中应用最广、最成熟的一种,现已有一套比较完整、成熟的工作程序与评价方法。主要通过对待选方案的选择与比较,对内、外部各种条件的选择与比较,对技术经济指标与指标体系的选择与比较,对最优方案的选择与比较,对完成同一任务、同一经济活动目标而进行的技术经济分析、评价。

3)效益评价法

效益评价法(Benefit Evaluating Method)主要通过对成果与消耗、所得与所费、产出与投入的对比分析,并最后选择经济效益好的利国利民的技术方案。

1.4.2 技术经济分析的一般程序

技术经济分析是技术经济学的主要研究过程,它通过对各种可行的技术方案进行综合分析、计算、比较和评价,在全面评价经济效果的基础上进行选择和决策。矿物加工技术经济分析更是一项多环节、多方位、政策性很强的工作。

矿物加工技术经济分析的一般程序如图1-1所示。

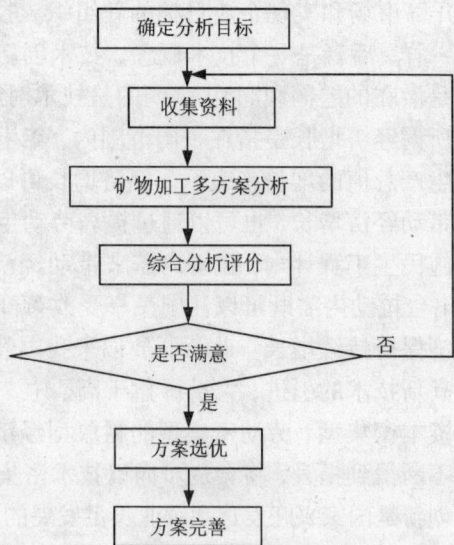

图1-1 矿物加工技术经济分析的一般程序

1)确定建设目标

目标分析是矿物加工技术经济分析的首要步骤。所有的技术方案,包括技术路线、技术政策、技术措施等都不是孤立存在的,它们是整个社会的技术经济体系中的一个有机组成部分。在作投资决策时,要考虑是否合乎国家或地区的区域规划、产业政策和环境影响。一个矿业投资项目或一个技术方案的目标,可以是单目标,也可以是多目标。当方案有多个目标时,应该明确目标之间的主次、隶属关系。此外,还应该确定实现目标的具体指标和具体内容。

2)调研分析

根据确定的矿业投资项目建设目标,首先进行针对性的调查研究,并广泛搜集有关技术、经济、市场、政策、法规等信息、资料和数据。这些调研资料可以用作探索和拟定各种备选方案,也可以用作评价时的参考。在方案评价中,特别是大型矿业工程建设项目,由于影响因素复杂,因此还应建立模型进行定量分析,寻求各种影响因素之间的数量关系和最优条件,从被选方案中选择最优方案,在方案实施过程中,进行跟踪评价。

3）设计备选方案

在调研分析的基础上，结合实际情况，设计各种可能的备选技术方案。在设计过程中，应考虑到尽可能多的影响因素和风险，可以通过成立专家小组或委托有矿业设计资质的专家来进行备选方案的设计，这不仅需要设计人员掌握全面的技术与经济的资料和信息，更需要进行创造性思维劳动，有利于设计出更全面、考虑更周密的备选方案。

4）拟定评价指标

设计评价指标是选择实施方案过渡步骤，可以从市场需求、技术选择、经济分析、效益评价等方面来设计项目可行性的评价指标。有了备选方案就必须要对其进行评价，从中选择最优方案。指标可以是定量的数据指标，也可以是定性的评价指标，要依照项目的具体情况而定。矿物加工工程项目评价一般有时间指标、价值指标和效率指标。时间指标衡量投资项目回收投资的快慢，时间指标用投资回收期、贷款偿还期来评价；价值指标衡量投资项目创造的净现值，价值指标用净现值、费用现值来评价；效益指标衡量项目的投资效率，效率指标用投资利润率，内部收益率来评价。

5）方案综合评价

有了备选方案和评价指标就可以对所有方案进行评估，以选择最优方案。评价的依据是国家和地区的政策法令与反映决策者意愿的指标体系。如必须考虑符合国家或区域的产业政策、质量标准；出口的矿产品要符合进口国的技术标准与要求；矿物加工厂址选择要符合地区布局、城市建设规划；要考虑厂址的地质、水文、气象、运输、环境影响等条件。这些都是矿业投资项目综合经济评价的重要内容。最重要的是要有较好的经济效益和社会效益，通过系统评价，淘汰不可行技术方案，保留技术和经济上都可行的方案。

6）确定最优方案

通过方案综合评价，从成本、收益和风险等因素进行分析，最终将确定符合项目目标的实施方案。由于方案只是在对将来未知情况的假设的前提下设计的，所以，最后的方案应该有一定的可变动性，以应变将来市场或其他方面的变化。

7）方案实施与完善

这一步骤是实施方案的过程。由于方案的设计是在对将来未知的情况下设计的，因此，在实施过程中可以根据当时的情况的改变而对方案作适当的变动；同时在实施过程中应注意对项目实施的控制和管理，尽量保证按照预期目标完成项目。

本章小结

经济效益是指在合理利用资源和保护生态环境的前提下，以尽量少的劳动消耗和物质消耗生产出更多、更好符合社会需要的产品。经济效益问题存在于国民经济各部门、各企业中，也存在于各种技术经济的实践活动中。讲求经济效益是从事一切经济活动的基本方针，也是对技术方案或项目进行技术经济评价的根本出发点与最终目的。对于任何一项有意义的经济活动，都应该从各个方面对其经济效益进行论证与分析，即进行技术经济分析与评价。

技术经济分析的基本要素是进行技术经济学研究必须掌握的基本知识。投资、成本、费用、利润与税收等构成了技术方案或项目现金流量，这些基本要素在技术经济分析中具有相应的特征与核算方法。技术经济效益分析最常用的有时间指标、价值指标和效率指标。

技术经济分析应遵循效益最佳、方案可比和系统分析等基本原则。

中英名词术语

技术(Technology)   经济(Economy)

技术进步(Technical Progress)   经济发展(Economic Development)

技术经济学(Technology Economics)   经济效果(Economic Effect)

经济增长(Economic Growth)   技术经济评价(Technical and Economic Evaluation)

系统分析法(System Analysis Method)   方案比较法(Project Contrast Method)

效益评价法(Benefit Evaluating Method)

思考与练习

1. 技术与经济的含义是什么，如何正确理解其相互关系？

2. 如何正确理解技术经济学的性质，其特点包括哪些方面？

3. 如何正确理解技术经济学的研究对象与内容？

4. 技术经济分析的一般过程是什么？

5. 学习技术经济学有何重要意义，你认为应该如何学习？

第 2 章 技术经济性评价基本要素

2.1 经济效果和经济效益

2.1.1 经济效果的概念

我们把"成果与消耗之比"、"产出与投入之比"称为经济效果,而将经济效果中取得的有效劳动成果与劳动耗费的比较称为经济效益。矿业技术经济研究的一个基本问题,就是如何有效利用有限矿产资源生产出尽可能多的满足社会需求的矿物产品或矿物原材料。追求经济效益是一切投资企业立足和发展的根本。矿业工程具有投资额巨大,建设周期长,回收投资所需时间较长的特点。因此强调矿业投资项目的经济效益显得十分重要。

正确理解和运用经济效益的概念与内涵,应遵循以下三条原则:

1)有效成果原则

有效成果是指对社会有用的产品或劳务,它可用使用价值或价值表示。不符合社会需求的产品或服务,生产越多消耗越大,经济效益就越差。

2)全部消耗原则

经济效益概念中的劳动消耗,包括技术方案消耗的全部人力、物力、财力,即包括生产过程中的直接劳动、劳动占用、间接劳动三部分。直接劳动的消耗指技术方案在生产运行中所消耗的原材料、燃料、动力、生产设备等物化劳动消耗以及劳动力等活劳动消耗。这些单向消耗指标都是产品制造成本的部分,因而产品制造成本是衡量劳动消耗的综合性价值指标。劳动占用通常指技术方案或项目为正常进行生产而长期占用的货币,表现为厂房、设备、资金等,通常分为固定资产和流动资金两大部分,投资是衡量劳动占用的综合性指标。间接劳动的消耗是指在技术方案实施过程中社会发生的消耗,比如环境污染就是生产活动产生的坏的效益,或称为负效益。

3)有效成果与劳动消耗相联系的原则

在进行技术经济分析时,必须将技术方案或项目的成果与消耗,产出与投入结合起来进行比较,而不能单独使用成果或消耗指标。用同样多的劳动消耗取得尽可能多的有效成果,或者用尽可能少的劳动消耗取得同样的有效成果,是衡量技术方案或项目经济效益高低的标准。

2.1.2 经济效果的表达式

经济效果的表达式是用定量计算经济效果的最一般形式。它有三种数学表达式。

1)差额表示法

差额表示法是用有效劳动成果与劳动消耗之差表示经济效果,此时经济效果是个绝对量指标。表达式为：

$$E = B - C$$

式中：E——经济效益，也称净效果指标；

　　　B——有效成果；

　　　C——劳动消耗。

在技术经济评价时，表达式中的 E、B、C 必须使用相同的计量单位，$B - C \geqslant 0$ 是方案或项目经济可行的界限。当 B、C 都以货币单位计量时，计算的经济效益为净收益。采用差额表示法的指标有利润额、利税额、国民收入、净现值等。差额表示法一般不宜用来衡量技术装备水平和内外部条件差别大的技术方案，如规模不同的企业不能仅仅用净收益来评价经济效果的优劣。

2）比值表示法（Cost-benefit Ratio Method）

这是一种用成果与劳动耗费之比表示经济效果大小的方法，表达式为：

$$E = B/C$$

采用比值法表示的指标有：劳动生产率和单位产品原材料、燃料、动力消耗水平等。比值法的特点是劳动成果与劳动消耗的计量单位可以相同，也可以不相同。当计量单位相同时，比值 $B/C \geqslant 1$ 是技术方案可行的经济界限。

3）差额－比值表示法

这是一种用差额表示法与比值表示法相结合来表示经济效果大小的方法，表达式为：

$$E = (B - C)/C$$

$(B - C)/C > 0$ 是技术方案或项目可行的界限。该方法在技术经济分析中常用。

如成本利润率、投资利润率等均是用差额－比值表示法表示的经济效果指标。

2.1.3　经济效果的分类

1. 微观经济效果和宏观经济效果

这是根据受益分析对象不同所作的分类。人们站在企业立场上，从企业的利益出发，分析得出的技术方案为企业带来的效果称为微观经济效果。而从技术方案对地区经济乃至整个国民经济和社会产生的效果称为宏观经济效果。

对于同一个项目，站在不同的立场和角度来看有时会有数量不同的收益与成本，并可能出现微观经济效果评价结果与宏观经济效果评价结果不一致的现象，这就要求不仅要做企业层面的经济效果评价，而且还要分析宏观经济效果。

2. 直接经济效果和间接经济效果

直接经济效果是指项目自身直接产生并得到的经济效果，即项目系统直接创造的经济效果。间接经济效果是指项目带来的自身之外的经济效果。一个技术方案的采用，除了给实施企业带来直接经济效果外，还会对社会其他部门产生间接经济效果。如一个矿业工程建设，不仅给建设单位带来销售收益，而且给社会创造就业环境、税收和所需要的基础原材料。一般来说，直接经济效果容易量化，不易被忽略，但从社会角度看，则更应强调间接经济效果。

3. 有形经济效果和无形经济效果

有形经济效果是指能用货币计量的经济效果，比如利润。无形经济效果是指难以用货币

计量的经济效果，例如技术方案采用后对改善环境污染、保护生态平衡、提高劳动力素质、

填补国内空白等方面产生的效益。在技术方案评价中，不仅要重视有形经济效果的评价，还要重视无形经济效果的评价。

由于经济效果评价中经常用到投资、成本、利税等指标，下面专门作一介绍。

2.2 投资

2.2.1 投资的概念和构成

投资一词具有双重含义：一是指特定的经济活动，即为了将来获得收益或避免风险而进行的资金投放活动。投资活动可分为证券投资与实业投资两大类。证券投资是指企业和个人通过购买股票、债券、期货、其他金融衍生工具或发放委托贷款借以获得效益但不直接参与生产经营活动的一种投资活动。实业投资是指通过直接开厂设店经营或投资购买现存企业相当数量的股份、使真实资产存量增加的投资，包含项目投资与产权投资两大部分。本教材着重研究项目投资。二是指投放的资金，即为了保证项目投产和生产经营活动的正常进行而投入的活劳动和物化劳动价值的总和，主要由固定资产投资和流动资产投资两部分构成。在实际经济活动中，投资的这两种含义都被人们广泛地应用着。本节着重于后一概念的阐述。

建设项目总投资是指人们在社会生产活动中，为实现某项目预定的生产、经营目标而预先垫支的资金，是劳动消耗中反映劳动占用的综合指标。一个工程项目的总投资是固定资产投资与流动资产投资之和，其内容构成见图 2-1。固定资产投资是指用于建设或购置固定资产所投入的资金。流动资金投资是指项目在投产前预先垫付、在投产后生产经营过程中周转使用的资金。

考虑到在建设项目投资决策阶段，我国现行做法往往是根据国家规定的概算标准编制科目和估算投资额，由于概算投资没有考虑建设期价格变动引起的投资增加额和汇率变动等因素所引起的投资额，因而在实际操作中，总投资按图 2-2 的构成分项估算。

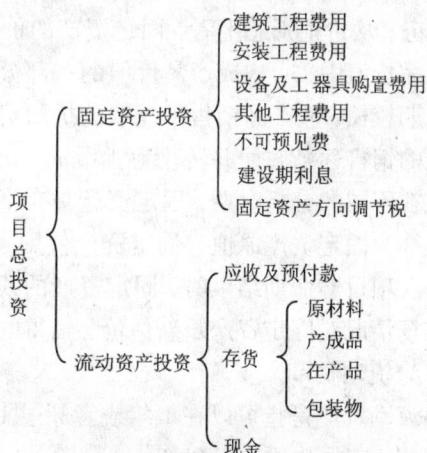

项目总投资
- 固定资产投资
  - 建筑工程费用
  - 安装工程费用
  - 设备及工器具购置费用
  - 其他工程费用
  - 不可预见费
  - 建设期利息
  - 固定资产方向调节税
- 流动资产投资
  - 应收及预付款
  - 存货
    - 原材料
    - 产成品
    - 在产品
    - 包装物
  - 现金

图 2-1 项目总投资（一）

2.2.2 资产的分类

一旦项目建成，各类投资将转为资产。总资产形成的资产分为：固定资产、流动资产、无形资产和递延资产。

1）固定资产

固定资产是指使用期限在 1 年以上，单位价值在一定限额以上，在使用过程中始终保持原来物质形态的资产。如：建筑物、机器机械、运输工具以及其他与生产经营有关的设备、工具、器具等。

项目总投资
- 固定资产投资
  - 概算投资（静态投资）
    - 建筑工程费
    - 安装工程费
    - 设备及工器具的购置费用
    - 其他工程费用
    - 不可预见费（预备费）
  - 动态投资
    - 建设期利息
    - 固定资产投资方向调节税
    - 涨价预备费
    - 汇率变动预备费
- 流动资产投资
  - 应收及预付款
  - 存货
  - 现金

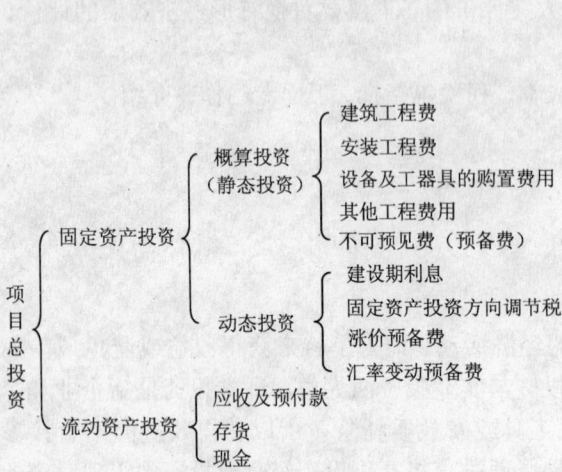

图2-2 项目总投资（二）

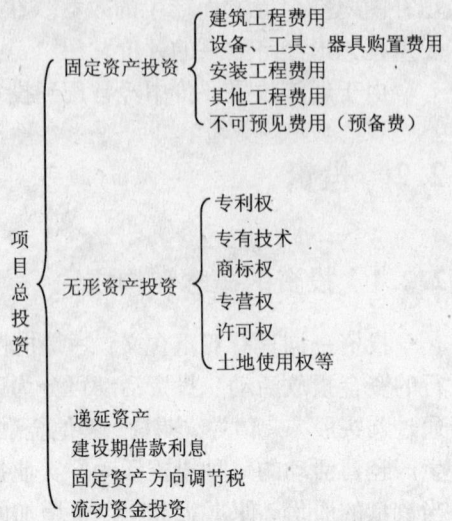

项目总投资
- 固定资产投资
  - 建筑工程费用
  - 设备、工具、器具购置费用
  - 安装工程费用
  - 其他工程费用
  - 不可预见费用（预备费）
- 无形资产投资
  - 专利权
  - 专有技术
  - 商标权
  - 专营权
  - 许可权
  - 土地使用权等
- 递延资产
- 建设期借款利息
- 固定资产方向调节税
- 流动资金投资

图2-3 项目总投资（三）

固定资产的特点是：从实物形态上看，固定资产能以同样的实物形态连续为多次生产周期服务；从价值形态上看，固定资产的价值是随着它的使用磨损，以折旧方式分期分批转移到产品价值中去，构成产品价值的一部分；从资金运动来看，固定资产所占用的资金循环一次周期较长，从产品销售中提取的折旧费可以看做是补偿固定资产损耗的准备金，并且随着产品的销售逐渐收回并转化为货币资金。

在不同的分析时期，固定资产具有不同的使用价值。在项目建成投产时核定的固定资产价值称为固定资产原值。固定资产使用一段时间后，其原值扣除累计的折旧费称为固定资产净值。项目寿命期结束时，固定资产的残余价值称为固定资产的残值。根据社会再生产条件和市场情况对固定资产重新估价，估得的价值称为固定资产的重估值。

2）流动资产

流动资产是指可以在1年或者超过1年的一个营业周期内变现或者耗用的资产，主要包括存货、应收款项和现金等。

存货是指企业在生产经营过程中为销售或者消耗而储存的各种资产，包括商品、产成品、半成品、在产品以及各类材料、燃料、包装物、低值易耗品等。

应收款项是指企业因对外销售产品、材料、供应劳务及其他原因，应向购货单位或接受劳务的单位及其他单位收款的款项，包括应收款项、应收票据和其他应收款等。

现金是指立即可以投入流通的交换媒介，包括库存现金、银行存款、银行本票和银行汇票等。另外有价证券是现金的一种转换形式，它可以随时根据需要兑换成现金。

流动资产最初一般以货币形态参加企业的生产经营活动，随着生产经营活动的进行，以筹集到的货币资金购买原材料、商品等，它从货币形态转变为存货形态，实现销售，又从存货形态通过结算过程再转化为货币形态。流动资产的不同形态相继转化，周而复始地循环。

3）无形资产

无形资产是指企业长期不能使用但没有实体形态的可以持续为企业带来经济效益的资

产，一般包括专利权、专有技术、专营权、土地使用权、商标权等。

4）递延资产

递延资产是指不能全部计入当年损益，应当在以后年度内分期摊销的各项费用，包括开办费、租入固定资产的改良支出等。按我国《企业财务通则》规定，开办费自投产营业之日起，按照不短于 5 年的期限分期摊销。

2.2.3 投资估算

无论是建设一个新项目，还是对现有项目进行技术改造，投资额需要多少是工程项目决策前进行经济评价不可缺少的数据，也是工程项目资金筹措的依据。

1.固定资产投资估算

在我国工程建设周期中，投资计算分为估算、概算、预算和决算等四种类型。

估算是在投资项目可行性研究阶段，采用模拟已建成的同类项目或参照经验指标或采用编制概算等方法来估算项目所需的全部投资费用。

概算是在初步设计阶段根据施工图样、概算定额、费用定额、设备和材料的预算价格、工资标准等资料编制的比估算更详细、精确的全部建设费用。

预算是在施工图设计阶段根据施工图样、预算定额、费用定额、设备和材料预算价格、工资标准等资料编制的更为详细、精确的技术经济文件，用以确定项目所需的全部投资费用。

决算是反映项目实际造价的文件，是办理交付使用新增资产的依据。

固定资产投资估算，是在项目决策以前进行的，因此是在资产很不充分的情况下完成的，其精度较低，因而称之为估算。常用的固定资产估算方法有两类：

1）类比估算法

类比估算法是根据已建成的与拟建项目工艺技术路线相同的同类产品项目的投资额，来估算拟建项目投资的方法。常用的有单位生产能力法、规模指数法和系数估算法。

（1）单位生产能力法投资额估算公式：

$$Y_2 = X_2 \left(\frac{Y_1}{X_1} \right) P_f \tag{2.1}$$

式中：X_1——类似项目的生产能力；

　　　X_2——拟建项目的生产能力；

　　　Y_1——类似项目的投资额；

　　　Y_2——拟建项目的投资额；

　　　P_f——物价修正系数。

单位生产能力投资估算法在实际中常常应用于建筑物的单方造价、铁路和公路的每公里投资、水力和火力发电站的每千瓦装机容量的造价等估算。

（2）规模指数法投资额估算公式：

$$Y_2 = Y_1 \left(\frac{X_2}{X_1} \right)^n P_f \tag{2.2}$$

式中：n——装置能力指数，其他字母含义同式(2.1)

一般来说，以增加单机（或单台设备）数目来扩大生产能力时，$n = 0.8 \sim 1.0$；主要以增加设备的效率、功率或装置的容量来扩大生产规模时，$n = 0.6 \sim 0.7$；高温高压的工业性生产工厂，$n = 0.3 \sim 0.5$；一般 n 的平均值在 0.6 左右，故该法又称为"0.6 指数法"。

（3）系数估算法。当估算整个建设项目投资时，以某个装置或某项费用为基础，乘以一定的比例系数，得出其他各项费用和总投资，这种方法就称为系数估算法。其中的各项比例是从已建类似装置的统计数据中总结出来的。这种方法在国外的可行性研究中是经常采用的，特别是在化学工业项目中应用更广。

2）概算指标估算法

这是较为详细的估算投资的方法。该法把整个建设项目依次分解为单项工程、单位工程、分部工程和分项工程，按下列内容分别套用有关预算指标和定额编制投资概算，然后在此基础上再考虑物价上涨、汇率变动等动态投资。

（1）建筑工程费用。建筑工程包括房屋建筑工程、大型土石方和场地平整以及特殊构筑物工程等。建筑工程费由直接费、间接费、计划利润和税金组成。直接费包括人工费、材料费、施工机械使用费和其他直接费，可按建筑工程量和当地建筑工程概算综合指标计算。间接费包括施工管理费和其他间接费，一般以直接费为基础，按间接费率计算。计划利润以建筑工程的直接费与间接费之和为基数。税金包括营业税、城乡维护建设税和教育费附加。

（2）设备及工器具购置费用。包括需要安装和不需要安装的全部设备、工器具及生产用家具等购置费。

（3）安装工程费。包括设备及室内外管线安装费用，由直接费、间接费、计划利润和税金四部分组成。

（4）其他费用。指根据有关规定应计入固定资产投资的除建筑、安装工程费用和设备、工器具购置费以外的一些费用，包括土地征用费、居民迁移费、生产职工培训费、联合试运转费、场区绿化费、勘察设计费等。

（5）基本预备费。指事先难以预料的工程和费用，其用途主要为：①进行初步设计、技术设计、施工图设计和施工过程中在批准的建设投资范围内所增加的工程费用；②一般自然灾害所造成的损失和预防自然灾害所采取的措施费用；③验收委员会为查定工程质量必须开挖和修复隐蔽工程的费用。基本预备费可以以"单项工程费用"总计或以工程费用和工程建设其他费用之和为基数，按照规定的预备费率计算。

2. 流动资产投资估算

流动资产投资估算主要采用类比估算法、分项估算法和经验估算。

1）类比估算法

类比估算法是一种根据已投资类似项目的统计数据总结得出的流动资产与其他费用之间的比例系数，来估算拟建项目所需流动资产投资的方法。这里的其他费用可以是固定资产投资，也可以是经营费用、销售费用或产值等。

2）分项估算

分项估算是指按流动资产的构成分项估算。

（1）现金的计算公式为：

$$\text{现金} = \frac{\text{年职工资与福利费总额} + \text{年其他零星开支}}{360 \text{ 天}} \times \text{最低周转天数（天）}$$

（2）应收账款的计算公式为：

$$应收账款 = \frac{赊销额 \times 周转天数}{360(天)}$$

(3)存货的计算公式为：

$$存货 = 原材料 + 在产品 + 产成品 + 包装物 + 低值易耗品$$

原材料、在产品和产成品的占用资金公式分别为：

$$原材料占用资金 = 原材料日平均消耗量 \times 原材料价格 \times 周转天数$$

$$在产品占用资金 = 年在产品生产成本 \times \frac{周转天数}{360}$$

$$产成品占用资金 = (年产成品制造成本 - 年固定资产折旧费) \times \frac{周转天数}{360}$$

3)经验估算

流动资金的经验估算方法，一般用于项目建议书和初步可行性研究阶段。

(1)按固定资产估算：

$$流动资金额 = 固定资产额 \times (15\% \sim 25\%);$$

(2)按企业经营费估算：

$$流动资金额 = 年经营费 \times (30\% \sim 35\%);$$

(3)按产品年销售额估算：

$$流动资金额 = 年销售额 \times 25\% 。$$

2.3 成本

成本通常是指为获得商品和服务所需支付的费用，但事实上成本的含义非常广，不同的情况需要用不同的成本概念。本节我们将讨论投资决策过程中所需要用到的一些主要的成本概念。

2.3.1 会计成本

会计成本是会计记录在企业账册上的客观的和有形的支出，包括生产、推销过程中发生的原料、动力、工资、租金、广告、利息等支出。会计成本也就是总成本费用。会计成本 = 生产成本 + 管理费用 + 财务费用 + 销售费用

生产成本是生产单位为生产产品或提供劳务而发生的各项生产费用，包括各项直接支出和制造费用。直接支出包括直接材料(原材料、辅助材料、备品备件、燃料及动力等)、直接人工(生产人员的工资、补贴)、其他直接支出(如福利费)；制造费用是指企业内的分厂、车间为组织和管理生产所发生的各项费用，包括分厂、车间管理人员工资、折旧费、维修费、修理费及其他制造费用(办公费、差旅费、劳保费等)。

其中：

生产成本 = 直接费用 + 制造费用

直接费用 = 原材料 + 辅助材料 + 备品备件 + 燃料动力 + 生产人员工资、补贴 + 福利

制造费用(间接费用) = 车间管理人员工资 + 折旧费 + 维修费 + 办公费 + 差旅费 + 职工福利费

管理费用＝管理人员工资、福利＋公司一级折旧费、修理费＋技术转让费＋无形资产和递延资产摊销费＋其他管理费(办公费、差旅费、劳动保险费、土地使用税等)

财务费用＝利息支出＋汇兑净损失＋银行手续费

销售费用＝销售人员工资、福利＋运输费＋其他费用(广告、办公、差旅费)

无形资产：商标注册费，专利申请或购买使用，国际认证 ISO 等费用摊销。

管理费用、财务费用和销售费用称为期间费用，直接计入当期损益。

总成本费用构成见图 2 - 4。

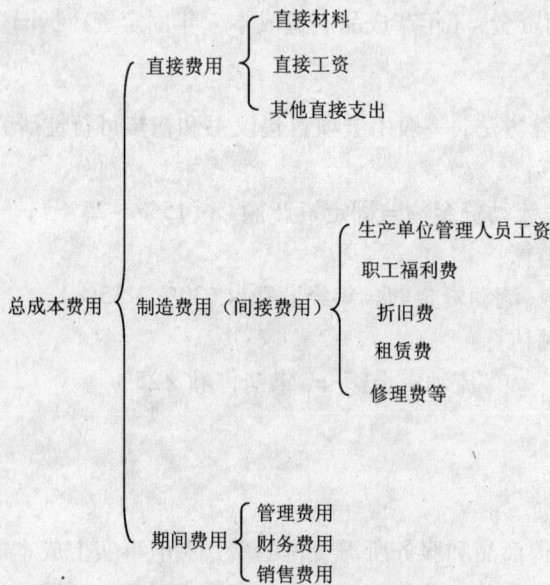

```
                           ┌ 直接材料
            ┌ 直接费用      ┤ 直接工资
            │              └ 其他直接支出
            │
            │                              ┌ 生产单位管理人员工资
            │                              │ 职工福利费
总成本费用   ┤ 制造费用 (间接费用)          ┤ 折旧费
            │                              │ 租赁费
            │                              └ 修理费等
            │
            │              ┌ 管理费用
            └ 期间费用      ┤ 财务费用
                           └ 销售费用
```

图 2 - 4　总成本费用构成

2.3.2　机会成本

机会成本是指将有限资源用于某种特定的用途而放弃的其他各种用途中的最高收益。机会成本这个概念的产生来源于这样一个现实：资源是稀缺的。资源的稀缺性决定了人类只有充分考虑了某种资源用于其他用途的潜在收益后，才能做出正确的决策，使有限的资源得到高效的利用。

由此可见，机会成本并不是实际发生的成本，而是方案决策时所产生的观念上的成本，因此，它在会计账本上是找不到的，但对决策却非常重要。例如某选矿厂有一台套磨矿设备，可以自用，也可以租出，出租可以获得 5 万元的年净收益，自用可产生 4 万元的净收益。当舍去出租方案而采用自用方案时，其机会成本为 5 万元，其利益为 - 10000 元；当舍去自用方案而采用出租方案时，其机会成本为 4 万元，利益 10000 元。很显然，应采用出租方案。

2.3.3　经济成本

经济成本是显性成本和隐形成本之和。企业除发生看得见的实际成本——显性成本(诸如企业购买原材料、设备、劳动力、支付借款利息)外，还存在着隐形成本。隐形成本是指企业自有的资源实际上已经投入生产经营活动但在形式上没有支付报酬的那部分成本。

例如，某人利用自己的地产和建筑物开了一个企业，那么此人放弃了向别的厂商出租土地和房子的租金收入，也放弃了受雇于别的企业而可赚得的工资，这些隐形成本并没有列入企业的账册，导致经营利润偏高。而事实上，以自己拥有的资源投入，存在着自有要素的机会成本，应该被看做是实际生产成本的一部分，因此在经营决策时应运用经济成本概念。

2.3.4 沉没成本

沉没成本是指过去已经支出而现在已无法得到补偿的成本。它对企业决策不起作用，它主要是指过去发生的事情，费用已经支付，事后尽管可能认识到这项决策是不明智的，但木已成舟，今后的任何决策都不能取消这项支出。例如某矿业公司一个月前以4000元/吨的价格购入钢材1000吨（4000元/吨是沉没成本），现该规格的钢材市场价格仅为2700元/吨，该企业在决策是否出售这批钢材时，不应受4000元/吨购入价格这一沉没成本的影响，而应分析钢材价格的走势。若预计价格将上涨，则继续持有，如有剩余资金，并可逢低吸纳；若预计价格将继续下跌，则应快速出售。

2.3.5 经营成本

经营成本是为了分析的需要从产品总成本费用中分离出来的一部分费用，是在一定期间（通常是一年）内由于生产和销售产品及提供劳务而实际发生的现金支出。它还包括虽计入产品成本费用中，但实际没发生现金支出的费用项目。在技术方案财务分析时，经营成本按下式计算：

$$经营成本 = 总成本费用 - 折旧费 - 维检费 - 摊销费 - 财务费用$$

式中：维检费指矿山项目的维护检修费；摊销费指无形资产和递延资产的摊销费。无形资产和递延资产的摊销时间一般不超过5年。

在经营成本中不包括折旧费、摊销费和利息支出的原因是：

其一，在对工程项目进行工程经济分析时，必须考察项目系统在寿命期内逐年发生的现金流量。由于项目总投资已在期初作为一次性支出被计入现金流出，所以不能再以折旧和摊销的方式计为现金流出，否则会发生重复计算。因此，作为经常性支出的经营成本不包括折旧和摊销，同理，也不包括矿山"维检费"。

其二，贷款利息是使用资金所要付出的代价，对于企业来说，是实际的现金流出。但是在评价工程项目全部投资的经济效果时，并不考虑资金的来源问题，也即在评价全部投资的经济效果时，全部投资现金流量表是以全部投资作为计算基础，利息支出不作为现金流出；而自有资金现金流量表已将利息支出单列，因此，经营成本中不包括利息支出。

2.3.6 变动成本和固定成本

成本又分为变动成本和固定成本两种。固定成本指在一定产量变动范围内不随产量变动而变动的费用，如固定资产折旧费、管理费用等。变动成本指总成本中随产量变动而变动的费用，例如直接原材料、直接人工费、直接燃料和动力费及包装费等。

固定成本的特点是：其总额在一定时期和一定业务量范围内不随产量的增加而变动，但就单位产品成本而言，其中的固定成本与产量的增减成反比，即产量增加时，单位产品的固定成本减少。

变动成本的特点是：其总额将随产量的增加而增加，就单位产品成本而言，变动成本是固定不变的。

固定成本和变动成本的划分，对于项目盈亏分析及生产决策有重要意义。

【例2－1】 某矿业集团生产铁精矿的设计生产能力15万吨/年，现因市场销路问题只生产10万吨，销售价格为250元/吨，全厂固定成本1000万元，单位产品变动成本130元，单位产品总成本230元(1000/10+130=230)。现有一客商提出以240元/吨的价格再订购3万吨，这样使生产能力达到13万吨，问企业若接受订货是否会增加盈利？

粗看起来企业若接受订货会减少盈利，因为130元/吨的价格低于230元/吨单位产品成本，但在掌握了固定成本特性后，就可清楚地分析3万吨订货，企业实际增加支出130元/吨，则可盈利110元/吨，增加盈利330万元。若不考虑其他因素，单从经济的角度企业应该接受订货。

【例2－2】 甲企业接受乙企业A与B两产品的加工任务，每件生产时间都为4小时，每天生产2件，财务成本及利润如表2－1所示，其中固定劳务按加工时间分摊每件各700元，其他间接费用(设备折旧、财务费用等)按各产品的直接成本(变动材料加工费与固定劳务费的合计)的比例分摊。问甲企业是否应该停止B产品的生产，转为全部生产A产品？

表2－1 A、B两产品的财务成本及利润(元/件)

	A产品	B产品
单价	4700	6200
单位变动材料费、加工费	3200	4600
每天固定劳务费用分摊	700	700
其他间接费用每天3194元分摊	677	920
利润	123	-20

解： 若每天生产A与B两件，由上表得总利润为206元/天。若转为全部生产A产品，则A产品每件间接费用分摊的费用上升到798.5元。每件利润为1.5元，总利润仅为6元/天。所以不应该停止B产品生产。原因是B产品承担了较多固定成本分摊，而固定费用数额不因生产B产品还是A产品而改变。

2.3.7 边际成本

边际成本是企业生产一单位产量所产生的总成本增加。例如，当产量为1500吨时，总成本为450000元；当产量为1501吨时，总成本为450310元，则第1501吨产量的边际成本等于310元。因为边际成本考虑的是单位产量变动，故固定成本可以视为不变，因此边际成本实际上是总的变动成本之差。

2.4 税收与税金

税收是国家凭借政治权利参与国民收入分配与再分配的一种形式，具有强制性、无偿性和固定性三大特点。

我国目前的工商税制分为流转税、资源税、收益税、财产税、特定行为税等几类。其中与技术方案经济性评价有关的主要税种是：从销售收入中扣除的增值税、营业税、资源税、城市维护建设税和教育费附加，计入总成本费用的房产税、土地使用税、车船使用税、印花税等，以及从利润中扣除的所得税等。现将几种主要的税种简述如下：

2.4.1 增值税

增值税是就商品生产、流通和加工、修理、修配等各环节的增值额征收的一种流转税，其纳税人为在我国境内销售货物或者提供加工、修理、修配劳务以及进口货物的单位和个人。

增值税率设基本税率、低税率和零税率三档税率。出口货物适用零税率，粮食、食用植物油、自来水、暖气、冷气、热水、煤气、石油液化气、天然气、沼气、图书、报纸、杂志、农业生产资料等适用低税率为13%，其他适用基本税率为17%。计税公式如下：

一般纳税人的应纳税额 = 当期销项税额 - 当期进项税额

销项税额是按照销售额和规定税率计算并向购买方收取的增值税，销项税额 = 销售额 × 适用增值税率。

进项税额是指纳税人购进货物或者应税劳务所支付或者负担的增值税额。准予从销项税额中抵扣的进项税额是指从销售方取得的增值税专用发票上注明的增值税额或从海关取得的完税凭证上注明的增值税额。

小规模纳税人销售货物或者应税劳务，实行简易办法计算应纳税额，征收率为6%。计算公式为：

小规模纳税人的应纳税额 = 含税销售额 × 征收率/(1 + 征收率)

2.4.2 增值税改革与经济转型

2009年1月1日开始实施增值税转型改革。按照进项税额的扣除方式，增值税可分为两种税率：生产型增值税和消费型增值税。

生产型增值税：只允许和扣除购入的原材料等所含的税金，不允许扣除外购固定资产所含的税金。

消费型增值税：所有外购项目包括原材料、固定资产在内，所含税金都允许扣除。

所谓增值税转型，就是将中国现行的生产型增值税转为消费型增值税。

世界上采用增值税的绝大多数市场经济国家，实行的都是消费型增值税。因为它有利于企业进行设备更新改造，因而颇受企业的欢迎。

实行消费型增值税改革将会对我国企业发展产生积极的作用和深远的影响。

增值税改革能使得企业的企业增值税实际税负水平下降，营业现金流增加，投资收益率提高。从而对投资产生一定的刺激作用，促进企业投资的增长。

增值税改革对不同资本构成和不同生命周期的企业影响也不同。从资本构成角度来讲，资本密集型产业从增值税转型中获益最大；从企业生命周期角度来讲，处于衰退期的企业受益最大。

作为流转税主体税种，实行增值税转型是税制改革的迫切要求，也是我国外贸企业应对国际竞争的有利条件，对我国依法治税和建设社会主义法治国家具有特别重要的意义。实行增值税转型在税制改革上是一大进步。在制度上为完善我国社会主义市场经济体制，全面建设小康社会提供了有力的保证，它意味着我国的增值税已步入了国际化的轨道。实行增值税转型对我国企业的影响总体来说是好的。当然，现阶段实行的增值税转型，严格说只是扩大抵扣范围，还不是完整意义上的转型。完整意义上的增值税转型，依赖于增值税征税范围的扩大，也就是说只有在全部生产、流通和消费领域全面实行增值税，才能使增值税真正转型。

2.4.3 经济转型

随着我国社会主义市场经济体系的完善和改革开放的深入，中国的金融体系已经步入全球化的进程。依靠投资和出口支撑的粗放式经济增长方式，曾经维持了我国经济在 20 世纪 90 年代的高速增长。这种经济增长方式的短暂繁荣是因为当时我国有大量的劳动力需要就业，而且资源还不是那么紧张。但是随着投资比例的不断提高，投资的效率却越来越低，这严重制约了消费，特别是普通劳动者的消费，最终造成产能过剩、需求不足、贫富差距拉大。而资源的短缺和环境的恶化也让出口驱动难以为继。经济的可持续发展需求导致了改革的必然产物：经济转型，而经济转型的理论基础源自微笑曲线。

2.4.4 微笑曲线

1992 年台湾宏基集团创办人施振荣先生，为"再造宏基"提出了有名的"微笑曲线"（Smiling Curve）理论。经过十几年的实践，施振荣先生将"微笑曲线"加以修正，推出了所谓施氏"产业微笑曲线"，以作为台湾各种产业的中长期发展策略之方向。

微笑曲线理论虽然简单，却很务实地指出台湾产业未来努力的策略方向。在附加价值的观念指导下，企业体只有不断往附加价值高的区块移动与定位，才能持续发展与永续经营。

微笑曲线的变化可用图 2-5 来表达。

图 2-5　微笑曲线

微笑嘴形的一条曲线，两端朝上，在产业链中，附加值更多体现在两端，设计和销售，处于中间环节的制造附加值最低。微笑曲线中间是制造；左边是研发，属于全球性的竞争；右边是营销，主要是当地性的竞争。当前制造产生的利润低，全球制造也已供过于求，但是研发与营销的附加价值高，因此产业未来应朝微笑曲线的两端发展，也就是在左边加强研发创造智慧型财产权，在右边加强客户导向的营销与服务。微笑曲线有两个要点，第一个是可以找出附加价值在哪里；第二个是关于竞争的形态。微笑曲线的孕育来自以下几个方面：

1）全球化的竞争压力

在高科技产品市场的全球化趋势下，业界的竞争压力，可以用"追、赶、跑、跳、碰"五个字来形容。有竞争力的企业不断往上追，准备随时赶上领先之企业，已领先的企业不断往前跑，以保持领先距离，碰到障碍或技术瓶颈就要想方法跳跃过去，投入相同产品的企业太多了，市场趋于饱和了就只有硬碰硬，做杀价竞争，甚至流血竞争。这是全球化竞争的宿命，只有适者能生存。

2）产品生命周期的压力

高科技产品，除非掌握关键技术或零组件，在成品的市场，因为技术开发速度极快，时尚的变化也很快，产品寿命周期也变化得很快，即使是暴利产品，有时数年间就变成微利产品，对企业经营产生极大压力。

3）企业生存的压力

在前述的压力下，如果技术不能一直提升，策略不能领先，则在微利的状况下，可能转变成亏损，直至逐渐影响到企业的生存。

4）附加价值的压力

附加价值可以说是一种企业获利的潜力。技术成熟、进入门槛低，普遍化的技术都很容易成为所谓的"微利"企业，也就是所谓的低附加价值产业。一般的制造、组装的企业就是所谓的低附加价值产业，为了维持生存，只能不断地扩充产能，维持获利。但是只要市场萎缩、产品价格下降、产品销售不再增长，企业马上面临经营危机。

5）产业发展的趋势

为了克服低附加价值的压力，企业只有思考向产业发展趋势中高附加价值区块移动。在产业中掌握了关键技术及关键零组件是高附加价值；一般制造或加工是低附加价值；产品整合性的服务，因为结合了许多的附加价值而变成另一高附加价值的区块。

6）产业发展环境的需要

在高附加价值的区块中，关键技术及关键零组件，可以销售到世界市场；但是整合性的服务，却是要有一个恰当的区域，而整个产业发展在此区域内也已达到相当的发展，适合作为整合性卓越服务的区块。

2.4.5 微笑曲线的应用启示

微笑曲线是一种静态表示，透过微笑曲线，可以表现动态的一面，并能突破经验瓶颈，迅速化内隐知识为外显知识。如何将研发、生产、营销结合，一直是企业谈论的主题。透过微笑曲线的认知，可以很快达到需求的知识。对于企业来说，应该加快产业升级和转型，尽量在全球产业链分工的"微笑曲线"中占据有利位置。操作方式如下：

（1）产品升级或产品下移。产品升级指的是产品从原来低档往中档、中档往高档走的办法，而产品下移，追求的不是提高附加价值，而是创造不同的市场，让营销固定成本往下降，创造规模经济的概念。

(2)垂直整合,包括向上游的整合和向下游的整合。

(3)缩短销售渠道,建立直接供销关系,渠道缩得越短,附加价值就越高。

(4)水平延伸,一种是产品的水平延伸,一种是产品线的水平延伸。

(5)多元事业,一种是相关产业的多元化,一种是非相关产业的多元化,对于后者,风险较高,在实施时要具备充足的资金和现金流量,要做好亏几年的心理准备。

(6)生产技术升级,通过研发和自主创新,增加企业生产技术的科技含量。

2.4.6 营业税

营业税是对在我国境内提供应税劳务、转让无形资产或者销售不动产的单位和个人,就其营业额征收的一种税。凡是在我国境内从事交通运输、建筑业、金融保险业、邮电通信业、文化体育业、娱乐业、服务业、转让无形资产和销售不动产等业务,都属于营业税的征收范围。

除娱乐业适用5%～20%的幅度税率外,金融保险业、服务业、转让无形资产、销售不动产的税率均为5%,其余均为3%,计算公式如下:

$$应纳营业税税额 = 营业税 \times 适用税率$$

2.4.7 资源税

资源税是对在我国境内从事开采原油、天然气、煤炭、其他非金属矿、黑色金属原矿、有色金属原矿以及生产盐的单位和个人,就其因资源条件差异而形成的级差收入征收的一种税。

资源税实行从量定额征收的方法。计算公式如下:

$$应纳资源税税额 = 课税数量 \times 适用单位税额$$

课税数量是指纳税人开采或者生产应税产品的销售数量或者自用数量。单位税额根据开采或生产应税产品的资源状况而定,具体按《资源税税目税额幅度表》执行。如原油:8～30元/吨;有色金属原矿:0.4～30元/吨。

2.4.8 城乡维护建设税

城乡维护建设税是对一切有经营收入的单位和个人,就其经营收入征收的一种税。其收入专用于城乡公用事业和公共设施的维护建设。

城乡维护建设税的税率为0.3～0.6%,各省、自治区、直辖市人民政府根据当地经济状况和城乡维护建设需要,在规定的幅度内,确定不同市县的适用税率。计算公式:

$$应纳税额 = 生产经营收入额 \times 经核定的适用税率$$

生产经营收入额包括收取的全部价款和价款之外收取的一切费用。

2.4.9 教育费附加

教育费附加是向缴纳增值税、消费税、营业税的单位和个人征收的一种费用。它是以纳税人实际缴纳的上述三种税额为附征依据。教育费附加率为3%。

2.4.10 企业所得税

企业所得税是对我国境内企业(不包括外资企业)的生产、经营所得和其他所得征收的一种税。"生产、经营所得"是指从事制造业、采掘业、交通运输业、建筑安装业、农业渔牧业、金融业、服务业以及其他行业的生产、经营所得。"其他所得"是指股息、利息(不包括国债利息)、租金、转让各类资产收益,以及营业外收益等。所得税税率为33%。计算公式(制造业)为:

　　应交所得税 = 应纳税所得额 × 所得税税率

　　应纳税所得额 = 利润总额 ± 税收调整项目金额

　　利润总额 = 产品销售利润 + 其他业务利润 + 投资净收益 + 营业外收入 – 营业外支出产品

　　销售利润 = 产品销售净额 – 产品销售成本 – 产品销售税金及附加 – 销售费用 – 管理费用 – 财务费用

　　国家对外商投资企业、高新科技企业以及利用废水、废气、废渣等废弃物为主要生产原料的企业实行税收优惠政策。

　　我国2008年1月1日起执行的所得税率(国家税务总局调整核定征收企业所得税应税所得率)如表2 – 2:

表2 – 2 我国各行业所得税率

行　业	应税所得率/%
农、林、牧、渔、业	3 ~ 10
制造业	5 ~ 15
批发、零售贸易业	4 ~ 15
交通运输业	7 ~ 15
建筑业	8 ~ 20
饮食业	8 ~ 25
娱乐业	15 ~ 30
其他行业	10 ~ 30

2.4.11　固定资产投资方向调节税

　　对在我国境内从事固定资产投资行为的单位和个人征收的一种税。

　　征收对象:建筑安装工程投资、设备投资、其他投资、转出投资、待批投资、应核销投资。

　　税率/%:0、5、10、15、30

　　a. 国家急需发展的基建或技改项目投资　　　　　　0% × 实际投资额

　　b. 国家鼓励发展但受能源交通制约的基建项目　　　5% × 实际投资额

　　c. 职工住宅建设项目　　　　　　　　　　　　　　15% × 实际投资额

　　d. 楼堂馆所及国家严格限制发展的基建项目　　　　30% × 实际投资额

　　e. 其他基建项目　　　　　　　　　　　　　　　　10% × 实际投资额

2.5 利润

如果企业不能获得利润,企业就不能生存,因而不管企业是否以利润最大化为其首要目标,利润在企业作出决策时的至关重要地位是毋庸置疑的。

企业的利润应当是企业的总经营额收益减去企业投入的总成本,正因为成本有不同含义,那么利润也就有着不同的含义。

要想让一个企业继续在原行业经营,企业主所有投入的自有要素必须得到最低的报酬,否则,企业就会关门,自有资金就会投做他用,企业家也会另谋他业。对于隐形成本的报酬是正常利润。

而当企业的总收益减去包含了显性成本和隐形成本后,还有剩余,这剩余就称做经济利润,又称做超额利润。

销售单价扣除边际成本即为边际利润,边际利润指增加单位产量所增加的利润。

若企业的经营收益减去会计成本,所得到的则是会计利润。按照我国的财会制度,有销售利润、利润总额及税后利润等概念。

销售利润是销售收入扣除成本、费用和各种流转税及附加费后的余额;利润总额是企业在一定时期内实现盈亏的总额;税后利润是企业利润总额扣除应交所得税后的利润。其计算公式如下:

销售利润 = 产品销售净额 - 产品销售成本 - 产品销售税金及附加 - 销售费用 - 管理费用 - 财务费用

其中:产品销售净额 = 产品销售总额 - (销售退回 + 销售折扣与折让)

利润总额 = 销售利润 + 投资净收益 + 营业外收入 - 营业外支出

税后利润 = 利润总额 - 应交所得税

衡量利润水平的指标除了利润总额外,还有利润率指标。

常用的利润率指标有:

资本金利润率。这是企业的利润总额与资本金总额的比率。其计算公式为:

$$资本金利润率 = \frac{利润总额}{资本金总额} \times 100\%$$

资本金是指新建项目设立企业时在工商行政管理部门登记的注册资金。

销售收入利润率这是企业的利润总额与销售收入净额的比率。其计算公式为:

$$销售收入利润率 = \frac{利润总额(元)}{销售收入净额(元)} \times 100\%$$

销售收入净额是指销售收入减去当期销售收入中扣除的项目,如销货折扣、销货折让和销货退回等。

成本费用利润率。这是企业的利润总额与成本费用总额的比率。其计算公式为:

$$成本费用利润率 = \frac{利润总额(元)}{成本费用总额(元)} \times 100\%$$

销售收入、成本、税金、利率之间的关系如图 2 - 6 所示。

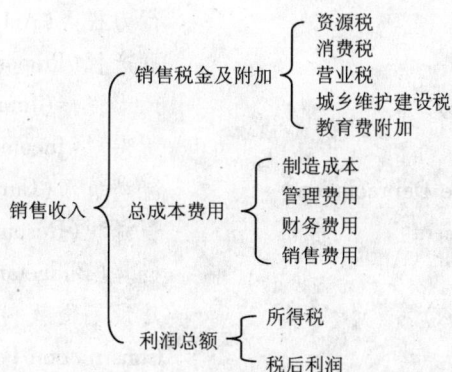

图2-6 销售收入、成本、税金、利润之间的关系图

本章小结

经济效益是指在合理利用资源和保护生态环境的前提下，以尽量少的劳动消耗和物质消耗生产出更多更好符合社会需要的产品。经济效益问题存在于国民经济各部门、各企业中，也存在于各种技术经济的实践活动中。讲求经济效益是从事一切经济活动的基本方针，也是对技术方案或项目进行技术经济评价的根本出发点与最终目的。对于任何一项有意义的经济活动，都应该从各个方面对其经济效益进行论证与分析，即进行技术经济分析与评价。

技术经济分析的基本要素是进行技术经济学研究必须掌握的基本知识。投资、成本、费用、利润与税收等构成了技术方案或项目现金流量，这些基本要素在技术经济分析中具有相应的特征与核算方法。

技术经济分析应遵循效益最佳、方案可比和系统分析等基本原则。

中英名词术语

经济效益（Economic Benefit）   沉没成本（Sunk Cost）

技术方案（Technical Proposal）   估算（Provisional Estimate）

生产成本（Cost of Production）   成本-收益比法

现金流量表（Statement of Cash Flow）   （Cost-benefit Ratio Method）

财务费用（Financial Expense）   预算（Budget）

投资（Investment）   年数总和法（Sun-of-the-year'-digits

直接费用（Direct Cost）   Depreciation）

流动资金（Circulating Funds）   销售费用（Selling Cost）

期间费用（Period Charge）   制造费用（Manufacturing Expense）

递延资产（Deferred Asset）   平均成本（Average Cost）

经济成本（Economic Cost）   机会成本（Opportunity Cost）

流动资产（Current Assets）   固定资产折旧（Depreciation of Fixed Assets）

经营成本(Cost of Operating)

固定成本(Fixed Cost)

销售收入(Sales Revenue)

边际成本(Marginal Cost)

利润(Profit)

直线折旧法(Straight-line Depreciation)

转移支付(Transfer Payment)

总产值(Gross Output)

增值税(Value Added Tax)

流转税(Circulating Tax)

消费税(Consumption Tax)

营业税(Sales Tax)

现金流量(Cash Flows)

关税(Customs Duty)

现金流量图(Cash Flow Diagram)

企业所得税(Business Income Tax)

固定资产投资(Investment in Fixed Assets)

行为税类(Act Tax)

财产税(Property Tax)

无形资产(Intangible Assets)

所得税(Income Tax)

流动负债(Current Liabilities)

资源税(Resources Tax)

概算(Budgetary Estimate)

建设期借款利息(Loan Interest in Construction Period)

决算(Final Accounts)

总成本费用(Total Cost)

双倍余额递减法(Double-declining-balance Depreciation)

管理费用(Management Cost)

成本与费用(Cost)

思考与练习

1. 下列哪些指标是属于经济效果指标?

投资　资金利润率　销售收入　劳动生产率　利率　物质消耗定额

2. 固定资产投资与流动资产投资的主要区别是什么?

什么是机会成本、经济成本、沉没成本、固定成本、变动成本? 试举例说明。

3. 增值税、资源税、所得税的征税对象是什么?

某企业 1996 年生产 A 产品 1 万件,生产成本150 万元,当年销售 8000 件,销售单价220 元/件,全年发生管理费用 10 万元,财务费用 6 万元,销售费用为销售收入的 3%,若销售税金及附加相当于销售收入的 5%,所得税率为 33%,企业无其他收入,求该企业 1996 年的利润总额、税后利润是多少?

第3章　资金时间价值与等值计算

资金时间价值和资金等值概念是经济评价的一个核心内容。本章的重点是掌握资金时间价值这一重要概念，掌握资金时间价值的衡量方法并通过学习利息与利率的计算，掌握如何计算资金的时间价值以及理解资金的等额和等值的普通复利公式。

3.1　资金时间价值与资金等值

3.1.1　资金时间价值

资金的价值不仅表现在数量上，而且表现在时间上。在不同时间等额的资金在价值上是不等的，也就是说，资金的价值会随时间发生变化。例如，现在的1万元比将来的1万元值钱，因为现在的1万元可以立即投入到某项经济活动中，并获得相应收益，而将来的1万元则无法用于现在的投资活动。因此，我们把不同时间发生的等额资金在价值上的差别称为资金的时间价值(Time Value of Money)。

任何工程项目的建设和运行，任何技术方案的实施，都必须消耗一定的资源，并且都要以资金的形式表示出来。同时，任何一个技术方案、技术措施从规划到完成都要经过一段时间。所以在进行方案分析和投资决策时，必须考虑资金的时间价值。

对资金的时间价值理解，可以从两方面进行：一是将资金用做某项投资，在资金的运动过程(流通—生产—流通)中获得一定的收益或利润，即资金有了增值，资金在这段时间内所产生的增值，就反映了资金的"时间价值"；二是如果放弃资金的使用权利，相当于失去收益的机会，也就相当于付出了一定的代价，在一定时期的这种代价就是资金的"时间价值"。

资金时间价值的大小取决于多方面因素，从投资角度来看，主要有：①投资利润率，即单位投资所能取得的利润或收益。这是支配投资行为的诱因，投资利润率高，资金时间价值就大，反之就小。②通货膨胀率，即对因通货膨胀、货币贬值造成的损失所应做的补偿。③风险因素，即对因风险的存在可能带来的损失所做的补偿。

因此，资金的时间价值告诉我们，在不同时间点上对投资项目所投入的资金和所取得的收益，它们的价值是不同的。为了对经济效果作出正确评价，就必须把不同时间点的资金换算成同一时间点上的资金，然后在相同的时间基础上进行比较。在技术经济分析、评价中，对资金时间价值的计算方法与银行利息的计算方法基本相同。

3.1.2　衡量资金时间价值的尺度

资金时间价值在本质上体现为在投资过程中所获得的报酬，影响资金时间价值的因素是多方面的，从投资的角度看，主要取决于投资收益率、通货膨胀率和项目风险等。而衡量资金时间价值的尺度主要有：利息、利率、盈利和盈利率等。利息、利率或净收益，都可视为使用资金的报酬，都是投入的资金在一定时间内的增值。一般把资金存入银行获得的资金增值叫做利息；把资金投入生产建设或其他方面产生的资金增值叫做盈利或净收益。可见，利息、盈利或净收益都是资金运动增值的表现，都是衡量资金时间价值的绝对尺度。

利率、盈利率或收益率是一定时间（通常为一年）的利息、盈利或净收益与原投入资金的比率，也称之为使用资金的报酬率。它反映了资金随时间变化的增值率，因此，它是衡量资金时间价值的相对尺度。

在技术经济分析中，利息与盈利、利率与盈利率或收益率是不同的概念，但都是反映资金不同使用方式产生时间价值的尺度，计算利息的一系列公式同样适用于不同投资方式资金时间价值的计算。

3.1.3 资金等值

资金等值（Capital Equivalence）是指在时间因素的作用下，不同时点上数额不等的资金在一定利率条件下具有相等的价值。例如，现在的100元与一年后的105元，其数额并不相等，但如果年利率为5%，则两者的价值是等值的。因为现在的100元，在5%利率下，一年后的本金与资金时间价值两者之和为105元。同样，一年后的105元在年利率为5%的情况下等值于现在的100元。不同时点上数额不等的资金如果等值，则它们在任何相同时点上的数额必然相等。

利用等值的概念，可以把在一个时点发生的资金金额换算成另一时点的等值金额，这一过程称为资金等值计算。

影响资金等值变换的因素主要有三个：资金金额的大小、资金发生的时间、利率的大小。其中利率是决定资金等值的关键因素。在技术经济分析中，为使项目或方案具有可比性，在等值变换计算中一般均采用统一的利率。

为了计算资金的时间价值，利用现金流量图对现金流量进行分析和计算，需掌握资金时间价值的相关概念。

1）贴现与贴现率

把将来某一时点的资金金额换算成另一时点的等值金额称为贴现（Discount）。贴现时所用的利率称为贴现率或折现率（Discount Rate）。

2）现值

发生在时间序列起点处的资金值称为资金的现值（Present Value）。时间序列的起点通常是经济评价时刻的起点，即现金流量图的零点处。

3）年值

年值（Annual Value）是指分期等额收支的资金，表示在连续每期期末等额支出或者收入的每一期资金支出或收入额。由于各期间隔通常为一年，且各年金额相等，故又称之为年金。

4）终值

终值（Future Value）是现值在未来时点上的等值资金，资金的未来值或者本利和。

5）等差递减年值

等差递减年值是指现金流量逐期等差递减时相邻两期资金的差额。

6）等比递增率

等比递增率是指等比序列现金流量逐期递增的百分比。

3.2 利息、利率及其计算

3.2.1 利率与利息

我们知道,当个人或企业向银行贷款时,都要支付利息。即使利用自有资金,不需向别人支付利息,但会失去将这笔资金存入银行而将获得的利息。所以,占用资金是要付出代价的,此代价就是利息(Interest)。也就是说,利息就是因占用资金而支付的费用。而利率(Interest Rate)就是在规定的时间内(通常为年)所支付的利息和本金之比。利息和盈利是指放弃资金使用权所得的报酬或占用资金所付出的代价,体现了资金时间价值绝对量的多少;利率和收益率(Rate of Return)是指资金在单位时间内产生的增值(利润或利息)与投入的资金额(本金)之比(记作 i),它是使用资金的报酬率,反映了资金时间价值相对量的大小。

3.2.2 单利和复利

资金利息的大小取决于利率的高低和资金占用的时间。在同等的利率情况下,占用的时间越长,则利息越大。计算利息的方法有单利和复利两种。

1)单利法

单利法(Simple Interest)是以本金为基数的计息方法。仅以本金为基数计算利息,利息不再产生利息,资金随时间推移呈线性变化。

单利的本利和计算公式为

$$F_n = P(1 + n \times i) , I = P \times i \times n \qquad (3.1)$$

式中: F_n——n 年末本利和;

　　　P——本金;

　　　i——年利率,是利息占本金的百分比,是相对值;

　　　I——利息;

　　　n——计算周期数。

【例 3-1】 某人有现金 5000 元,存 3 年定期,年利率 5%,试计算第三年末的本利和为多少?

解: $F = P(1 + n \times i) = 5000(1 + 3 \times 5\%) = 5750(元)$

我国现行的银行利率和国库券的利息就是以单利计算的,计算周期为"年"。

2)复利法

复利法(Compound Interest)是以本金和前期累计利息之和为基础计算利息的方法。复利计算不仅本金要计算利息,而且每一计息周期的利息都要并入本金,再计算利息,俗称"利滚利"。

复利计算的本利和公式为

$$F_n = P(1 + i)^n \qquad (3.2)$$

【例 3-2】 某企业以 6% 的年利率向银行贷款 1000 万元,贷款期 5 年,以复利计算,问 5 年后企业应支付多少利息?如果以单利计算,情况又会如何?

解：根据复利的定义，其计算过程列入表 3 - 1 中：

表 3 - 1　年本利和计算表　　　　　　　　　　　　单位:万元

年	年 初 欠 款	年 末 利 息 额	年末欠额(本利和)
1	1000.00	1000.00 × 6% = 60	1000.00 + 60 = 1060.00
2	1060.00	1060.00 × 6% = 63.60	1060.00 + 63.60 = 1123.60
3	1123.00	1123.00 × 6% = 67.42	1123.60 + 67042 = 1191.02
4	1191.00	1191.00 × 6% = 71.46	1191.02 + 71.46 = 1262.48
5	1262.00	1262.00 × 6% = 75.75	1262.28 + 75.75 = 1338.23

故所求的利息为：1338.23 - 1000.00 = 338.23(万元)

以单利计算时的利息为：1000.00 × 5 × 6% = 300.00(万元)

从上例可以看到，当单利和复利计算的利率相等时，资金的复利利息大于单利的利息，且时间越长，差别越大。由于利息是资金时间价值的表现，而时间是连续不断的，所以利息也是不断发生的。从这个意义上来说，复利比单利更能反映资金的时间价值。因此在技术经济分析中，绝大多数情况采用复利计算。

3.2.3　名义利率和实际利率

在技术经济分析中，复利的计算采用的计息利率一般是年利率，并以年为计息周期。但在实际经济活动中，利率的时间单位可能与计息周期不一致，如计息周期为半年、一个季度或者一个月等，一年内的计息次数就相应为 2 次、4 次或 12 次等。由于一年内计算利息的次数不止一次，因此在复利条件下，每计息一次，都要产生一部分新的利息，由此产生的实际本利和、利率也就不同了，因而就产生了名义利率和实际利率的问题。

名义利率(Nominal Interest Rate)是计息周期的利率与一年内的计息次数之乘积。实际利率(Effective Interest Rate)是指一年内按复利计息的利息总额与本金的比率，或以计息周期利率为基数，在一年内复利有效利率。假如按月计息，月利率为 1%，即"年利率为 12%，每月计息一次，年计息 12 次"。该年利率 12% 称为名义利率。若按单利计算，名义利率与实际利率是一致的；若按复利计算，名义利率与实际利率则不同。

设 i 为计息周期利率，一年内的计息周期数为 n，名义利率为 r，实际利率为 i_e。

则名义利率 r 的计算公式为

$$r = i \times n \tag{3.3}$$

实际利率 i_e 的计算公式为

$$i_e = (F - P)/P = (1 + i)^n - 1 \tag{3.4}$$

名义利率 r 与实际利率 i_e 的关系为

$$i_e = (1 + r/n)^n - 1 \tag{3.5}$$

从式(3.5)中可以分析得出：

(1)当 $n = 1$ 时，$r = i_e$，即名义利率等于实际利率；

(2)当 $n > 1$ 时，$r < i_e$，且 n 越大，即一年中复利的计算次数越多，其实际利率相对于名义利率就越大。

【例3-3】 如果利息期为半年,利率为3%,那么一年的实际利率为多少?

解： 半年计算1次利息,则一年计算周期数为2,年名义利率为3% ×2 =6%。

一年的实际利率为

$$i_e = (1+i)^n - 1 = (1+3\%)^2 - 1 = 1.0609 - 1 = 0.0609 = 6.09\%$$

如果现有资金为 P 元,最小计息周期是半年,即半年的实际利率为3%,要求折算成计息期为一年利率。

在单利情况下：

年末的终值	$F = P(1 + 2 \times 3\%) = 1.06P$
所获利息额	$I = 1.06P - P = 0.06P$
年利率	$i = (I/P) \times 100\% = (0.06P/P \times 100\%) = 6\%$

可见6%就是单利的实际年利率。

在复利情况下：

年末的终值	$F = P(1 + 3\%)^2 = 1.0609P$
所获利息额	$I = 1.0609P - P = 0.0609P$
年实际利率	$i_e = (I/P) \times 100\% = (0.0609P/P) \times 100\% = 6.09\%$

可见6.09%就是利息期为半年,利率为3%复利的年实际利率。

从上例看出,以单利计算时年实际利率就等于年名义利率,而以复利计算时实际利率会大于名义利率。实际利率与名义利率的差异,将随着计息次数的增大而增大,差异最大值为连续复利之差。当计息次数大于1时,在相同的计息次数下,实际利率与名义利率的差异随着名义利率的上升而增大。

此外,连续利率与按日进行复利计算的实际利率是很接近的。实际上,当名义利率不是很大时,计息次数从365增加到无限大,其实际利率增加的值是微不足道的。

3.3　现金流量和资金等值计算

现金流量反映了技术方案在整个寿命期内资金运动的全貌。技术经济系统中现金流入与现金流出的活动过程,构成了系统的资金运动。对于技术方案或投资项目来说,投资、成本、收入、税金和利润等是构成经济系统现金流量的基本要素。在技术经济分析中,为了考察技术方案的经济效益,必须对方案寿命周期内不同时间点发生的全部现金流量进行计算和分析。在资金时间价值的作用下,不同时间点上发生的现金流入和现金流出,其数值不能直接相加或相减,需通过资金等值计算将它们换算到同一时间点上进行分析。

3.3.1　现金流量和现金流量图

1)现金流量(Cash Flows)

一个技术方案或投资项目的实施,往往要延续一段时间。在其寿命期内,各种现金流量的数额和发生的时间都不尽相同。为了便于分析不同时点上的现金流入和现金流出,计算其净现金流量,通常采用现金流量表或现金流量图来表示系统在寿命期(或分析期)内发生的现金流量,以分析和评价方案或项目的经济效果。

现金流量是指技术方案在整个计算期(或寿命期)内各时点上实际发生的资金流出和资

金流入。现金流量有正负之分：流入系统的资金收入称现金流入，为正现金流量；流出系统的资金支出称现金流出，为负现金流量。系统在某一时点上发生的现金流入与现金流出之差称为净现金流量。

现金流量的基本要素主要包括营业收入、回收固定资产余值、回收流动资金、建设投资、流动资金投资、经营成本、税金等。

2）现金流量图（Cash Flows Diagram）

一个工程项目的实施，往往要延续一段时间。在项目寿命期内，各种现金流入和现金流出的数额发生的时间都不尽相同，为了便于分析，通常采用表格和图的形式表示特定系统在一段时间内发生的现金流量。

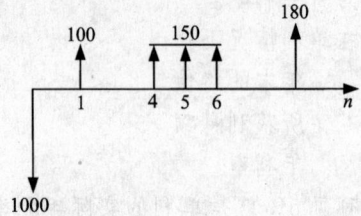

现金流量图如图 3 - 1 所示。图中的横轴表示时间轴，向右延伸表示时间的延续。水平线等分成若干

图 3 - 1 现金流量图（单位：万元）

间隔，每一间隔代表一个时间单位，通常是"年"（也可以是季或者月等）。时间轴上的点成为时点，时间通常表示的是年末，同时也是下一年的年初，零点即为第一年初。

与横轴相连的垂直线，代表流入或流出系统的现金流量，垂直线的长度根据现金流量的大小按比例绘制。箭头向下表示现金流出，箭头向上表示现金流入。现金流入和现金流出也可分别成为正现金流量与负现金流量。垂直线旁边还要注明每一笔现金流量的金额大小。

3.3.2 资金的等值计算

1. 一次支付类型

一次支付是指分析系统的现金流量，无论是流入还是流出，均在一个时点上一次发生。其典型现金流量图如图 3 - 2 所示。

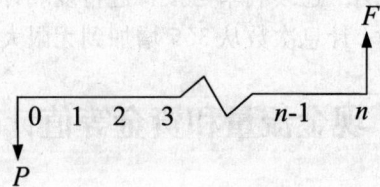

对于所考虑的系统来说，如果在考虑资金时间价值的条件下，现金流入恰恰能补偿现金流出，则终值（F）与现值（P）就是等值的。一次支付的等值计算公式有两个，如下所述。

图 3 - 2 一次支付现金流量图

1）一次支付终值公式

如果现在有一笔资金 P，折现率为 i，经过 n 个周期，终值为：

$$F = P \cdot (1+i)^n \tag{3.6}$$

上式与复利计算公式是一样的，但在等值计算时，一般称 P 为现值；F 为终值；i 为折现率；n 为时间周期数。系数 $(1+i)^n$ 称为一次支付终值系数，也可用符号 $(F/P, i, n)$ 表示，该系数可由附表查出。

【例 3 - 4】 某企业为开发新产品，向银行借款 100 万元，年利率为 6%，借期 5 年，则 5 年后需一次归还银行：

$$F = P(1+i)^n = 100 \times (1+0.06)^5$$
$$= 100 \times 1.338 = 133.8（万元）$$

2)一次支付现值公式

一次支付现值公式是已知终值求现值的等值公式，是一次支付终值公式的逆运算。由式(3.6)可直接导出：

$$P = F\left[\frac{1}{(1+i)^n}\right] \tag{3.7}$$

式中，有关符号含义同式(3.6)。系数$\frac{1}{(1+i)^n}$称为一次支付现值系数，记为$(F/P,i,n)$。它和一次支付终值系数$(1+i)^n$互为倒数。

【例3-5】 某人打算5年后从银行提取1000元，如果银行利率为5%，按复利计息。则现在应存入银行的金额为：

$$P = F \cdot (1+i)^{-n} = 1000 \times (1+0.05)^{-5}$$
$$= 1000 \times 0.7835 = 783.5(元)$$

2. 等额支付类型

在技术经济分析中，一个经济系统分析期内的现金流量，有的是集中发生在一个时点上，这时可用整付系列的计算公式来进行换算；而大多数现金流量是分布在整个分析期内的，即多次支付。现金流入和现金流出发生在多个时点的现金流量，其数额可以是不等的，也可以是相等的。如果现金流序列是连续的，而且数额相等，则称为等额系列现金流。常需计算出一系列等额支付累加而成的序列支付终值。下面分别介绍等额系列现金流的四个等值计算公式。

1)等额支付终值公式

等额支付终值公式也称年金终值公式。该公式按利率i复利计息，计算与n期内等额系列现金流量A等值的第n期末的本利和F，也就是已知A,i,n，求F。其现金流量图如图3-3所示。

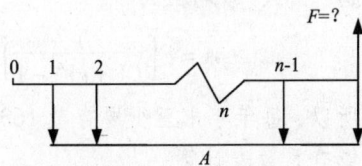

图3-3 等额支付现金流量图

由一次支付系列公式可推出

$$F = A(1+i)^{n-1} + A(1+i)^{n-2}$$
$$+ \cdots + A(1+i) + A$$
$$= A\left[1 + (1+i) + \cdots + (1+i)^{n-2} + (1+i)^{n-1}\right]$$
$$= A\frac{1\left[1-(1+i)^n\right]}{1-(1+i)}$$
$$= A\frac{(1+i)^n - 1}{i}$$

即

$$F = A\frac{(1+i)^n - 1}{i} = A(A/F,i,n) \tag{3.8}$$

式中：$\frac{(1+i)^n-1}{i}$或$A(A/F,i,n)$称为等额支付终值系数(Future-worth Factor, Uniform Series)或年金终值系数，其系数值可从复利系数表中查得。

【例3-6】 某企业为设立一项基金，每年末存入银行20万元，若存款利率为10%，按复利计息，第5年末基金总额是多少？

解：由上式可得

$$F = A\frac{(1+i)^n - 1}{i} = 20 \times \frac{(1+10\%)^5 - 1}{10\%}$$

$$= 20 \times 6.105 = 122.1(万元)$$

2）等额分付偿债基金公式

等额分付偿债基金公式又称等额分付积累基金公式。也就是为了在未来偿还一笔债务，或为未来积累某笔基金，在利率为 i 的情况下，预先每年应存储多少资金，即已知 F,i,n，求 A，其现金流量图如图 3-4。

等额分付偿债基金公式是等额分付终值公式的逆运算。因此可由式(3.8)直接导出：

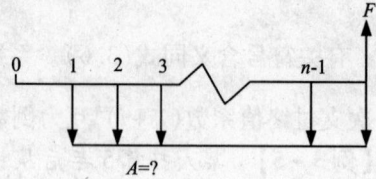

图 3-4 等额分付偿债基金现金流量图

$$A = F\left[\frac{i}{(1+i)^n - 1}\right] = F(A/F,i,n) \tag{3.9}$$

式中：$\dfrac{i}{(1+i)^n - 1}$ 称为等额分付偿债基金系数(Sinking Fund Factor, Uniform Series)，又称积累基金因子，也可用符号 $(A/F,i,n)$ 表示。

【例 3-7】 某企业欲设立一笔用于设备更新的基金，5 年后对设备进行更新。此项目投资总额为 1000 万元，银行利率为 10%，问每年末至少需要存款多少？

解：由式(3.9)可得

$$A = F\left[\frac{i}{(1+i)^n - 1}\right] = 1000 \times \frac{10\%}{(1+10\%)^5 - 1} = 163.8(万元)$$

所以，每年年末至少要存款 163.8 万元。

或查系数表计算：

$$A = F(A/F,i,n) = F(A/F,10\%,5) = 1000 \times 0.1638 = 163.8(万元)$$

3）等额支付现值公式

当收益率为 i 的情况下，希望在未来年内，每年年末能取得等额的存款或收益 A，则现在必须存入多少资金(P)，其现金流量图如图 3-5 所示。

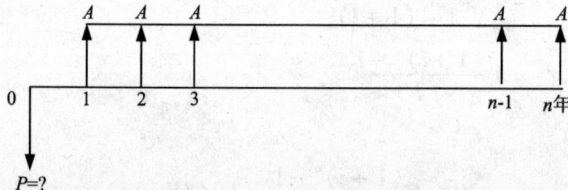

图 3-5 等额分付现值现金流量图

由等额分付终值公式和一次支付终值公式，可得

$$P(1+i)^n = A\left[\frac{(1+i)^n - 1}{i}\right]$$

即

$$P = A\left[\frac{(1+i)^n - 1}{i(1+i)^n}\right] = A(P/A, i, n) \tag{3.10}$$

式中：$[(1+i)^n - 1]/[i(1+i)^n]$ 称为等额分付现值系数（Present-Worth Factor, Uniform Series），也可用符号 $(P/A, i, n)$ 表示，其系数可从复利系数表中查得。

【例3-8】 某厂投入一项专利产品，预计每年平均可获利200万元，在年利率10%的情况下，5年后即可连本带利全部收回，问期初的一次性投入额为多少？

解： 画出现金流量图，如图3-6所示。

由公式(3.10)得

$$P = A[(1+i)^n - 1]/[i(1+i)^n]$$
$$= 200[(1+10\%)^5 - 1]/[10\%(1+10\%)^5]$$
$$= 200 \times 3.7908 = 758.16(万元)$$

4）等额分付资本回收公式

等额分付资本回收公式是等额分付现值公式的逆运算。如果现在投资 P 元，按收益率 i 复利计算，希望分 n 期期末等额回收，那么每次应回收多少 (A) 才能连本带利全部回收，即已知 P，i，n，求 A，其现金流量图如图3-7。

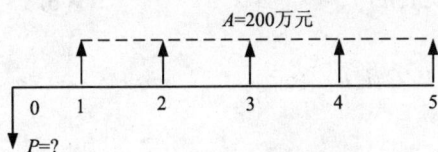

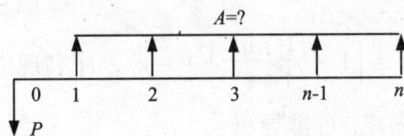

图3-6 现金流量图　　　　图3-7 等额分付资本回收现金流量图

由公式(3.10)可直接导出：

$$A = P\{i(1+i)^n/[(1+i)^n - 1]\} = P(A/P, i, n) \tag{3.11}$$

式中：$i(1+i)^n/[(1+i)^n - 1]$ 称为等额分付资本回收系数（Capital Recovery Factor, Uniform Series），可用符号 $(A/P, i, n)$ 表示，其系数可从复利系数表中查得。

【例3-9】 某企业贷款100万元开发新产品，银行要求4年内等额收回全部贷款本利，已知贷款利率为10%，那么该企业平均每年的净收益至少应有多少万元才能还清贷款？

解： 由公式(3.11)得：

$$A = 100\{10\%(1+10\%)^4/[(1+10\%)^4 - 1]\} = 100 \times 0.3155 = 31.55(万元)$$

或查系数表计算：

$$A = P(A/P, i, n) = 100(A/P, 10\%, 4) = 100 \times 0.3155 = 31.55(万元)$$

所以，该企业每年的净收益至少应有31.55万元才能还清贷款。

3. 等差序列支付类型

等差序列现金流（Linear Gradient Cash Flow）是指现金流量在一定的基础数值上逐期增加或逐期等差减少。一般是将第一期期末的现金流量作为基础数值，然后从第2期期末开始逐期等差递增或逐期等差递减。其现金流量图如图3-8所示。

显然，图 3-8 的现金流可以分解为两部分：第一部分由有 1 时点的现金流量 A_1 构成的等额支付序列现金流量；第二部分是由等差额 G 构成的递增等差支付序列现金流量。

由 A_1 构成的等额支付的终值 F_{A_1} $= A_1(F/A, i, n)$。

由 $G, 2G, 3G, \cdots, (n-1)G$ 构成的递增等差支付序列的终值(用 F_G 表示)为：

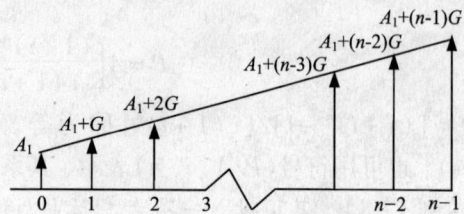

图 3-8 等差序列现金流量图

$$F_G = G(1+i)^{n-2} + 2G(1+i)^{n-3} + (1+i)^{n-4} + \cdots + (n-1)G$$

$$= \frac{G}{i}\left[\frac{(1+i)^n - 1}{i} - n\right] \qquad (3.12)$$

式中：$\frac{1}{i}\left[\frac{(1+i)^n - 1}{i} - n\right]$——等差序列终值系数，可用 $(F/G, i, n)$ 表示。

根据上式可以推导出

$$P = G\frac{1}{i}\left[\frac{(1+i)^n - 1}{i} - n\right]\frac{1}{(1+i)^n}$$

$$= G\frac{1}{i^2}\left[1 - \frac{1+in}{(1+i)^n}\right] = G(P/G, i, n) \qquad (3.13)$$

式中：$\frac{1}{i^2}\left[1 - \frac{1+in}{(1+i)^n}\right]$——等差序列现值系数，可用 $(P/G, i, n)$ 表示。

同理，可推导出

$$A = \frac{G}{i}\left[\frac{(1+i)^n - 1}{i} - n\right]\frac{1}{(1+i)^n - 1}$$

$$= \frac{G}{i}\left[1 - \frac{in}{(1+i)^n - 1}\right] \qquad (3.14)$$

式中：$\frac{1}{i}\left[1 - \frac{in}{(1+i)^n - 1}\right]$——等差序列年值系数，可用 $(A/G, i, n)$ 表示。

【例 3-10】 某企业拟购入一台设备，其年收益第一年为 10 万元，此后直至第 8 年末逐年递减 2000 元，设年利率为 10%，复利计息，试求该设备 8 年的现金流量。

解：该问题的现金流量可以分解为两部分：第一部分是以第一年收益额 10 万元为 A_1 的等额值的等额支付序列现金流量；第二部分是以等差额 $G = 2000$ 元的现金流量。

对第一部分的现金流量，求其 8 年的收益现金值：

$$P_1 = 10 \times (P/A, 10\%, 8) = 10 \times 5.335 = 53.335 (万元)$$

对第二部分的现金流量，求其 8 年的收益现值：

$$P_2 = G \times (A/G, 10\%, 8) \times (P/A, 10\%, 8) = 0.2 \times 3.00 \times 5.335 = 3.201 (万元)$$

因此，该设备 8 年的收益现值为：

$$P = P_1 - P_2 = 53.335 - 3.201 = 50.134 (万元)$$

4. 等比序列支付类型

等比序列现金流(Geometric Gradient Cash Flow)是指分析期内，每年年末发生的方向相同、大小成等比关系变化的现金流量序列，其特点是现金流量以某一固定比率逐年递增或递

减。等比序列现金流量图如图 3-9 所示。等比支付序列
公式常用的有等比序列终值公式、等比数列现值公式、等
比序列量年金公式。

1) 等比数列现值公式

设等比现金流量第 1 年末的现金流量为 A_1, A_2 为初始

值。公比 $q = \dfrac{A_t}{A_{t-1}}$。当序列为等比递增序列时，有 $q > 1$；

当序列为等比递减序列时，有 $q < 1$。

图 3-9 等比序列现金流量图

在年利率为 i 的情况下，这个等比序列现金流量的复利现值 P 为

$$P = A_1(1+i)^{-1} + A_2(1+i)^{-2} + A_3(1+i)^{-3} + \cdots + A_{n-1}(1+i)^{-n+1} + A_n(1+i)^{-n}$$

$$= A_1(1+i)^{-1} + A_1 q(1+i)^{-2} + A_1 q^2(1+i)^{-3} + \cdots + A_1 q^{n-2}(1+i)^{-n+1} + A_1 q^{n-1}(1+i)^{-n}$$

$$= A_1 \sum_{t=1}^{n} q^{t-1}(1+i)^{-t}$$

上式右边是公比为 $\dfrac{q}{1+i}$ 的等比数列之和，由等比数列求和公式可得

$$(1+i)^{-1} + q(1+i)^{-2} + q^2(1+i)^{-3} + \cdots + q^{n-2}(1+i)^{-n+1} + q^{n-1}(1+i)^{-n}$$

$$= \frac{1 - q^2(1+i)^{-n}}{1+i-q}$$

则

$$P = A_1 \frac{1 - q^2(1+i)^{-n}}{1+i-q} \tag{3.15}$$

式(3.15)即为等比数列现金流量复利现值公式。$\dfrac{1 - q^2(1+i)^{-n}}{1+i-q}$ 称为等比数列现值系数，记

作 $(P/A_1, q, i, n)$。

2) 等比序列终值公式

$$F = P(1+i)^n = A_1 \frac{1 - q^2(1+i)^{-n}}{1+i-q}(1+i)^n$$

经过整理有

$$F = A_1 \frac{(1+i)^{-n} - q^n}{1+i-q}(1+i)^n \tag{3.16}$$

式(3.16)即为等比现金流量序列复利终值公式。$\dfrac{(1+i)^{-n} - q^n}{1+i-q}$ 称为等比序列终值系数，记作

$(F/A_1, q, i, n)$。

3) 等比序列年金公式

等比序列现金流量的等额年值 A 为

$$A = A_1 \frac{i(1+i)^{-n} - iq^n}{(1+i-q)[(1+i)^n - 1]} \tag{3.17}$$

式中：$\dfrac{i(1+i)^{-n} - iq^n}{(1+i-q)[(1+i)^n - 1]}$ ——等比数列年值系数，记作 $(A/A_1, q, i, n)$。

等比序列现金流同等差序列现金流一样，都属于特殊情况下有规律可循的序列现金流。
应用复利系数表可以查到相应的系数值。

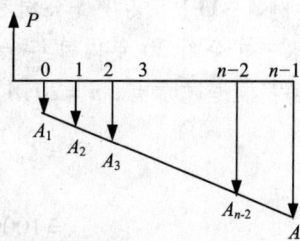

【例3-11】 某投资公司租赁一块土地修建产房，目前每亩地年租金为10000元，预计租金水平在今后20年内每年上涨6%。试计算20年内每亩地的租金现值是多少？

解： 根据题意有，$n=20$，$A_1=10000$，$q=1.06$，$i=15\%$，则

$$P = A_1 \frac{1-q^2(1+i)^{-n}}{1+i-q}$$
$$= 10000 \times \frac{1-1.06^2 \times (1+15\%)^{-20}}{1+15\%-1.06}$$
$$= 103483.05(元)$$

本章小结

资金的时间价值对于技术经济分析至关重要。任何一个技术措施的实施，都必须消耗一定的资源，并且都要以资金的形式表示出来。资金时间价值是指资金在用于生产、流通过程中，将随时间的推移而不断发生增值。

利息是资金投入流通领域后，随时间推移而产生的增值。利率是单位时间的利息与本金之比，它是使用资金的报酬率。利息与利率是衡量资金时间价值的绝对尺度和相对尺度。利息计算主要有单利计息和复利计息两种方法。单利计息仅对本金计息，对所获得的利息不予计息；复利法是指本金和利息都参与后续周期的计息。

资金等值是指在时间因素的作用下，不同时点上数额不等的资金在一定利率条件下具有相等的价值。影响资金等值变换的要素主要有三个：(1)资金金额的大小；(2)资金发生的时间；(3)计算的利率。在一定资金额与时点的情况下，利率是决定资金等值的主要因素。

在资金时间价值的作用下，不同时点上发生的现金流入或现金流出，其数值不能直接相加或相减，须通过资金等值计算将它们换算到同一时点上进行分析。资金等值计算通常采用复利计息方法，主要分为一次支付、等额支付、等差支付及等比支付等类型。

附表　资金等值普通复利计算公式汇总

公式名称	已知项	所求项	系数符号	公式
一次支付终值	P	F	$(F/P,i,n)$	$F=P(1+i)_n$
一次支付现值	F	P	$(P/F,i,n)$	$P=F\dfrac{1}{(1+i)^n}$
等额分付终值	A	F	$(F/A,i,n)$	$F=A\left[\dfrac{(1+i)^n-1}{i}\right]$
等额分付偿债基金	F	A	$(A/F,i,n)$	$A=F\left[\dfrac{i}{(1+i)^n-1}\right]$
等额分付现值	A	P	$(P/A,i,n)$	$P=A\left[\dfrac{(1+i)^n-1}{i(1+i)^n}\right]$
等额分付资本回收	P	A	$(A/P,i,n)$	$A=P\left[\dfrac{i(1+i)^n}{(1+i)^n-1}\right]$

续附表

公式名称	已知项	所求项	系数符号	公式
等差序列终值公式	G	F	$(F/G,i,n)$	$F = \dfrac{G}{i}\left[\dfrac{(1+i)^n - 1}{i} - 1\right]$
等差序列现值公式	G	P	$(P/G,i,n)$	$P = G\dfrac{G}{i^2}\left[1 - \dfrac{1+in}{(1+i)^n}\right]$
等差序列年值公式	G	A	$(A/G,i,n)$	$A = \dfrac{G}{i}\left[1 - \dfrac{in}{(1+i)^n - 1}\right]$
等比序列现值公式	A_1	P	$(P/A_1,q,i,n)$	$P = A_1\dfrac{1 - q^2(1+i)^{-n}}{1+i-q}$
等比序列终值公式	A_1	F	$(F/A_1,q,i,n)$	$F = A_1\dfrac{(1+i)^{-n} - q^n}{1+i-q}(1+i)^n$
等比序列年金公式	A_1	A	$(A/A_1,q,i,n)$	$A = A_1\dfrac{i(1+i)^{-n} - iq^n}{(1+i-q)\left[(1+i)^n - 1\right]}$

中英文名词术语

资金时间价值(Time Value of Money)

贴现(Discount)

现值(Present Value)

等额分付终值系数(Future-worth Factor, Uniform Series)

终值(Future Value)

利率(Interest Rate)

等额分付偿债基金系数(Sinking Fund Factor, Uniform Series)

复利法(Compound Interest)

等额分付资本回收系数(Capital Recovery Factor, Uniform Series)

实际利率(Effective Interest Rate)

等额分付现值系数(Present-worth Factor, Uniform Series)

年值(Annual Value)

利息(Interest)

等差序列现金流(Linear Gradient Cash Flow)

单利法(Simple Interest)

等比序列现金流(Geometric Gradient Cash Flow)

名义利率(Nominal Interest Rate)

资金等值(Capital Equivalue)

等额支付(Uniform Series)

折现率(Discount Rate)

思考与练习题

1. 什么是资金的时间价值,怎样理解资金时间价值的来源? 从投资的角度看,影响资金的时间价值的因素有哪些?

2. 什么是资金等值,影响资金等值变化的因素有哪些?

3. 某选矿企业获得 10 万元贷款,偿还期 5 年,年利率为 10%,试就下面四种还款方式,分别计算 5 年还款总额及还款额的现值。

（1）每年末还 2 万元本金和所欠利息；

（2）每年末只还所欠利息，本金在第 5 年末还清；

（3）每年末等额偿还本金和利息；

（4）第 5 年末一次还清本金和利息。

4. 某选矿企业向银行贷款 20 万元，条件是年利率 12%，每月计息一次，求第三年末应归还的本利和？

5. 某投资项目预计建成后年净收益 5600 万元，若期望投资收益率 12%，允许的最大投资现值是多少？

第4章　经济效果评价方法

工程技术方案经济性评价的核心内容就是经济效果的评价。为了确保经济决策的正确性和科学性，研究经济效果评价的指标和方法是十分必要的。

经济效果评价的指标是多种多样的，它们从不同角度反映出工程技术方案的经济性。投资者可以根据不同的评价深度要求和可获得的资料的多少，以及项目本身和所处条件的不同，选用不同的评价指标和方法。本章主要介绍评价工程技术方案经济效果的各类指标、方法和标准。

项目经济性评价的基本方法包括确定性评价方法和不确定性评价方法两类。对同一个项目必须同时进行确定性评价和不确定性评价。

若根据是否考虑资金时间价值，可将常用方法分为静态评价方法和动态评价方法。前者不考虑资金时间价值，后者考虑资金时间价值。

若根据项目对资金的回收速度、获利能力和资金的使用效率进行分类，项目经济性评价指标可以分为三类：一是以时间作为计量单位的时间型指标；二是以货币单位计量的价值型指标；三是反映资源利用效率的效率型指标。

不确定性评价方法将在第5 章介绍，本章介绍常用的确定性评价方法，按照时间型指标、价值型指标和效率型指标来分类介绍。

4.1　时间型经济评价指标

投资回收期法是最常用的时间型指标，投资回收期法又叫投资返本期法或投资偿还期法。所谓投资回收期是指以项目净现金流入回收全部投资所需的时间，一般以年为计算单位，并从项目投建之年算起。如果是从投产年算起，应予以注明。

1.静态投资回收期

1)概念

静态投资回收期是在不考虑资金时间价值的条件下，以项目净现金流入回收项目全部投资所需要的时间，它是反映项目方案在财务上投资回收能力的重要指标，也是考察项目投资盈利水平的经济效益指标。

2)计算

静态投资回收期(Tp，以年表示)的计算公式是

$$\sum_{t=0}^{Tp} (CI - CO)_t = 0 \tag{4.1}$$

式中：CI——现金流入量；

　　　CO——现金流出量；

　　　$(CI - CO)_t$——第 t 年的净现金流量；

Tp——静态投资回收期(年)。

式(4.1)是求解静态回收期的理论公式,不容易直接求解,投资回收期通常用列表法求得,通过累计净现金流量的计算可以求得 Tp 值。其实用公式为

$$Tp = 累计净现金流量开始出现正值的年份数 - 1 + \frac{上年累计净现金流量的绝对值}{当年净现金流量} \quad (4.2)$$

3)判别准则

用投资回收期评价投资项目时,需要将计算所得的投资回收期与同类项目的历史数据或投资者意愿确定的基准投资回收期相比较。设基准投资回收期为 Tb,判别准则为:

$Tp \leqslant T_b$ 时,项目可以考虑接受;$Tp > T_b$ 时,项目予以拒绝。

【例4-1】 某矿业工程项目的现金流量情况如表4-1所示,试计算其投资回收期,若标准投资回收期 $T_b = 4$ 年,判断其在经济上的合理性。

表4-1 例4-1现金流量表

年份 \ 项目	0	1	2	3	4	5
总投资	4000	500	—	—	—	—
销售收入	—	1700	2000	2000	2000	2000
经营成本	—	500	500	500	500	500
净现金流量	-4000	700	1500	1500	1500	1500
累计净现金流量	-4000	-3300	-1800	-300	1200	2700

解:根据表4-1可得

$$Tp = 4 - 1 + \frac{300}{1500} = 3.2 \ 年 < 4(年)$$

因为 $Tp \leqslant T_b$,故该方案在经济上可行。

4)指标评价

主观上投资方希望投资方案的回收期越短越好,作为一种判断依据,基准投资回收期没有绝对的标准,它取决于投资项目的规模、行业的性质、资金来源的情况、投资环境的风险大小及投资者的主观期望,要根据具体情况进行分析。显然,重点是回收期不能长于项目的计算期,否则到了计算期末,投资项目连本都无法收回。另外,该指标没有考虑投资回收以后的经济效果,不能全面反映项目在寿命期内的真实效果。

2.动态投资回收期

为了克服静态投资回收期未考虑资金时间价值的缺点,可采用动态投资回收期。

1)概念

所谓动态投资回收期,是在考虑资金时间价值,即在设定的基准收益率条件下,以项目的净现金流入收回全部投资所需的时间,它克服了静态投资回收期未考虑时间因素的缺点。

2)计算

动态投资回收期可由下式求得

$$\sum_{t=0}^{Tp^*} (CI - CO)_t (1 + i_0)^{-t} = 0 \tag{4.3}$$

式中，Tp^*——动态投资回收期；i_0——折现率。

动态投资回收期 Tp^* 的计算也常采用列表法，计算动态投资回收期的实用公式为

Tp^* = 累计净现金流量折现值开始出现正值年份数 -1 +

$$\frac{上年累计净现金流量折现值的绝对值}{当年净现金流量折现值} \tag{4.4}$$

3）判别准则

用动态投资回收期评价投资项目的可行性，需要与基准动态投资回收期相比较。设基准投资回收期为 Tb，则判别准则为：

$Tp^* \leqslant T_b$ 时，项目可以考虑接受；$Tp^* > T_b$ 时，项目予以拒绝。

【例4-2】 资料同例4-1，基准折现率为10%，求动态投资回收期。

解：现金流量情况如表4-2所示。

表4-2 例4-2 现金流量表

年份 项目	0	1	2	3	4	5
总投资	4000	500	—	—	—	—
销售收入	—	1700	2000	2000	2000	2000
经营成本	—	500	500	500	500	500
净现金流量	-4000	700	1500	1500	1500	1500
折现系数（i_0=10%）	1.0000	0.9091	0.8264	0.7513	0.6830	0.6209
净现金流量折现值	-4000	636.4	1239.6	1127.0	1024.5	934.1
累计净现金流量折现值	-4000	-3363.6	-2124.0	-997	27.5	958.9

$$Tp^* = 4 - 1 + \frac{997}{1024.5} = 3.97 < 4（年）$$

所以该方案的动态投资回收期为3.97年。因为 $Tp^* < T_b$，所以该方案在经济上可行。

投资回收期指标直观、简单，尤其是静态投资回收期，表明投资需要多少年才能回收，便于为投资者衡量风险。投资者关心的是用较短的时间回收全部投资，减少投资风险。但是，投资回收期指标最大的缺点是没有反映投资回收期以后方案的情况，因而不能全面反映项目在整个寿命期内真实的经济效果。所以投资回收期一般用于粗略评价，需要和其他指标结合起来使用。

4.2 价值型经济评价指标

1. 净现值

净现值（net present value，NPV）指标是动态评价最重要的指标之一。它不仅考虑了资金

的时间价值，而且考察了项目在整个寿命期内的全部现金流入和现金流出。

所谓净现值是指按设定的折现率，将技术方案计算期内各个不同时点的净现值折现到计算期初的累计值。其计算公式为

$$NPV = \sum_{t=0}^{n} (CI_t - CO_t)(1 + i_0)^{-t} \qquad (4.5)$$

式中：NPV——净现值；

CI_t——第 t 年的现金流入；

CO_t——第 t 年的现金流出；

n——项目寿命年限；

i_0——基准折现率。

判别准则：

对单一项目方案而言，若 $NPV \geq 0$，则方案是经济合理的，项目应予接受；若 $NPV < 0$，则项目应予否定。

因为当 $NPV > 0$ 时，此时方案的收益率不仅能达到设定的基准折现率水平，而且还能取得超额收益现值；当 $NPV = 0$ 时，方案的收益率恰好达到了设定的基准折现率要求水平；当 $NPV < 0$ 时，此时方案的收益率未达到设定的基准折现率要求的水平。

多方案必选时，净现值越大的方案越优（净现值最大准则）。

【例4-3】 某设备的购价为40000元，每年的运行收入为15000元，年运行费用3500元，4年后设备可以按5000元转让，如果基准收益率为 $i_0 = 20\%$，问此设备投资是否值得？

解：用净现值指标评价，根据题意画出现金流量图，见图4-1。

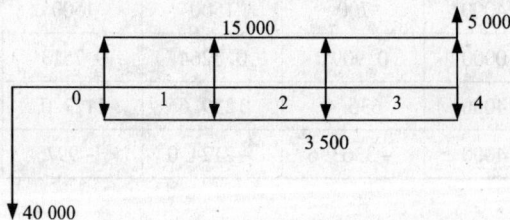

图4-1 现金流量图(单位:元)

$$NPV(20\%) = -40000 + (15000 - 3500)(P/A,20\%,4) + 5000(P/F,20\%,4)$$
$$= -40000 + 11500 \times 2.589 + 5000 \times 0.4823 = -7815(元)$$

由于 $NPV(20\%) < 0$，此投资经济上不合理。

【例4-4】 在例4-3中，在其他情况相同的条件下，如果基准收益率 $i_0 = 5\%$，问此项投资是否值得？

解：计算此时的净现值：
$$NPV(5\%) = -40000 + (15000 - 3500)(P/A,5\%,4) + 5000(P/F,5\%,4)$$
$$= -40000 + 11500 \times 3.546 + 5000 \times 0.8227 = 4892.5(元)$$

$NPV(5\%) > 0$，这意味着若基准收益率为5%，则此项投资是值得的。

显然，净现值的大小与折现率 i_0 有很大关系，当 i_0 变化时，NPV 也随之变化，两者呈线性

关系：$NPV(i_0) = f(i_0)$。

一般情况下，同一净现金流量的净现值随着折现率 i 的增大而减少，故基准折现率 i_0 定得越高，能被接受的方案就越少，如图4-2所示。

图4-2中，在某一个 i^* 值上，净现值曲线与横坐标相交，表示该折现率下的净现值 $NPV = 0$，且当 $i_0 < i^*$ 时，$NPV(i_0) > 0$；$i_0 > i^*$ 时，$NPV(i_0) < 0$，i^* 是一个具有重要经济意义的折现率临界值，被称为内部效益率。

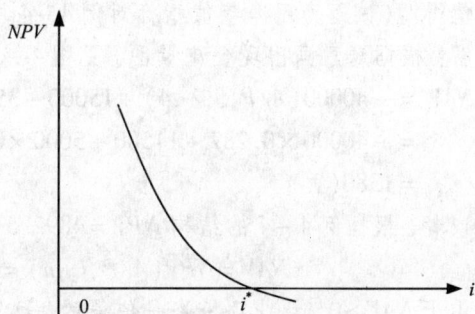

图4-2 净现值与折现率的关系

NPV 之所以随着 i 的增大而减小，是因为一般投资项目正的现金流入（如收益）总是发生在负的现金流出（如投资）之后，使得随着折现率的增加，正的现金流入折现到期初的时间长，其现值减小得多；而负的现金流出折现到期初的时间短，相应现值减小得少，这样现值的代数和就减小。

这里也可以看出，规定的折现率 i_0 ——基准收益率对方案的评价起重要的作用。i_0 定得越高，计算的 NPV 越容易小于零，使方案不容易通过评价标准，投资方案也越容易被否定；反之，i_0 定得较低，计算的 NPV 不容易小于零，使方案容易通过评价标准，从而容易被接受。因此，国家正是通过制定并颁布各行业的基准收益率，作为投资调控的手段。国家有关部门按照企业和行业的平均投资收益率，并考虑产业政策、资源优劣程度、技术进步和价格变动等因素，分行业确定并颁布基准收益率。

2. 净年值

净年值（net annual value, NAV）是指按给定的基准折现率，通过等值换算将方案计算期内各个不同时点的净现金流量分摊到计算期内各年的等额年值。其计算公式为

$$NAV = \left[\sum_{t=0}^{n} (CI_t - CO_t)(1 + i_0)^{-t} \right](A/R, i_0, n)$$
$$= NPV(A/P, i_0, n) \qquad (4.6)$$

式中，NAV 为净年值；$(A/P, i_0, n)$ 为资金回收系数；其余符号意义同式(4.5)。

判别准则：对单一项目方案而言，若 $NAV \geq 0$，则项目在经济效果上可以接受；若 $NAV < 0$，则项目在经济效果上不可接受；多方案比选时，净年值越大的方案越优（净年值最大准则）。

将净年值的计算公式及判别准则与净现值的作比较可知，由于 $(A/P, i_0, n) > 0$，故净年值与净现值在项目评价的结论上总是一致的，因此，就项目的评价结论而言，净年值与净现值是等效评价指标。净现值给出的信息是项目在整个寿命期内获取的超出最低期望盈利的超额收益的现值，而净年值给出的信息是寿命内每年的等额超额收益。由于信息的含义不同，而且由于在某些决策结构形式下，采用净年值比采用净现值更为简便和易于计算，故净年值指标在经济效果评价指标体系中占有相当重要的地位。

【例4-5】 某设备的购价为40000元，每年的运行收入为15000元，年运行费用3500元，4年后该设备可以按5000元转让，如果基准折现率为5%，试用净年值法判断此项投资

是否值得？（该题为用净年值指标对例 4 - 4 中的决策问题进行比较）

解：根据题意画出现金流量图，见图 4 - 1，直接计算净年值，得

$NAV = -40000(A/P,5\%,4) + 15000 - 3500 + 5000(A/F,5\%,4)$

$= -40000 \times 0.282 + 11500 + 5000 \times 0.232$

$= 1380(元)$

或者，根据例 4 - 4 的结构 $NPV = 4892.5(元)$，得

$$NAV = NPV(A/P,i_0,n) = 4892.5 \times 0.282 = 1380(元)$$

由于 $NAV > 0$，故此项投资是值得的，这与用净现值指标的评价结论是一致的。

3. 费用现值（PC）和费用年值（AC）

在对多个方案比较选优时，如果诸方案产出价值相同，或者诸方案能够满足同样需要，但其产出效益难以用价值形态（货币）计量（如环保、教育、保健、国防）时，可以通过对各方案费用现值或费用年值的比较进行选择。

费用现值计算公式为

$$PC = \sum_{t=0}^{n} CO_t(P/F,i_0,t) \tag{4.7}$$

费用年值计算公式为

$$AC = \left[\sum_{t=0}^{n} CO_t(P/F,i_0,t) \right](A/P,i_0,n) = PC(A/P,i_0,n) \tag{4.8}$$

式中：PC——费用现值；

AC——费用年值；

CO_t——第 t 年的费用（包括投资和经营成本等）；其余符号的意义同式(4.5)。

费用现值和费用年值指标只能用于多方案的比选，其判别准则是：费用现值或费用年值最小的方案为优。

【例 4 - 6】 某矿业工程项目有两个工艺 A、B，均能满足同样的需要，其费用数据如表 4 - 3 所示。在基准折现率 $i_0 = 10\%$ 的情况下，试用费用现值和费用年值确定最优方案。

表 4 - 3　两个工艺方案的费用数据表　　　　　　（单位：万元）

方案	总投资（第 0 年末）	年运营费用（第 1 ~ 10）
A	200	60
B	300	35

解：两方案的费用现值计算如下：

$PC_A = 200 + 60(P/A,10\%,10) = 568.64(万元)$

$PC_B = 300 + 35(P/A,10\%,10) = 515.04(万元)$

两方案的费用年值计算如下：

$AC_A = 200(A/P,10\%,10) + 60 = 92.55(万元)$

$AC_B = 300(A/P,10\%,10) + 35 = 83.82(万元)$

根据费用最小的选优准则，费用现值和费用年值的计算结果都表明，方案 B 优于方案 A。

费用现值和费用年值的关系,恰如前述净现值和净年值的关系一样,所以就评价结论而言,二者是等效评价指标。二者除了在指标含义上有所不同外,就计算的方便简易程度而言,在不同决策结构下,二者各有所长。

4.3 效率型经济评价指标

1. 内部收益率

1)内部收益率的概念与判别准则

内部收益率(internal rate of return,IRR)又称内部报酬率,是经济评价中重要的动态评价指标之一。所谓内部收益率是指使方案在寿命期内的净现值为零时的折现率。

判别准则:设基准折现率为 i_0,若 IRR≥i_0,则项目在经济效果上可以接受;若 IRR≤i_0,则项目在经济效果上不可接受。

2)内部收益率的计算方法

按照内部收益率的定义,其表达式为

$$NPV(IRR) = \sum_{t=0}^{n} (Cl_t - CO_t)(1 + IRR)^{-t} = 0 \tag{4.9}$$

式中:IRR——内部收益率;其他符号意义同式(4.5)。

式(4.9)是一个高次方程,不容易直接求解,通常采用试算内插法求 IRR 的近似解,其原理如图 4-3 所示。

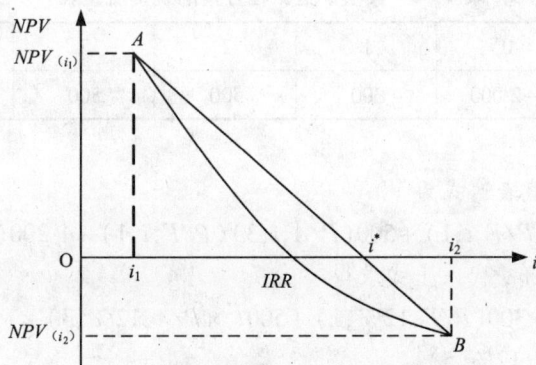

图 4-3 用内插法求 *IRR* 的示意图

从图 4-3 中可以看出,*IRR* 在 i_1 与 i_2 之间,用 i^* 近似代替 *IRR*,当 i_2 与 i_1 的距离控制在一定范围内时,可以达到要求的精度。具体计算步骤如下:

第 1 步骤:设初始折现率值为 i_1,一般可以先取行业的基准收益率 i_0 作为 i_1,并计算对应的净现值 $NPV(i_1)$。

第 2 步骤:若 $NPV(i_1) \neq 0$,则根据 $NPV(i_1)$ 是否大于零,再设 i_2。若 $NPV(i_1) > 0$,则设 $i_2 > i_1$;若 $NPV(i_1) < 0$,则设 $i_2 < i_1$。i_2 与 i_1 的差距取决于 $NPV(i_1)$ 绝对值的大小,较大的绝对值可以取较大的差距;反之,取较小的差距。计算对应的 $NPV(i_2)$。

第 3 步骤:重复步骤 2,直到出现 $NPV(i_1) > 0$,$NPV(i_2) < 0$,用试算内插法求得 *IRR* 近

似值，即

$$IRR \approx i^* = i_1 + \frac{NPV(i_1)}{NPV(i_1) + |NPV(i_2)|}(i_2 - i_1) \tag{4.10}$$

式中：i^*——近似的内部收益率；i_1——试算用的较低折现率；i_2——试算用的较高折现率；$NPV(i_1)$——用较低折现率计算的净现值（应为正值）；$NPV(i_2)$——用较高折现率计算的净现值（应为负值）。

应当指出，用试算内插法计算式(4.9)的误差($i^* - IRR$)，与估计选用的两个折现率的差额($i_2 - i_1$)的大小有直接关系。为了控制误差，计算用的两个折现率之差($i_2 - i_1$)一般不应超过5%。式(4.10)可利用图4-3证明如下：

在图4-3中，当$i_2 - i_1$足够小时，可以将曲线段AB近似地看成直线段AB，AB与横坐标交点处的折现率i^*即为IRR的近似值。因为三角形$A_{i^*}i_1$相似于三角形$B_{i^*}i_2$，故有

$$\frac{NPV(i_1)}{NVP(i_2)} = \frac{i^* - i_1}{i_2 - i^*}$$

从上式中解得

$$i^* = i_1 + \frac{NPV(i_1)}{NPV(i_1) + |NPV(i_2)|}(i_2 - i_1)$$

【例4-7】 某项矿业工程方案的现金流量如表4-4所列，设其行业基准收益率为10%，使用内部收益率法分析判断方案是否可行？

表4-4 某项矿业工程方案的现金流量表　　　　单位：万元

年份(年末)	0	1	2	3	4	5
现金流量	-2 000	300	500	500	500	1 200

解： 该方案的净现值表达式为

$NVP = -200 + 300(P/F, i, 1) + 500(P/A, i, 3)(P/F, i, 1) + 1 200(P/F, I, 5)$

第一次试算，取12%，代入上式求得

$NPV(i_1) = -2000 + 300(P/F, 12\%, 1) + 500(\times P/A, 12\%, 3) \times (P/F, 12\%, 3) +$
$\qquad 1\,200(P/F, 12\%, 5)$

$\qquad = -2000 + 300 \times 0.8929 + 500 \times 2.402 \times 0.8696 + 1200 \times 0.5674$

$\qquad = 21(万元) > 0$

第二次试算，取15%，代入上式求得

$NPV(I_2) = -2000 + 300(P/F, 12\%, 1) + 500(P/F, 15\%, 3)(P/F, 15\%, 1) + 1200(P/F,$
$\qquad 15\%, 5)$

$\qquad = -2000 + 300 \times 0.8695 + 500 \times 2.283 \times 0.8696 + 1200 \times 0.04972$

$\qquad = -150(万元) < 0$

可见，内部收益率在12%~15%范围，代入试算内插法计算式(4.9)可求得

$$IRR = i_1 + \frac{NPV(i_1)}{NPV(i_1) + |NPV(i_2)|}(i_2 - i_1)$$

$$= 12\% + \frac{21}{21 + |-150} \times (15\% - 12\%) = 12.4\%$$

因为 $IRR = 12.4\% > i_0 = 10\%$,所以该方案可行,可以接受。

3)内部收益率的经济含义

一般地讲,内部收益率就是投资(资金)的收益率,它表明项目对所占用资金的一种恢复(收回)能力,项目的内部收益率越高,其经济性也就越好。因此,内部收益率的经济含义就是,在项目的整个寿命期内,如果按利率 $i = IRR$ 计算隔年的净现金流量,则会始终存在着未能收回的投资,只有到了寿命期末时投资才能被全部收回,此时的净现金流量刚好等于零。换句话说,在寿命期内各个时点,项目始终处于"偿还"未被收回的投资的状态,只有到了寿命期结束的时点,才偿还完全部投资。将项目内部收益率的这种投资"偿还"过程和结果按内部收益率折现为净现值时,则项目的净现值必然等于零。

在例 4 – 7 中,已经计算出其内部收益率为 12.4% ,且是唯一的。下面按此利率计算收回全部投资的过程,如表 4 – 5 所示。

表 4 – 5   以 12.4% 收回全部投资过程计算表   单位:万元

项目 年份	净现金流量（年末）	年初未收回的投资 ②	年初未收回的投资到年末的金额 ④ = ② × (1 + IRR)	年末尚未收回的投资 ④ = ③ – ①
0	– 2 000			
1	300	2 000	2 248	1 948
2	500	1 948	2 189	1 689
3	500	1 689	1 897	1 397
4	500	1 397	1 569	1 069
5	1 200	1 069	1 200	0

由表 4 – 5 可以明显地看到,从第 0 年年末直到第 5 年年末的整个寿命期内,每年均有尚未收回的投资,只有到了第 5 年年末即寿命期结束时,才全部收回了投资。

为了更清楚、更直观地考察和了解内部收益率的经济含义,将表 4 – 5 收回全部投资过程的现金流量变化状况表示为如图 4 – 4 所示。

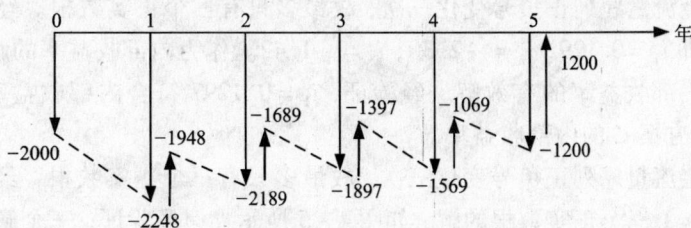

图 4 – 4   以利率 $i = IRR$ 收回全部投资过程的现金流量图(单位:万元)

可见，用利率 $i = IRR = 12.4\%$ 收回全部投资，符合内部收益率的经济含义。所以 12.4% 是该项目的内部收益率。

一般说来，根据内部收益率方程式(4.9)、式(4.10)求得的使项目净现值为零的折现率，只有当它符合内部收益率的经济含义时才是项目的内部收益率，否则将不是项目的内部收益率。

4)内部收益率方程多解的讨论

内部收益率方程式(4.9)是一元高次(n 次)方程。如果令

$$(1 + IRR)^{-1} = \frac{1}{(1 + IRR)} = X, \quad C_t = (CI_t - CO_t), \quad C_t = (CI_t - CO_t)(t = 0,1,2\cdots,n)$$

则内部收益率方程式可改写为如下形式：

$$C_0 + C_1 X + C_2 X^2 + \cdots + C_n X^n = 0$$

这是一元 n 次多项式，是 n 次方程。n 次方程应该有 n 个解，即有 n 个根(包括重根)。其中，正实数根才可能是项目的内部收益率，而负根无经济意义。如果只有一个正实数根，则其应当是该项目的内部收益率；如果有多个正实数根，则经过检验符合内部收益率的经济含义的根才是项目的内部收益率。

n 次方程式的正实数根的数目可用笛卡尔符号规则进行判断，即正实数根的个数不会超过项目净现金流量序列(多项式系数序列)$C_0, C_1, C_2, \cdots, C_n$ 的正负号变化的次数(如果有系数为 0，可视为无符号)；如果少的话，则少偶数个。例如，表 4 - 6 有四个方案，可用笛卡尔符号规则判断其正实数根的数目。

表 4 - 6　具有不同正实数根的四个方案　　　　单位：万元

	0	1	2	3	4	5
A	- 2 000	300	500	500	500	1 200
B	- 1 000	- 500	- 500	500	0	2 000
C	- 100	60	50	- 200	150	100
D	- 100	470	- 720	360	0	0

方案 A：净现金流量序列正负号变化一次，故只有一个正实数根。前面已计算和验证内部收益率有唯一解，即 $IRR = 12.4\%$。

方案 B：净现金流量序列正负号变化一次，故只有一个正实数根。

方案 C：净现金流量序列正负号变化三次，故最多只有三个正实数根。经计算证明该方案有三个实数根，即 $i_1 = 0.129$，$i_2 = -2.30$，$i_3 = -1.42$。作为内部收益率的解，负根无经济意义，故只有 i_1 为内部收益率的有效解。经验证，$i_1 = 0.1297$ 符合内部收益率的经济含义，故 $IRR = 12.97\%$ 为方案 C 的内部收益率。

方案 D：净现金流量序列正负号变化三次，故最多只有三个正实数根。经计算求得 $i_1 = 0.20$，$i_2 = 0.50$，$i_3 = 1$ 三个正实数根的解，如图 4 - 5 所示。但经验证，三个解均不符合内部收益率的经济含义，故他们都不是方案 D 的内部收益率。

如果项目在整个寿命内，其现金流序列的符号由"-"到"+"只变化一次，则称此类项目

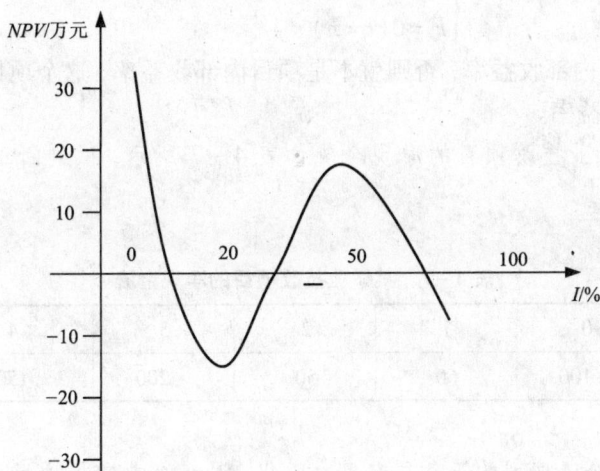

图 4 - 5　方案 D 的净现值函数曲线

为常规项目，如表 4 - 6 中的方案 A 和 B。对常规投资项目，只要其累计现金流量大于零，则内部收益率方程的正实数根的解是唯一的，此解就是该项目的内部收益率。大多数投资项目都应该是常规项目。因为一般情况下，项目都是在建设期集中投资，知道投产初期可能还会出现入不敷出、净现金流量为负值的现象，但进入正常生产年份或达产年后就能收入大于支出，净现金流量为正值。因而，在整个计算期内，净现金流量序列的符号从负值到正值只改变一次，构成常规投资项目，内部收益率得到唯一解。

如果项目在整个寿命期内，其净现金流序列的符号正负变化多次，称此类项目为非常规项目，如表 4 - 6 中的方案 C 和 D。一般地讲，如果在生产期大量追加投资，或在某些年份集中偿还债务，或经营费用支出过多等，都有可能导致净现金流量序列的符号正负多次变化，构成非常规项目。非常规投资项目内部收益率方程的解显然不止一个，如果所有实验根都不能满足内部收益率的经济含义的要求，则它们都不是该项目的内部收益率。

对非常规项目 IRR 解需要检验，除可以采用类似于图 4 - 4 的图示法外，也可以采用下面的递推公式法。

令

$$F_0 = (CI_0 - CO_0)$$
$$F_1 = F_0(1 + i^*) + (CI_1 - CO_1)$$
$$F_2 = F_1(1 + i^*) + (CI_2 - CO_2)$$
$$\vdots \qquad \vdots$$
$$F_t = F_{t-1}(1 + i^*) + (CI_t - CO_t)$$
$$= \sum_{j=0}^{t} (CI - CO)(1 + i^*)^{t-j} \qquad (4.11)$$

式中：i^*——根据项目现金流序列试算出的 IRR 的解；F_t——项目 0～t 年的净现金流以 t 年为基准年，以 i^* 为折现率的终值之和。

若 i^* 能满足

$$\begin{cases} F<0(t=0,1,2,\cdots,n-1) \\ F=0(t=n) \end{cases} \qquad (4.12)$$

则 i^* 就是项目唯一的内部收益率,否则就不是项目内部收益率,这个项目也不再有其他的具有经济意义的内部收益率。

【例 4 - 8】 某矿业技改项目的净现金流如表 4 - 7 所示,试判断这个项目有无内部收益率。

表 4 - 7 某矿业技改项目的净现金流　　　　　　　　单位:万元

年份	0	1	2	3	4	5
净现金流量	-100	60	50	-200	150	100

解:该项目净现金流序列的正负号有多次变化,是一个非常规项目。先试算出内部收益的一个解,$i^*=12.97\%$,将有关数据代入递推式(4.11),计算结果见表 4 - 8。

表 4 - 8 IRR 解检验的计算结果($i^*=12.97\%$)

年份	0	1	2	3	4	5
Ft	-100	-52.97	-9.85	-211.12	-88.52	0

计算结果满足式(4.12),故 12.97% 就是项目的内部收益率。

内部收益率被普遍认为是项目投资的盈利率,反映了投资的使用效率,概念清晰明确,可明确说明一项投资在整个寿命期内的盈利能力。此外,与净现值和净年值指标相比,内部收益率的另一个优点就是不需要事先给定基础折现率。

2. 外部收益率

对投资方案内部收益率 IRR 的计算,隐含着一个基本假定,即项目寿命期内所获得的净收益全部可用于再投资,再投资的收益率等于项目的内部收益率。这种隐含假定是由于现金流计算中采用复利计算方法导致的。下面的推导有助于看清这个问题。

求解 IRR 的方程可写成下面的形式:

$$\sum_{t=0}^{n}(NB_t-K_t)(1+IRR)^{-t}=0$$

式中:K_t—— 第 t 年的净投资;

NB_t—— 第 t 年的净收益。

上式两端同乘以 $(1+IRR)^n$,也就是说,通过等值计算将式左端的现值折算成 n 年年末的终值,可得

$$\sum_{t=0}^{n}(NB_t-K_t)(1+IRR)^{n-t}=0$$

亦即

$$\sum_{t=0}^{n}NB_t(1+IRR)^{n-t}=\sum_{t=0}^{n}K_t(1+IRR)^{n-t}$$

这个等式意味着每年的净收益以 IRR 为收益率进行再投资,到 n 年年末历年净收益的终值和与历年投资按 IRR 折算到 n 年年末的终值和相等。

由于投资机会的限制,这种假定往往难以与实际情况相符。这种假定也是造成非常规投资项目 IRR 方程可能出现多解的原因。

外部收益率(external rate of return)实际上是对内部收益率的一种修正。计算外部收益率时也假定项目寿命期内所获得的净收益全部可用于再投资,所不同的是,假定再投资的收益率等于基准折现率。求解外部收益率的方程如式(4.13)所示:

$$\sum_{t=0}^{n} NB_t (1 + i_0)^{n-t} = \sum_{t=0}^{n} K_t (1 + ERR)^{n-t} \tag{4.13}$$

式中:ERR——外部收益率;

$\quad K_t$——第 t 年的净投资;

$\quad NB_t$——第 t 年的净收益;

$\quad i_0$——基准折现率。

式(4.13)不会出现多个正实数解的情况,而且通常可以用代数方法直接求解。当 ERR 指标用于评价投资方案经济效果时,需要与基准折现率 i_0 相比较,判别准则是:若 $ERR \geq i_0$,则项目可以被接受;若 $ERR < i_0$,则项目不可接受。

【例4-9】 某重型机械公司为一项矿山工程提供一套大型设备,合同签订后,买方要分两年先预付一部分款项,待设备交货后再分两年支付设备价款的其余部分。重型机械公司承接该项目预计各年的净现金流量如表4-9所示。基准折现率 i_0 为 10%,试用收益率指标评价该项目是否可行。

表4-9 某大型设备项目的净现金流表   单位:万元

年份	0	1	2	3	4	5
净现金流	1 900	1 000	-5 000	-5 000	2 000	6 000

解: 该项目是一个非常规项目,其 IRR 方程有两个解:$i_1 = 10.2\%$,$i_2 = 47.3\%$,不能用 IRR 指标评价,可计算其 ERR。据式(4.13)列出如下方程:

$1990(1 + 10\%)^5 + 1000(1 + 10\%)^4 + 2000(1 + 10\%) + 6000 = 5000(1 + ERR)^3 + 5000$
$(1 + ERR)^2$

可解得:$ERR = 10.1\%$,$ERR > i_0$,项目可接受。

ERR 指标的使用并不普遍,但是对于非常规项目的评价,ERR 有其优越之处。

3. 净现值指数

净现值指标虽然能够直接反映出技术方案的盈利总额,却没有反映出资金的利用效率。换句话说,净现值只是一个绝对经济效益指标。没有反映方案的相对经济效益,多方案比较时,如果它们的投资额不相等,此时若以各方案净现值的大小来决定方案的取舍,则可能导致相反的结论。这时,可以采用净现值指数作为净现值指标的辅助指标来评价方案。

净现值指数(net present value index, NPVI)是技术方案的净现值与其投资总额现值之比。其经济含义是单位投资现值所能带来的净现值。净现值指数又被称做净现值率(NPVR)。

净现值指数的计算公式为

$$NPVI = \frac{NPV}{K_P} = \frac{\sum\limits_{t=0}^{n}(CI_t - CO_t)(1 + i_0)^{-t}}{\sum\limits_{t=0}^{n}K_t(1 + i_0)^{-t}} \qquad (4.14)$$

式中：K_P——项目总投资现值；

　　　K_t——第 t 年的投资额；

其他符号的意义同式(4.5)。

判别准则如下：

对于单一项目而言，若 $NPV \geq 0$，则 $NPVI \geq 0$（因为 $K_P > 0$）；若 $NPV < 0$，则 $NPVI < 0$。故用净现值指数评价单一项目经济效果时，判别准则与净现值相同。

多方案比选时，如果被选方案的投资额相近，则净现值指数最大的就表明其投资收益大，该方案即为最佳方案。

值得注意的是，在进行多方案比选时，以净现值指数最大为准则，有利于投资偏小的项目。所以 NPVI 指标仅适用于投资额相近的方案比选。该部分内容会在本章第六节作详细说明。

4. 投资收益率

投资收益率是投资经济效果的综合评价指标，它一般是指项目达到设计生产能力后的正常生产年份的年净收益与总投资之比率。对生产期内各年的净收益变化幅度较大的项目，应计算生产期年平均净收益与总投资的比率。其计算公式为

$$R = \frac{NB}{K} \qquad (4.15)$$

式中：K——投资总额，$K = \sum\limits_{t=0}^{m}K_t$，$K_t$ 为第 t 年的投资总额，m 为完成投资的年份，根据不同的分析目的，K 可以是全部投资额，也可以是投资者的权益投资额；NB 为正常年份的净收益，根据不同的分析目的，NB 可以是利润，可以是利润税金总额，也可以是年净现金流入等；R 为投资收益率，根据 K 和 NB 的具体含义，R 可以表现为各种不同的具体形态。

投资收益率常见的具体形态有

$$全部投资收益率 = \frac{年利润 + 折旧与摊销}{全部投资额}$$

$$权益投资收益率 = \frac{年利润 + 折旧与摊销}{权益投资额}$$

$$投资利税率 = \frac{年利润 + 税金}{全部投资额}$$

$$权益投资利润率 = \frac{年利润}{权益投资额}$$

对于权益投资收益率和权益投资利润率来说，还有所得税前与所得税后之分。

投资收益率指标未考虑资金的时间价值，而且舍弃了项目建设期、寿命期等众多经济数据，故一般仅用于技术经济数据尚不完整的项目初步研究阶段。

用投资收益率指标评价投资方案的经济效果，需要与根据同类项目的历史数据及投资者意愿等确定的基准投资收益率作比较。设基准投资收益率为 Rb，判别准则为：若 $R \geq Rb$，则项目可以考虑接受；若 $R < Rb$，则项目应予以拒绝。

4.4 多方案间的关系类型

1. 投资方案的类型

对项目投资方案进行经济评价，通常有两种情况：一种是单方案评价，即投资项目只有一种技术方案或独立的项目方案可供评价；二是多方案评价，即投资项目有几种可供选择的技术方案。对单方案的评价，一般采用前述的经济评价指标就可以决定项目的取舍。但应该指出的是，在实际项目评价中，由于决策类型的复杂性、决策结构的多样性，往往采用多方案评价方法，比较出技术先进、经济合理、社会效益好的最优方案来。

多方案的动态评价方法的选择与各比选项目方案的不同类型，即项目方案之间的相互关系有关。项目方案之间的相互关系可分为三种类型。

1）独立型

独立型是指各个方案的现金流量是独立的，不具有相关性，且任一方案的采用与否都不影响其他方案是否采用的决策。如果决策的对象是单一方案，则可认为是独立方案的特例。

2）互斥型

互斥型是指各方案之间存在着互不相容、互相排斥的关系，在对多个互斥方案进行比选时，最多只能选取其中之一，其余方案必须放弃。

3）混合型

混合型是指独立方案与互斥方案混合的情况，即各方案之间既有独立关系，又有互斥关系。

2. 多方案的可比原则

技术经济分析经常要对可实现某一预定目标的多种技术方案进行比较，从中选出最优或最满意的方案。技术方案是指为实现某一目标而具体实施某一技术的工作安排。在技术经济学中，技术方案可以指计划方案、设计方案、生产方案、科研方案等各种类型的方案。技术方案的水平高低主要体现在两个方面：①实现目标程度的高低；②在实现目标的前提下取得的经济效益的情况。为了选出最佳方案，根据技术经济比较原理，需对两种以上的方案进行经济效益的比较。

技术方案可比原则是指对拟评价的各技术方案进行技术经济比较时，对可比条件的认识和要求。具体包括：①对拟评价的各种技术方案进行比较；②对技术方案的产品产量、质量、费用、时间、价格等因素，分析在什么条件下具有可比性，可以直接进行比较，在什么条件下不具有可比性，不能进行直接比较；③如何使不可比条件转化为可比条件。

技术方案可比原则包括四个方面的内容：满足需要的可比；消耗费用的可比；价格的可比；时间可比。

1）满足需要的可比

方案必须满足客观需要，即必须满足一定的目标要求。只有满足了客观需要，方案才能成为可行方案。例如，修建北京到广州的高速铁路是为了满足两地快速通达的需求；开发新产品是为了满足企业持续发展以追求更高经济利益的需求。事实上，任何一个技术方案都是以满足或解决一定的客观需要为基础的。

不同方案必须满足相同的需要。相比较的各个技术方案只有满足相同的实际需要，才具备相互比较和选择其一的条件。一切技术方案一般都是以其产品的数量、品种和质量等技术经济指标来满足社会需要的，对满足相同需要的不同技术方案进行比较时，主要要求不同技术方案在产品产量、产品质量和产品品种等指标方面具有可比性。

如果不同方案的相同需要得不到满足，则应借助一定的理论和方法使其转化为能满足相同需要的方案。在实际工作中，不同技术方案的产品质量常是有差别的。在这种情况下，即使两方案的产量已经符合可比条件，但方案仍不可比。例如，某企业生产磨床刀具，有 A、B 两个方案可供选择。A 方案的投资和经营费用都高于 B 方案，但生产出来的刀具工作面积大、精确度高且耐磨耐用。A 和 B 方案生产出的产品质量不同，是不能直接比较的。按照质量可比原则，对于不同产品的质量也应该根据满足相同社会需要的原则进行考虑。由于质量不同而造成满足不同需要的方案，在技术经济比较中要作出相应的调整，使它们具有相同的使用价值，满足相同的社会需要。同样，产品产量或品种不能满足相同需要时，也需要通过借助一定的修正系数进行调整，使其转为满足相同需要时才能进行两方案的比较。

2）消耗费用的可比

经济效益是投入和产出之比，既要考核不同方案在满足需要上的可比性，又要从消耗费用方面进行可比条件的认识。不同技术方案由于技术特性的不同，导致在各方面的劳动消耗和费用也有所区别。

消耗费用可比性的含义是指在计算不同技术方案的消耗费用指标时，应该采用统一的计算范围与口径，计算内容、计算基础、时间单位等要具有统一性。需要注意的是：一是不同方案在同一经济评价类型中费用包含的范围需要一致；二是不同的经济评价类型中费用包含的内容有所区别。例如，财务评价中只考虑与方案本身有关的直接费用，而国民经济评价则从国民经济整体角度出发，考察资源的合理利用以及项目给国民经济带来的利益和项目需要国民经济付出的代价，因此在国民经济评价中不仅需要考虑与方案本身有关的直接费用，还要考虑间接费用。

3）价格可比

在计算比较不同方案的成果和费用时，需要用到价格指标。因为在技术方案运行过程中，从投入来看，一般都会消耗两种或两种以上的不同资源；从产出来看，一般都会产出两种或两种以上产品。当然，在投入和产出的运行过程中，还可能涉及多种劳务和业务。因此在进行经济评价时，如果将两种或两种以上的资源、业务、产品、劳务等进行归纳总结，必然要利用价格将各种非价值量转化为价值量，从而便于进行比较。

在技术经济学中，对价格的使用作了统一的规定，即在技术方案进行经济评价时，方案计算期内各年一律使用统一价格，其中财务评价使用现行价格，国民经济评价使用影子价格。使用统一价格的依据主要是：由于价格变动的因素有很多，很难对价格进行长期预测；在许多情况下，投入物可能涨价，产出物也可能同时涨价，两者大致可以相互抵消；对不同技术方案进行比较时，舍去价格变动因素，一般不会影响技术方案的可比性。因此，技术经济评价中通常使用统一价格。

"影子价格"是以"边际"概念为基础的、含义广泛的经济范畴，在不同的经济文献中有不同的解释。经济学的解释为：影子价格是稀缺资源的单位变化能使系统收益变化的量；或者是指在给定条件下使用这些有限资源的边际效率，也可以理解为单位资源的机会成本。一般来讲，产品和资源越短缺，越为一个国家的经济所必需，其影子价格就越高。从理论上讲，影子价格应该是完全竞争市场经济环境下所表现出的商品市场价格。关于方案的财务评价中所使用的现行价格，应尽可能选择接近影子价格或完全竞争市场环境下所表现出来的商品市场价格，作为对技术方案经济性评价中所使用的价格。

完全竞争市场经济(perfect competition)：越是接近完全竞争的市场条件，就越接近完全市场经济地位。完全竞争有几个特征：一是买卖双方无限多，产品同质性很强，厂商对价格没有控制力；二是市场没有准入和准出障碍；三是市场信息很完全。在完全竞争的市场下，交易成本(transaction cost)相对很小，市场很规范。建立完全竞争市场经济体制，对于防止暴利和行业垄断至关重要。

4)时间可比

技术方案的经济效益还具有时间的概念。两个不同的技术方案，可能在产品、质量、投资、成本等各方面都相同，但在具体时间上会有差别，如一个投资早、一个投资晚，最终导致的经济效果也会不同。

时间因素可比条件主要有两个方面的含义：一是不同技术方案的比较，应采用相同的计算期，即在同一时间段内考虑各种方案的经济效益和费用；二是对不同技术方案进行比较时，要把不同时期发生的费用与效益，用一定的基准折现率(或基准收益率)折成现值，或者折成同一时间发生的货币价值，换句话说，不同时点上的价值量不具有可比性，也不能直接计算代数和。

4.5　互斥方案的选择

在对互斥型方案进行决策时，参加比选的方案必须具有可比性，如前所述，主要包括计算的时间具有可比性，计算的收益与费用的范围、口径一致，以及计算的价格可比。

互斥方案经济效果的评价包含了两部分内容：一是考察各个方案自身的经济效果，即进行绝对(经济)效果检验，用经济效果评价标准(如 $NPV \geq 0$，$NAV \geq 0$，$IRR \geq i_0$)检验方案自身的经济性，叫"绝对(经济)效果的检验"。凡通过绝对(经济)效果检验的方案，就认为它在经济效果上是可以接受的，否则就应予以否定。二是考察哪个方案相对最优，称"相对(经济)效果检验"。两种检验的目的和作用不同，通常缺一不可。

4.5.1　寿命周期相同的互斥方案的选择

对于寿命周期相同的互斥方案，计算期通常设定为其寿命周期，这样能满足计算时间的可比性。通过计算增量净现金流量评价增量投资经济效果，对投资额不等的互斥方案进行比选的方法，称为增量分析法或差额分析法，是互斥方案比选的基本方法。

1.增量分析法

先分析一个互斥方案的例子。

【例4-10】　现有 A、B 两个互斥方案，寿命相同，其各年的现金流量如表4-10所示，试对方案进行评价选择($i_0 = 10\%$)。

表 4 - 10 互斥方案 A、B 的净现金流及评价指标($i_0 = 10\%$) 单位:万元

年 份	0	1 ~ 10	NVP	IRR/%
方案 A 的净现金流	- 2500	800	2 415.2	29.64
方案 B 的净现金流	- 1 800	650	2 193.6	34.28
增量净现金流(A - B)	- 700	150	221.6	17.72

解: 首先两个方案的绝对经济效果指标 NPV 和 IRR, 计算结果示于表 4 - 10。

$$NPV_A = -2500 + 800(P/A, 10\%, 10) = 2415.2(万元)$$

$$NPV_B = -1800 + 650(P/A, 10\%, 10) = 2415.2(万元)$$

由方程式

$$-2\,500 + 800(P/A, IRR, 10) = 0$$

$$-1\,800 + 650(P/A, IRR, 10) = 0$$

可求得

$$IRR_A = 29.64\%$$

$$IRR_B = 34.28\%$$

NPV_A、NPV_B 均大于零, IRR_A、IRR_B 均大于基准折现率, 所以方案 A 与方案 B 都能通过绝对经济效果检验, 且使用 NPV 指标和使用 IRR 指标进行绝对经济效果检验结论是一致的。

由于 $NPV_A > NPV_B$, 故按净现值最大准则, 方案 A 优于方案 B。但计算结果还表明 $IRR_B > IRR_A$, 若以内部收益率最大为比选准则, 方案 B 优于方案 A, 这与按净现值最大准则比选的结论相矛盾。

到底按哪种准则进行互斥方案比选更合理呢? 解决这个问题需要分析投资方案比选的实质。投资额不等的互斥方案比选的实质是判断增量投资(或差额投资)的经济合理性, 即投资大的方案相对投资小的方案多投入的资金能否带来满意的增量收益。显然, 若增量投资能够带来满意的增量收益, 则投资额大的方案优于投资额小的方案; 若增量投资不能带来满意的增量收益, 则投资额小的方案优于投资额大的方案。

表 4 - 10 也给出了方案 A 相对于方案 B 各年的增量净现金流, 同时计算了相应的差额净现值(也称为增量净现值, 记做 ΔNPV)与差额内部收益率(也称为增量投资内部收益率, 记做 ΔIRR)。

$$\Delta NPV = -700 + 150(P/A, 10\%, 10) = 221.6(万元)$$

由方程式

$$-700 + 150(P/A, \Delta IRR, 10) = 0$$

可解得

$$\Delta IRR = 17.72\%$$

计算结果表明: $\Delta NPV > 0$, $\Delta IRR > i_0(10\%)$, 增量投资有满意的经济效果, 投资大的方案 A 优于投资小的方案 B。

上例表明了互斥方案比选的基本方法, 即采用增量分析法, 计算增量现金流量的增量评价指标, 通过增量指标的判别准则, 分析增量投资有利是否, 从而确定两方案的优劣。

2. 增量分析指标

净现值、净年值、投资回收期、内部收益率等评价指标都可以用于增量分析, 下面就代

表性指标净现值和内部收益率在增量分析中的应用作进一步讨论。

4.5.2　差额净现值

差额净现值又叫增量净现值，是指在给定的基准折现率下，两方案在寿命期内各年净现值折现的累计值，或者说差额净现值等于两个方案的净现值之差。设 A、B 为投资额不等的互斥方案，A 方案比 B 方案投资大，两方案的差额净现值可由下式求出：

$$
\begin{aligned}
\Delta NPV &= \sum_{t=0}^{n} \left[(CI_A - CO_A)_t - (CI_B - CO_B)_t \right] (1 + i_0)^{-t} \\
&= \sum_{t=0}^{n} (CI_A - CO_A)_t (1 + i_0)^{-t} - \sum (CI_B - CO_B)(1 + i_0)^{-t} \\
&= NPV_A - NPB_B
\end{aligned}
\tag{4.16}
$$

式中：ΔNPV——差额净现值；

　　　$(CI_A - CO_A)_t$——方案 A 第 t 年的净现金流；

　　　$(CI_B - CO_B)_t$——方案 B 第 t 年的净现金流；

　　　NPV_A、NPV_B——方案 A 和方案 B 的净现值。

用增量分析法进行互斥方案比选时，若 $\Delta NPV \geq 0$，表明增量投资可以接受，投资（现值）大的方案经济效果好；若 $\Delta NPV < 0$，表明增量投资不可以接受，投资（现值）小的方案经济效果好。显然，用增量分析法计算两方案的差额净现值 ΔNPV 进行互斥方案比选，与分别计算两方案的净现值 NPV，根据净现值 NPV 最大准则进行互斥方案比选，其结论是一致的。

在实际工作中，当有多个互斥方案时，直接用净现值最大准则选择最优方案比两两比较的增量分析更为简便。分别计算各备选方案的净现值，根据净现值最大准则选择最优方案可以将方案的绝对经济效果检验和相对经济效果结合起来，判别准则为：净现值最大且非负的方案为最优方案。

类似的等效指标还有净年值，即净年值最大且非负的方案为最优方案。当互斥方案的效果一样或者满足相同的需要时，仅需计算费用现金流。采用费用现值或费用年值，其判别准则为：费用现值或费用年值最小的方案为最优方案。

4.5.3　差额内部收益率

差额内部收益又叫增量内部收益率，是指相比较两个方案的各年净现金流量差额的现值之和等于零时的折现率。计算差额内部收益率的方程式为

$$
\sum_{t=0}^{n} (\Delta CI - \Delta CO)_t (1 + \Delta IRR)^{-t} = 0
\tag{4.17}
$$

式中：ΔIRR——差额内部收益率；ΔCI——互斥方案 A 与 B 的差额（增量）现金流入，$\Delta CI = CI_A - CI_B$；ΔCI——互斥方案 A 与 B 的差额（增量）现金流出，$\Delta CO = CO_A - CO_B$。

差额内部收益率定义的另一表述方式是：两互斥方案净现值（或净年值）相等时的折现率。其计算公式也可以写成

$$
\sum_{t=0}^{n} (CI_A - CO_A)_t (1 + \Delta IRR)^{-t} - \sum_{t=0}^{n} (CI_B - CO_B)_t (1 + \Delta IRR)^{-t}
$$

$$
\sum_{t=0}^{n} (CI_A - CO_A)_t (1 + \Delta IRR)^{-t} = \sum_{t=0}^{n} (CI_B - CO_B)_t (1 + \Delta IRR)^{-t}
$$

即

$$NPV_A(\Delta IRR) = NPV_B(\Delta IRR) \tag{4.18}$$

用差额内部收益率比选方案的部收益率
判别准则是：若 $\Delta IRR \geqslant i_0$，则投资大的方案
优；若 $\Delta IRR < i_0$，则投资小的方案优。

图4-6中，曲线 A、B 分别为方案 A、B
的净现值函数曲线；a 点位 A、B 两方案净现
值曲线的交点，在这点两方案净现值相等。a
点所对应的折现率即为两方案的差额内部收益
率 ΔIRR。由图4-6可以看出，当 $\Delta IRR >$
i_0 时，$NPV_A > NPV_B$；当 $\Delta IRR < i_0$ 时，NPV_A
$< NPV_B$。用 ΔIRR 与 NPV 比选方法的结论是

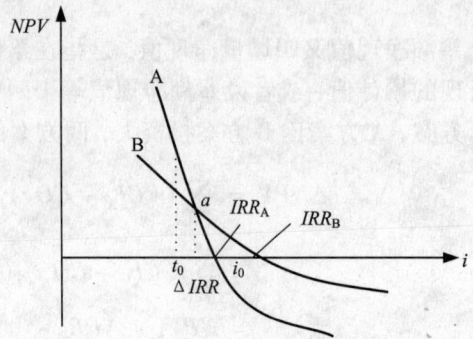

图4-6 用于方案比较的差额内部收益率

一致的。净现值函数曲线可说明差额投资内部收益率的几何意义，以及比选方案的原理。

由此可见，在对互斥方案进行比较选择时，净现值最大准则以及净年值最大准则、费用
现值和费用年值最小准则都是正确的判别准则，而内部收益率最大准则只在基准折现率大于
被比较的两方案的差额内部收益率的前提下才成立。也就是说，如果将投资大的方案相对于
投资小的方案的增量投资用于其他投资机会，会获得高于差额内部收益率的盈利率，用内部
收益率最大准则进行方案比选的结论就是正确的。但是若基准折现率小于差额内部收益率，
用内部收益率最大准则选择方案就会导致错误的决策。由于基准折现率是独立确定的，不依
赖于具体待比选方案的差额内部收益率，故用内部收益率最大准则比选方案是不可靠的。

用差额内部收益率 ΔIRR 评价互斥方案的步骤如下：

第一步，根据每个方案自身的净现金流，计算每个方案的内部收益率 IRR（或净现值
NPV、净年值 NAV），淘汰内部收益率小于基准折现率 i_0（或净现值 $NPV < 0$、净年值 $NAV < 0$）
的方案，即淘汰通不过绝对经济效果检验的方案。

第二步，按照投资从大到小的顺序排列经过绝对经济效果检验保留下来的方案。首先计
算头两个方案的差额内部收益率 ΔIRR。若 $\Delta IRR \geqslant i_0$，则保留投资额大的方案；若 $\Delta IRR < i_0$，
则保留投资小的方案。

第三步，将第二步得到的保留方案与下一个方案进行比较，再计算两方案的差额内部收
益率 ΔIRR，取舍判据同上。以此类推，直到检验所有可行方案，找出最优方案为止。

值得指出的是，差额内部收益率 ΔIRR 与差额净现值 ΔNPV 类似，它只能说明增加投资
部分的经济性，并不能说明全部投资的绝对经济效果。因此，采用差额内部收益率 ΔIRR 进
行方案评选时，首先必须要判断被比选方案的绝对经济效果，只有在某一方案的绝对经济效
果较好的前提下，才能将其列为比较对象。

4.5.4 寿命周期不同的互斥方案的选择

对于寿命相等的互斥方案，通常将方案的寿命期设定为共同的分析期（或称计算期），这
样在利用资金等值原理进行经济效果评价时，方案间在时间上就具有可比性。

对于寿命期不等的互斥方案进行比选，同样要求方案间具有可比性。满足这一要求需要
解决两个方面的问题：一是设定一个合理的共同分析期；二是给寿命期不等于分析期的方案

选择合理的方案接续假定或者残值回收假定。

1. 年值法

年值法是指投资方案在计算期的收入及支出，按一定的折现率换算为等额年值，用以评价或选择方案的一种方法。

在对寿命不等的互斥方案进行比选时，年值法是最为简便的方法，当参加比选的方案数目众多时，尤其是这样。年值法使用的指标有净年值与费用年值。

设 m 个互斥方案的寿命期分别为 $n_1, n_2, n_3, \cdots, n_m$，方案 $j(j=1, 2, \cdots, m)$ 在其寿命期内的净年值为

$$NAV_j = NPV_j(A/P, i_0, n_j)$$

$$= \sum_{t=0}^{n_j} (CI_j - CO_j)_t (P/F, i_0, t)(A/P, i_0, n_j) \quad (4.19)$$

净年值最大且非负的方案为最优可行方案。

【例 4-11】 设互斥方案 A、B 的寿命分别为 4 年和 6 年，各自寿命期内的净现金流量如表 4-11 所示。基准折现率为 10%，试用年值法评价选择。

表 4-11 互斥方案 A、B 的净现金流量　　　　单位:万元

年份 / 方案	0	1	2	3	4	5	6
A	-1 000	320	320	320	320	35	35
B	-1200	350	350	350	350	0	0

解: 由式(4-19)计算可得两方案的净年值:

$NAV_A = -1000(A/P, 10\%, 4) + 320 = -1000 \times 0.31547 + 320 = 4.53(万元)$

$NAV_B = -1200(A/P, 10\%, 6) + 350 = -1200 \times 0.22961 + 350 = 74.47(万元)$

由于 $NAV_B > NAV_A > 0$，故可选取 B 方案。

用年值法对寿命不等的互斥方案进行比选，实际上隐含着作出这样一种假定:各备选方案在其寿命结束时均可按原方案经济效果水平相同的方案接续。因为一个方案无论重复实施多少次，其年值是不变的，所以年值法实际上假定了各方案可以无限多次重复实施。在这一假定前提下，年值法以"年"为时间单位比较各方案的经济效果，从而使寿命不等的互斥方案具有可比性。

对于仅有或需要计算费用现金流的互斥方案，可以比照净年值指标的计算方法，用费用年值指标进行比选。判别准则是:费用年值最小的方案为最优方案。

2. 现值法

当互斥方案寿命不等时，一般情况下，各方案的现金流在各自寿命期内的现值不具有可比性。如果要使用现值指标进行方案比选，必须设定一个共同的分析期。分析期的设定通常有以下几种方法。

1) 寿命期最小公倍数法

此法是以不同方案使用寿命的最小公倍数作为共同的分析期，在此期间各方案分别考虑

以同样规模重复投资多次，据此算出各方案的净现值，然后进行比较选优。

【例4-12】 互斥方案A、B各年的净现金流量如表4-12所示，基准收益率为10%，试用现值法评价选择。

表4-12 互斥方案A、B的净现金流量   单位：万元

方案	投资	年净现金流	残值	寿命/年
A	-100000	30000	15000	6
B	-150000	40000	20000	9

解：由于两方案寿命期不同，需先求出两个方案寿命期的最小公倍数，其值为18年，A方案重复实施3次，B方案重复实施2次。

$$NPV_A = -100000[1 + (P/F,10\%,6) + (P/F,10\%,12)] + 30000(P/A,10\%,18)$$
$$+ 15000[(P/F,10\%,6) + (P/F,10\%,12) + (P/F,10\%,18)]$$
$$= 7665(万元)$$

$$NPV_B = -150000[1 + (P/F,10\%,9)] + 40000(P/A,10\%,18)$$
$$+ 20000[(P/F,10\%,9) + (P/F,10\%,18)]$$
$$= 126505(万元)$$

由于 $NPV_B > NPV_A > 0$，故可选取B方案。

2）年值折现法

按某一共同的分析期将各备选方案的年值折现得到用于方案比选的现值。这种方法实际上是年值法的一种变形，隐含着与年值法相同的接续方案假定。设方案 $j(j=1,2,\cdots,m)$ 的寿命期为 n_j，共同分析期为 N，按年值折现法，方案 j 的净现值的计算公式为

$$NPV_j = \left| \sum (CI_j - CO_j)_t (P/F,i_0,t) \right| (A/P,i_0,n_j)(P/A,i_0,N) \tag{4.20}$$

用年值折现法求净现值时，共同分析期 N 取值的大小不会影响方案比选的结论，但通常 N 的取值不大于最长的方案寿命期、不小于最短的方案寿命期。

用上述方法计算出的净现值用于寿命不等互斥方案评价的判别准则是：净现值最大且非负的方案是最优可行方案。对于仅有或仅需计算费用现金流的互斥方案，可比照上述方法计算费用现值进行比选，判别准则是：费用现值最小的方案为最优方案。

【例4-13】 互斥方案A、B的寿命分别为5年和3年，各自寿命期内的净现金流量如表4-13所示，基准收益率为12%，试用现值法比选方案。

表4-13 互斥方案A、B的净现金流量   单位：万元

年份 方案	0	1	2	3	4	5
A	-280	96	96	96	96	96
B	-100	50	50	50		

解：取最短的方案寿命3年作为共同分析期，用年值折现法求各方案的净现值：

$$NPV_A = [-280(A/P,12\%,5)+96](P/A,12\%,3)$$
$$= [-280 \times 0.27741+96] \times 2.402 = 44.02(万元)$$
$$NPV_B = -100+50(P/A,12\%,3) = -100+50 \times 2.402 = 20.1(万元)$$

由于$NPV_A > NPV_B$，故选取A方案。

对于某些不可再生资源开发型项目(如石油开采)，在进行寿命不等的互斥方案比选时，方案可重复实施的假定不再成立。在这种情况下，不能用含有方案重复假定的年值法和前面介绍的现值法，也不能用含有同一假定的内部收益率法。对于这类方案，可以直接按方案各自的寿命期计算的净现值进行比选。这种处理方法所隐含的假定是：用最长的方案寿命期作为共同分析期，寿命短的方案在其寿命结束后，其再投资按基准折现率(最低希望收益率)取得收益。

3. 内部收益率法

用内部收益率法进行寿命不等的互斥方案经济效果评价，需要首先对各备选方案进行绝对经济效果检验，然后再对通过绝对经济效果检验(净现值、净年值大于或等于零，内部收益率大于或等于基准折现率)的方案用计算差额内部收益率的方法进行比选。

求解寿命不等互斥方案间差额内部收益率的方程，可用令两方案净年值相等的方式建立，其中隐含了方案可重复实施的假定。设互斥方案A、B的寿命期分别为n_A、n_B，求解差额内部收益率ΔIRR的方程为

$$\sum_{t=0}^{n_A}(CI_A-CO_A)_t(P/F,\Delta IRR,t)(A/P,\Delta IRR,n_A)$$
$$= \sum_{t=0}^{n_B}(CI_B-CO_B)_t(P/F,\Delta IRR,t)(A/P,\Delta IRR,n_B) \tag{4.21}$$

一般情况而言，用差额内部收益率进行寿命不等的互斥方案比选，应满足下列条件之一：

(1) 初始投资额大的方案年均净现金流量大，且寿命期长。

(2) 初始投资额大的方案年均净现金流量小，且寿命期短。

方案j的年均净现金流为：

$$\sum_{t=0}^{n_j}(CI_j-CO_j)_t/n_j \tag{4.22}$$

方案比选的判别准则为：在ΔIRR存在的情况下，若$\Delta IRR > i_0$，则年均净现金流大的方案为优；若$0 < \Delta IRR < i_0$，则年均净现金流小的方案为优。

【例4-14】设互斥方案A、B的寿命分别为5年和3年，各自寿命期内的净现金流量如表4-14所示，基准收益率为12%，试用内部收益率法比选方案。

表4-14 方案A、B的净现金流量   单位：万元

年份 方案	0	1	2	3	4	5
A	-300	96	96	96	96	96
B	-100	42	42	42		

解：首先进行绝对经济效果检验，计算每个方案在各自寿命期内现金流的内部收益率。列出求解内部收益率的方程式：

$$-300 + 96(P/A, IRR_A, 5) = 0$$
$$-100 + 42(P/A, IRR_B, 3) = 0$$

可求得 $IRR_A = 18.14\%$，$IRR_B = 12.53\%$。

由于 IRR_A、IRR_B 均大于基准折现率，故方案 A、B 均能通过绝对经济效果检验。

方案比选应采用差额内部收益率指标。初始投资大的方案 A 的年均净现金流（$-300/5 + 96 = 36$）大于初始投资小的方案 B 的年均净现金流（$-100/3 + 42 = 8.7$），且方案 A 的寿命 5 年长于方案 B 的寿命 3 年，差额内部收益率指标可以使用。根据式（4-21）列出求解差额内部收益率的方程式：

$$[-300 + 96(P/A, \Delta IRR, 5)](A/P, \Delta IRR, 5)$$
$$-[-100 + 42(P/A, \Delta IRR, 3)](A/P, \Delta IRR, 3) = 0$$

利用试算内插法，可求得：$\Delta IRR = 20.77\%$。由于 $\Delta IRR > i_0$，由判别准则可知，应选择年均净现金流大的方案 A。

4.6 独立方案的选择

1. 完全不相关的独立方案

独立方案的采用与否，只取决于方案自身的经济性，即只需看它们是否能够通过净现值、净年值或内部收益率等绝对经济效果评价指标的检验。因此，多个独立方案与单一方案的评价方法是相同的。

【例4-15】 三个独立方案 A、B、C，其现金流如表 4-15 所示。设基准收益率为 12%，试判断其经济可行性。

表 4-15 独立方案 A、B、C 的净现金流量表   单位：万元

年末 方案	0	1-8
A	-140	45
B	-180	47
C	-170	32

解：本例为独立方案，可首先计算方案自身的绝对经济效果指标：净现值，或净年值，或内部收益率，然后根据各指标的判别准则进行绝对经济效果的检验并决定取舍。

（1）$NPV_A = -140 + 45(P/A, 12\%, 8) = 83.56$（万元）

$NPV_B = -180 + 47(P/A, 12\%, 8) = 53.50$（万元）

$NPV_C = -170 + 32(P/A, 12\%, 8) = -11.02$（万元）

由于 $NPV_A > 0$，$NPV_B > 0$，$NPV_C < 0$ 根据净现值判别准则，A、B 方案可以接受，C 方案应予以拒绝。

（2）$NAV_A = -140(A/P, 12\%, 8) + 45 = 16.82$（万元）

$NAV_B = 180(A/P, 12\%, 8) + 47 = 10.77(万元)$

$NAV_C = -170(A/P, 12\%, 8) + 32 = -2.22(万元)$

由于 $NPV_A > 0$, $NPV_B > 0$, $NPV_C < 0$ 根据净现值判别准则, A、B 方案可以接受, C 方案应予以拒绝。

(3) 设 A 方案内部收益率为 IRR_A, B 方案内部收益率为 IRR_B, C 方案内部收益率为 IRR_C, 由方程

$$-140 + 45(P/A, IRR_A, 8) = 0$$
$$-180 + 47(P/A, IRR_B, 8) = 0$$
$$-170 + 32(P/A, IRR_C, 8) = 0$$

解得各方案内部收益率为 $IRR_A = 27.6\%$, $IRR_B = 20.1\%$, $IRR_C = 10.1\%$。

由于 $IRR_A > i_0(12\%)$, $IRR_B > i_0(12\%)$, $IRR_C < i_0(12\%)$, 根据内部收益率判别准则, A、B 方案可以接受, C 方案应予以拒绝。

对于独立方案而言, 经济上是否可行的判断依据是其绝对经济效果指标是否优于一定的检验标准。不论采用净现值、净年值和内部收益率当中哪种评价指标, 评价结论都是一样的。

2. 有资源约束的独立方案的选择

这里讨论的独立方案是指方案之间虽然不存在相互排斥或相互补充的关系, 但由于资源的约束, 不可能满足所有方案投资的要求, 或者由于投资项目的不可分性, 这些约束条件意味着接受某几个方案必须要放弃另一些方案, 使之成为相关的互相排斥的方案。

对受资源约束的方案进行选择使用的主要方法有"互斥方案组合法"和"净现值指数排序法"。

1) 互斥方案组合法

尽管独立方案之间互不相关, 但在约束条件下, 它们会成为相关方案。互斥方案组合法的基本思想是把各个独立方案进行组合, 其中每一个组合方案就代表一个相互排斥的方案, 这样就可以利用互斥方案的评选方法, 选择最佳的方案组合。

【例 4-16】 有三个独立方案 A、B、C, 各方案的有关数据如表 4-16 所示。已知总投资限额为 210 万元, 基准收益率为 10%, 试选择最佳投资方案组合。

表 4-16　A、B、C 方案的有关数据　　　　　　　　　　单位: 万元

方案	投资额	1-10 年净收入
A	100	30
B	70	27
C	120	32

解: 由于 A、B、C 三个方案的总投资 290 万元超过了投资限额, 因而不能同时被选中。

互斥方案组合法的基本步骤如下:

第一步, 列出全部相互排斥的组合方案。如果有 m 个独立方案, 组合方案数共 $(2^m - 1)$。本例原有三个独立方案, 互斥组合方案共有 7 个 $(2^3 - 1)$。这 7 个方案彼此互不相容, 互相排斥。组合结构见表 4-17。

表4-17　用净现值法选择最佳组合方案　　　　单位：万元

序号	方案组合	投资	1~10年净收入	净现值	决策
1	A	100	30	84.32	
2	B	70	27	95.89	
3	C	120	32	76.61	
4	A+B	170	57	180.21	最佳
5	B+C	190	59	172.5	
6	A+C	220	62	160.93	不可行
7	A+B+C	290	89	256.82	不可行

第二步，保留投资额不超过投资额的方案，淘汰其余组合方案。本例中，除去不满足约束条件的A、C组合及A、B、C组合。

第三步，采用净现值或差额内部收益率法选择最佳方案组合。本例采用净现值法，净现值最大的组合方案为最佳组合方案。结果见表4-17。

由表4-17可知，按最佳投资决策确定选择方案A和B，其净现值总额为180.21万元。

当方案的个数增加时，其组合数将成倍增加，所以互斥方案组合法比较适用于方案数比较少的情况。当方案数目较多时，可采用净现值指数排序法。

2）净现值指数排序法

此法是在计算各方案净现值指数的基础上，将净现值指数大于或等于零的方案按净现值指数大小排序，并依此次序选取项目方案，直至所选取方案的投资总额最大限度地接近或等于投资额为止。这一方法的目标是达到总投资的净现值最大。

【例4-17】　某地区投资预算为150万元。有6个投资方案，其净现值及投资额如表4-18所示，基准折现率为10%，试按净现值指数排序法进行评选。

解：各方案的净现值、净现值指数及排序结果如表4-18所示。

表4-18　各方案的有关指标计算表　　　　单位：万元

方案	第0年投资	净现值	净现值指数	按净现值指数排序
A	60	13.73	0.23	1
B	40	1.78	0.04	5
C	35	5.5	0.16	3
D	20	-1.56	-0.08	6
E	55	11.58	0.21	2
F	10	1.06	0.11	4

由表4-18可知，方案的优先顺序为A、E、C、F、B、D，方案D净现值指数小于零，应淘汰。当资金总额为150万元时，最优组合方案是A、E、C，净现值总额为30.81万元。

按净现值指数排序原则选择项目方案，其基本思想是单位投资的净现值越大，在一定投资限额内所能获得的净现值总额就越大。净现值指数排序法简便易行，这是它的主要优点，但是，由于投资项目的不可分性，净现值指数排序法在许多情况下，不能保证现有资金的充分利用，不能达到净现值最大的目标。只有在下述情况之一，它才能达到或接近净现值最大的目标：

(1)各方案投资占投资预算的比例很小；

(2)各方案投资额相差无几；

(3)各入选方案投资累加额与投资预算限额相差无几。

实际上，在各种情况下都能保证现实最优选择(净现值最大)的更可靠的方法是互斥方案组合法。

4.7 混合方案的选择

混合方案实际包括多种类型。这里，只讨论由独立方案与互斥方案组成的混合方案，即某些方案为互斥方案(实为同一项目中的方案)，而某些方案则为相互独立的方案(实为相互独立的不同项目中的方案)。比如，某企业既可投资 IT 产业，IT 产业又有 A、B 两个互斥方案；又可同时投资生物制药业，生物制造业又有 C、D 两个互斥方案。但 IT 产业的方案与生物制药业的方案之间却是相互独立的方案。这样，A、B、C、D 就组成了一个混合方案群。

混合方案的选择也分两种情况讨论。

4.7.1 无资金约束条件下混合方案的选择

由于各项目是相互独立的，又无资金约束，因此只要项目可行，就可采纳，但应从可行项目中选择一个最优方案。选择工作分两步：

第一步，评价各项目中各方案的可行性；

第二步，在每个项目中选择一个可行且最优的方案。即把同一个项目中的互斥方案进行比较与选择，所用的方法主要有净现值法、净年值法及增量投资内部收益率法。

4.7.2 有资金约束下混合方案的选择

在这种情况下，选择的思路与无资金约束条件下混合方案的选择基本相同，只是在选择方案时应考虑总额投资额不超过资金总额，因此，所选的方案不一定是该项目中最优的方案。

与独立方案的选择有所不同，它在进行方案组合时，最多只能从每一个项目的多个方案中选择一个方案参与组合。因此，它的步骤如下：

第一步，评价各方案的可行性，舍弃不可行的方案。

第二步，在总投资额不超过资金限额的条件下，进行独立方案的组合。这里，除了要考虑总投资额不超过资金限额以外，还应注意各项目中最多只能选一个方案。

第三步，求各种组合的总体经济效果值。经济效果指标通常采用净现值(NPV)和净年值(NAV)。

第四步，选择最优的方案组合。选择的标准也是总净现值或总净年值最大。

【例4-18】某公司有三个下属部门 A、B、C，各部门提出了若干个方案，其现金流量如表4-19所示。设三个部门之间的投资是相互独立的，但部门内部投资方案是互斥的。寿命均为 10 年，基准收益率为 10%。试计算：

若无资金约束,应选择哪些方案?

若资金限额为 500 万元,应选择哪些方案?

表 4-19　某公司三个部门各投资方案的现金流量　　　　单位:万元

部门	方案	0 时投资额	净现金流(1~10 年)
A	A1	100	27.2
	A2	200	51.1
B	B1	100	12.0
	B2	200	30.1
	B3	300	45.6
C	C1	100	50.9
	C2	200	63.9
	C3	300	87.8

解: 考虑到计算的方便性,这里选用净现值法。

(1)在资金无限额条件下方案的选择。

第一步,求各方案的净现值并评价它们的可行性。

计算结果如表 4-20 所示。可以看出,B 部门的各方案均不可行,其余方案均可行。

表 4-20　某公司三个部门各投资方案的净现值　　　　单位:万元

部门	方案	0 时投资额	净现值(1~10 年)
A	A_1	100	67.03
	A_2	200	113.99
B	B_1	100	-26.27
	B_2	200	-15.05
	B_3	300	-19.81
C	C_1	100	212.76
	C_2	200	192.64
	C_3	300	239.49

第二步,选择方案。

由于 B 部门的各方案均不可行,因此只能在 A、C 部门中各选一个净现值最大的方案。所以应选择 A_2、C_3。

(2)在资金限额为 500 万元的条件下选择方案。

由于已判断各个方案的可行性,所以只需进行以下三步工作:

第一步:进行方案组合。

组合结果如表 4 - 21 所示。

表 4 - 21　某矿业公司两个可行项目的投资方案组合及其总净现值　　单位: 万元

序号	方案组合	总投资	总净现值
1	A_1	100	67. 13
2	A_A	200	113. 99
3	C_1	100	212. 76
4	C_2	200	192. 64
5	C_3	300	239. 49
6	A_1、C_1	200	279. 89
7	A_1、C_2	300	259. 77
8	A_1、C_3	400	306. 62
9	A_2、C_1	300	326. 62
10	A_2、C_2	400	306. 63
11	A_2、C_3	500	353. 48

第二步, 求各种组合的总净现值。

各种组合的总净现值计算结果如表 4 - 21 所示。

第三步, 选择最优的组合。

由表 4 - 21 可看出, 组合 11 总净现值最大, 所以应选择组合 11, 即选择 A_2、C_3 两个方案。

进一步讨论: 如果资金限额为 400 万元, 则方案组合 11 的总投资 500 万元超过了资金限额, 故应选择 A_2、C_1 两个方案。

本章小结

本章主要介绍和讨论了现值法、年值法、内部收益率法、投资回收期法、投资收益率法等技术经济分析基本方法, 包括了净现值、净年值、费用现值、费用年值、净现值率、内部收益率、外部收益率、追加内部收益率、投资回收期、追加投资回收期等经济评价指标, 其中净现值、内部收益率和投资回收期是最常用的技术方案评价指标。

价值型指标以货币单位来计量, 包括净现值、净年值、费用现值、费用年值等; 效率型指标主要是反映资源利用效率, 如投资利润率、内部收益率等; 时间型指标是以时间作为计量单位的, 如投资回收期、贷款偿还期等。图 4 - 7 给出了各类评价指标的相互关系。

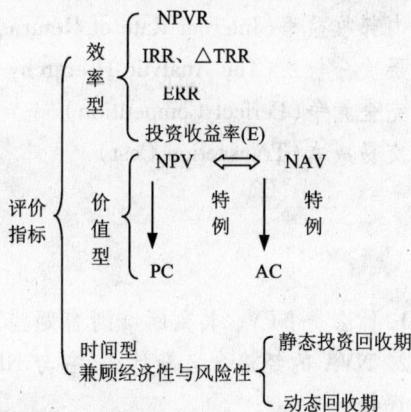

图 4 - 7　技术经济方案评价指标的相互关系

任何技术方案都涉及投资活动。从投资的形态与现金流量发生的情况看，技术方案主要分为常规纯投资、常规混合投资、非常规投资、非常规混合投资等项目；从方案之间的相互关系看，技术方案可分互斥型、独立型、混合型等类型。

为了对技术方案进行全面考察与分析，可从技术、经济、政治、社会、环境、资源等方面，利用一定的方法对技术方案进行综合评价，为制定决策提供科学、准确的依据。综合经济评价可以通过分析各种定量指标和定性方法与指标，通过对一个项目的多种技术方案全面比较分析，选择出综合效益最好的方案。目前，国内外常用的技术经济综合评价方法主要有专家综合评价法、评分法、图示法、多级过滤法、综合数学模型分析法等。

简要介绍了完全竞争市场经济的概念。

中英名词术语

净现值(Net Present Value，NPV)

追加投资内部收益率(Incremental Internal Rate of Return，ΔIRR)

累计净现金流量(Cumulative Net Cash Flows)

外部收益率(External Rate of Return，ERR)

现值成本(Present Cost，PC)

净年值(Net Annual Value，NAV)

投资回收期(Payback Period，Pt)

终值(Future Worth)

静态回收期(Conventional-payback Period，Pc)

净现值率(Net Present Value Rate，NPVR)

动态投资回收期(Discount-payback Period，ΔPd)

追加投资回收期(Incremental-payback Period，ΔPt)

费用年值(Annual Cost，AC)

最小公倍数法(Least Common Multiple of the Lives)

投资收益率(Return on Investment，ROI)

内部收益率(Internal Rate of Return，IRR)

层次分析法(The Analytic Hierarchy Process，AHP)

完全竞争(Perfect Competition)

交易成本(Transaction Cost)

思考与练习

1. 什么是 NPV，其判断准则有哪些？

2. NVA 的经济含义是什么，它与 NPV 相比具有什么异同点？如何运用 NAV 对方案进行经济评价？

3. 如何正确理解内部收益率的经济含义，其适用范围和局限性是什么？

4. 混合方案的含义是什么，其比较和选择的程序是什么？

5. 什么是层次分析法,层次分析的步骤是什么?

6. 某项目投资额为 120 万元,建设期为 2 年,在生产的 8 年中,每年可获得收入 105 万元,每年支出 60 万元,届时残余值为 30 万元,当 $i=10\%$ 时,试评价此方案是否可行。

7. A、B 两个互斥方案各年度现金流量如表 4-22 所示,基准收益率为 10%,试用 NAV 法比选方案。

表 4-22　现金流量表　　　　　　　　　　　　　　(单位:万元)

方案	投资	年净现金流量	残值	寿命(年)
A	-5	1.5	0.75	6
B	-7.5	2	1	9

8. 某矿业企业集团预投资新建一设备厂,初始投资为 1000 万元,预计在 10 年寿命期中每年可得净收益 160 万元,第 10 年末残余 400 万元,若基准收益率为 10%,试用方法 IRR 评价之。

9. 某企业计划对设备进行更新换代,现有三个方案,方案 I 所需投资 8 万元,年成本 11 万元,年产量 200 台;方案 II 需投资 15 万元,年成本 15 万元,年产量 300 台;方案 III 所需投资 10 万元,年成本 13.25 万元,年产量 250 台。若标准投资回收期为 7 年,试用追加投资回收期法比较方案优劣。

10. 某企业拟扩大产品生产能力,现有两个备选方案,其数据如表 4-23 所示。试求:(1)用追加投资回收期法比选方案(设 $P_b=5$ 年);(2)用计算费用法比选方案。

表 4-23　两个设计方案数据　　　　　　　　　　(单位:万元)

指标 ＼ 方案	方案 I	方案 II
投资	3 500	2 250
年成本	1 000	1 200
年产量(万件)	35	30

第5章 不确定性分析

由于客观条件的复杂性和主观条件的局限性,工程项目的技术经济分析处于一种不确定性或模糊状态之中。工程技术经济评价的依据和数据是建立在评价主体对未来事件的估计和预测基础之上的。估计或预测难免有偏差,因而对于投资项目方案技术经济评价中使用的投资、成本、收入、产量、价格等基础数据均为估计值或预测值,其误差就使得投资项目经济效果的实际值可能偏离其预期值,从而给投资者和经营者带来风险。另外,作为一个投资项目的外部条件的政治形势、经济状态、资源条件,技术发展等因素的未来变化的不确定性,会影响到项目方案经济效果评价的真实程度和可靠性。投资超概算、工期拖延、价格上涨、市场需求变化、产品售价波动、达不到设计生产能力、劳务费用增加、贷款利率变动、汇率变动等都可能使一个投资项目达不到预期的经济效果,甚至亏损。

为此,我们要了解各种外部条件和内部条件发生的不确定性对投资项目方案经济效果的影响,需要掌握投资方案对各种条件变化的承受能力,需要了解可能发生的条件变化引起投资方案经济效果的概率分布的变化,需要了解外部条件变化带来的投资风险及风险条件下投资决策的原则与方法。

5.1 盈亏平衡分析

盈亏平衡分析(Break-even Analysis)是根据投资项目或企业的产品产量、成本和利润间相互关系来对投资方案进行技术经济分析,因而也称其为量、本、利分析。这种方法不仅用于投资方案的选择和技术经济敏感性分析,而且也用于企业的经营管理决策。另外它也是内部模拟电力市场的理论基础。在实际的应用中,具有线性盈亏平衡分析(linear Breakeven Analysis)、非线性盈亏平衡分析(Nonlinear Breakeven Analysis)和互斥方案盈亏平衡分析(Mutually Exclusive Alternatives Breakeven Analysis)三种情况。

5.1.1 盈亏平衡分析的基本理论

为更好地运用盈亏平衡分析方法,必须首先明确和掌握其基本原理和有关概念。

1.定义

盈亏平衡是指企业经营的某种产品或劳务所获得的收入,同其所发生的成本保持相等,整个生产经营处于既无盈利也无亏损的特定状态。盈亏平衡分析是指以成本性态分析为基础,以盈利额或亏损额为零作为基点,揭示产品或劳务的销售量、成本和利润三者之间内在联系的一种经济分析方法。各种不确定因素(如投资、成本、销售量、产品价格、项目寿命期等)的变化会影响投资方案的经济效果,当这些因素的变化达到某一临界值时,就会影响方案的取舍。盈亏平衡分析的目的就是找出这种临界值,即盈亏平衡点(Break-even Point, BEP),判断投资方案对不确定因素变化的承受能力,为决策提供依据。

　　盈亏平衡分析又称保本点分析或量本利分析法，是根据产品的业务量(产量或销量)、成本、利润之间的相互制约关系的综合分析，用来预测利润，控制成本，判断经营状况的一种数学分析方法。一般说来，企业收入 = 成本 + 利润，如果利润为零，则有收入 = 成本 = 固定成本 + 变动成本，而收入 = 销售量 × 价格，变动成本 = 单位变动成本 × 销售量，这样由销售量 × 价格 = 固定成本 + 单位变动成本 × 销售量。

　　盈亏平衡点又称保本点，是指能使企业的销售收入总额同成本总额保持相等时的产品产销量水平。亦即企业在一定时间内经营某种或若干种产品，为使其全部耗费(包括固定成本和变动成本)都能得到补偿所必需实现或达到的产品产销数量或销售收入。盈亏平衡分析是通过盈亏平衡点(BEP)分析项目成本与收益的平衡关系的一种方法。

2. 盈亏平衡分析的作用

　　即量本利分析法，它是一种通过分析产品成本、销售量和销售利润这三个变量之间的关系，掌握盈亏变化的临界点(保本点)而进行选择的方法。盈亏平衡分析可以对项目的风险情况及项目对各个因素不确定性的承受能力进行科学地判断，为投资决策提供依据。传统盈亏平衡分析以盈利为零作为盈亏平衡点，没有考虑资金的时间价值，是一种静态分析，盈利为零的盈亏平衡实际上意味着项目已经损失了基准收益水平的收益，项目存在着潜在的亏损。把资金的时间价值纳入到盈亏平衡分析中，将项目盈亏平衡状态定义为净现值等于零的状态，便能将资金的时间价值考虑在盈亏平衡分析内，变静态盈亏平衡分析为动态盈亏平衡分析。由于净现值的经济实质是项目在整个经济计算期内可以获得的、超过基准收益水平的、以现值表示的超额净收益，所以，净现值等于零意味着项目刚好获得了基准收益水平的收益，实现了资金的基本水平的保值和真正意义的"盈亏平衡"。动态盈亏平衡分析不仅考虑了资金的时间价值，而且可以根据企业所要求的不同的基准收益率确定不同的盈亏平衡点，使企业的投资决策和经营决策更全面、更准确，从而提高项目投资决策的科学性和可靠性。

5.1.2　线性盈亏平衡分析

1. 盈亏平衡分析的基本假定

　　线性盈亏平衡分析是指技术方案的总成本费用、销售收入与产量呈线性关系。进行线性盈亏平衡分析存在如下假设条件：

　　(1)假定成本按其与业务量的相互关系可明确划分为固定成本和变动成本两部分。

　　(2)产量变化，单位变动成本不变，从而总生产成本是产量的线性函数。

　　(3)产量变化，单价不变，从而销售收入是销量的线性函数。

　　(4)产量等于销量。

2. 基本原理

1)代数法

线性盈亏平衡分析是指在市场其他条件不变的情况下，产品价格不随其销量的变动而变动。销售收入与销量呈线性关系，即：

$$B = PQ \qquad (5.1)$$

式中：B——产品销售收入；

  P——产品价格；

  Q——销量。

  产品的总成本等于固定成本与变动成本的总和。固定成本是指在一定范围内不随产量的变动而变动的成本费用。在线性盈亏平衡分析中，变动成本是与产量成正比例关系的成本费用，则总成本的公式：

$$C = C_f + C_v Q \tag{5.2}$$

式中：C——总成本；

  C_f——总固定成本；

  C_v——单位变动成本。

  在假定产销平衡的情况下，当产品销售收入等于生产总成本时，求出的产量即为盈亏平衡点产量 Q^*，这里需要说明，计算盈亏平衡产量本来还应该考虑到税金，即只有当销售收入等于总成本加税金时，才能达到盈亏平衡。但工程项目大多属于产销缴纳增值税的项目，增值税属于价外税，不影响利润，因而在计算盈亏平衡产量时不必考虑，而当盈亏平衡时，因为没有利润，所以也无需缴纳所得税。但是，如果项目属于需缴纳消费税或营业税的项目时，因为这两种税是价内税，则必须计入。这里，在暂不考虑这两种税时，盈亏平衡产量为：

$$PQ^* = C_f + C_v Q^* \tag{5.3}$$

  盈亏平衡产量：

$$Q^* = \frac{C_f}{P - C_v} \tag{5.4}$$

  盈亏平衡价格：

$$P^* = \frac{C_f}{Q} + C_v \tag{5.5}$$

  盈亏平衡单位产品变动成本：

$$C_v^* = P - \frac{C_f}{Q} \tag{5.6}$$

  如果项目的设计生产能力为 Q_0，则盈亏平衡点也可以用盈亏平衡生产能力利用率表示，即：

$$E = \frac{Q^*}{Q_0} \times 100\% = \frac{C_f}{(P - C_v) Q_0} \times 100\% \tag{5.7}$$

式中：E——盈亏平衡生产能力利用率。

  2）图解法

  图解法也称图表法，图 5-1 和图 5-2 是成本曲线和收益曲线图。总成本线 C 是一条以总固定成本 C_f 为截距、以单位可变成本 C_v 为斜率的直线，该直线和该方程表示不同产量时项目的总成本。总收益线 B 是一条以产品价格为斜率且过原点的直线，该直线和该方程表示不同产量时项目的总收益。

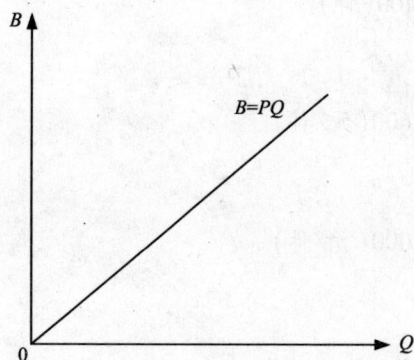

图 5-1　收益曲线图

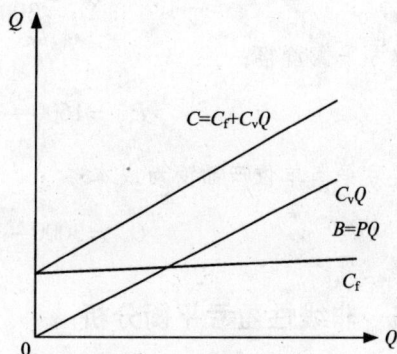

图 5-2　成本曲线图

将式(5.1)和式(5.2)在同一坐标图上表示出来,在图上作出总成本线和销售收入线,则可以画出产量、成本、利润关系分析图,就构成了盈亏平衡分析图。总成本线 C 和总收益线 B 的交点量 BEP,就是项目产量的盈亏平衡点。在此点项目盈亏平衡,即利润等于零,盈亏平衡产量为 Q^*。当产量低于 Q^* 时,总成本大于总收入,为亏损区;当产量大于 $Q*$ 时,总收入大于总成本,为盈利区。图 5-3 是盈亏平衡分析图。横轴表示产品产量 Q,纵轴表示成本 C 和收益 B。

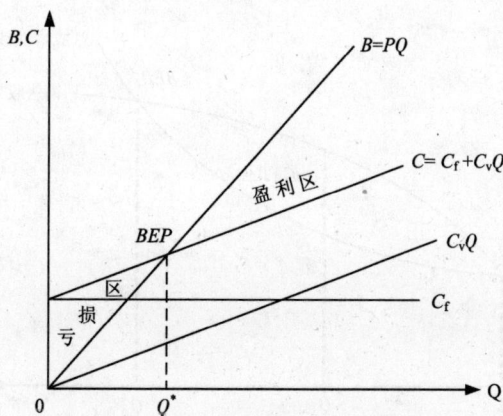

图 5-3　盈亏平衡分析图

【例题 5-1】　某项目生产能力为 3 万件/年,产品售价 3000 元/件,总成本费用 7800 万元,其中固定成本 3000 万元,成本与产量呈线性关系。

解:依据上式公式

单位产品变动成本:

$$C_v = \frac{7800 - 3000}{3} = 1600(元/件)$$

盈亏平衡产量:

$$Q^* = \frac{3000 \times 10^4}{3000 - 1600} = 21400(\text{件})$$

盈亏平衡价格：

$$P^* = 1600 + \frac{3000 \times 10^4}{3 \times 10^4} = 2600(\text{元／件})$$

盈亏平衡单位产品变动成本：

$$C_v^* = 3000 - \frac{3000 \times 10^4}{3 \times 10^4} = 2000(\text{元／件})$$

5.1.3 非线性盈亏平衡分析

在生产实践中，由于产量扩大到一定水平，原材料、动力供应价格会引起上涨等原因造成项目生产成本并非与产量呈线性关系，也由于市场容量的制约，当产量增长后，产品售价也会引起下降，价格与产量呈某种函数关系，因此，销售收入与产量就呈非线性关系。

【例题 5 – 2】 某企业投产以后，它的年固定成本为 66000 元，单位变动成本为 28 元，由于原材料整批购买，每多生产一件产品，单位变动成本可降低 0.001 元；单位销售价为 55元，销量每增加一件产品，售价下降 0.0035 元。试求盈亏平衡点及最大利润时的销售量。

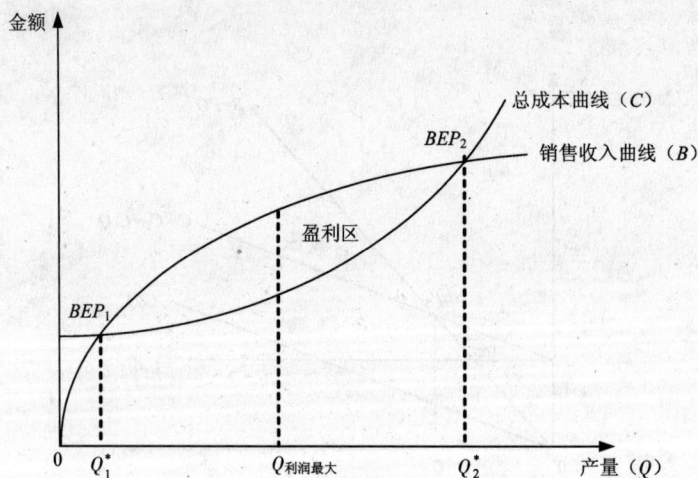

图 5 – 4 非线性盈亏平衡关系示意

解：单位产品的售价为 (55 – 0.0035 Q)

单位产品的变动成本为 (28 – 0.001Q)

(1) 求盈亏平衡点的产量 Q_1^* 和 Q_2^*

$$C(Q) = 66000 + (28 - 0.001)Q = 66000 + 28Q - 0.001Q^2$$

$$B(Q) = 55Q - 0.0035Q^2$$

根据盈亏平衡原理 $C(Q) = B(Q)$

即 $66000 + 28Q - 0.001Q^2 = 55Q - 0.0035Q^2$

因此有　$0.0025Q^2 - 27Q + 66000 = 0$

$$Q_1^* = \frac{27 - \sqrt{27^2 - 4 \times 0.0025 \times 66000}}{2 \times 0.0025} = 3739(件)$$

$$Q_2^* = \frac{27 + \sqrt{27^2 - 4 \times 0.0025 \times 66000}}{2 \times 0.0025} = 7061(件)$$

(2)求最大利润时的产量 $Q_{\max}$

利润 = 收入 - 成本 = $-0.0025Q^2 + 27Q - 66000$

令上式导数等于 0，得　$-0.005Q + 27 = 0$

有 $Q_{\max} = 27/0.005 = 5400(件)$

如果一个企业生产多种产品，可换算成单一产品，或选择其中一种不确定性最大的产品进行分析。

运用盈亏平衡分析，在方案选择时应优先选择平衡点较低者，盈亏平衡点越低意味着项目的抗风险能力越强，越能承受意外的风吹草动。

5.1.4　互斥方案盈亏平衡分析

在需要对若干个互斥方案进行比选的情况下，如果有某一个共有的不确定因素影响这些方案的取舍，可以先求出两方案的盈亏平衡点，再根据盈亏平衡点进行方案取舍。

设两个方案的经济效果受一个公共变量 x 的影响，且每个方案的经济效果指标都能表示为该公共变量的函数，则该变量的某个数值可使两个方案的经济效果相同，即有：

$$f_1(x) = f_2(x) \tag{5.8}$$

若解出 $f_1(x) = f_2(x)$ 时的 x 值，就得出两个方案的优劣平衡点。

【例题 5-3】　某产品有两种生产方案，方案 A 初始投资为 70 万元，预期年净收益 15 万元；方案 B 初始投资 170 万元，预期年收益 35 万元。该项目产品的市场寿命具有较大的不确定性，如果给定基准收益率为 15%，不考虑期末资产残值，试就项目寿命期分析两方案的临界点，见图 5-5 所示。

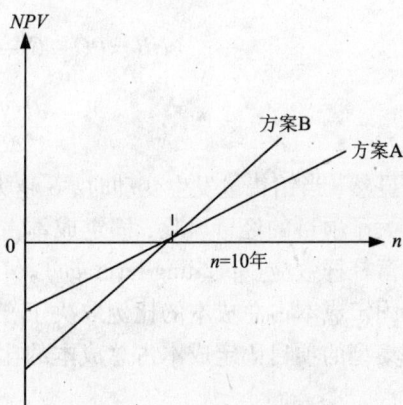

图 5-5　例 5-3 的盈亏平衡分析

解：设项目寿命期为 n

$NPV_A = -70 + 15(P/A, 15\%, n)$

$NPV_B = -170 + 35(P/A, 15\%, n)$

当 $NPV_A = NPV_B$ 时，有

$-70 + 15(P/A, 15\%, n) = -170 + 35(P/A, 15\%, n)$

$(P/A, 15\%, n) = 5$

查复利系数表得 $n \approx 10$ 年

这就是以项目寿命周期为共有变量时方案 A 与方案 B 的盈亏平衡点。由于方案 B 年净收益比较高，项目寿命周期延长对方案 B 有利。故可知：如果根据市场预测项目寿命周期小于 10 年，应采取方案 A；如果寿命周期在 10 年以上，则应采用方案 B。

5.1.5　成本结构与经营风险的关系

销售量、产品价格及单位产品变动成本等不确定因素发生变动所引起的项目盈利额的波动称为项目的经营风险(business risk)。由销售量及成本变动引起的经营风险的大小与项目固定成本占总成本的比例有关。

设对应于预期的年销售量 Q_c 和预期的年总成本 C_c，固定成本占总成本的比例为 S，则：
固定成本

$$C_f = C_c \cdot S \tag{5.9}$$

单位产品变动成本

$$C_v = \frac{C_c(1-S)}{Q_c} \tag{5.10}$$

当产品价格为 P 时，盈亏平衡产量

$$Q^* = \frac{C_c S}{P - \dfrac{C_c(1-S)}{Q_c}} = \frac{Q_c C_c}{\dfrac{1}{S}(PQ_c - C_c) + C_c} \tag{5.11}$$

盈亏平衡单位产品变动成本

$$C_v^* = P - \frac{C_c S}{Q_c} \tag{5.12}$$

可以看出，固定成本占总成本的比例越大，盈亏平衡产量越高，盈亏平衡单位产品变动成本越低。高的盈亏平衡产量和低的盈亏平衡单位产品变动成本会导致项目在面临不确定因素的变动时发生亏损的可能性增大。

设项目的年净收益为 NB，对应于预期的固定成本和单位产品变动成本：

$$NB = PQ - C_f - C_v Q = PQ - C_c S - \frac{C_c(1-S)}{Q_c}Q$$

$$\frac{d(NB)}{dQ} = P - \frac{C_c(1-S)}{Q_c}$$

显然，当销售量发生变动时，S 越大，年净收益的变化率越大。也就是说，固定成本的存在扩大了项目的经营风险，固定成本占总成本的比例越大，这种扩大作用越强。这种现象称为运营杠杆效应(operating leverage)。

固定成本占总成本的比例取决于产品生产的技术要求及工艺设备的选择。一般来说，资金密集型的项目固定成本占总成本的比例比较高，因而经营风险也比较大。

5.2　敏感性分析

敏感性分析法(Sensitivity Analysis)是指从众多不确定性因素中找出对投资项目经济效益指标有重要影响的敏感性因素，并分析、测算其对项目经济效益指标的影响程度和敏感性程度，进而判断项目承受风险能力的一种不确定性分析方法。

5.2.1 敏感性分析概述

1.含义和目的

敏感性分析是研究建设项目的主要因素如产品售价、产量、经营成本、投资、建设期、汇率、物价上涨指数等发生变化时，项目经济效益评价指标(内部收益率、净现值等指标)的预期值发生变化的程度。

通过敏感性分析，可以找出项目的敏感因素，并确定这些因素变化后，对评价指标的影响程度，使决策者能了解项目建设中可能遇到的风险，从而提高投资决策的准确性。同时，也可以预示对项目经济效益的影响最重要的因素，我们可以对它们进行重新调查、分析、计算，以提高投资决策的可靠性。另外，还为进行各敏感因素对项目评价指标进行风险概率分析提供方向。

根据项目评价内容的不同，如经济评价中对经济净现值、经济内部收益率所作的敏感性分析，称为经济敏感性分析；对财务评价指标所做的敏感性分析，称为财务敏感性分析。敏感性分析是侧重于对最敏感的关键因素(即不利因素)及其敏感程度进行分析。通常是分析单个因素变化，必要时也可分析两个或多个不确定因素的变化对项目经济效益指标的影响程度。因此，相应地就有单因素敏感性分析和多因素敏感性分析(如敏感面分析和乐观－悲观分析等)。

因素敏感程度的表示：项目对某种因素的敏感程度，可表示为该因素按一定比例变化时引起评估指标的变动幅度(列表表示)：

$$变化率 = \frac{|效果指标变化幅度|}{|变化因素变化幅度|}$$

也可表示为评价指标达到临界点(如财务内部收益率等于财务基准收益率，或是经济内部收益率等于社会折现率)时，某个因素允许变化的最大幅度，即极限值。超过此极限，就认为项目不可行，可通过绘制敏感性分析图求此极限。必要时，应对若干个最为敏感的因素重新预测和估算，并进行项目投资风险估计。

2.敏感性分析的作用

(1)确定影响项目经济效益的敏感因素，寻找出影响最大、最敏感的主要变量因素，进一步分析、预测或估算其影响程度，找出产生不确定性的根源，采取相应有效措施。

(2)计算主要变量因素的变化引起项目经济效益评价指标变动的范围，使决策者全面了解建设项目投资方案可能出现的经济效益变动情况，以减少和避免不利因素的影响，改善和提高项目的投资效果。

(3)通过各种方案敏感度大小的对比，区别敏感度大或敏感度小的方案，选择敏感度小的，即风险小的项目作投资方案。

(4)通过可能出现的最有利与最不利的经济效益变动范围的分析，为投资决策者预测可能出现的风险程度，并对原方案采取某些控制措施或寻找可替代方案，为最后确定可行的投资方案提供可靠的决策依据。

3.敏感性分析的步骤

(1)选择分析的效益指标：表明效益的指标有多个，可选其中的一个或几个指标。如：净现值、净年值、内部收益率、投资回收期、静态投资收益率等。由于敏感性分析是在确定性经济分析的基础上进行的，就一般情况而言，敏感性分析的指标应与确定性经济分析所使用的指标相一致，不应超出确定性分析所用指标的范围另立指标。当确定性经济分析中使用的指标比较多时，敏感性分析可围绕其中一个或若干个最重要的指标进行。

（2）确定不确定性因素及其变化范围：影响投资方案经济效果的不确定因素有很多，严格说来，凡影响方案经济效果的因素都在某种程度上带有不确定性。但事实上没有必要对所有的不确定因素都进行敏感性分析，可以根据以下原则选择主要的不确定因素加以分析：

第一，预计在可能的变动范围内，该因素的变动将会比较强烈地影响方案的经济效果指标；

第二，对在确定性经济分析中采用的该因素的数据的准确性把握不大。

分析因素只要是对效益有影响的因素，一般选取产量、价格、成本、主要原材料、投资额、建设期、外汇汇率等。最终选哪些因素，依据具体情况确定。一般原则：选不确定性大或对效益影响大者。对于一般的工业投资项目来说，要作敏感性分析的因素通常从下列因素中选定：

①投资额，包括固定资产投资与流动资金占用，根据需要还可将固定资产投资划分为设备费用、建筑安装费用等；②项目建设期、投产期、到产期；③产品产量及销售量；④产品价格；⑤经营成本，特别是其中的变动成本；⑥项目寿命期；⑦项目寿命期末的资产残值；⑧折现率；⑨外币汇率等等。

在选择需要分析的不确定因素的过程中，应根据实际情况设定这些因素可能的变动范围。

（3）计算不确定性因素变动对分析指标的影响程度。

在计算某特定因素变化所产生的影响时，假定其他因素保持不变，对每因素的变动逐一计算出对经济评价指标的影响，建立一一对应的关系，并用表和图的形式表示出来。

（4）确定敏感因素。

第一种是相对测定法，即设定要分析的因素均从确定性经济分析中所采用的数值开始变动，且各因素每次变动的幅度（增或减的百分数）相同，比较在同一变动幅度下各因素的变动对经济效果指标的影响，据此判断方案经济效果对各因素变动的敏感程度。

第二种方法是绝对测定法，即设各因素均向对方案不利的方向变动，并取其有可能出现的对方案最不利的数值，据此计算方案的经济效果指标，看其是否可达到使方案无法被接受的程度。如果某因素可能出现的最不利数值能使方案变得不可接受，则表明该因素是方案的敏感因素。方案能否接受的判据是各经济效果指标能否达到临界值，例如，使用净现值指标要看净现值是否大于或等于零；使用内部收益率指标要看内部收益率是否达到基准折现率。绝对测定法的一个变通方式是先设定有关经济效果指标为其临界值，如令净现值等于零，令内部收益率等于基准折现率，然后求待分析因素的最大允许变动幅度，并与其可能出现的最大变动幅度相比较。如果某因素可能出现的变动幅度超过最大允许变动幅度，则表明该因素是方案的敏感因素。

根据每次变动因素的数目不同，敏感性分析又可分为单因素敏感性分析和多因素敏感性分析。见图5-6所示。

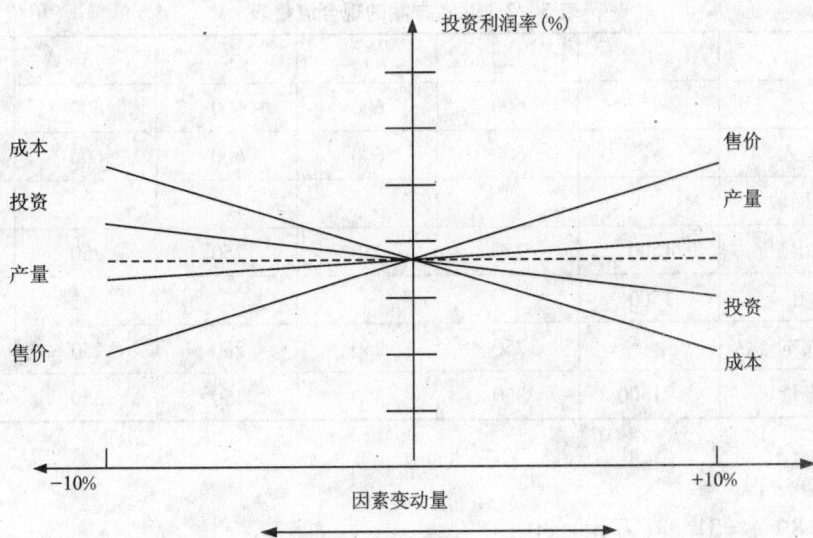

图5-6　敏感性分析图

5.2.2　单因素敏感性分析

单因素敏感性分析(Single-Variable Sensitivity Analysis)是单个不确定因素的变动对方案经济效果的影响所作的分析。在分析方法上类似于数学上多元函数的偏微分,即在计算某个因素的变动对经济效果指标的影响时,假定其他因素均不变,另外需假定每个不确定性因素变动的几率是相等的。

【例题5-4】　设某项目基本方案的基本数据估算值如表5-1所示,试进行敏感性分析(基准收益率 $i_c = 8\%$)。

表5-1　基本方案的基本数据估算值

因素	建设投资 I(万元)	年营业收入 R(万元)	年经营成本 C(万元)	期末残值 L(万元)	寿命 n(年)
估算值	1500	600	250	200	6

解:

(1)以年营业收入 R、年经营成本 C 和建设投资 I 为拟分析的不确定性因素。

(2)选择项目的内部收益率为评价指标。

(3)作出本方案的现金流量表如表5-2所示。

则方案的内部收益率 IRR 由下式确定:

$$-I(1 + IRR)^{-1} + (R - C)\sum_{t=2}^{5}(1 + IRR)^{-t} + (R + L - C)(1 + IRR)^{-6} = 0$$

$$-1500(1 + IRR)^{-1} + 350\sum_{t=2}^{5}(1 + IRR)^{-t} + 550(1 + IRR)^{-6} = 0$$

表5-2 基本方案的现金流量表 　　　　　　（单位：万元）

年份	1	2	3	4	5	6
现金流入		600	600	600	600	800
年营业收入		600	600	600	600	600
期末残值回收						200
现金流出	1500	250	250	250	250	250
建设投资	1500					
年经营成本		250	250	250	250	250
净现金流量	-1500	350	350	350	350	550

采用试算法得

$NPV(i=8\%) = 31.08(万元) > 0$

$NPV(i=9\%) = -7.93(万元) < 0$

采用线性内插法可求得

$$IRR = 8\% + \frac{31.08}{31.08 + 7.92}(9\% - 8\%) = 8.79\%$$

（4）计算营业收入、经营成本和建设投资变化对内部收益率的影响,结果见表5-3所示。

表5-3 因素变化对内部收益率的影响 　　　　　　（单位：万元）

内部收益率 不确定因素	-10%	-5%	基本方案	+5%	+10%
营业收入	3.01	5.94	8.79	11.58	14.30
经营成本	11.12	9.96	8.79	7.61	6.42
建设投资	12.70	10.67	8.79	7.06	5.45

内部收益率的敏感性分析图见图5-7所示。

（5）计算方案对各因素的敏感度。

平均敏感度的计算公式如下：

$$\beta = \frac{评价指标变化的幅度\%}{不确定因素变化的幅度\%}$$

对于例题5-4的方案而言,

年营业收入平均敏感度为

$$\frac{(14.30 - 3.01) \div 8.79}{20} \times 100\% = 6.42\%$$

年经营成本平均敏感度为

$$\frac{|6.42 - 11.12| \div 8.79}{20} \times 100\% = 2.67\%$$

建设投资平均敏感度为

$$\frac{|5.45 - 12.70| \div 8.79}{20} \times 100\% = 4.12\%$$

显然,内部收益率对年营业收入变化的反应最为敏感。

5.2.3 多因素敏感性分析

在进行单因素敏感性分析的过程
中,当计算某特定因素的变动对经济
效果指标的影响时,假定其他因素均
不变。实际上,许多因素的变动具有
相关性,一个因素的变动往往也伴随
着其他因素的变动。例如,矿产品销
售价格依赖于人力成本、水、电等原
材料、动力价格,如果人力、原材料
价格上涨,必然导致矿产品生产成本
上升。所以,单因素敏感性分析有其

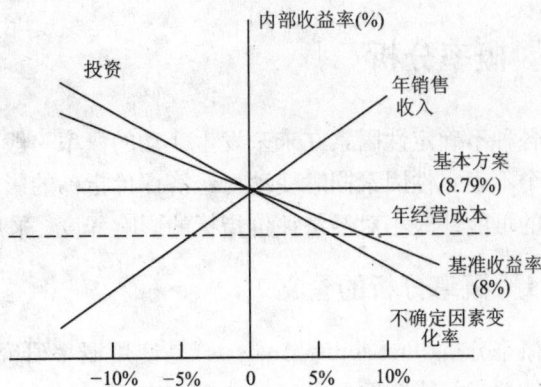

图 5-7 单因素敏感性分析图

局限性。改进的方法是进行多因素敏感性分析,即考察多个因素同时变动对方案经济效果的
影响,以判断方案的风险情况。

多因素敏感性分析(Multivariable Sensitivity Analysis)要考虑可能发生的各种因素不同变
动幅度的多种组合,计算起来要比单因素敏感性分析复杂得多。如果需要分析的不确定因素
不超过三个,而且经济效果指标的计算比较简单,可以用解析法与作图法相结合的方法进行
分析。双因素敏感性分析是指每次同时变动两个不确定性因素的敏感性分析,三因素敏感性
分析是指每次同时变动三个不确定性因素的敏感性分析。下面用例题说明双因素敏感性
分析。

【例题 5-5】 某技术方案期初一次性投资 15 万元,年销售收入为 3 万元,年经营费用
为 2000 元,项目寿命期为 10 年,固定资产残值为 2 万元。基准收益率为 10%,试就初始投
资和年销售收入对该项目的净现值进行双
因素的敏感性分析。

解: 设 X 表示初始投资变化率,Y 表
示同时改变的年销售收入的变化率,则有

$NPV(10\%) = -15(1 + X) + 3(1 + Y)$
$(P/A, 10\%, 10) - 0.2(P/A, 10\%, 10) + 2$
$(P/F, 10\%, 10)$

当 $NPV(10\%) \geqslant 0$ 时,则该技术方案可
行。即

$2.977 - 15X + 18.435Y \geqslant 0$

$Y \geqslant -0.1615 + 0.8137X$

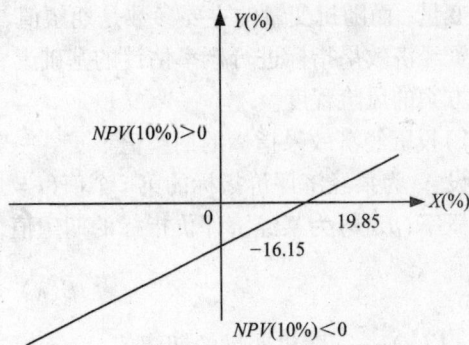

图 5-8 双因素敏感性分析图

将这个不等式在坐标图上表示出来,如图 5-8 所示。斜线以上的区域,
$NPV(10\%) > 0$;斜线以下的区域,$NPV(10\%) < 0$,显示了两因素允许同时变化的幅度,也

就是初始投资和销售收入同时变动,只要变动范围不超过斜线以上的区域(包括斜线上的点),技术方案就可以接受。

双因素敏感性分析一般保持技术方案现金流量中其他参数不变,每次考虑两个因素同时变化对技术方案影响。

5.3　概率分析

各种不确定性因素在未来发生变动的概率一般是不同的。多因素敏感性分析虽然能够反映多个不确定性因素同时变动对经济评价指标的影响,但是他仍未考虑各不确定性因素发生变动的可能性大小对经济评价指标的影响程度,采用概率分析可以弥补这一不足。

5.3.1　概率分析的含义

概率分析(Probability Analysis)是使用概率研究预测不确定因素和风险因素对技术方案经济效益指标影响的一种定量分析方法。

概率分析的关键是确定不确定性因素发生变动的可能性即概率值。概率分析中主要应用主观先验概率,就是在事件发生前,以过去发生的经验数据人为预测和估计为基础的概率,它带有一定的主观判断性。概率分析结果的可靠性,在很大程度上取决于对每个变量概率值判断的正确性。因此必须邀请有丰富经验、掌握专门理论知识从事专门研究的专家及机构做出正确判断和估计。一般对大型重要骨干项目,在经济评价时可根据项目的特点和实际需要,在有条件时进行概率分析。

5.3.2　概率分析的研究方法及步骤

1. 概率分析的研究方法

概率分析的研究方法为期望值、方差法。

投资项目的随机现金流(Random Cash Flow)受多种已知或未知的不确定因素的影响,可以看成是多个独立的随机变量值之和,与各个周期现金流有关的经济评价指标也必然是一个随机变量,而随机变量的主要参数是期望值与方差。期望值、方差是运用概率论的原理,在对投资经济效果指标进行概率估计的基础上,通过计算其经济效果指标的期望值、标准差来反映方案的风险程度。

1)投资经济效果指标的期望值

设 X_i 为某经济评价指标的第 i 个值($i=1, 2, \cdots, n$); P_i 为某经济评价指标第 i 个值出现的概率;$E(x)$ 为某经济评价指标的期望值,则投资经济效果指标的期望值的计算公式为:

$$E(x) = \sum_{i=0}^{n} x_i P_i \tag{5.13}$$

式中:$E(x)$—— 随机变量的期望值;

　　　i—— 随机变量的序号;

　　　X_i—— 随机变量值;

　　　n—— 随机变量发生的次数;

　　　P_i—— 随机变量 X_i 发生的概率值。

期望值(Random Variable)是随机变量所有可能取值的加权平均值,是考虑了随机变量发生概率后最可能出现的值。

2)投资经济效果指标的标准差与离散系数

$$\sigma = \sqrt{\sum_{i=0}^{n} P_i [x_i - E(x)]^2} \qquad (5.14)$$

标准差反映了随机变量(Random Variable)的实际值与其期望值偏离的程度,在一定意义上反映了投资方案的风险大小。

进行多方案比较时,在期望值相同情况下,标准差小的方案投资风险小。但不同方案比较时常常是期望值不同、标准差也不同,这时要比较方案的风险可用离散系数 q,它是标准差与期望值之比。即:

$$q = \frac{\sigma(x)}{E(x)} \qquad (5.15)$$

离散系数反映了单位期望值所具有的标准差,此值越小,方案风险越小。

2. 概率分析的步骤

(1)确定投资方案的变量(即可能发生变动的不确定性因素)。

(2)估计每个变量可能出现的概率。

(3)计算变量的期望值、标准差。

(4)根据变量的期望值、标准差比选方案,求某一状态下的概率值,进行方案风险分析。

5.3.3 概率分析的应用

1. 选择最优方案

已知不确定性因素及其可能出现的概率,求其期望值 $E(x)$、标准差 $\sigma(x)$。

【例题 5-6】 某项目的投资决策有两个方案,即"投资"方案与"不投资"方案。采用投资方案,在没有竞争情况下,可从该项目中得到净现值为 500 万元的收益;在有竞争的情况下,如竞争对手也建一个生产同样产品的工厂,并且产品在同一市场出售,则投资方案的净现值将变为 −100 万元。如果采用"不投资"方案,把这笔资金投资于别的项目,可得到净现值为 150 万元的收益。设"有竞争"的概率为 0.25,"无竞争"的概率为 0.75,试确定哪个方案好。

解:将已知条件列表,如表 5-4 所示。

表 5-4 不确定性因素状态及其发生概率

序号	机会事件	概率 $P(x)$	净现值(NPV)/万元	
			投资方案(A)	不投资方案(B)
1	有竞争	0.25	−100	150
2	无竞争	0.75	500	150

投资方案:

$E(NPV)_A = -100$ 万元 $\times 0.25 + 500$ 万元 $\times 0.75 = 350$ 万元

$$\sigma_A = \sqrt{(-100-350)^2 \times 0.25 + (500-350)^2 \times 0.75}\,万元 = 259.81\,万元$$

$$q_A = \frac{\sigma_A}{E(NPV)_A} = \frac{259.81}{350} = 0.74$$

不投资方案：

$$E(NPV)_B = 150\,万元 \times 0.25 + 150\,万元 \times 0.75 = 150\,万元$$

$$\sigma_B = \sqrt{(150-150)^2 \times 0.25 + (150-150)^2 \times 0.75}\quad 万元 = 0\,万元$$

$$q_A = \frac{\sigma_B}{E(NPV)_A} = \frac{0}{350} = 0$$

结论：$E(NPV)_A > E(NPV)_B$，说明投资方案比不投资方案能获得较大收益。投资方案离散系数，比不投资方案离散系数大，说明投资方案比不投资方案风险大。

在实际生活中，项目的风险和获利往往是共存的，即获利大的项目风险也大，获利小的项目风险也会小。所以投资人到底选择哪个方案，决定于投资者对风险的态度。投资者勇于承担风险，通常会选择获利大、风险也大的方案；若是保守型的投资者则会选择获利小、风险也小的方案。若是中小型的项目一般以期望值大为标准，若是较大的项目便要考虑到风险。

2. 方案风险分析

已知某变量的期望值、标准差，求其在某状态下的概率，并进行风险分析。

【例题 5-7】 已知某方案的净现值出现的概率分布呈正态分布（Normal Distribution），净现值的期望值为 232.83 万元，标准差为 246.39 万元，试确定：

（1）净现值大于或等于 0 的概率。

（2）净现值小于 -100 万元的概率。

（3）净现值大于或等于 500 万元的概率。

解： 由概率论可知，对非标准正态分布可通过替换转化为标准正态分布。转化式为：

$$P(x < x_0) = P\left(z < \frac{x_0 - \mu}{\sigma}\right)$$

通过查正态分布数值表求得其概率。

本例中：$\mu = 232.83$ 万元，$\sigma = 246.39$ 万元

（1）净现值大于或等于 0 的概率

$$P(NPV \geq 0) = 1 - P(NPV < 0)$$
$$= 1 - P\left(z < \frac{0 - 232.83}{246.39}\right)$$
$$= 1 - P(z < -0.9450)$$
$$= P(z < 0.9450)$$

由标准正态分布表可查得 $P(z < 0.9450) = 0.8276$，故可知

$$P(NPV \geq 0) = 0.8276$$

（2）净现值小于 -100 万元的概率

$$P(NPV < -100) = P\left(z < \frac{-100 - 232.83}{246.39}\right)$$
$$= P(z < -1.351)$$

$$= 1 - P(z < 1.351)$$
$$= 1 - 0.9115 = 0.0885$$
$$P(NPV \geqslant 500) = 1 - P(NPV < 500)$$
$$= 1 - P\left(z < \frac{500 - 232.83}{246.39}\right)$$
$$= 1 - P(z < 1.084)$$
$$= 1 - 0.8608 = 0.1392$$

由上面计算结果可进行风险分析：

项目能取得满意经济效果($NPV \geqslant 0$)的概率为82.76%，不能取得满意经济效果($NPV <$ 0)的概率为17.24%，故本项目风险不大。净现值小于 -100 万元的概率为8.85%，净现值大于500 万元的概率为13.92%。

这种在已知方案经济效果指标服从某种典型概率分布和已知其期望值、方差，对方案进行风险分析的方法被称为解析法。对于方案经济效果指标的概率分布不明或无法用典型概率分布描述的情况，可采用图示法求解。

5.4　风险决策

在概率分析中，项目多方案的比较优选称为风险决策(Risk Decision)。风险决策的条件主要包括：存在决策人希望达到的目标；存在两个或两个以上的方案可供选择；存在两个或两个以上不以决策者的意志为转移的自然状态；可以计算出不同方案在不同自然状态下的损益值，在可能出现的所有自然状态中，决策者不能肯定未来会出现哪种状态，但能确定各种状态出现的概率。

5.4.1　风险决策的原则

1. 期望值原则

期望值原则是指根据各备选方案损益值的期望值大小进行决策，选择收益期望值最大或费用期望值最小的方案。

2. 最小标准差原则

标准差大小反映了方案损益值偏离其期望值的程度，也就是反映了方案风险的大小，因此，有时人们选择损益值方差较小的方案，此为最小标准差原则。

分别根据期望值原则和最小标准差原则选择方案可能导致结果不一致，目前，对此问题还无有效的方法进行协调统一。具体选择哪一原则来进行决策，取决于决策本人的性格、素质以及投资主体对风险的承受能力。

3. 满意原则

由于现实世界的复杂性，对于较复杂的风险决策问题不易找到最佳方案，但可以定出一个足够满意的目标值，损益值优于或等于该满意目标值的方案即为当选方案。

5.4.2　风险决策的方法

风险决策的方法很多，这里介绍最基本的三种方法。

1. 约当系数法

约当系数法是指编出一组根据离散系数由经验确定的约当系数，利用它们将投资项目未来不确定的现金流量调整为确定的现金流量，然后进行经济评价的方法。

如果某年不确定的净现金流量值为 $E(N_t)$，约当系数为 d_t，则该年不确定的净现金流量可以用 $d_t \cdot E(N_t)$ 这个确定的净现金流量来代替，而项目净现值的期望值为

$$E(NPV) = \sum_{t=0}^{n} d_t E(N_i) \cdot (1 + i_c)^{-t} \qquad (5.16)$$

式中：$E(NPV)$——项目净现值的期望值；

$\quad\quad d_t$——约当系数；

$\quad\quad E(N_t)$——项目第 t 年不确定的净现金流量的期望值。

判别准则：当 $E(NPV) \geq 0$ 时，可以接受该项目；当 $E(NPV) < 0$ 时，放弃该项目。

很显然，约当系数法的可靠性取决于约当系数的确定。约当系数应根据投资项目风险的大小来选定，风险越大的项目选取的约当系数应当越小。系数一般小于1，只有在几乎无风险的情况下，约当系数才等于1。约当系数与离散系数之间有一定的经验关系，如表 5-5 所示。

表 5-5　约当系数与离散系数的换算

离散系数	约当系数
0.00 ~ 0.07	1
0.08 ~ 0.15	0.9
0.16 ~ 0.23	0.8
0.24 ~ 0.32	0.7
0.33 ~ 0.42	0.6
0.43 ~ 0.54	0.5
0.55 ~ 0.70	0.4

【例题 5-8】　某投资项目各年的净现金流量和约当系数与离散系数之间的换算关系分别如表 5-6 和表 5-7 所示，基准收益率为 10%，试求 $E(NPV)$ 并判断其可行性。

表 5-6　净现金流量分布

t	N_{tj}	P_{tj}
0	-8500	1.0
1	3000	0.3
	3500	0.4
	4000	0.3

续表 5 – 6

t	N_{tj}	P_{ij}
0	– 8500	1.0
2	3500	0.3
	4000	0.4
	4500	0.3
3	2800	0.3
	3300	0.4
	3800	0.3

表 5 – 7   某方案各年净现金流量的期望值与标准差   （单位：万元）

年末	0	1	2	3	4	5
净现金流期望值	– 900	500	500	500	500	500
净现金流标准差	300	300	300	300	300	300

解： （1）计算各年现金流量的期望值 $E(N_t)$：

$E(N_0) = -8500 \times 1.0 = -8500(万元)$

$E(N_1) = 3000 \times 0.3 + 3500 \times 0.4 + 4000 \times 0.3 = 3500(万元)$

$E(N_2) = 3500 \times 0.3 + 4000 + 0.4 + 4500 \times 0.3 = 4000(万元)$

$E(N_3) = 2800 \times 0.3 + 3300 \times 0.4 + 3800 \times 0.3 = 3300(万元)$

（2）计算各年现金流量的标准差 σ_t：

$\sigma_0 = 0$

$\sigma_1 = \sqrt{(3000 - 3500)^2 \times 0.3 + (3500 - 3500)^2 \times 0.4 + (4000 - 3500)^2 \times 0.3} = 387.3(万元)$

$\sigma_2 = \sqrt{(3500 - 4000)^2 \times 0.3 + (4000 - 4000)^2 \times 0.4 + (4500 - 4000)^2 \times 0.3} = 387.3(万元)$

$\sigma_3 = \sqrt{(2800 - 3300)^2 \times 0.3 + (3300 - 3300)^2 \times 0.4 + (3800 - 3300)^2 \times 0.3} = 387.3(万元)$

（3）计算各年的离散系数 V_t：

$V_0 = 0$

$V_1 = \dfrac{387.3}{3500} = 0.111$

$V_2 = \dfrac{387.3}{4000} = 0.097$

$V_3 = \dfrac{387.3}{3300} = 0.117$

（4）查表 5 – 5 得到各年现金流量的约当系数：

$d_0 = 0, d_1 = d_2 = d_3 = 0.9$

（5）根据公式（5.16）得到该项目的净现值的期望值：

$E(NPV) = -8500 + 0.9 \times 3500 \times (P/F, 10\%, 1) + 0.9 \times 4000 \times (P/F, 10\%, 2) + 0.9 \times$

$$3300 \times (P/F, 10\%, 3)$$
$$= -8500 + 0.9 \times 3500 \times 0.9091 + 0.9 \times 4000 \times 0.8265 + 0.9 \times 3300 \times 0.7513$$
$$= -432.58 (万元)$$

对比不考虑风险的情况(即各年的约当系数都等于1)方案的净现金流量的期望值

$$E'(NPV) = -8500 + 3500 \times (P/F, 10\%, 1) + 4000 \times (P/F, 10\%, 2) + 3300 \times (P/F, 10\%, 3)$$
$$= -8500 + 3500 \times 0.9091 + 4000 \times 0.8265 + 3300 \times 0.7513$$
$$= 463.8 (万元)$$

以上计算结果说明，由于考虑了项目风险的影响，项目由原来的可行变成了不可行。因此，恰当地考虑风险对项目经济效益评价的影响将使决策更科学。

2. 正态分布法

正态分布法是指假定投资项目净现值的概率分布为正态分布的前提下，通过正态分布图像面积计算净现值小于零的概率来判断项目风险程度的方法。用概率法评价方案的步骤为：

第一步：计算净现值的期望值。

$$E(NPV) = \sum_{t=0}^{n} E(N_t)(P/F, i_c, t) \tag{5.17}$$

第二步：计算项目的现金流量的标准差(也称综合标准差)。

$$\sigma = \sqrt{\sum_{t=0}^{n} \frac{\sigma_t^2}{(1+i_c)^{2t}}} \tag{5.18}$$

第三步：计算净现值小于零的概率并判断项目的风险大小和项目的可行性。

【例题 5-9】 沿用例 5-8，试计算净现值小于零的概率并分析项目的可行性。假定净现值的概率分布服从正态分布。

解：因为

$$E(N_0) = 8500 (万元)$$
$$E(N_1) = 3500 (万元)$$
$$E(N_2) = 4000 (万元)$$
$$E(N_3) = 3300 (万元)$$

所以

$$E(NPV) = -8500 + 3500 \times (P/F, 10\%, 1) + 4000 \times (P/F, 10\%, 2) + 3300 \times (P/F, 10\%, 3)$$
$$= -8500 + 3500 \times 0.9091 + 4000 \times 0.8265 + 3300 \times 0.7513$$
$$= 463.8 (万元)$$

又由例 5-8 得各年的标准差为

$$\sigma_0 = 0, \ \sigma_1 = \sigma_2 = \sigma_3 = 387.3 (万元)$$

因此，综合标准差为

$$\sigma = \sqrt{\frac{387.3^2}{(1+10\%)^2} + \frac{387.3^2}{(1+10\%)^4} + \frac{387.3^2}{(1+10\%)^6}} = 557.8 (万元)$$

净现值的期望值相当于综合标准差的倍数为

$$V = \frac{E(NPV)}{\sigma} = \frac{463.8}{557.8} = 0.83$$

根据 V 值，从正态分布表中查得的正态分布图上阴影部分面积对应的百分数就是项目的净现值小于零的概率 P。

$$P = p(NPV < 0) = p\left(z < \frac{0 - E(NPV)}{\sigma}\right) = p(z < -0.83) = 0.2033 (查标准正态分布表)$$

由此得出：净现值小于零的概率为 20.33%，该项目的风险是相当大的。

由 V 值的计算公式可知，$E(NPV)$ 越大，σ 越小，则 V 值越大。V 值越大，则 P 值就越小，即净现值小于零的概率就越小，项目的风险就越小。反之则项目的风险就越大。

3. 决策树法

决策树法(Decision Tree Analysis)是决策者对决策问题的未来发展情况及其结果所作的预测在图上的反映。它以图解方式分别计算各个方案在不同自然状态下的损益值，通过综合损益值的比较，作出决策。其特点是直观，有利于分析较为复杂的多级问题。分析步骤为：

第一步，画决策树。方法是从左到右逐步进行。从决策点□出发，引出直线，称为方案枝，每枝代表一种方案，把方案写在相应直线的上方或下方。在各方案枝的末端有一个机会点○，从机会点引出的直线称为概率枝，每枝代表一种自然状态，把状态写在相应直线上方，后面注明状态概率，在概率枝的最末梢△，注明某一方案在某一状态下的结果，相应的损益值标在结果点△的旁边。

第二步，计算各机会点的期望值。计算时应从右向左进行。

第三步，修枝选优，作出决策。对比各方案期望值的大小，将期望值小的方案画"//"标记予以剪掉，保留期望值最大的一个方案，即为最优方案。如果决策问题属于多级多阶段的，则应从右向左逐步修枝。

利用决策树进行决策有单级决策和多级决策之分。只需要一次决策活动便可决出最优方案的称为单级决策；需要经过两次以上的决策活动才能决出最优方案的称为多级决策。下面以单级决策为例。

【例题 5 - 10】　某建筑公司的管理人员要决定工程下月是否开工。如果开工后天气好能按期完工，可得利润 5 万元；如果开工后天气坏将拖延工期，造成损失 2 万元；假如不开工，则不论天气好坏，都要付出窝工损失 0.5 万元。根据以往的统计资料，预计下月天气好的概率为 0.3，而天气坏的概率为 0.7，试进行决策。

解：　采用决策树法进行决策的过程如图 5 - 9 所示。

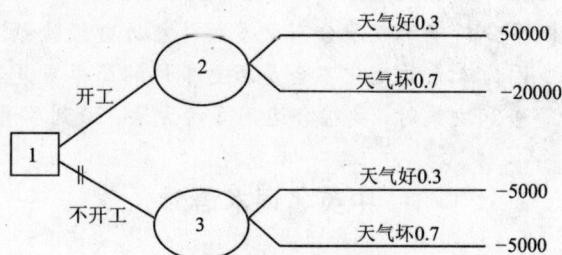

图 5 - 9　某工程开工决策树

首先求出两个方案的期望收益值。

开工方案的期望收益值为 $0.3 \times 50000 + 0.7 \times (-20000) = 1000$(元)

不开工方案的期望收益值为 $0.3 \times (-5000) + 0.7 \times (-5000) = -5000$（元）

从上述计算结果可知，开工方案的期望收益值大于不开工方案的期望收益值。因此，应选择开工方案，舍弃不开工方案。

本章小结

投资方案将面对未来实施环境中的诸多不确定性因素，这使方案收益不可避免潜在风险。借助不确定性分析（Uncertainty Analysis）可以估计和控制风险程度。技术经济分析中常见的不确定性分析方法主要有盈亏平衡分析、敏感性分析、概率分析等。

盈亏平衡分析是通过盈亏平衡点 BEP 来分析不确定性因素对方案经济效果的影响程度。相对而言，盈亏平衡分析方法较为简单，通过对项目的量、本、利之间的平衡关系进行分析计算找出平衡点就可以了解项目对市场需求变化的适应能力。但是，盈亏平衡分析方法也有其局限性，这种局限性来源于这种方法建立的假定前提条件。因为盈亏平衡点的计算需要假定销量等于生产量，而且在计算任一平衡点指标时，都要假定其他的因素不变且已知。这些前提约束条件都是理想化的条件，在实际中很难得到满足。因此，尽管盈亏平衡分析方法是一种很实用的不确定性分析方法，但仍只能作为对项目评价检验的辅助手段。

敏感性分析方法是投资决策中进行方案优选和评审项目的不可缺少的决策手段。敏感性分析在一定程度上就各种不确定因素的变动对项目经济效果的影响作了定量描述，有助于决策者更为详细地了解各反面的风险情况，帮助决策者进行正确决策。此外，敏感性分析有助于确定决策过程中及实施过程中需要重点研究和控制的因数。但是，敏感性分析方法也有其不足之处。敏感性分析只指出了项目经济效果评价指标对各种不确定因素的敏感程度，以及项目可行所能允许的不确定因素变化的极限值，却没有考虑各种不确定因素在未来发生各种变化的概率，因此不能够表明不确定因素的变化对经济效果评价指标发生某种影响的可能性，以及在这种可能性下对经济评价指标的影响程度，所以，这种分析的结论难免带有很大的片面性。这种片面性必须借助于概率分析来弥补。

概率分析对不确定因素发生变化以及由此带来的风险的可能性大小作了更为详细的定量描述，从而使决策者能够对项目的风险水平作出比较准确的判断。通过计算和比较方案损益值得到期望值、标准离差和离差系数，概率分析能给决策者提供一个更加符合实际的风险决策模型。但是，应用于概率分析中的概率分布大多数是靠历史经验预测出来的，不可避免地带有一定的主观随意性，因为未来的变化不会是历史事件的简单重复。因此，在实际运用概率分析方法对项目进行审查和决策时，要综合运用多种方法，做到尽量使估测接近实际。

中英名词术语

风险（Risk）

不确定性分析（Uncertainty Analysis）

财务风险（Financial Risk）

盈亏平衡分析（Break-even Analysis）

非线性盈亏分析（Nonlinear Breakeven

Analysis）

敏感性分析（Sensitive Factor）

随机现金流（Random Cash Flow）

正态分布（Normal Distribution）

标准差（Standard Deviation）

风险决策(Risk Decision)   模拟法(Analogue Method)

经营风险(Operating Risk)   决策树法(Decision Tree Analysis)

市场风险(Market Risk)   博弈论(Game Theory)

盈亏平衡点(Break-even Point,BEP)   单因素敏感性分析(Single-variable

敏感性分析(Sensitivity Analysis)   Sensitivity Analysis)

概率分析(Probability Analysis)   多因素敏感性分析(Multivariable

随机变量(Random Variable)   Sensitivity Analysis)

期望值(Expected Value)

思考与练习

1. 线性盈亏平衡分析的前提假设是什么？盈亏平衡点的生产能力利用率说明什么问题？

2. 敏感性分析的目的是什么？有哪些步骤？敏感性分析的不足之处有哪些？

3. 概率分析的含义是什么？

4. 风险决策的最显著特征是什么？

5. 某企业产品单位售价为 8 元，其成本 y 是销售量 x 的函数，即该企业总成本为 $y = 50000 + 5x$。试计算盈亏平衡点的销售量。

6. 某矿产品投资项目，设计年生产能力为 10 万吨，产品售价为 1800 元/吨，固定成本为 1050 万元/吨，单位产品变动成本为 1590 元/吨，试求项目的盈亏平衡产量，并用生产能力利用率来反映盈亏平衡点。

7. 某矿山项目总投资为 450 万元，年经营成本为 36 万元，年销售收入为 98 万元，寿命期为 10 年，基准收益率为 13%。

(1)找出敏感性因素。

(2)试就(1)中找出的最敏感的两个因素进行敏感性分析。

8. 某选矿厂拟安装一种自动装置，据估计每台装置的初始投资为 1000 元，该装置安装后可使用 10 年，每年可节省生产费用 300 元，设基准折现率为 10%，试作如下分析：

(1)分别就初始投资和使用年限变动及生产费用节省额变动 ±10%、±20% 对该方案的净现值作单因素敏感性分析，画出敏感性分析图求各变动因素的临界变动率，并指出敏感因素。

(2)就初始投资与生产费用节省额两个变量对方案净现值作双因素敏感性分析，指出方案的可行区域。

(3)就初始投资、生产费用节省额与使用年限三个变量对方案净现值作三因素敏感性分析。

9. 设某拟建矿业工程项目总投资为 2000 万元，建设期为 1 年。据分析预测，该项目在生产期内的年净现金流量有三种情况，即 300 万元、400 万元和 500 万元，它们出现的概率为 0.2、0.3、0.5。项目的生产期有 8 年、10 年、12 年三种可能，其发生的概率为 0.2、0.5、0.3，基准收益率为 12%，试对项目净现值的期望值进行累计概率分析。

10. 已知某矿业投资方案各年净现金流的期望值与标准差(表 5-7)，假定各年的随机现金流之间不相关，基准折现率为 12%，求下列概率，并对方案的风险大小作出自己的判断。

(1)净现值大于或等于零的概率；

(2)净现值小于 -50 万元的概率；

(3)净现值大于 500 万元的概率。

第6章　投资项目可行性分析

可行性研究是关于项目是否可行的研究，是项目投资前的重要工作。一个项目是否可行，通常要弄清四个问题：项目是否必要？项目能够实现与否？实现后的效果如何？项目实施的风险大小？可行性研究是通过调查研究和分析论证，为项目决策者或决策部门提供决策依据，以减少或防止决策失误，从而提高决策的科学性，提高投资效益，加速经济发展。可行性研究的基本内容由市场研究、技术研究和效益研究三大部分组成。市场研究包括产品的市场调查和预测研究，这是项目成立的重要依据；技术研究包括技术方案和建设条件研究，这是可行性研究的技术基础，它要解决建设项目在技术上的"可行性"问题；效益研究包括经济效益和社会效益的分析和评价，这是决定项目投资命运的关键，是项目可行性研究的核心部分，它要解决建设项目在经济上的"合理性"问题。市场研究、技术研究和效益研究共同构成投资项目可行性研究的三大支柱。

6.1　可行性研究概述

6.1.1　可行性研究的概念

可行性研究(Feasibility Study)是在投资决策之前，对拟建项目进行全面系统地技术经济分析论证的科学方法，也是投资前期工作的重要内容，是投资建设程序的重要环节。在投资项目管理中，可行性研究工作是在项目投资决策前，通过调查研究与拟建项目有关的自然、社会、经济和技术条件，分析、比较可行的投资建设方案，预测、评价项目建成后的社会经济效益。并在此基础上，综合论证项目投资建设的必要性，财务上的盈利性和经济上的合理性，技术上的先进性和适用性以及建设条件上的可能性和可行性，从而为投资决策提供科学依据的工作。

可行性研究是横跨技术、经济和自然科学的一门新兴综合性学科，其研究的对象是项目投资决策中的技术经济问题，研究的目的是揭示客观规律，提供科学手段，以减少决策失误风险，有效地利用有限的资源，获取尽可能高的投资效益。

作为投资项目管理的一个工作阶段和投资建设程序的组成部分，可行性研究的任务是根据国民经济长期规划和地区规划、行业规划的要求，对拟建项目进行投资方案规划、工程技术论证、社会与经济效益预测和组织机构分析，经过多个方案比较和评价，为项目决策提供可靠的依据和可行的建议。

在投资项目管理中推行可行性研究工作的目的就是改进投资项目的管理，做好投资前期工作，避免和减少决策失误，加强投资决策的科学性和客观性，提高建设投资的综合效益。从实践上看，推行可行性研究是促进经济建设，促使各地区、各企事业单位、各部门尊重客观实际，按照经济规律办事，提高投资经济效益的有效措施。

可行性研究早在20世纪30年代美国就开始推行，第二次世界大战以后，特别是近几十年来，随着现代科学技术、科学管理和市场经济的高度发展，可行性研究也迅速发展和完善，目前已扩大应用到各个领域。发达国家在工程建设中，无论规模大小，新建、扩建或改建，都要进行可行性研究，然后再决策。联合国工业发展组织(UNIDO)为了推动在发展中国家开展可行性研究，于1978年出版了《工业可行性研究手册》，很好地指导了发展中国家开展投资项目的可行性研究工作。

自20世纪70年代开始，我国政府和各工业部门在总结建国几十年来在经济建设中的经验教训基础上，学习和引进了可行性研究，并用于工业项目建设前期的技术经济分析。1981年，原国家计委正式下文，明确规定："把可行性研究作为建设前期工作中一个重要技术经济论证阶段，纳入基本建设程序。"1983年，又下达了《关于建设项目进行可行性研究的试行管理办法》，重申"建设项目的决策和实施必须严格遵守国家规定的基本建设程序"，"可行性研究是建设前期工作的重要内容，是基本建设程序中的组成部分"。1987年，国家计委颁发了《建设项目经济评价方法与参数》及《关于建设项目经济评价工作的暂行规定》，标志着我国进入了项目投资决策科学化、民主化的新阶段。1993年，国家计委、建设部联合发布了《建设项目经济评价方法与参数》(第二版)，2006年，国家发改委、建设部联合发布了《建设项目经济评价方法与参数》(第三版)，为在社会主义市场经济条件下正确实行可行性研究，科学决策项目投资，提供了指导原则。目前，可行性研究已成为投资决策中一个不可缺少的阶段。

6.1.2　可行性研究的作用

(1)作为拟建设项目投资决策的依据。通过可行性研究，可以预见拟建项目的投资方向和投资效益，从而判断项目是否可行，为决策提供依据。

(2)作为编制设计文件和进行建设工作的依据。可行性研究报告中，收集了有关工程地质、水文气象、勘察资料等基础资料，并对投资规模、建设厂址、设备选型、工艺流程、总图布置等进行了较详细的方案比较及技术经济论证，为项目设计工作打下了基础。

(3)作为筹措资金，向银行申请贷款的依据。当建设单位向银行或金融机构提出贷款申请时，必须附有经批准的可行性研究报告。经银行或金融机构审查评估后，确认该项目是否具有偿还贷款的能力、银行是否承受过大的风险。只有从可行性研究报告的评估中得出比较乐观的结论，银行才会提供贷款。

(4)作为向当地政府及环保部门申请建设施工的依据。

(5)作为拟建项目与有关部门签订协议或合作的依据。如原材料和燃料供应协议、供水和供电协议、运输协议、产品销售协议等均以可行性研究报告作为依据。

(6)作为企业组织管理、机构设置、劳动定员和职工培训等工作安排的依据。

(7)作为建设工程基础资料的依据。

6.1.3　可行性研究的阶段划分

对于投资额较大、建设周期较长、内外协作配套关系较多的建设工程，可行性研究的工作期限较长。为节省投资，减少资源浪费，避免早期应淘汰的项目做无效研究，一般将可行性研究分为机会研究、初步可行性研究、详细可行性研究和项目评估决策四个阶段。机会研究证明效果不佳的项目，就不再进行初步可行性研究；同样，如果初步可行性研究结论为不可行，则不必再进行可行性研究。

可行性研究各阶段研究的内容及要求、估算精度与需要时间如表6-1所示。

表6-1 可行性研究各阶段工作的目的和要求

研究阶段	机会研究	初步可行性研究	详细可行性研究	项目评价决策
研究性质	项目设想	项目初选	项目准备	项目评估
研究目的和内容	鉴别投资方向，寻求投资机会(含地区、行业、资源和项目的机会研究)，选择项目，提出项目投资建议	对项目做初步评价，进行专题辅助研究，广泛分析、筛选方案，确定项目的初步可行性	对项目进行深入细致的技术经济论证，重点对项目的技术方案和经济效益进行分析评价，进行多方案比选，提出结论性意见	综合分析各种效益，对可行性研究报告进行全面审核和评估，分析判断可行性研究的可靠性和真实性
研究要求	编制项目建议书	编制初步可行性研究报告	编制可行性研究报告	提出项目评估报告
研究作用	为初步选择投资项目提供依据，批准后列入建设前期工作计划，作为国家对投资项目的初步决策	判定是否有必要进行下一步详细可行性研究，进一步判明建设项目的生命力	作为项目投资决策的基础和重要依据	为投资决策者提供最后决策依据，决定项目取舍和选择最佳投资方案
估算精度/%	±30	±20	±10	±10
研究费用占总投资的百分比/%	0.2~1.0	0.25~1.25	大型项目0.2~1中小项目1~3	—
需要时间/月	1~3	4~6	8~12或更长	—

1)投资机会研究阶段

投资机会研究(Opportunity Study)是为了考察投资目标、鉴别投资机会而进行的。这一阶段的工作往往比较粗略，一般是根据条件和背景相类似的工程项目来估算投资额和生产成本，初步分析建设投资效果，提供一个或一个以上可能进行建设的投资项目或投资方案。这个阶段所估算的投资额和生产成本的精确程度大约控制在±30%，项目的机会研究所需时间在1~3个月，所需费用占投资总额的0.2%~1%。经机会研究，只可提供项目的大概轮廓，还不能作为最后投资决策的依据，要进一步对项目进行初步可行性研究和详细可行性研究。

2)初步可行性研究阶段

项目建议书经国家有关部门(如计划部门)审定同意后，对于投资规模较大、工艺技术较复杂的大中型骨干建设项目，仅靠机会研究还不能决定取舍，在开展全面研究工作之前，往往需要先进行初步可行性研究，进一步判明建设项目的生命力。

初步可行性研究的任务是进行初步比较和选择，决定是否有必要继续进行项目研究，其研究结果应做出是否投资的初步决定。一般要求初步可行性研究对投资额误差达到±20%，研究费用一般约占总投资额的 0.25% ~1.25%，时间一般为 4~6 个月。

3）详细可行性研究阶段

详细可行性研究是可行性研究的主要阶段，其任务是拟订和形成详细的项目建设方案并进行深入的技术经济分析，是建设项目投资决策的基础。它为项目决策提供技术、经济、社会、商业方面的评价依据，为项目的具体实施提供科学依据。

这一阶段的内容比较详尽，所花费的时间和精力都比较大。因此，在此阶段，建设投资和生产成本计算精度控制在 ±10% 以内；项目研究工作所花费的时间为 8~12 个月，所需费用占投资总额的 0.2% ~3% 。

4）评估决策阶段

项目评估是由投资决策部门组织和授权给国家开发银行、建设银行、投资银行、工程咨询公司或有关专家，代表政府有关部门对上报的建设项目可行性研究报告所进行的全面审核和再评价。其主要任务是对拟建项目的可行性研究报告提出评价意见，最终决策该项目的投资是否可行，是否给予贷款。

6.2 可行性研究

6.2.1 可行性研究的内容

项目可行性研究是在对项目进行深入细致的技术经济论证的基础上对多种方案所作的比较和优选，以及就项目投资最后决策提出的结论性意见。因此，其在内容上应能满足作为项目投资决策基础和重要依据的基本要求。

根据国家规定，一般工业投资项目可行性研究的内容包括以下几个方面。

1）总论

主要综述项目的概况，可行性研究的主要结论概要和存在的问题与建议，阐明对推荐方案在论证过程中的重要争议和不同意见与观点，并对建设项目的主要技术经济指标列表说明。还应说明建设项目提出的背景、投资环境，项目投资建设的必要性和经济意义，项目投资对国民经济的作用和重要性。提出项目调查研究的主要依据、工作范围和要求。分析项目的历史发展概况，项目建议书及有关审批文件。

2）市场需求预测和拟建设的规模

调查国内外市场近期产品供需情况；估计国内现有产品生产能力，销售预测、价格分析、产品竞争力、进入国际市场的前景；产品方案是否符合行业发展规划、技术政策、产业政策和产品结构的分析，提出产品方案的设想和建设规模。市场预测的结果为确定项目建设规模与产品方案提供依据。

3）资源、原材料及公用设施情况

有关资源储量、品位、成分以及开采、利用条件评述；所需原材料、辅助材料、燃料的种类、数量、质量及其来源和供应的可行性；有毒、有害及危险品的种类、数量和储运条件；材料试验情况；所需动力、公用设施的数量、供应方式、供应条件、外部协作条件以及签订协议和合同情况等。

4）建厂条件和场址选择

建厂地点的自然条件、工程地质条件、地震洪水和社会经济条件情况；建厂地区的交通运输及水、电、气的情况；厂址面积、占地范围、厂区总体布置方案、建设条件、地价、拆迁及其他工程费用情况；对厂址选择进行多方案的技术经济分析和比选，提出优先意见。

5）工艺技术和设备选择评价和工程设计方案

拟建项目的构成范围和技术来源、工艺路线和生产方法，主要技术工艺和设备选型方案比较，引进技术的来源国别、技术转让费用、设备的国内外分工或与外商合作制造的设想；列出所选主要设备和辅助设备的名称、型号、规格、数量、价格，并附相应的工艺流程图；确定拟建项目工程设计方案和土建工程量估算；公用辅助设施和厂内外交通运输方式的比较和初步选择。

6）环境保护与劳动安全

对建厂地区的环境现状调研和项目投产后环境影响的预测；制定项目环境保护措施和"三废"治理与回收利用方案；分析论证在建设和生产过程中存在的劳动保护与安全卫生问题，并提出相应的防范措施；编制审批环境影响报告书。

7）生产组织、劳动定员和人员培训

全厂生产管理体制、机构设置的情况；工程技术人员和管理人员的素质水平、数量要求及来源；劳动定员方案；人员培训规划和费用的估算。

8）项目实施计划和进度

项目工程建设方案确定后，应研究提出项目的建设工期和实施进度方案，科学组织建设过程中各阶段的工作，按工程进度安排建设资金，保证项目按期建成投产，发挥投资效益。

具体应根据勘察设计、设备制造、工程施工、安装、生产调试所需时间与进度要求和指定的建设工期，选择整个工程项目实施方案和总进度，并用线条图或网络图表述最佳实施计划方案的选择。

9）投资估算与资金筹措

投资估算是在对项目的建设规模、技术方案、工程方案及项目实施进度等进行研究并基本确定的基础上，估算项目投入总资金(包括建设投资和流动资金)并测算建设期内分年资金需要量。在项目投资估算确定后，要研究分析拟建项目的资金来源、筹措方式、融资成本、融资风险，比选推荐项目的筹资方案，并以此研究资金筹措方案和进行财务评价。

10）工程项目财务评价

财务评价是在国家现行财税制度和市场价格体系下，分析预测项目的财务效益与费用，计算财务评价指标，考察拟建项目的盈利能力、偿债能力及外汇效果，从企业财务角度分析、判断工程项目的财务可行性。

11）国民经济评价

国民经济评价是按合理配置资源的原则，采用影子价格等国民经济评价参数，从国民经济的角度考察投资项目所耗费的社会资源和对社会的贡献，评价投资项目的经济合理性。

12）结论与建议

在前述研究论证的基础上，归纳总结，择优提出推荐方案，并对推荐方案进行总体论证。

主要包括建设方案的综合分析评价与方案选择；运用有关数据，从技术、经济、社会、财务等方面论述建设项目的可行性，推荐可行方案，提供决策参考，指出项目存在的问题；结论性意见和改进建议。

综上所述，项目可行性研究的基本内容可概括为三部分：第一部分是市场调研和预测，说明项目建设的"必要性"；第二部分是建设条件和技术方案，说明项目在技术上的"可行性"；第三部分是经济效益的分析与评价，这是可行性研究的核心，说明项目在经济上的"合理性"。可行性研究就是从这三大方面对建设项目进行研究，并为项目投资决策提供科学依据。

6.2.2 可行性研究报告的编制

1. 可行性研究报告编制的依据

对建设项目进行可行性研究，编制可行性研究报告的主要依据有以下几点：

(1)国民经济和社会发展的长期规划，部门、行业、地区的发展规划与计划，国家的进出口贸易和关税政策，国家、地方经济建设方针和政策等。

(2)经批准的项目建议书和相关的意向性协议。

(3)经勘查主管部门审查批准的资源报告，区域国土开发整治规划、建厂地区的规划。

(4)拟建厂的自然、经济、文化、社会等的基础资料。

(5)有关投资项目的工程技术规范、标准、定额等资料。

(6)国家正式公布的编制可行性研究报告的内容、编制程序、评价方法和参数等。

2. 可行性研究报告的结构

可行性研究报告一般分为主体部分和辅助部分。

1)主体部分

主体部分是投资项目可行性研究报告的基本内容部分，是对投资项目要素及其组合的整体分析、预测与描述。主体部分一般分章、节撰写，规范性和相对确定性。通常，投资项目可行性研究报告大量使用文字、数表、图形和公式说明问题。

2)辅助部分

辅助部分是投资项目可行性研究报告主体部分的补充说明与佐证材料，其主要作用是为可行性研究报告提供证据支持，是投资项目可行性研究报告必不可少的组成部分。辅助部分主要包括以下内容：

(1)附图。附图主要包括厂址位置图、工艺流程图和总平面布置图等。

(2)附表。主要有：①投资估算表。投资估算表包括：项目投入总资金估算汇总表、主要单项工程投资估算表和流动资金估算表。②财务评价表。财务评价表包括：销售收入和销售税金及附加估算表、总成本费用估算表、财务现金流量表、损益和利润分配表和资金来源与运用表等。③国民经济评价表。主要包括：项目国民经济效益费用流量表、国内投资国民经济效益费用流量表等。

(3)附件。主要有：项目建议书的批复文件、环保部门对项目环境影响的批复文件，资源开发项目有关资源勘查及开发的审批文件，主要材料、燃料及水、电与气供应的意向性协议，项目资本金的承诺书证明及银行等金融机构对项目贷款的承诺书，中外合资、合作项目各方草签的协议，引进技术考察报告，土地主管部门对厂址批复文件，新技术开发的技术鉴定报告、组织股份公司草签的协议等。

3. 可行性研究报告的要求

1)报告深度的要求

(1)可行性研究报告应充分反映项目可行性研究工作的成果，内容齐全、结论明确、数据准确、论据充分，能够满足决策者对方案确定的要求。

（2）报告所选主要设备的规格、参数应能满足订货的要求。引进技术设备的资料应能满足合同谈判的要求。

（3）报告中的重大技术、经济方案，应有两个以上方案的比选。

（4）报告中确定的主要工程技术数据，应能满足项目初步设计的要求。

（5）报告中构造的融资方案，应能满足银行等金融部门信贷决策的需要。

（6）报告中应反映在可行性研究过程中出现的某些方案的重大分歧及未被采纳的理由，以供委托单位与投资者权衡利益进行决策。

（7）报告中应附有评估、决策所必需的合同、协议、意向书和政府批文。

2）报告的文本格式要求

按照原国家发展计划委员会审定发行的《投资项目可行性研究指南》（以下简称《指南》）的规定，可行性研究报告的文本格式如下：

（1）可行性研究报告文本排序

A. 封面：项目名称、研究阶段、编制单位、出版年月，并加盖编制单位印章；

B. 扉一：编制单位资格证书。如工程咨询资质证书、工程设计证书；

C. 扉二：编制单位的项目负责人、技术管理负责人、法人代表名单；

D. 扉三：编制人、校核人、审核人、审定人名单；

E. 目录；

F. 正文；

G. 附图、附表、附件。

（2）《报告》文本的外形尺寸统一为 A4 幅面（210 mm×297 mm）。

6.3 可行性研究经济评价

根据我国投资管理体制和决策程序的特点，项目经济评价分为财务评价和国民经济评价两个层面，各有其评价的任务和作用。国民经济评价与财务评价都是经济评价，都使用基本的经济评价理论，即费用与效益比较的理论方法。

国民经济评价与财务评价的区别在于：

（1）评价的角度不同。财务评价是站在企业的角度分析项目在财务上能够生存的可能性，考察各方的实际收益或损失，分析投资或贷款的风险及收益；而国民经济评价则是站在国家和地区的层面上，从全社会的角度分析评价项目对国民经济的费用和效益。

（2）效益和费用的构成和范围不同。在国民经济评价中，凡是项目对国民经济所作的贡献就是效益，包括项目自身的直接效益以及项目对国民经济其他部门产生的外部效益；凡是国民经济为项目付出的代价就是费用，包括项目本身的直接费用和由项目引起的外部费用。而在财务评价中，费用和效益是按照企业的实际收支项目来确定的，凡是现金流出的就是费用，凡是现金流入的就是效益。

（3）经济参数不同。财务评价采用现行价格，国民经济评价采用根据机会成本和供求关系确定的影响价格；财务评价采用基准收益率，而国民经济评价采用社会折现率；财务评价采用国家统一的官方汇率，而国民经济评价采用影子汇率。

(4)财务评价方法不同。国民经济评价主要采用费用效益分析；财务评价采用盈利分析，要分析项目财务收支预算的松紧程度和项目借款偿还能力。

财务评价与国民经济评价之间的联系是很密切的，在很多情况下，国民经济评价是在财务评价基础之上进行的。国民经济评价利用财务评价中已经使用过的数据资料，以财务评价为基础进行所需要的调整计算，得到国民经济评价的结论。国民经济评价也可以独立进行，在项目的财务评价之前进行国民经济评价。项目的国民经济评价与财务评价一起共同组成了完整了的项目经济评价，如表6-2所示。

表6-2　国民经济评价与企业财务评价对项目经济评价的影响

评价结论 评价角度	可行与否			
财务评价	可行	可行	不可行	不可行
国民经济评价	可行	不可行	可行	不可行
项目评价结果(最终)	可行	不可行	可行	不可行

6.3.1　财务评价概述

1.财务评价的概念

投资项目前的财务评价(Financial Evaluation)是根据国家现行的财税制度，价格体系，分析、计算项目直接发生的财务效益和费用，编制财务报表，计算评价指标，考察项目的盈利能力、清偿能力以及外汇平衡能力，从而据以判别项目财务上的可行性。

2.财务评价的特点

(1)评价目标。评价目标是追求项目投资给企业带来的财务收益(利润)最大化。

(2)评价角度。这是站在项目投资主体或项目系统自身角度进行的经济评价。

(3)费用与效益的识别。财务评价中的费用是指由于项目的实施给投资主体带来的直接费用支出，财务评价中的效益是指由于项目实施给投资主体带来的直接收益。

(4)价格。费用与效益的计算均采用市场价格。

(5)主要参数。利率、汇率、税收及折旧等均按国家现行财税制度行。

3.财务评价的费用与效益识别

费用与效益评价的基础是项目经济评价的目标。费用和效益都是相对于价格标准而言的，是以评价目标来确定的。效益就是对评价目标的贡献，费用则是对评价目标的反贡献，是负效益。在项目经济评价中，费用与效益处于追求目标的对立统一。没有费用，就没有效益。为了与国民经济评价中的费用与效益相区别，习惯上把财务评价中的费用统称为支出，把效益统称为收益。支出是指企业(实施者或投资主体)或投资项目系统自身为系统边界，由于投资项目实施发生的货币支付(即由企业内流向企业外的货币)，也称直接费用或现金流出。收益是指以企业或投资项目系统自身为系统边界，由于投资项目实施而带来的货币收入(即由企业外流向企业内的货币)，也称为直接收益或现金流入。

1)投资项目或技术方案的财务收益(现金流入)

(1)销售收入。包括提供服务的收入。

(2)资产回收。指寿命期末回收的固定资产余值和流动资金。

(3)补贴。指国家或有关部门为鼓励和扶持某些项目的开发或技术方案的实施而给予的补贴。在价格、税收、汇率上的优惠已体现在收入的增加或支出的减少上,不再另计。

2)投资项目或技术方案的财务费用(现金流出)

(1)投资。包括固定资产投资(含无形及其他资产投资)和流动资产投资。

(2)经营成本。即总成本费用中需要以现金支付的部分。

(3)税金。包括销售税金及附加税和所得税。

如果进行项目自有资金投资效益评价,支出中还应包括借款本息偿还,其投资支出也仅指自有资金支出。

对于新建项目或新实施的技术方案,财务评价的费用(支出)与效益(收益)可直接识别和计算。对于更新改造项目或技术方案,如果难以直接识别和计算财务收益和支出,应采用"有无对比法"识别和计算。

4.财务评价的程序

项目或技术方案财务评价一般要依次经过以下几步:

(1)财务收益和支出的识别。

(2)财务收益和支出的测算。

(3)财务评价报表的编制。

(4)财务评价指标体系的计算与分析评价。

5.财务评价的内容、步骤与评价指标体系

财务评价是在确定的建设方案、投资估算和融资方案的基础上进行财务可行性研究。财务评价的主要内容与步骤如下:

(1)选取财务评价基础数据与参数,包括主要投入品和产出品财务价格、税利、利率、汇率、计算期、固定资产折旧率、无形资产和递延资产摊销年限、生产负荷及基准收益率等基础数据和参数。

(2)销售(营业)收入,估算成本费用。

(3)编制财务评价报表,主要有:财务现金流量表、损益和利润分配表、资金来源与运用表、借款偿还计划表。

(4)计算财务评价指标,进行盈利分析、偿还能力分析和外汇平衡能力分析。

(5)进行不确定性分析,包括敏感性分析和盈亏平衡分析。

(6)编写财务评价报告。

投资项目财务评价主要指标体系是盈利能力分析、清偿能力分析、外汇平衡分析和不确定性分析等。项目的盈利能力分析主要是考察项目投资的盈利水平。盈利能力分析要分别考察项目全部投资盈利能力、自有资金的盈利能力以及总投资的盈利能力。全部投资的盈利能力分析是不考虑资金来源的不同,假定全部投资均为自有资金,以项目自身为系统进行评价,考察其全部投资的经济性,为项目的各个投资方案进行比较建立共同基础。自有资金的盈利能力分析是站在项目投资主体角度,考察项目的现金流入和流出情况。分析项目自有资金的经济性,为项目投资主体进行投资决策提供依据。总投资盈利能力是反映全部投资与建设期借款利息综合的盈利能力。项目财务盈利能力分析要计算财务内部收益率、财务净现值、投资回收期、投资利润率、投资利税率等指标。项目的清偿能力分析主要是考察项目计算期内各年的财务状况及偿债能力，须计算借款偿还期、资产负债率、流动比率、速动比率等评价指标。

项目的外汇平衡能力分析主要考虑涉及外汇收支的项目在计算期内各年的外汇平衡及余缺情况。

不确定性分析主要是估计项目可能承担的风险及抗风险能力，以考核项目在不确定情况下的财务可靠性，包括盈亏平衡分析、敏感性分析和概率分析三种方法。财务评价的内容与评价指标体系如图6-1所示。

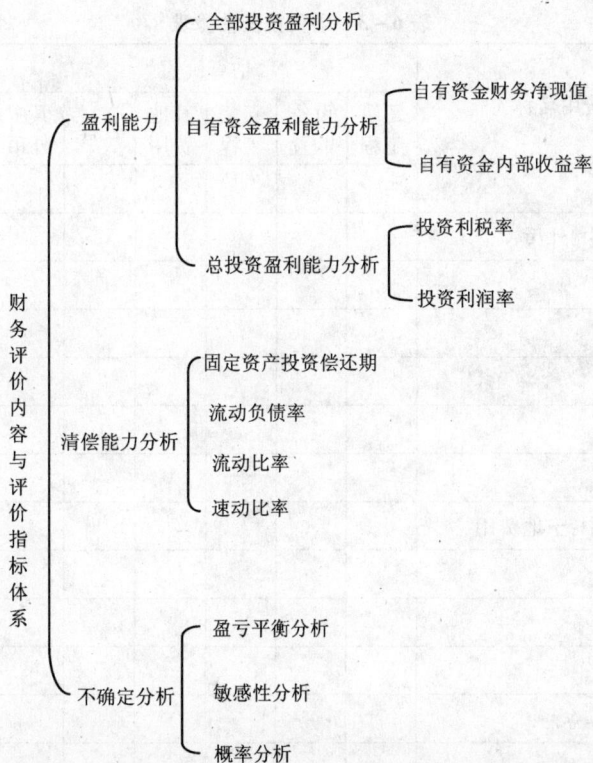

图6-1 财务评价内容与评价指标体系

6.3.2 财务评价基础数据测算

1.财务评价的基础数据

财务评价的基础数据是否合理，直接影响到财务评价的结论。为进行投资项目或技术方案的财务评价，首先要收集、整理和测算财务评价的基础数据，主要包括以下几个方面：

(1)产品品种及生产规模；

(2)投资估算额、分年投资计划及资金来源(包括借款利率、外汇利率、借款偿还条件等)；

(3)项目的计算期(包括建设期、投产期和达产期)；

(4)产品售价、销售收入、销售税金及附加的预测值；

(5)成本费用分项估算值；

（6）利润分配方案及偿还借款资金来源；

（7）基准收益率、基准投资回收期等财务评价参数；

（8）其他财务评价基础资料。

2. 投资估算

从反映项目投资规模的角度，投资估算由固定资产和流动资金两部分组成。固定资产投资主要由建筑安装工程费用、设备工具购置费用、工程建设其他费用、预备费、固定资产投资方向调节税和建设期贷款利息等费用构成，如表 6-3 所示。

表 6-3 项目投资估算表

序号	工程费用名称	估算价值						占固定资产投资比例/%	备注
		建筑工程	设备购置	安装工程	其他费用	合计	其中外币		
1	工程费用								
1.1	主要项目:其中:外币								
1.2	辅助项目								
1.3	公用工程								
1.4	环保工程								
1.5	服务性工程								
1.6	生活福利工程								
2	其他费用:其中:土地费用								
3	预备费								
3.1	基本预备费								
3.2	涨价预备费								
4	投资方向调节税								
5	建设期贷款利息								
	合计(1+2+3+4+5)								

1）静态固定资产投资估算

静态固定资产投资估算主要指建筑安装工程费以及设备、工器具购置费和基本预费的估算。其估算方法有生产能力指数法、比例估算法及朗格系数法。

生产能力指数法是根据已建成的、性质类似项目的投资额和相应生产能力，来估算生产能力既定的拟建项目投资额的一种方法。

比例估算法是以拟建项目的设备费，根据已建成的同类项目的建筑工程费、安装工程费和其他费用等占设备费的百分比，计算出相应的建筑安装及其他有关费用，最后再汇总拟建项目投资。

朗格系数法是先估算出设备费，然后乘以一个背景材料中提供的系数估算出固定资产投资费用。

基本预备费的估算可按下式进行计算：

基本预备费 = （建筑安装工程费 + 设备工器具购置费 + 工程建设其他费用）× 基本预备费率　　　　　　　　　　　　　　　　　　　　　　　　　　　　　　　　（6.1）

2）动态固定资产投资估算

（1）涨价预备费的估算。一般根据国家发布的有关投资综合价格指数，按估算年份价格水平的投资额为基数，采用复利方法计算。其计算式为

$$涨价预备费估算额 = \sum I_t \left[(1+f)^i - 1 \right] \tag{6.2}$$

式中：I_t——建设期中第 t 年的投资计划额，包括建筑安装工程费、设备工器具购置费、工程建设期其他费用，以及基本预备费；

　　　　f——建设期内年平均价格预计上涨率。

（2）建设期贷款利息的计算。一般考虑的情况是总贷款在建设期内按年均衡发放，此时建设期利息的计算可按当年借款在年中支用考虑。

建设期利息计算的原则是当年贷款按半年计算利息，上一年的贷款按全年计算利息；其次要注意建设期利息的计算公式。

先计算建设期各年的利息：

$$每年应计利息 = （年初借款本息合计 + 本年借款额/2）× 年实际利率 \tag{6.3}$$

其次计算在整个建设期的借款利息：

$$建设期利息 = \sum 建设期各年利息 \tag{6.4}$$

（3）固定资产投资方向调节税。调节税的计算，主要注意以下两个方面的问题。第一是税率，调节税的税率，根据国家的产业政策和相同经济规模分为两个档次，分别是基本建设项目投资和更新改造项目投资，同时实行差别税率；第二是计税依据，根据有关规定，调节税以固定资产投资项——实际完成投资额为计税依据，而从投资构成的角度考虑，实际投资完成额一般包括设备工器具购置费、建筑安装工程费、工程建设其他费用和预备费，不包括建设期应计的利息。

3）流动资金估算

流动资金是指项目建成投产后，为维持正常生产经营而用于购买原材料、支付工资及其他生产经营费用等所需的周转资金。一般采用扩大指标估算法和分项详细估算法两种方法。

（1）扩大指标估算法。这是一种按照流动资金占某种基数（营业收入或经营成本）的比率来估算流动资金的估算法。如采用成本资金率估算，则计算式为：

$$流动资金额 = 年经营成本 × 经营成本资金率 \tag{6.5}$$

（2）分项详细估算法。这是一种根据周转额与周转速度之间的关系，通过分别估算流动资产和流动负债中的各个构成项目，进而间接估算出流动资金的方法。其计算公式如下：

$$流动资金 = 流动资产 \tag{6.6}$$

$$流动负债 = 应付账款 + 预收账款 \tag{6.7}$$

4）项目计算期的确定

项目的计算期是根据经济评价要求所规定的一个计算项目净效益的年限，它包括建设期和生产期。建设期的长短与项目的大小、性质和建设方式有关。

建设期是指项目建设过程所耗用的时间长度，可从项目设计开始算起到建成投产或交付

使用为止，也可从正式破土动工算起。建设期是安排建设计划、签订合同、筹集资金、组织施工、检查工程进度、进行生产准备的依据。

生产期是项目投产运行和发挥效益的时间长度。计算期中的生产期一般并不等于项目实际存在的时间，而是为了经济评价的需要，根据项目性质、自然寿命、技术水平和技术进步速度而假定的期限。生产期一般可按主要设备折旧年限规定。计算期中的生产期不宜定得太长，最好不超过 20 年，一般取 15 年左右。生产期根据投产进度又可分为投产期和达产期两个阶段。

5) 收入、成本和销售税金测算

收入是指项目在生产期取得的销售(营业)收入，按照产品销售量与销售单价计算。为计算现金流量，一般假定销售量等于生产量，销售收入等于全部销售回款现金收入。产品销售价格一般采用市场价格，并按是否含增值税可分为含税价格和不含税价格两种。

成本费用的测算主要包括生产成本、总成本费用、经营成本、可变成本与固定成本的测算。

总成本费用由生产成本、管理费用、财务费用和营业费用组成。

成本费用中的折旧费和摊销费按国家规定年限和方法计算。无形资产按法律或合同规定的年平均摊销，没有规定的按不少于 10 年摊销；其他资产(开办费)按不少于 5 年的期限平均摊销。

销售税金及附加包括增值税、营业税、消费税、资源税、城市维护建设税，教育费附加及防洪费等。在项目财务现金流量分析中，如果产品的售价和外购货物(原材料、燃料动力等)的进价均采用不含税价格，则增值税不应计入项目现金流出中，因为销售收入(现金流入)中不含增值税金；否则，增值税税金应作为现金流入计入项目的现金流量中。销售收入、成本和税金的关系见图 6-2。

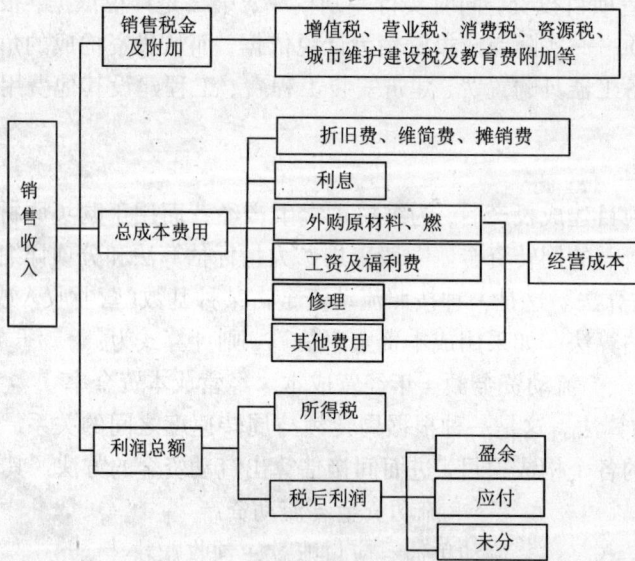

图 6-2　销售收入、成本和税金的关系

6) 利润分配与借款还本付息测算

项目的销售(营业)收入扣除总成本费用和销售税金及附加后，即为利润总额。利润总额扣除所得税后，剩余为税后利润，作为可分配的利润，在盈余公积金、应付利润、未分配利润三者之间分配。其中，盈余公积金按规定提取，一般为税后利润的10%；应付利润是指向出资者(股东)分配的利润；未分配利润是税后利润与盈余公积金和应付利润的差额可用于偿还借款本金。固定资产借款本金可用折旧费、摊销费、未分配利润以及其他还款资金偿还。

固定资产投资借款在生产期各年应付利息计入财务费用，并通过产品销售收回后偿还。生产期还款均按年末偿还考虑，每年应计利息按下式计算：

$$生产期每年应计利息 = 年初借款本息累计 \times 年利率 \qquad (6.8)$$

借款偿还方式用等额偿还本息和等额还本、利息照付两种方式。为反映项目各年还本付息情况，财务评价时要编制固定资产投资借款还本付息计算表。

流动资金借款利息按全年计算，并计入财务费用，其借款本金用计算期末的流动资金偿还。若提前还款，按年末偿还处理。

6.3.3 现金流量表的编制

现金流量表(Statement of Cash Flow)是能够直接、清楚地反映项目在整个计算期内各年的现金流量情况的一种表格。按照投资计算基础的不同，现金流量表分为全部投资现金流量表和自有资金现金流量表。下面主要讨论全部投资现金流量表。

全部投资现金流量表如表6-4所示。该表不分投资资金来源，以全部投资作为计算基础对项目各年的现金流量所编制系统的表格形式反映。

表6-4 全部投资现金流量表

序号	项目＼年份	建设期		投产期		达产期				合计
		1	2	3	4	5	6	…	n	
	生产负荷									
1	现金流入									
1.1	产品销售收入									
1.2	回收固定资产余值									
1.3	回收流动资金									
2	现金流出									
2.1	固定资产投资(含投资方向调节税)									
2.2	流动资金									
2.3	经营成本									
2.4	销售税金及附加									
2.5	所得税									

续表 6-4

序号	年份\\项目	建设期		投产期		达产期				合计
		1	2	3	4	5	6	…	n	
2.6	特种基金									
3	净现金流量									
4	累计净现金流量									
5	所得税前净现金流量									
6	所得税前累计净现金流量									

1.现金流入项目

1)产品销售收入

这是指项目建成后对外销售产品所取得的收入。在技术经济中,一般假定生产出来的产品全部售出,也即产量等于销量。

2)回收固定资产余值

回收固定资产余值发生在项目计算期的最后一年,其数额根据实际情况可有两种方法确定。

(1)固定资产使用年限等于项目计算期。此时固定资产折旧已经提完。在项目计算期末剩余的是固定资产的预计净残值,因此,计算式为

$$回收固定资产余值 = 固定资产原值 \times 预计净残值率 \qquad (6.9)$$

(2)固定资产使用年限长于项目计算期。此时因固定资产折旧尚未提完,因此在项目计算期末剩余的是固定资产的账面剩余值。其计算公式为

$$回收固定资产余值 = 固定资产原值 - 累计计提的固定资产折旧 \qquad (6.10)$$

其中,固定资产折旧根据具体的折旧方法确定。

上述两种方法中的固定资产原值视具体情况而定,一般在忽略无形资产和其他资产的情况下,固定资产原值在数值上即等于现金流量表中的固定资产投资。

3)回收流动资金

回收流动资金也是发生在项目计算期的最后一年。值得注意的是此时回收的是项目投入的全部流动资金。

2.现金流出项目

现金流出项目包括以下几个内容:

(1)固定资产投资。固定资产投资包括设备工器具购置费、建筑安装工程费用、工程建设其他费用、预备费、投资方向调节税等内容,但不包括建设期利息。

(2)流动资金投资。流动资金投资额来自投资计划与资金筹措表中的有关项目,在编制现金流量表时要注意的是流动资金投入的年份,一般情况下流动资金自项目投产起分年度按计划投入。

(3)经营成本。经营成本是指总成本费用中扣除折旧、摊销、维检和利息以后的余额。

(4)销售税金及附加。按有关规定计算。在技术经济计算中是给出一个合并税率,此时计税依据是产品的销售收入。

(5)所得税。所得税的计算是按照公式"所得税＝应纳税所得额×所得税税率"进行的。在技术经济计算中，为简便起见，一般对应纳税所得额的确定进行简计算，即：

$$应纳税所得额＝利润－产品销售收入－（总成本费用＋销售税金及附加） \qquad (6.11)$$

3. 现金流量表的计算

现金流量表的计算分为静态和动态两部分。

(1)静态部分的计算一般是根据现金流量表，在表上直接进行的。

① 净现金流量。项目各年的净现金流量等于当年的现金流入减去当年的现金流出，即

$$净现金流量＝现金流入－现金流出 \qquad (6.12)$$

在项目建设期净现金流量一般是负的，在生产经营期为正数。

② 累计净现金流量。项目累计净现金流量等于各年净现金流量相加。

(2)动态部分的计算要编制现金流量表的延长表，见表6－5，并进行有关项目的计算。

表6－5 现金流量延长表

序号	年份 项目	建设期		投产期		达产期				合计
		1	2	3	4	5	6	…	n	
	生产负荷/%									
1	现金流入									
2	现金流出									
3	净现金流量									
4	累计现金流量									
5	折现系数									
6	折现净现金流量									
7	累计折现现金流量									

计算指标：所得税前   所得税后

财务内部收益率（FIRR）＝   财务内部收益率（FIRR）＝

财务净现值（FNPV）＝ic＝%   财务净现值（FNPV）＝ic＝%

投资回收期（Pt）＝   投资回收期（Pt）＝

6.3.4 财务评价报表的编制及评价指标

1. 财务评价报表

为更好地对投资项目或技术方案进行财务评价，需要编制一套财务评价报表，包括基本报表和辅助报表两大类。

财务评价基本报表是用来计算财务评价指标，分析项目盈利能力、清偿能力和外汇平衡能力，并作出财务评价结论所用的报表。财务评价基本报表主要包括现金流量表、损益表、资金来源与运用表、资产负债表和财务外汇平衡表。

财务评价的辅助报表是用来对财务评价的基础数据进行测算，为基本报表提供数据，并作为辅助分析所用的报表。

2. 财务损益表的编制及评价指标

财务损益表主要反映项目在计算期内各年的利润总额、所得税及税后利润的分配情况，用以计算投资利润率、利税率和资本金利润率等指标，见表6-6。

根据损益表和总投资估算数据可计算投资利润率、投资利税率、资本金利润等评价指标，并与行业平均水平或投资主体要求达到的水平比较，以判断项目或技术方案单位投资的盈利能力。

表6-6 财务损益表

序号	年份 项目	投产期		达产期				合计
		3	4	5	6	…	n	
	生产负荷/%							
1	产品销售收入							
2	销售税金及附加							
3	产品总成本及费用							
4	利润总额							
5	弥补前年度亏损							
6	应纳税所得额							
7	所得税							
8	税后利润							
9	盈余公积金							
10	公益金							
11	应付利润							
12	未分配利润							
13	累计未分配利润							

3. 现金流量表的编制及评价指标

财务现金流量表包括全部投资现金流量表和自有资金现金流量表两个基本报表。

全部投资现金流量由现金流入、现金流出、净现金流量(税后)、累计净现金流量、所得税前净现金流量、所得税前累计净现金流量六部分组成。

根据全部投资现金流量表可计算并分析税前税后的全部投资财务内部收益率(FIRR)、财务净现值(FNPV)和投资回收期等评价指标，考察项目全部投资的盈利能力。

自有资金现金流量表由现金流入、现金流出、净现金流量三部分组成。自有资金现金流入各项数据与全部投资现金流量表相同。

根据自有资金现金流量表可计算并分析自有资金财务内部收益率和财务净现值等评价指标，考察项目自有资金的盈利能力。

4.资金来源与运用表的编制及评价指标

资金来源与运用表由资金来源、资金运用、盈余资金和累积盈余资金四部分组成,见表6-7。它反映项目在计算期内各年资金盈余或短缺情况。

表6-7　资金来源与运用表

序号	年份 项目	建设期		生产经营期						合计	期末余值
		1	2	3	4	5	6	…	n		
1	资金来源										
1.1	利润总额										
1.2	折旧与摊销费										
1.3	长期借款										
1.4	短期借款										
1.5	自有资金										
1.6	回收固定资产余值										
1.7	回收流动资金										
1.8	其他										
2	资金运用										
2.1	固定投资										
2.2	建设期利息										
2.3	流动资金										
2.4	所得税										
2.5	应付利润										
2.6	长期借款本金偿还										
2.7	短期借款本金偿还										
3	盈余资金										
4	累计盈余资金										

资金来源包括利润总额、折旧费、摊销费、长期借款、流动资金借款、其他短期借款、自有资金、回收固定资产余值和回收流动资金。

资金运用包括固定资产投资(含投资方向调节税)、建设期借款利息、流动资金、所得税、应付利润、长期借款本金偿还、流动资金借款本金偿还和其他短期付款本金偿还。

根据资金来源与运用表及借款还本付息计算表可计算固定资产投资借款偿还期(简称借款偿还期)。当借款偿还期满足贷款机构要求的期限时,即认为项目具有清偿能力。

5.资产负债表的编制及评价指标

资产负债表是综合反映项目或技术方案在计算期内各年末资产、负债和所有者权益增减变化情况的报表,用来考察项目资产、负债和所有者权益的结构合理性和清偿能力。见

表6－8。资产负债表由资产、负债和所有者权益三部分组成。

表6－8　资产负债表

序号	项目＼年份	投产期 1	2	生产经营期 3	4	…	n
1	资产						
1.1	流动资产总额						
1.1.1	应收账款						
1.1.2	存货						
1.1.3	现金						
1.1.4	累计盈余资金						
1.2	在建工程						
1.3	固定资金净值						
1.4	无形资产及递延资产净值						
2	负债及所有者权益						
2.1	流动负债总额						
2.1.1	应付账款						
2.1.2	短期借款						
2.2	长期借款						
2.3	所有者权益						
2.3.1	资本金						
2.3.2	资本公积金						
2.3.3	累计盈余公积金						
2.3.4	累计未分配利润						

各项数据的取值和测算方法如下：

流动资产中的应收账款、存货、现金三项数据来自流动资金估算表；累计盈余资金来自资金来源与运用表，但应在计算期最后一年扣除其中包括的回收固定资产余值，即自有流动资金。

在建工程只能在建设期内存在，生产期将转为固定资产、无形及递延资产。其数据是指投资计划与资金筹措表(或资金来源与运用表)中建设期内固定资产投资、固定资产投资方向调节税和建设期借款利息三项之和的年累计值。

固定资产净值、无形及递延资产净值分别取自折旧估算表和摊销估算表：

流动负债及短期负债，包括应付账款、流动资金借款和其他短期借款的余额。应付账款来自流动资金估算表；流动资金借款来自投资计划与资金筹措表(或资金来源与运用表)中投产期相应借款额的逐年累计数(达产期数额不变);其他短期借款余额与长期借款余额计算方法相同。

长期借款余额在建设期是指长期借款(含建设期借款利息)逐年累计数;在生产期是指年初余额减去当年还本数的差额,可由借款还本付息计算表或资金来源与运用表相关数据求得。

所有者权益中的资本金和资本公积金在建设期是指逐年累计数;在生产期是指全部资本金或资本公积金数额。累计盈余公积金和累计未分配利润取自损益表。

根据资产负债表可计算资产负债率、流动比率、速动比率等评价指标,分析项目的资金结构和清偿能力。

6.外汇平衡表的编制与分析

外汇平衡表是反映项目各年外汇余缺程度的报表,用于进行外汇平衡分析。主要由外汇来源、外汇运用和外汇余缺额三部分组成。对外汇来源包括项目产品销售外汇收入、外汇借款和其他外汇收入;外汇运用主要是进行投资、进口原料及零部件、支付技术转让费和偿还外汇本息等;外汇余缺额直接反映子项目计算期内外汇平衡程度。外汇不能平衡的项目,应根据外汇余缺程度提出具体解决方案。

进行投资项目或技术方案的财务评价,应通过财务报表的编制和指标的计算与分析,对项目的财务可行性进行综合判断,给出明确的评价结论。

7.财务评价指标

1)盈利能力分析指标

(1)投资回收期

投资回收期是项目从投建之日起,用项目各年净收益回收全部投资所需的时间,它反映了项目投资回收能力,可根据项目财务分析时的现金流量表中的累计净现金流量计算求得。计算公式为:

$$P_t = T - 1 + \frac{第(T-1)年的累计净现金流量的绝对值}{第 T 年的净现金流量} \qquad (6.13)$$

式中:T——项目各年累计净现金流量首次为正值或零的年份,用投资回收期评价项目时,需要与基准投资回收期(P_c)相比较,如果项目的投资回收期小于或等于基准投资回收期,则项目可以接受。

(2)财务内部收益率 FIRR

财务内部收益率是指项目在整个计算期内各年净现金流量现值累计等于零时的折现率,它反映项目所占用资金的盈利率。其计算公式为

$$\sum_{t=1}^{n} (CI - CO)_t (1 + FIRR)^{-1} = 0 \qquad (6.14)$$

式中:CI——现金流入量;

CO——现金流出量;

$(CI - CO)_t$——第 t 年的净现金流量;

n——计算期。

财务内部收益率可根据现金流量表中的净现金流量数据,用线性内插法计算求得,与行业的基准收益率或设定的折现率 i_c 比较,当 $FIRR \geqslant i_c$ 时,表示项目其盈利能力已满足最低要

求，这时财务上认为是可以接受的。

（3）财务净现值 FNPV

财务净现值是指按行业的基准收益率或设定的折现率，将项目计算期内各年净现金流量折现到建设期初的现值之和。计算公式为

$$ENPV = \sum_{t=0}^{n} (CI - CO)_t (1 + i_c)^{-t} \tag{6.15}$$

式中：i_c——基准折现率

财务净现值可根据财务现金流量表的数据计算求得。如果 $FNPV \geq 0$，项目是可以接受的。

2）清偿能力分析指标

（1）借款偿还期。借款偿还期是指在国家财政规定及项目具体财务条件下，以项目投产后可用于还款的资金偿还建设投资国内借款本金和建设期利息所需要的时间。它可由资金来源与运用表及国内借款还本付息表的数据直接推算，从开始借款年份算起的偿还期的计算公式为

借款偿还期 = 借款偿还后首次出现盈余的年份 - 开始借款年份 +（当年偿还借款额 ÷ 当年可用于还款的资金额） \tag{6.16}

当借款偿还期满足贷款机构要求期限时，即认为项目具有清偿能力。

（2）资产负债率。资产负债率是负债与资产之比，它是衡量企业利用债权人提供的资金进行经营活动的能力，反映项目各年所面临的财务风险程度及债务清偿能力，因此也反映债权人发放贷款的安全程度。计算资产负债率所需要的相关数据可在资产负债表中获得。

资产负债率 =（负债合计 ÷ 资产合计）× 100% \tag{6.17}

一般认为资产负债率为 0.5 ~ 0.7 是合适的。资产负债率越高，项目风险越大。

（3）流动比率。流动比率是反映项目各年偿付流动负债能力的指标，衡量项目流动资产在短期债务到期以前可以变为现金用于偿还流动负债的能力。所需相关数据可从资产负债表中获得。

流动比率 =（流动资产总额 ÷ 流动负债总额）× 100% \tag{6.18}

（4）速动比率。速动比率反映项目快速偿付流动负债的能力。

速动比率 =（流动资产总额 - 存货）/（流动负债总额）× 100% \tag{6.19}

一般认为，流动比率应不小于 1.2 ~ 2.0；速动比率不小于 1.0 ~ 1.2。

6.4 投资项目的国民经济评价

国民经济评价（National Economic Evaluation）是指按合理配置资源的原则，采用影子价格等国民经济评价参数，从国家整体角度考察投资项目所耗费的社会资源和对社会的贡献，评价投资项目的经济合理性。

6.4.1 国民经济评价范围和内容

财务评价是从企业角度考察项目的微观盈利能力和偿债能力，在市场经济条件下，大部分项目财务评价结论可以满足投资决策要求。但有些项目需要进行国民经济评价，从国民经

济宏观角度评价项目是否可行。

国民经济评价主要内容有经济净现值、经济内部收益率和经济效益费用比。具体内容包括识别国民经济效益与费用，计算和选取影子价格，编制国民经济评价报表，计算国民经济评价指标并进行方案比选。

6.4.2 国民经济效益与费用的识别

国民经济效益是指项目对国民经济所作的贡献，分为直接效益和间接效益。国民经济费用是指国民经济为项目付出的代价，分为直接费用和间接费用。进行项目国民经济效益与费用识别时，凡是增加国民收入的就是国民经济效益，凡是减少国民收入的就是国民经济费用。

1）直接效益与直接费用

直接效益（Direct Benefit）是指由项目产出物直接生成，并在项目范围内用影子价格计算的经济效益。一般表现为增加项目产出物数量以满足国内需求的效益；替代效益较低的相同或类似企业的产出物，使被替代企业减产从而减少国家有用资源耗费（或者损失）的效益；增加出口（或者减少进口）从而增收（或者节支）的外汇等。

直接费用是指项目使用投入物所形成，并在项目范围内用影子价格计算的费用。一般表现为其他部门为项目提供投入物，需要扩大生产规模所耗用的资源费用；减少对其他项目（或者最终消费）投入物的供应而放弃的效益；增加进口（或者减少出口）从而耗用（或者减少）的外汇等。

2）间接效益与间接费用

间接效益（Indirect Benefit）与间接费用是指项目对国民经济做出的贡献与国民经济为项目付出的代价中，在直接效益与直接费用中未得到反映的那部分效益与费用。通常把与项目相关的间接效益（外部效益）和间接费用（外部费用）统称为外部效果。

外部效果的计算范围应考虑环境及生态影响效果，技术扩散效果和产业关联效果。为防止外部效果计算扩大化，项目的外部效果一般只计算一次相关效果，不应连续计算。

3）转移支付

项目的某些财务收益和支出，从国民经济角度看，并没有发生资源的实际增加或者减少，而是国民经济内部的"转移支付"，不计作项目的国民经济效益与费用。转移支付包括项目缴纳的各种税金及附加，向国内银行及投资者偿还的借款本息及获取的国家和地方政府补贴。

如果以项目的财务评价为基础进行国民经济评价时，应从财务效益与费用中剔除在国民经济评价中计作转移支付的部分。

6.4.3 国民经济评价参数

国民经济评价参数是国民经济评价的基础。正确理解和使用评价参数，对正确计算费用、效益和评价指标，以及比选优化方案具有重要作用。国民经济评价参数体系有两类，一类是通用参数，如社会折现率、影子汇率和影子工资等，这些通用参数由有关专门机构组织测算和发布；另一类是货物影子价格等一般参数，由行业或者项目评价人员测定。

1. 影子价格

1）影子价格的基本概念

影子价格（Shadow Price）是指某种资源得到最优利用时的边际产出的价值，是进行项目国民经济评价，计算国民经济效益与费用时专用的价格。它能够反映投入物和产出物真实经济价值，反映市场供求状况，反映资源稀缺程度，使资源得到合理配置的价格。进行国民经济评价时，项目的主要投入物和产出物价格原则上都应采用影子价格。

2）影子价格的确定

国民经济评价中确定影子价格时，首先将项目投入物和产出物分为外贸物、非外贸物以及特殊投入物三类，并对这三类物品的影子价格分别按国际价格法、换算系数法及成本分解法、机会成本法测算。

（1）外贸货物影子价格的确定

外贸货物影子价格是以国际市场价格（一般取口岸价格）为基础，用规定的结算价格换算成为国内价格，再经过适当调整得出。

外贸货物影子价格计算公式如下：

$$投入物影子价格 = 到岸价（CIF）\times 影子汇率 + 进口费用 \qquad (6.20)$$
$$产出物影子价格 = 离岸价（FOB）\times 影子汇率 - 出口费用 \qquad (6.21)$$

进出口费用是指货物进出口环节在国内所发生的相关费用，包括运输费用、储运、装卸、运输保险等各种费用支出及物流环节的各种损失、损耗等。

（2）非外贸货物影子价格的确定

非外贸货物影子价格是以市场价格加上或者减去国内运杂费作为影子价格。投入物影子价格为到厂价，产出物影子价格为出厂价。

非外贸货物是指其生产或使用将影响国家进出口的货物。其投入或产出的影子价格应根据下列要求确定：

如果项目处于竞争性市场环境中，应采用市场价格作为计算项目投入或产出的影子价格的依据；如果项目的投入或产出的规模很大，项目的实施将足以影响其市场价格，导致有、无该项目两种情况下市场价格不一致，在进行项目评价时，取二者的平均值作为测算影子价格的依据。

非外贸货物的影子价格，可以采用成本分解与系数换算相结合的方法来确定。即对于非外贸货物中的主要部分，采用成本分解法计算影子价格；非外贸货物中的次要部分，采用系数换算法计算影子价格。

（3）特殊投入物影子价格的确定

特殊投入物主要指的是劳动力和土地。可用机会成本法求得影子价格，即劳动力的影子工资和土地的影子价格。

影子工资反映国民经济为项目使用劳动力所付出的真实代价，可通过财务评价时所用的工资之和乘以影子工资换算系数求得。

土地影子价格反映土地用于该拟建项目后，不能再用于其他目的所放弃的国民经济效益，以及国民经济为其增加的资源消耗。土地影子价格可按土地机会成本加国民经济为项目占用土地而新增加的资源消耗和拆迁费用、剩余劳动力安置费等确定。

2. 影子汇率

影子汇率是指从国民经济角度对外汇牌价的估量,是外汇的影子价格。在国民经济评价中,影子汇率用于外汇和人民币之间的换算,同时,又作为经济换汇或节汇成本的判据。影子汇率取值的高低,直接影响项目比选中的进出口抉择,影响对产品进口替代型项目和产品出口型项目的决策。进行国民经济评价时,影子汇率用下式计算:

$$影子汇率 = 外汇牌价 \times 影子汇率换算系数 \tag{6.22}$$

3. 社会折现率

社会折现率是用以衡量资金时间价值的重要参数,代表社会资金被占用应获得的最低收益率,并用作不同年份资金价值换算的折现率。社会折现率可根据国民经济发展多种因素综合测定。各类投资项目的国民经济评价都应采用有关专门机构统一发布的社会折现率作为计算经济净现值的折现率。社会折现率可作为经济内部收益率的判别标准。根据我国国民经济运行的实际情况、投资收益水平、资金供求状况、资金机会成本以及国家宏观调控等因素综合分析。

6.4.4 国民经济评价指标

国民经济评价包括国民经济盈利能力分析和外汇效果分析,以经济内部收益率为主要评价指标;根据项目特点和实际需要出发,也可计算经济净现值等评价指标。

1. 国民经济盈利能力分析指标

1)经济内部收益率(EIRR)

经济内部收益率是反映项目对国民经济净贡献的相对指标,它表示项目占用资金所获得的动态收益率,也是项目在计算期内各年经济净效益流量的现值累计等于零时的折现率。其计算公式为

$$\sum_{t=1}^{n} (B - C)_t (1 + EIRR)^{-t} = 0 \tag{6.23}$$

式中:B—— 效益流量;

C—— 费用流量;

$(B - C)_t$—— 第 t 年的净效益流量;

n—— 计算期。

经济内部收益率等于或者大于社会折现率,表示项目对国民经济的净贡献达到或者超过要求的水平,这时应认为项目可以接受。

2)经济净现值(ENPV)

经济净现值是反映项目对国民经济净贡献的绝对指标,是用社会折现率将项目计算期内各年的净效益流量折算到建设期初的现值之和。计算公式为

$$ENPV = \sum_{t=1}^{n} (B - C)_t (1 + i_s)^{-t} \tag{6.24}$$

式中:i_s—— 社会折现率;其余参数含义同上。

项目经济净现值等于或者大于零,表示国家为拟建项目付出的代价可以得到符合社会折现率要求的社会盈余;或者除得到符合社会折现率要求的社会盈余外,还可以得到以现值计算的超额社会盈余。经济净现值越大,表示项目所带来的经济效益的绝对值越大。

2. 外汇效果分析指标

涉及产品出口创汇或替代进口节汇的项目,应进行外汇效果分析,计算经济外汇净现

值、经济换汇成本、经济节汇成本等指标。

1）经济外汇净现值（ENPVF）

经济外汇净现值是反映项目实施后对国家外汇收支直接或间接产生影响的重要指标，用以衡量项目对外真正的净贡献（创汇）或净消耗（用汇）。

经济外汇净现值 通过经济外汇流量表计算求得，其表达式为：

$$ENVPF = \sum_{t=1}^{n} (FI - FO)_t (1 + i_s)^{-t} \tag{6.25}$$

式中：FI—— 外汇流入量；

FO—— 外汇流出量；

$(FI - FO)_t$—— 第 t 年的净外汇流量；

n—— 计算期。

2）经济换汇成本和经济节汇成本

当有产品直接出口时，应计算经济换汇成本。它有影子价格、影子工资和社会折现计算的为生产出口产品而投入的国内资源现值与生产出口产品的经济外汇净现值之比，亦即换取1 美元外汇所需要的人民币金额，是分析评价项目实施后在国际上的竞争力，进而判断其产品应否出口的指标。其表达式为：

$$经济换汇成本 = \frac{\sum_{t=1}^{n} DR_t (1 + i_s)^{-t}}{\sum_{i=1}^{n} (FI' - FO')_t (1 + i_s)^{-t}} \tag{6.26}$$

式中：DR_t—— 项目在第 t 年为出口产品投入的国内资源，元；

FI'—— 生产出口产品的外汇流入，美元；

FO'—— 生产出口产品的外汇流出，美元；

n—— 计算期（年）。

当有产品替代出口时，应计算经济节汇成本。它等于项目计算期内生产替代进口产品所投入的国内资源现值与生产替代进口产品的经济外汇净现值之比，亦即换取1 美元外汇所需要的人民币金额。其表达式为：

$$经济节汇成本 = \frac{\sum_{t=1}^{n} DR''_t (1 + i_s)^{-t}}{\sum_{t=1}^{n} (FI'' - FO'')_t (1 + i_s)^{-t}} \tag{6.27}$$

式中：DR''_t——项目在第 t 年为生产替代进口产品投入的国内资源，元；

FI''——生产替代进口产品所节约的外汇，美元；

FO''——生产替代进口产品的外汇流出，美元。

经济换汇成本或经济节汇成本小于或等于影子汇率，表明该项目产品出口或替代进口是有利的。

6.4.5 国民经济评价报表编制

编制国民经济评价报表是进行国民经济评价的基础工作之一。国民经济效益费用流量表有两种，一是项目国民经济效益费用流量表；二是国内投资国民经济效益费用流量表。项目国民经济效益费用流量表以全部投资(包括国内投资和国外投资)作为分析对象,考察项目全部投资的盈利能力;国内投资国民经济效益费用流量表以国内投资作为分析对象,考察项目国内投资部分的盈利能力。

国民经济效益费用流量表一般在项目财务评价基础上进行调整编制,有些项目也可以直接编制。

1)在财务评价基础上编制国民经济效益费用流量表

以项目财务评价为基础编制国民经济效益费用流量表,应注意合理调整效益与费用的范围和内容。

(1)剔除转移支付:将财务现金流量表中列支的销售税金及附加、增值税、国内借款利息作为转移支付剔除。

(2)计算外部效益与外部费用:根据项目的具体情况,确定可以量化的项目外部效益和外部费用。分析确定哪些是项目重要的外部效果,需要采用什么方法估算,并保持效益费用的计算口径一致。

(3)调整建设投资:用影子价格、影子汇率逐项调整构成投资的各项费用,剔除涨价、预备费、税金、国内借款建设期利息等转移支付项目。

进口设备价格调整通常要剔除进口关税、增值税等转移支付;建筑工程费和安装工程费按材料费、劳动力的影子价格进行调整;土地费用按土地影子价格进行调整。

(4)调整流动资金,财务账目中的应收、应付款项及现金并没有实际耗用国民经济资源,在国民经济评价中应将其从流动资金中剔除。如果财务评价中的流动资金是采用扩大指标法估算的,国民经济评价仍应按扩大指标法,以调整后的销售收入、经营费用等乘以相应的流动资金指标系数进行估算;如果财务评价中的流动资金是采用分项详细估算法进行估算的,则应用影子价格重新分项估算。

根据建设投资和流动资金调整结果,编制国民经济评价投资调整表。

(5)调整经营费用,用影子价格调整各项经营费用,对主要原材料、燃料及动力费用用影子价格进行调整;对劳动工资及福利费,用影子工资进行调整。编制国民经济评价经营费用调整表。

(6)调整销售收入,用影子价格调整计算项目产出物的销售收入。编制国民经济评价销售收入调整表。

(7)调整外汇价值,国民经济评价各项销售收入和费用支出中的外汇部分,应用影子汇率进行调整,计算外汇价值。从国外引入的资金 i 向国外支付的投资收益、贷款本息,也应用影子汇率进行调整。

2)直接编制国民经济效益费用流量表

有些行业的项目可能需要直接进行国民经济评价,以判断项目的经济合理性。可按以下步骤直接编制国民经济效益费用流量表。

(1)确定国民经济效益、费用的计算范围,包括直接效益、直接费用和间接效益、间接费用。

(2)测算各种主要投入物的影子价格和产出物的影子价格(交通运输项目国民经济效益不按产出物影子价格计算,而是采用节约运输时间、费用等计算效益),并在此基础上对各项国民经济效益和费用进行估算。

(3)编制国民经济效益费用流量表。

6.5　投资项目后评价

6.5.1　投资项目后评价的含义、程序和方法

1.项目后评价的含义

投资项目后评价是对已竣工投产的工程项目从立项决策、设计施工、竣工到生产运营等全过程进行系统全面评价，是衡量和分析项目的实际情况及其与预测情况的差距，确定有关项目预测和判断项目是否正确并分析其原因，从项目完成过程中吸取经验教训，为今后改进项目准备、决策、管理、监督等工作积累经验，并为提高项目投资效益提出切实可行的对策的一种技术经济活动。

2.项目后评价的程序

项目后评价程序一般包括提出问题、筹划准备、收集资料、分析研究及编制项目后评价报告五个阶段。

第一阶段，提出问题。明确项目后评价的具体对象、评价目的及具体要求。

第二阶段，筹划准备。组建评价小组，制订计划，选定评价方法等。

第三阶段，收集资料。包括收集项目建设资料；国家经济政策资料；项目运营状况的有关资料；本行业有关资料；反映项目实施的有关资料，如环境监测报告、对周围地区和行业的影响等资料。

第四阶段，分析研究。围绕项目后评价的内容，采用定量分析和定性分析方法，发现问题，提出改进措施。

第五阶段，编制项目后评价报告。后评价报告是项目后评价工作的最后成果，后评价报告既要全面、系统，又要反映后评价目标。

3.项目后评价的方法

项目后评价的基本方法是对比法，即将项目投产后的实际效果、经济效益、社会效益、环境保护等与前期预测的进行对比，从中发现问题，总结经验和教训。

6.5.2　投资项目后评价的内容

项目后评价是以项目前期确定的目标和各方面指标与项目实际实施的结果之间的对比为基础的，因此，项目后评价的内容范围大体上与前评估的内容范围相同。

项目后评价的内容主要包括以下几个方面。

1)项目建设必要性的后评价

从国内外市场对产品实际供求状况来验证项目前评价时所作的市场需求预测是否正确，包括分析产品销售量、占领市场范围、持续时间、产品价格和产品市场竞争能力等方面的变化情况，并做出新的趋势预测。如果项目实施结果偏离预测目标较远，要分析产生偏离的原因，并提出相应的补救措施。同时，要重新评价建设项目是否符合国家产业政策、地区与行业规划、布局经济、项目规模经济等的要求。

2)项目生产建设条件的后评价

分析和衡量项目的实际生产条件、建设条件，并与前评价的预测情况相比较，若两者存在较大的偏差，应分析其原因并提出对策建议。生产建设条件后评价的内容包括：厂址条件的再评价；实际影响建设项目的自然条件、地理环境及交通运输等因素的评价；项目建设组织管理的再评价；资源储量、品质以及开采利用条件的再评价；原材料的来源渠道和供应方式的再评价；所需公用设施的数量、供应方式和供应条件的再评价；生产组织管理机构的设置、运行效率、招聘工人的方式、人员结构和人员培训的再评价等。

3）项目技术方案的后评价

主要对工程设计方案、项目实施方案的再评价。工程设计方案的后评价内容包括：项目构成范围的再评价；项目土建工程量的再评价；技术来源、主要技术工艺及设备选型和工艺流程的再评价。项目实施方案再评价的内容主要包括：项目施工方式技术方案的再评价；项目实施进度、成本、质量的再评价等。

4）项目经济后评价

项目经济后评价包括项目财务后评价和项目国民经济后评价两个组成部分。项目财务后评价是从企业（项目）角度对项目投产后的实际财务效益的再评价；国民经济后评价是从宏观国民经济角度出发，对项目投产后的国民经济效率的再评价。同时还要对项目实际的社会效益和环境效益进行再评价。

5）项目影响后评价

项目影响评后价内容包括经济影响、环境影响和社会影响，具体有以下几个方面：

（1）经济影响评价。主要分析评价项目对所在地区、所属行业和国家所产生的经济方面的影响，评价内容包括：分配、就业、国内资源成本、技术进步等。

（2）环境影响评价。评价内容一般包括项目的污染控制、地区环境质量、自然资源利用和保护、区域生态平衡和环境管理等方面。

（3）社会影响评价。项目的社会影响评价是对项目在社会的经济、发展方面的有形和无形的效益和结果的一种分析，重点评价项目对所在地区和社区的影响。

（4）项目持续性评价。项目持续性评价是指在项目的建设资金投入完成之后，项目的既定目标是否还能继续，项目是否可以持续发展下去，接受投资的项目业主是否愿意并可能依靠自己的力量继续实现既定目标，项目是否具有可重复性，即是否可在未来以同样的方式建设同类项目。

6.5.3　项目后评价主要指标

设置项目后评价指标是从数量角度衡量和分析项目实际效果以及项目实际效果与预测效果相符合的程度，它可为项目后评价的定性分析提供依据。从项目运行全过程看，项目后评价指标种类较多，可分为项目前期工作后评价指标、项目实施阶段后评价指标和项目运营阶段后评价指标三大类。

项目前期工作和实施阶段后评价指标主要有实际项目决策周期、项目决策周期变化率、实际设计周期、设计周期变化率、实际建设工期、竣工项目定额工期率、单位工程平均定额工期率、实际建设成本、实际建设成本变化率、实际工程合格品率、实际工程优良品率、实际返工损失率、实际单位生产。能力投资、实际投资总额、实际投资总额变化率等。

项目运营阶段后评价指标主要有实际达产年限、实际达产年限变化率、拖延达产年限损失率、实际产品价格变化率、实际产品成本变化率、实际销售利润变化率、实际投资利润率、实际投资利润率变化率、实际投资利税率、实际投资利税率变化率、实际投资回收期、实际投资回收期变化率、实际净现值、实际净现值变化率、实际内部收益率、实际内部收益率变化率、实际借款偿还期、实际借款偿还期变化率等。

以上是一般工业项目后评价的主要评价指标，视不同的具体项目和后评价分析的具体需要，还可设置一些其他指标。

6.5.4 项目后评估报告

项目后评估综合评估结论和建议应突出重点、简明扼要、观点明确。一般建设项目后评估报告主要包括以下内容。

1）总论

说明项目后评估的目的、后评估工作的组织机构及管理、后评估报告编制单位情况、后评估工作的开始和完成时间、后评估资料的来源及依据、后评估方法和建设项目实施总体概况。

2）项目前期工作后评估

（1）对项目前期筹备工作的后评估。主要包括：筹备单位名称、组织机构、筹备计划及筹备工作效率等。

（2）对项目决策工作的后评估。主要包括：项目可行性研究承担单位名称和资格、项目可行性研究的编制依据、可行性研究起始和完成时间、项目决策单位、决策程序、决策效率等。

（3）对项目征地拆迁工作的后评估。主要包括：征地拆迁工作进度、安置补偿标准等是否符合国家有关规定。

（4）对项目委托设计与施工的后评估。主要包括：设计单位名称及资格审查、委托设计方式、设计费用、设计方案的技术可行性和经济合理性、设计标准与设计质量、委托施工方式、施工企业资格审查情况及施工合同等。

（5）对建设物资、资金等落实情况的后评估。

3）项目实施后评估

（1）项目开工评估。

（2）对项目变更的评估。如项目范围变更、设计变更，变更的原因及其影响。

（3）对施工管理的评估。即对施工组织方式、实际施工进度、施工工程成本、质量及控制、监理、施工技术与方案等进行的评估。

（4）对项目建设资金供应情况的评估。

（5）对项目建设工期的评估。主要评估实际建设工期及工期提前或延迟的原因。

（6）对项目建设成本的评估。即对项目实际建设成本及超支或节约的原因的评估。

（7）对项目工程质量的评估。

（8）对项目竣工验收与试生产的评估。

（9）对项目建成投产后的实际生产能力与单位生产能力投资的评估。

4）项目生产经营的后评估

（1）项目达产情况的后评估。

（2）项目产出物的种类与数量、产品销售情况的评估。

（3）项目获取利润情况的后评估。

（4）企业经营管理的评估。主要对机构设置、管理人员配备及素质、管理规章制度、管理效率等进行的评估。

（5）劳动定员评估。

（6）职工培训评估。

5）项目经济后评估

（1）项目财务效益后评估。项目财务效益后评估主要包括财务状况及预测、项目实际财务效益指标、主要财务指标的对比与分析、财务状况的发展变化趋势及对策措施。

（2）项目国民经济后评估。项目国民经济后评估主要包括项目国民经营状况及预测、项目国民经济效益指标与计算、评估指标的对比分析等。

6）综合结论

综合结论主要是对上述各项评估内容的基本结论。它一般包括项目准备、决策和生产经营各个阶段的主要经验教训；对项目可行性研究及评估决策水平和评估；项目在评估时点后的发展前景；提高项目在未来时期内经济效益水平的主要对策和措施。

本章小结

可行性研究是一项系统的技术经济分析论证工作和方法。可行性研究工作可分为机会研究、初步可行性研究、详细可行性研究、评价和决策四个阶段。由于对基础资料的占有程度、研究深度及可行性程度等要求不同，可行性研究各阶段的工作任务、投资成本估算精度、工作时间与费用也不同。

项目的财务评价是可行性研究的重要内容之一。财务评价是从企业或项目的角度，根据国家现行价格和各项现行的经济、财政、金融政策规定，考察项目的获利能力、贷款清偿能力以及外汇效果等财务状况，来判断拟建项目的财务可行性。

国民经济评价是从全社会和国民经济的角度出发，运用国家规定的影子价格、影子汇率、影子工资和社会折现率等经济参数，分析计算项目所投入的费用、可获得的效益及经济指标，以此判别项目的经济合理性和宏观可行性。

投资项目后评价是对已竣工投产的工程项目从立项决策、设计施工、竣工到生产运营等全过程进行系统全面评价。衡量和分析项目的实际情况及其与预测情况的差距，确定有关项目预测和判断是否正确并分析其原因，从项目完成过程中吸取经验教训，并为提高项目投资效益提出切实可行的对策措施。

评价内容、基本报表与评价指标的对应联系归纳于表6-9中。

表6-9　评价内容、基本报表与评价指标的对应关系

评价内容	基本报表	财务评价指标		国民经济评价指标	
		静态指标	动态指标	静态指标	动态指标
清偿能力分析	资金来源与运用表	借款偿还期	—	—	—
	资产负债表	资产负债率 流动比率 速度比率	—	—	—
盈利能力分析	全部投资现金流量表	全部投资回收期	财务内部收益率 财务净现值	—	—
	自有资金流量表	—	财务内部收益率 财务净现值	—	—
	全部投资国民经济效益费用流量表	—	—	—	经济内部收益率 经济净现值
	损益表	投资利润率 投资利税率 资本金利润率			
外汇平衡分析或效果分析	财务外汇流量表	—	—	—	经济外汇净现值 经济换汇成本 经济节汇成本
	财务外汇平衡表	—	—	—	
不确定性分析	盈亏平衡分析	平衡点生产能力利用率 平衡点产量			
	敏感性分析	—	财务内部收益率 财务净现值	—	—
	概率分析		净现值期望值大于等于零的累计概率	—	—

中英文名词术语

可行性研究(Feasibility Study)

影子价格(Shadow Price)

规模经济(Scale Economy)

机会研究(Opportunity Study)

最佳经济规模(The Optimal Economic Scale)

规模经济期间(Scale Economy Interval)

租赁(Leasing)

资金成本(Cost of Capital)

借款成本(Borrowing Cost)

财务评价(Financial Evaluation)

现金流量表(Statement of Cash Flow)

国民经济评价(National Economic Evaluation)

费用-效益分析(Cost-benefit Analysis)

间接效益(Indirect Benefit)

直接效益(Direct Benefit)　　　　　　　　外部性(Externality)

外部成本(External Cost)

思考与练习

1.什么是可行性研究? 在项目建设中的意义是什么?

2.项目可行性研究的作用有哪些?

3.可行性研究包括哪些内容?

4.什么是财务评价? 它包括哪些内容?

5.财务评价的基本报表有哪些?

6.什么是影子工资、影子汇率、社会折现率?

7.财务评价与国民经济评价有何区别与联系?

8.什么是投资项目的国民经济评价?

9.国民经济盈利能力指标主要有哪些?

10.什么叫投资项目后评价? 其评价内容和程序是什么?

11.某项目的净现金流量如表6－10所示,基准收益率为10%,试计算投资回收期、内部收益率、净现值。

表6－10　某项目净现金流量表(万元)

年份	0	1	2	3	4	5	6
净现金流量表	－100	－120	60	80	80	80	80

12.新建某工厂,固定资产投资为42542万元,固定资产投资方向调节税为2127万元,建设期利息为4319万元,预计达到设计能力生产期正常年份的年销售收入为35420万元,年销售税金及附加为2689万元,年总成本费用为23815万元,流动资金为7084万元,试估算投资利润率为多少?

第7章 价值工程

7.1 价值工程概述

价值工程(Value Engineering,简称 VE)又称为价值分析(Value Analysis,简称 VA),是技术与经济相结合的边缘学科,是企业改进产品功能、提高产品质量、降低生产成本、提高经济效益和开拓市场的有效途径。用通俗的话来讲,就是制造"便宜的好货"。

价值工程起源于 20 世纪 40 年代的美国,当时,由于"石棉事件"的产生,通用电气公司的设计工程师迈尔斯(L. D. Miles)——价值工程的创始人,将成本与功能联系起来,经调查研究,形成了一种新的管理技术,即降低成本、提高经济效益的有效方法。后来,他把这种方法的思想及应用推广到其他领域,例如,将技术与经济价值结合起来研究生产和管理中的其他问题,这就是早期的价值工程。这一方法传入日本后,与全面质量管理相结合,得到进一步发扬光大,成为一套更加成熟的价值分析方法。

价值工程在 1978 年引入我国,对我国的经济建设产生了重大影响。最早是在上海的两家国企中开始应用,取得了不错的效果。到目前为止,我国很多企业都在运用这门技术,并创造出了良好的经济效益。随着时代的发展、科技的进步、各种条件的优化,价值工程的方法将会更为完善,在企业运营、设计管理、新产品开发甚至整个社会资源利用效果等方面都将发挥更大的作用。

7.2 价值工程的基本内容

7.2.1 价值工程的基本概念

1.价值工程的定义

价值工程是指以产品或作业的功能分析为核心,以提高产品或作业的价值为目的,力求以最低寿命周期成本实现产品或作业使用所要求的必要功能的一项有组织的创造性活动。它是通过各相关领域的协作,对所研究对象的功能与费用进行系统分析,不断创新,目的是为了提高所研究对象的价值及相关的管理技术。

价值工程的研究对象泛指一切为实现功能而发生费用的事物,如产品、工艺、过程、服务及其组成部分。

价值工程的研究涉及三个基本要素:价值、功能和寿命周期成本。下面分别进行叙述。

2. 价值工程的基本要素

1）价值

与政治经济学中价值的概念不同，价值工程中的价值是指研究对象所具有的功能与取得该项功能的寿命周期成本的比值，可用公式(7.1)表示为

$$V = F/C \tag{7.1}$$

式中：V——价值；

　　　F——功能；

　　　C——成本(文中下同)。

从式(7.1)可以看出，价值的大小取决于功能和费用的大小。在成本相同时，价值与功能成正比，即：功能越大，价值越大，功能越小，价值越小。当功能相同时，价值与成本成反比，即：成本越低，价值越大，成本越高，价值越低。例如，两种汽车，如果成本相同，一种功能好(使用寿命长，可靠性大，外观优美等)，那么这种汽车的价值就大；如果两种汽车的功能相同，而成本不同，那么成本低的汽车价值就大。可见价值高是物美价廉的表现。

价值的引入就是把对产品的评价提高到一个新的水平，即把功能和成本结合起来的评价方式。价值高的产品无疑是好产品，价值低的产品则需要改进。

一般来讲，提高产品价值的途径有五种：

(1)提高功能，同时降低成本。对已有或已设计出来的产品进行价值分析，可通过改进设计或采用新技术、新工艺、新材料，或改善管理方法等措施，提高功能，降低成本。这可使产品的价值得到较大的提高。这是提高产品价值最有效的途径。

(2)保持必要的功能不变，降低成本。对已定型的或质量基本稳定的产品开展价值工程活动，在保证产品必要功能的基础上，通过剔除过剩功能，采用可行的代用品或新工艺、新方法或改善经营管理，降低成本提高产品价值。

(3)保持成本不变，提高功能。在产品成本合理或价格适当的情况下，通过改进设计工艺或材料等，扩大和提高产品功能，提高价值。

(4)大幅度提高功能，稍微增加一些成本。某些高档产品以新颖为贵，通过采取新的构思、新技术等措施，稍微增加一些成本，使产品具有多种功能或者功能质量有较大幅度的提高，如使产品款式新颖、标新立异，同样可以提高产品的价值。

(5)稍微降低功能，较大幅度降低成本。某些低档产品，特别是一次性使用的产品，通过原材料的代用或改进设计，稍微降低某些次要功能，使产品成本大幅度下降，亦可提高产品价值。

2）功能

产品的功能是价值工程的核心内容。对产品而言，功能就是指产品的具体用途，换句话说，就是它是用来做什么用的。产品的功能有很多种，如必要功能、不必要功能、辅助功能等等，在判定产品的功能时，要从用户的需求出发，而不能根据设计者的想象与主观臆断来定。价值工程的重点之一，就是加强产品的必要功能，消除不必要功能，使用户对产品的功能满意。同时产品的功能必须与系统中其他产品或零部件功能相匹配，因为产品的总体功能水平的高低取决于各组成部分的规格和性能。

3）寿命周期成本

在理解寿命周期成本的概念之前，必须了解什么是寿命周期，因此，首先看看寿命周期。

（1）寿命周期。

一个产品，从被生产出来到进入市场投入使用、反复维修直至不能再维修、报废为止的这段时间称为产品的自然寿命周期。然而随着经济的发展和技术的进步，有些产品虽然还可以使用，但由于生产效率低、加工质量差、能耗物耗高等原因，不如改换使用新型产品更为经济合理，或者是由于产品的使用性能过时、形状或样式的陈旧，人们往往会结束产品的使用寿命，如黑白电视，由于其功能不如彩色电视，已经退出了人们的视野。因此，从产品研发设计开始算起到用户停止使用该产品为止，这一周期叫做产品的经济寿命周期。价值工程中所指寿命周期就是产品的经济寿命周期。随着现代技术与经济的飞速发展，产品的寿命周期越来越短。

（2）寿命周期成本。

寿命周期成本是指产品在整个寿命周期内所发生的全部费用。寿命周期成本 C 由两部分组成：一是设计、生产产品所需费用，称为生产成本 C_1；二是用户在使用该产品过程中所支付的使用，费用称为使用成本 C_2，即：$C = C_1 + C_2$。

产品的功能水平越高，生产成本也越高，但其使用成本却越低；产品的功能水平越低，其生产成本虽然较低，但使用成本却越高，两者的关系图如图 7 – 1 所示。

由图 7 – 1 可见知，随着功能水平的提高，使用成本逐渐降低，而生产成本逐渐增加，相反，随着功能水平的降低，使用成本逐渐增加，生产成本逐渐降低。使用成本、生产成本与功能水平的变化规律决定了产品寿命周期成本有一个最低点 C_{min}，与其对应

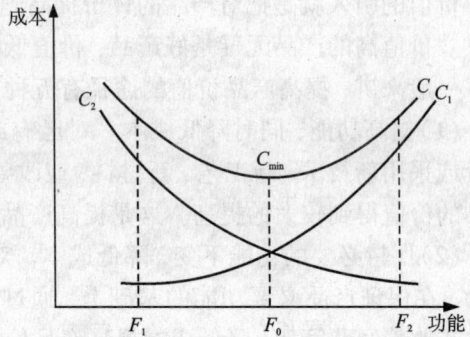

图 7 – 1　产品成本与功能关系图

的有一个产品功能 F_0。此功能水平与用户要求的标准功能水平基本上是一致的。因此，从寿命周期成本来看，价值工程的研究目的或目标就是在达到用户要求的标准功能水平的同时，力求把产品的寿命周期成本降到最小。

3. 价值工程的特点

价值工程的研究对企业的经营起到了极大的促进作用，因为价值工程所追求的不是单纯的产品成本的降低，而是以功能分析为手段，在满足功能的前提下，最大限度地使成本接近最低，以提高产品的价值。因此，与其他管理技术相比，价值工程具有以下几个特点：

1）以功能分析为核心

功能最终是为用户服务的，用户所需求的功能，必须满足，因此要从一切用户对功能的需求出发进行本质思考。在确定产品的功能及水平时，必须以用户的需求为依据，而不能以设计者的主观愿望为依据。那些脱离了使用者的实际需求，盲目追求功能越多越好、功能水平越高越好、使用寿命越长越好、安全系数越大越好的做法和想法，必然会违背价值工程的原理，势必会造成成本的增加和价值的降低。因此，价值工程确实是将用户的需求作为分析和设计的出发点，坚持了为用户服务的方向。同时，它还把提高企业的利润引导到提高产品价值的良性轨道上来，从而在一定程度上，调节了企业与用户的矛盾。总之，离开了功能分析，就不会有价值工程，功能分析是价值工程的核心。

2）以提高价值为目的

企业生产和经营的目的就是为了提高技术经济效益，而要想提高技术经济效益，就必须提高产品的价值，反过来说，提高产品价值，就是提高技术经济效益，合理利用资源，以最小的劳动消耗投入，获取最大的使用价值，创造最大的社会效果。

从价值工程的定义可以看出，价值工程不是传统的成本管理，单方面强调消耗，降低成本，也不是传统的质量管理，单纯地改进功能，提高质量，而是二者的有机结合，即：把成本的降低和功能的提高综合考虑，提高产品的价值，进而达到提高企业经济效益的目的。

3）坚持三个结合

价值工程是经济与技术的有机结合，任何单纯地强调其一而忽略另一方面的做法都是不可取的。在实际操作中，要求技术人员有经济头脑，避免只求功能不考虑成本，同时，经济管理人员要懂一定的专业知识，不能只顾降低成本而忽视了产品的质量问题。因此，价值工程要求二者很好地结合。

坚持企业利益与用户需求结合。价值工程强调降低寿命周期成本，力图以最低的寿命周期成本可靠地为用户服务。从用户的角度来考虑，希望产品物美价廉，从企业的角度来考虑，又希望成本低利润高，因此，只有把二者合理地结合起来考虑问题，才会避免企业与用户之间的摩擦，才能制造出具有较高价值的产品。

坚持将价值工程与各种管理方法相结合。一个企业要想成功，必须要能够善于综合运用各种管理办法，价值工程作为一门系统理论方法，只有与其他的各种管理方法很好的结合运用，才能真正达到提高产品价值的目的。

4）强调创造性思维

价值工程强调不断改革和创新，在经济与技术有机结合的基础上，开拓新构思和新途径，获得新的方案和方法，创造新的功能载体，进而简化产品生产结构，节约原材料，最终达到提高产品价值和企业技术经济效益的目的。

5）发扬集体精神

产品价值地提高涉及企业内部研发、制造、采购和销售等各个环节，也涉及企业外部的一些用户或企业，因此，需要广泛收集各种相关信息，集中大家的思维，依靠集体的智慧和力量，调动起各方面、各环节人员的积极性和主动性，有计划、有组织、有步骤地开展活动。

4. 价值工程的作用

研究价值工程的目的是以最低总成本实现某种产品或某种作业的必要功能，换句话说，就在保证达到产品功能水平条件时，使产品的寿命周期成本降到最低。下面我们更进一步来阐述其作用：

（1）通过价值工程研究可以消除产品中零件的过剩功能，从而降低成本。通过对产品中的各零件进行分析，找出导致成本增加的一些不必要的功能，从而确定适宜的功能和适宜的成本，消除这些零件过剩的功能和不必要的成本。这样，生产出的产品才能满足用户的需要，从而在市场上站住脚。

（2）开展价值工程研究可以延长产品的寿命期。在市场竞争的条件下，延长产品的寿命期对产品占领市场有重要意义。从产品投产开始到淘汰为止的这段时间，一般可以分为四个阶段：导入期、成长期、成熟期和衰退期。

其中导入期是指新产品刚投产并开始进入市场的初期阶段,成长期是指新产品开始大量进入市场的时期,成熟期是指新产品产量最大、销售量最多的时期,也是企业获利最多的时期。产品成熟期越长,则企业获利就越多。因此,为了延长产品寿命期就需要进行价值工程研究,改进产品样式、改进品种、提高功能,进而提高其市场竞争力。

(3)开展价值工程研究可以降低成本和提高企业竞争力。从管理技术方面来讲,降低成本的方法有多种,如:从制造方法、作业方法来改进产品,降低加工费用,降低废品率。但上述方法是有一定限度的,而运用价值工程去降低成本和提高经济效益则是无限度的。因为,价值工程的出发点是改进功能,根据用户的要求,重新审查现有图纸,修改图纸,改进产品设计。通过改进设计,打破现有设计以使成本最低或成本不能再降低的状态,从而降低成本。所以,工程技术人员在进行产品设计的时候,需要运用价值工程方法,从用户角度出发来进行产品设计,达到降低成本的目的。根据国外资料介绍,应用价值工程后,在功能不变或提高的情况下,还可以降低成本 10% ~ 30%。

当前在国际国内市场上的产品竞争是质量好坏、成本高低的竞争,实质是价值竞争,而价值工程正是要提高价值,即提高经济效益。有了物美价廉、适销对路的产品,就能立足于国内外市场。

(4)开展价值工程活动可以弥补设计工作的不足。

在设计工作中往往存在以下问题:

①一种新产品(包括军工产品)的设计,考虑的重点是早日完成设计、早日投入生产、早日占领市场(或早日拨入军库)。重视快、而忽略了成本因素,甚至根本没有考虑成本。

②科学技术发展很快,新材料、新工艺日新月异,设计人员对各项标准缺乏了解和认识,往往是可以选用标准件,却偏偏自行设计,从而增加了成本。

③缺少全盘考虑的观点。设计人员在设计中选用材料和结构方面注意了经济问题,但没有考虑用户在今后发生的保养维修,可能设计用料便宜了,但用户的维修费增多了,其结果并未降低总成本。

④各方面的工作人员都有其大量的专门技术,但不能在各方面都精通。例如,销售人员熟悉用户的要求,采购人员熟悉供应情况,情报人员熟悉同类产品发展趋向,装配人员熟悉产品装配性能,测试人员熟悉产品测试性能,科研人员熟悉试验、分析,美工工作者熟悉产品的外观造型等等,他们都有专长。如果把他们织织起来,就可以发挥巨大的知识力量,其结果必然是促使产品功能的提高和成本的降低。

5. 价值工程的实施步骤

根据价值工程的对象不同,工作步骤也不完全相同,有的分得粗些,有的分得细些。一般有如下几个阶段:

(1)选择工作对象和收集资料;

(2)功能分析;

(3)提出改进设想;

(4)评价与试验;

(5)提出实施方案。

目前有的国家(如日本),将价值工程与质量管理结合起来同时进行,价值工程进行顺序采取 FDCA 四个阶段,称为 FDCA 循环。

7.2.2　价值工程的研究对象

开展价值工程的研究工作，首先要确定研究谁，也就是研究对象的问题。价值工程的研究对象是物品或工作。物品包括产品、零部件、工具、夹具等；工作包括工程、作业、工艺、管理、服务等。一个企业往往生产若干种产品，每个产品往往又是由多种材料或成百上千个零件所组成。企业不可能对所有产品和零部件进行价值工程研究，到底以哪些产品、材料、零部件、工作为重点来开展价值工程的研究工作呢？为了选择合理的研究对象，就应该运用一定的方法，遵循一定的原则。

1）价值工程研究对象的选择原则

价值工程的研究对象的正确选择是开展价值研究的基本环节和重要环节。其选择原则主要是根据企业的发展方向、经营目的、存在的问题、薄弱环节，以提高生产率、提高质量、降低成本、提高价值（提高经济效益）为目标。同时企业所处的行业、生产环境和生产条件的不同，其经营目标的侧重点也必然会有所不同。根据以上原则和企业的情况以及大量的实践经验，再从不同角度寻找问题，按轻重缓急做出安排，可从下面几个方面去选择：

（1）从市场角度来看，主要考虑：

① 对企业利润有重大影响的主导产品；

② 用户意见大和意见多的产品，对其改进，利于企业和用户的和谐发展；

③ 返修率高的产品，对其改进，可以大幅降低维修成本；

④ 已进入产品生产周期的衰退期、销售量面临大幅度下降的产品。

（2）从设计角度来看，主要考虑：

① 结构复杂的产品或成套机组，因为简化结构的可能性较大；

② 性能差、技术落后、亟待更新换代的产品；

③ 设计存在严重缺陷的产品。

（3）从生产角度来看，主要考虑：

① 产量大的产品，对它们进行改进后，可以获得较大的节约；

② 价格高的产品，有较大的下降幅度；

③ 工艺复杂或工艺落后的产品，可以改善工艺，改变用料与改进生产作业方法；

④ 质量大、体积大、物耗高的产品；

⑤ 次品、废品率高的产品。

（4）从实施角度来看，主要考虑：

① 情报资料易收集齐全的产品；

② 在技术、人才方面有优势的产品；

③ 改进牵涉面不大、不需要投入大量人力、物力的产品；

④ 易于成功的产品。

2）价值工程研究对象的选择方法

价值工程研究对象的选择方法很多，常用的有：

（1）ABC 分析法。

ABC 分析法是价值工程研究对象选择中应用最多的方法，其原理是处理任何事情都要分清主次和轻重，选择主要矛盾中的主要方面。ABC 分析法的创始人是意大利的帕累托

（Pareto），他在 20 世纪初，研究资本主义国家国民财富的分布状况时发现一个规律，即：占人口比例不大的少数人，占有社会的大部分财富，而占人口比例很大的多数人却只拥有社会财富中的小部分，由此得出了"关键的少数和次要的多数"的原理，有人称其为"二八原理"或不均匀定律。后来人们发现，在产品成本分配方面，具有非常类似的规律，因此，也被用于进行价值工程研究对象的选择。

ABC 法实际上是应用数理统计分析的方法来选择研究对象，即：局部成本在总成本中所占比重的大小。应用时，先把一个产品的各个零件（或企业各种产品）按成本的大小从高到低排列，然后绘成费用累积分配图（如图 7-2 所示），具有做法如下：

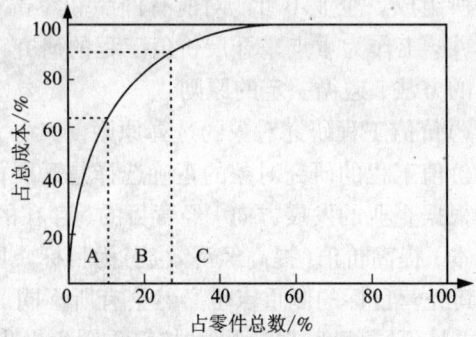

图 7-2　费用累积分配图

① 找出产品的全部零件及每一零件的成本；

② 按零件成本的高低顺序排列，并按不同产品划分不同的分界线；

③ 按分界线将零件按成本高低分类；

④ 列出 ABC 分析表；

⑤ 绘出 ABC 分析图；

⑥ 找出 A 类因素，作为价值工程的研究对象。

一般的经验法则如下：

A 类部件：占部件总数的 5% ~10%，占总成本的 70% ~75%；

B 类部件：占部件总数的 20%，占总成本的 20%；

C 类部件：占部件总数的 70% ~75%，占总成本的 5% ~10%。

在对产品作价值研究时，A 类零件是分析的重点。

ABC 法的优点是抓住重点，把数量少而成本高的零部件或工作选为价值工程研究对象，有利于集中精力，突破重点，取得较好效果。其缺点是，成本分配不合理。在实际工作中，常常会出现有的零部件功能比较次要而成本却比较高的现象；也可能会出现有的零部件功能比较重要但成本却较低的现象。对于后一种零部件本应选为价值工程对象，提高其功能水平，但因其成本较低而被划为 C 类，未被选上。相应的解决办法是结合其他方法综合分析，避免应入选而未被选中，不应入选的却选中了。

（2）强制确定法（Forced Decision Method），简称 FD 法。

强制确定法是一种流行较广的功能评价法，它的基本原则是：产品的每一个零部件成本应该与该零部件功能的重要性相当。如果某零件的成本很高，但它的功能在产品中却处于很次要的地位，或者说，某零件的功能在产品中处于很重要的地位，但成本较低，这说明功能与成本的匹配不合理。而强制确定法就是在 ABC 法的基础上，找到占成本比重大的零件部分，把这些零件排列起来，各零件轮番进行比较（即每一零件分别与其他零件比较），重要的得一分，不重要的得零分，然后把各零件得分累计，除以得分总数，得出该零件的功能评价系数，根据该系数判断研究对象的价值，把价值低的选为价值工程对象。

7.2.3 价值工程的资料与信息收集

在确定了价值工程研究对象后，下一步就是分析问题和解决问题，而分析问题和解决问题的基础就是信息与资料的收集工作。没有信息和资料的支持，是不能对任何问题做出解答的。在价值工程的研究中，每一个步骤，都必须依据有关的资料和信息来进行。所以，价值工程一开始，就是有计划有目的地进行信息与资料的收集。

价值工程的信息是指一定范围内与实现功能和实现功能所需要的费用有关的一切信息、知识和资料。一般可以分为两大类：技术信息和经济信息。所谓技术信息就是指有关功能方面或如何实现功能方面的信息，而经济信息是有关成本方面的信息与资料。前者是为了更好地实现功能，后者是如何使费用降到最低。只有充分而准确地获取到这两方面的信息后，才能有理有据的分析价值工程研究对象存在的问题，进而更好地解决问题。

1) 信息资料收集的内容

在价值工程的研究中，一般需要收集的信息资料包括以下几个方面：

（1）市场销售情报。要收集的信息如下：①产品的销售对象、销售市场、销售地区、销售数量的变化情况及现状、销售价格、销售服务等情况；②竞争对手的产品、数量、质量、品种、价格、销售后服务、成本及利润等情况；③国家、地区经济规划中同类企业和同类产品的发展规划及投资情况；④本企业与同类企业产品的市场占有情况；⑤产品从出厂到用户的流通环节是直供，还是商业部门收购，流通环节费用多少，包装运输费，仓库存储费，附加管理费等，产品运到用户后开箱检查的完整情况等。

（2）有关用户要求方面的情报。要摸清用户对产品的要求，如技术性能、规格、品种、数量、使用环境和使用条件、用户使用目的、产品花色款式、交货期、价格、零配件供应，技术服务、技术培训、说明书、技术资料及其他方面的要求等。同时，还要了解用户的实际使用效果。

（3）有关科技方面的情报。如：①本企业及国内外同类产品的设计、制造、工艺科研情报；②产品能源消耗情报，包括能源消耗分析、能源结构比例、能源利用效率、能源消耗占成本的比重等；③产品三废处理情报；④有关产品的专利情况；⑤有关产品的标准化、通用化、系列化的情况及国际标准的使用和引进情况等；⑥有关"新结构、新技术、新工艺、新材料"的推广使用情况；⑦产品协作情报：产品协作件、协作单位、外协品种、数量、质量、交货期、履约率、外协件成本、外协单位利润等情况等。

（4）有关企业生产、制造方面的情报。如：①产品设计起止日期、设计性能分析、设计评价，设计方案审查意见、设计单位、设计人员等；②产品制造单位、小批试制起止日期、数量、试制成本、试制售价、试制质量、试制出厂评价、试制期间的用户反映情况、试制成功的内容、技术鉴定意见、需改进的内容等；③了解成批生产日期、数量和质量、成批生产成本和售价、产品加工设备种类、型号和规格、工艺流程、加工工时、零件加工成本、劳动生产率、废品率、废品处理、零件材料质量、重量、废屑量、废屑处理等。

（5）有关成本费用的情报。如：①国内外同类企业同类产品的成本功能情况；②本企业历年成本费用资料，其中包括：产品构成比例、零部件定额成本和计划成本、材料消耗定额、工时定额、各种费用定额，项目中料、工、费比重及其各项定额等；③各种使用费用的预测，如产品使用的能源、维修及人工费用等；④产品的广告费用、索赔及日常开支；⑤国家在税费方面的调整或变动等。

（6）国家、社会有关部门政策法规情报。如：①国家和地区的技术发展，能源使用方面的政策；②有关环保、防止公害方面的规定、法令、条例；③有关劳动保护法令、条例；④有关各种经济法规（合同法、会计法、成本法、专利法等）；⑤有关费用和支付的政策和规定等。

（7）对情报资料的评价。综合收集以上几个方面比较完整的情报资料后，有助于进行价值工程的定量分析。为了确保资料的可靠性和精确度，要注明资料收集地点、日期、收集人和提供人的单位、职称。收集人要对资料做出评价。把资料分为三类：可靠；一般；不可靠。

2）信息资料收集的步骤

在价值工程的研究中，信息资料的收集需要有目的、有计划地进行，因此，在收集前很有必要制定一个工作计划。价值工程的对象不同，所需信息来源也不相同，从而需要不同的方法，这些都是必须事先考虑的问题。一般来讲，信息资料收集有以下几个步骤：

（1）确定收集情报资料的目的。在价值工程的不同阶段，所需要收集的情报资料内容有所不同；产品类别的不同，也限定了计划收集信息情报的范围不同。因此，在收集信息之前，必须首先根据具体情况，确定信息收集的目的，圈定信息情报收集的范围，然后制定收集情报资料的计划，这样可以大大地提高工作效率。

（2）选定情报来源。不同的信息，来源不同。相同的信息，来源也可能不同。因此，要想收集到准确、可靠的信息，节省时间、人力、物力，选取合适的信息来源就显得十分重要。常用的信息来源有：①用户，一般用户对产品的反映信息是比较直接和可靠的信息源，由于不同的用户，对产品的要求和理解不同，因此必须了解和掌握大量的用户反馈信息，才能起到沟通企业与用户的目的；②市场，最具有说服力的信息来源；③企业内部各部门；④竞争企业各部门；⑤专业研究机构；⑥有关方面专家；⑦综合统计部门；⑧图书馆；⑨情报中心；⑩信息中心。

（3）确定收集方法并进行收集。在信息来源选定之后，还要根据收集的内容情况，制定收集信息的方法。一般有两种：一种是实际调查法，一种是资料查阅法。前者一般是亲自调查，可以获得第一手资料，后者往往是获得第二手资料，但简单易行、经济、全面。

（4）资料信息的整理。在所需要的信息情报收集完整后，需要对各种信息进行分类、整理、归纳，使之条理化，以便于研究和运用。价值工程的信息情报资料整理，一般分为：功能方面、费用方面、市场与竞争方面、社会供需方面、高新技术方面等。

3）信息资料收集的方法

不同的信息内容和不同的信息来源，往往需要不同的收集方法，只有正确的选择了收集方法，才能取得好的效果。常用的方法有：访谈法、书面调查法、现场观察法、查阅资料法等。

价值工程中的信息收集是一个长期工作，不仅在功能分析和方案创造之前需要收集信息，而且在功能分析和方案创造时，甚至整个价值工程过程中，都需要信息情报的支持和不断补充新的信息，才能更好地实现以最低的费用成本实现产品更优的必要功能，使产品真正的为用户服务，使产品的价值得到真正的提高。

7.2.4　价值工程的功能分析

用户在购买产品时，实际上是在购买产品的功能。产品只是功能的一个载体，是功能得以实现的方式。而功能分析就是把产品及其组成部分抽象成功能，找出其内在联系的过程。其目的是加强产品的必要功能，尽可能地消除多余功能和不必要功能，以利于提高产品的价值，更好地为用户服务。

价值工程中的功能分析一般分为：功能定义、功能整理及功能评价三个工作步骤。

1. 功能分类

每个产品可能具备多种功能，每个产品又由若干零部件组成，产品及其零部件都有自己的特定功能。为了更清楚、更全面地了解产品的功能和各种功能之间的联系，以便于对功能进行整理，有必要对功能进行分类。

价值工程的研究对象一般具有以下几种不同类型的功能：

1）基本功能和辅助功能

基本功能是与研究对象的主要目的直接相关的功能，是产品不可缺少的功能，是产品及各组件赖以生存的基础，也是设计进行的依据。如果产品或零部件没有了这些基本功能，它们就失去了存在的意义。因此，基本功能是用户要求的必需功能，是任何人不能任意改动的，而且必须得到充分实现。如手机的基本功能就是接打电话、收发信息。

辅助功能是除了基本功能以外为了更好地实现基本功能而附加的功能，或是为了支持基本功能的实现而附加的功能，也称从属功能。如手表的基本功能是显示时间，而"防水"、"防震"、"防磁"、"夜光"等则是手表的辅助功能。辅助功能一般所占比例很大，有时甚至达70%~80%。而且辅助功能的重要性也不相同，因此，对辅助功能的分析往往是功能分析的重点，因为如果设计不当，辅助功能可能会变成多余功能。

一般来说，基本功能是必要功能，辅助功能有些是必要功能，有些可能是不必要功能。

2）必要功能和不必要功能

必要功能是为了满足使用者的要求而必须具备的功能，如手机的通话功能，不必要功能是对象或产品所具有的，与满足使用者的需求无关的功能，又称多余功能。

3）使用功能与美观功能

使用功能是研究对象所具有的、与技术经济用途直接有关的功能，又称为物质功能。产品的使用功能可以给用户带来效用，达到某种特定用途，满足用户的需要。如，电灯的使用功能就是"发光"。

美观功能是与使用者的精神感觉、主观意识有关的功能，如外观功能、贵重功能、欣赏功能等。它是为了适应用户的需要、爱好、习惯和审美观点而具有的功能，目的是吸引人们去购买、使用这种产品，尤其是高档产品。因此，美观功能对于很多产品是非常重要的，如工艺美术品、化妆品等，而有些产品则无美观功能的要求，如地下管道、润滑油等。

总之，产品的使用功能和美观功能往往是兼而有之，多是根据用途和消费者的要求不同而有所侧重。

4）不足功能和过剩功能

不足功能是研究对象尚未满足使用者需求的必要功能，过剩功能是研究对象所具有的、超过使用者需求的功能，属于不必要功能，通过价值分析后必须剔除那些过剩功能。

价值工程通过对功能进行分类，可以区分研究对象的基本功能和辅助功能、必要功能和不必要功能、不足功能和过剩功能，从而保证必要功能和基本功能，取消不必要功能和过剩功能，补充不足功能和辅助功能。

2. 功能定义

功能定义是指用最简洁的语言表达产品或作业的功能和效用。对功能下定义的目的是为了明确和限定功能的内容，同时能与其他功能概念区别开，便于评价和改进功能。

1) 功能定义的步骤

对于简单的产品，对其功能下定义，一般都不会引起混乱，但是对于一个复杂的产品，其功能往往很多，在对其功能进行定义时，需要一定的技巧，否则，会变得杂乱无章。一般来讲，对产品的功能下定义的步骤如下：

① 弄清楚产品的目的，这是给产品功能下定义的前提条件。而产品的目的就是用户最基本的需求或要求。

② 明确价值工程对象或产品的整体功能。这里的整体功能也就是产品最基本的功能，但它与产品的目的又有所不同。如，微波炉的产品目的是能给食物加热，而产品的基本功能是能够产生微波。

③ 在产品整体功能定义的基础上，给产品的零部件下定义，即：自上而下逐个级别一个一个地明确给产品的各构成要素进行功能定义。

④ 找出既不属于产品的整体功能又不属于零部件功能，而是由使用条件、使用时间、使用环境所限定的那些功能。如暖水瓶的基本功能是保持温度，它的外壳功能是保护内胆，但是与其使用有关的一个功能是放置稳定。当然，它可以归属于外壳的功能，但如果暖水瓶放置地点不同（如桌面和野外），它的这个功能也应有所差异。而保持温度和保持稳定没有因果关系，甚至有时也可能不需要保持稳定。

通过对产品的功能下定义，不仅可以加深对产品功能的理解，使所要求的功能明确化，便于进行功能评价，而且可以从价值工程的角度出发，为创新打开思路。

2) 功能定义的方法

产品的功能是一个比较抽象的概念，没有一个固定模式可以遵循。在实际中，一般用一个动词和一个名词来表示，如接通电源、传递信息、疏通渠道等。这里的动词十分重要，必须准确。因此在对产品的功能定义时，可表述如下：

电灯的功能定义是提供照明；

热水瓶的功能定义是保持温度；

手机的功能定义是传递信息；

电视机的功能定义是显示图像和发出声音。

3) 功能定义的要求

功能定义应简洁、准确，而不能复杂、冗长，最忌讳的是模棱两可。当然，有时为了确切表达功能，也需要适当的加一些形容词或其他词类，但要以简明扼要为准则。一般要求：

①准确简练。指用简明扼要的语词把价值工程研究对象的功能准确无误地定义出来。这里，准确是核心要求，它直接关系到价值工程活动的效益。如果功能定义不准确，很可能把价值工程引向歧途，或造成思想上的混乱。在功能定义准确的基础上，还要求功能定义简练，用最简练的语词充分描述功能含义，以界定功能的范围和内容。

②适当抽象。功能定义要尽可能做到透过现象看本质，对研究对象的功能进行本质分析，通过高度的理论概括把功能定义出来。适当抽象的功能定义，有利于开阔思路，而写实性的功能定义，则容易限制人们的思维。例如室内墙壁粉刷大白浆，其功能可定义为"增加

"美观"，如果定义为"刷白墙壁"，就过于写实，容易使人们的思维受到限制，因为实现"增加美观"的功能，除了粉刷大白浆外，还可以通过粘贴壁纸、涂刷油漆等手段实现。

③ 定量化。在功能定义时，尽量使用可测定数量的词汇，以便于功能分析评价，把实现功能的费用与功能水平的高低有机地联系在一起。例如定义建筑物基础的功能为"承受载荷"，由于载荷是可以度量的，所以在具体要求时就可以写成"承受载荷 $20\ t/m^2$"等。再如，施工机械千斤顶，功能定义为"支承重量"就比较好，因为重量可以直接度量，如果定义为"支承物体"，度量起来就比较困难了。

4) 功能定义的作用

① 为设计提供依据。用户购买某一产品，其出发点是功能，功能是设计或确定改进方案的出发点和根据。设计时若偏离了用户要求的功能，那么设计出的产品就不能满足用户需求，这样，产品也就没有市场。

② 为设计开阔思想。要改进产品的设计，不能只从现有设计方案出发，而应当去研究功能。因为只研究现行方案，容易被它所局限，不能从产品的现有结构思考中解脱出来。而通过功能定义可以帮助设计者扩大思路，把对产品本身的分析，转移到对功能分析上来，从而找到产品价值高的设计方案。

③ 便于实现功能评价。要对功能实现定量评价，必须明确功能定义，功能定义地给出就是要限定功能概念的内容，明确功能概念的本质，以区别于其他功能。

3. 功能整理

功能整理就是将定义了的功能加以系统化。一般来说，一个产品是由许多相互联系的零部件组成的，这些零部件往往具有多个功能且同时发挥作用。产品越复杂，功能的数量就越多，功能之间的关系也就越加复杂。要从大量定义了的功能中把握住必要的功能，就需要进行功能整理，将其系统化，找出哪些是基本功能，哪些是辅助功能，哪些是必要功能，哪些是不必要的功能，并找出功能之间的内在关系。

产品的功能之间的内在联系是非常严谨的，并构成一个系统。产品功能的这种系统性与完备性，是我们进行功能整理的基础。为了更好地进行功能整理，我们有必要首先研究功能系统。

1) 功能系统的概念

一般地，产品或作业为了实现某一特定的用途，需要通过多个过程、程序或多个功能来实现，这样多个功能之间存在着某种结构形式上的关系，只有各功能协调一致作用时，才能够保证产品总体功能的顺利实现。这种功能结构及其内在联系所构成的整体，称为功能系统。产品的功能系统是保证其最终功能实现的基础，但是，产品的功能系统并不是唯一的，可通过辅助功能的替换或功能间的结构关系的改变来生产出不同形式的产品，这也是改进产品设计的基础。

2) 功能系统的特性

功能系统中的各个功能之间，是相互作用、相互影响的。各局部功能及其之间相互作用或改变都会引起整体功能的发展变化。因此，功能系统具有一定的特性：

①元素的完备性。在功能系统中，各个局部功能之间不是机械的简单的组合，而是一个有机的整体，即：根据总体目标的统一要求，按照一定的逻辑层次，有组织的形成一个完整的整体。因此，功能系统中的元素，不能多余也不能缺少。

②缺少的破坏性。它是指功能系统中的各个局部功能，不能缺少或不足，否则会损害或

破坏更大局部功能或整体功能的有效性。

③多余的无效性。它是指功能系统中的各个局部功能，不能多余或过剩，否则会由于无法单独发挥作用而处于无效状态。有时还会影响或损害整体功能，从而降低效用。

④变化的一致性。由于功能系统是一个有机的、完备的整体，其中的单元功能或局部功能不能多余，也不能缺损。所以，系统中任何一个局部功能的变化，都不是一个简单的个体行为，都会引起整体功能系统的相应调整与变化。

总之，功能系统中的各个局部功能或元素之间是一种有序的关系。为了达到产品实现某一特定目的的要求，各个单元功能或局部功能在质和量两个方面，都必须与整体功能保持高度的协调和统一。每一个单元功能的最优化，都不是整个系统最优化的前提。所以，要想保持功能系统的总体最佳，就必须使其中的局部功能或单元功能，保持在一定的量度之内，而不应过分强化局部功能。

3）功能整理的作用

功能整理有以下三种作用：

① 明确功能之间的关系，便于功能分类。在功能系统中，任何功能都是在与其他功能相互联系、相互作用中发挥作用。通过对功能进行分析和整理，可以明确功能之间的关系是目的手段关系，还是并列同位关系；明确哪些是基本功能，哪些是辅助功能，哪些是使用功能，哪些是美观功能等；根据用户需求区分产品的功能是否必要。但值得注意的是，在区分产品的零部件是否必要时，不能单靠功能定义，还要利用功能整理后的功能系统图。凡是在功能系统图上找不到该零部件功能的上位功能就可断定此功能是不必要功能。

② 掌握功能系统。功能的分析整理过程也是一个认识功能系统、掌握功能系统的过程。产品的功能系统反映了产品的机能、本质。掌握功能系统，不仅能深刻理解产品的存在，而且也可以把握产品的未来。改善产品的总体功能，可显著提高其价值，但工作量大，困难也多；改善靠近末端功能，做起来相对要容易一些，但思路窄，效果小。

③ 辅助功能评价。功能分析是一个定性分析和定量分析相结合的过程，定性分析是定量分析的基础。功能整理作为系统深入的定性分析，为进一步的功能分析和评价创造了条件。

④ 引导方案创造。研究、分析功能，掌握功能系统的最终目的，是引导方案创造，以新结构、新形式、新技术，经济合理地实现用户所要求的功能。把产品和零部件的物理特性转化为功能特性的功能系统图，是进行方案创造时的分析出发点。它打破了原有实体的框架，克服了现有产品结构的单一思路。这种以功能逻辑程序及其费用为中心的思路，易于寻求实现产品总体功能的新手段、新方法。

4）功能系统图

功能整理主要是围绕着功能系统图的建立而进行的，可以说，功能整理的过程就是建立功能系统图的过程。功能系统图是按照一定的原则，将定义的功能连接起来，从单个到局部、从局部到整体形成一个完整的功能体系。

（1）基本概念。

①整体功能。在功能系统图中，最左边的功能是产品的整体功能，它是用户的直接要求，是整个功能系统的最终实现目标。

②功能级别。功能级别的划分是依据功能与整体功能相隔的功能级数来定的，它反映了各级功能与整体功能关系的紧密程度，如图7-3所示。

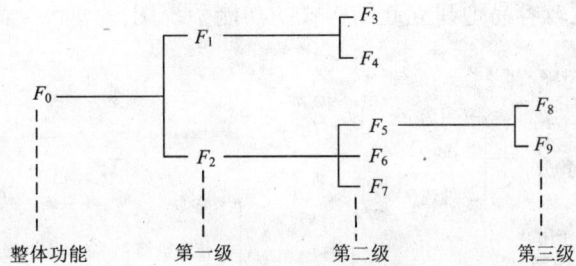

图7-3 功能系统图

③目的功能与手段功能。目的功能与手段功能的范畴和界定是相对的，功能系统中的中间功能，既是上一级功能的手段功能，又是下一级功能的目的功能。如：平口虎钳主要零部件在经过功能定义后，得到三项功能：夹紧工件、压紧钳口、施加旋力。施加旋力的目的是压紧钳口，压紧钳口的目的是夹紧工件。夹紧工件是压紧钳口的目的功能，压紧钳口是夹紧工件的手段功能；施加旋力是压紧钳口的手段功能，压紧钳口是施加旋力的目的功能。

④上位功能与下位功能。上位功能与下位功能，是目的功能与手段功能的代名词，两者强调目的功能与手段功能在功能系统图上的位置关系。在功能系统图上，上位功能居左，下位功能处右，两者相差一级。一般地，上位功能为目的功能，下位功能为手段功能，即实现上位功能的手段。具有同一（或多个）上位功能的多个下位功能，称为同位功能。

（2）功能系统图的建立。目的功能与手段功能的关系称为目的-手段关系。对任意一项必要功能来说，或者只有目的功能、或者只有手段功能、或者既有目的功能又有手段功能，三者必须具备其一。因此，通过追问功能间的目的-手段关系，总可以找到与其横向相邻的功能，逐个追问下去，同时注意到各个功能的同位关系，最终就可以形成功能系统图。这种建图原则称为目的-手段原则。目的-手段原则是建立功能系统图的基本原则。

建立功能系统图的具体方法有：

①由手段功能追寻目的功能。对于不太复杂的现有产品，可通过由手段追寻目的的功能整理办法建立功能系统图。例如，建立矿物加工的功能系统图，就可采用由手段追寻目的的功能整理办法。

②由目的功能寻找手段功能。对于有成千上万个零件的组成的复杂产品，或设计尚未定型、处于设计中的产品，可采用由目的寻找手段的方法建立其功能系统图。

以矿物加工为例。从整体功能开始，逐级向下追问手段功能，直到不能继续细分为止。矿物加工的整体功能是"矿物分离提纯加工"，从原理上看，矿物分离具有的手段为"提供矿样"、"加工矿样"及"精矿产品"的功能。"加工矿样"的手段有破碎筛分工段、磨矿分级工段、重力选矿分离、浮游选矿分离、磁力选矿分离、化学选矿分离等技术手段。接下来继续展开可整理得到矿物加工的功能系统图（主要部分），如图7-4所示。

③结构式功能系统图。结构式功能系统图，就是按照产品整体、部件、组件直至零件，从左至右逐级地进行功能定义，然后依据相互间的目的与手段关系加以连接。采用这种方法多得到的功能系统图，在表现形式上则是一个与产品结构相对应的功能结构，如图7-5所示。

结构式功能系统图适用于组合比较强的产品分析。只要明确了产品结构，在逐级功能定义的基础上，就可以比较容易地建立起结构式的功能系统图。

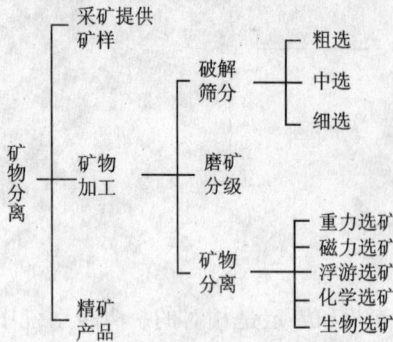

图7-4　矿物加工功能系统图　　　　　图7-5　球磨机结构式功能系统图

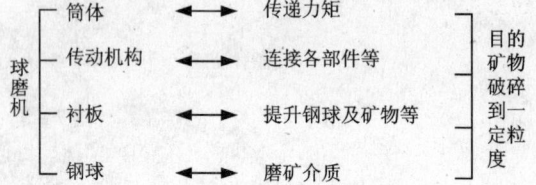

5）功能整理的方法与步骤

功能系统是一个自上而下、从左到右、从一级功能到二级功能到三级功能等等的这样一个按照"目的－手段"逻辑排列的有机整体。因此，对功能整理的总体原则和基本方法就是按照这种关系进行。当然，在实际操作中，由于产品的类别不同，复杂程度的不同，可采用不同的方法。一般常用的两种典型的方法如下：

（1）直推法。所谓直推法，就是从产品的整体功能或基本功能出发，从左向右，采用"怎样实现这个功能"的提问方式，依次寻找实现该目的功能的手段功能，直到找到末位功能为止的直接推进方式。如图7-6所示。

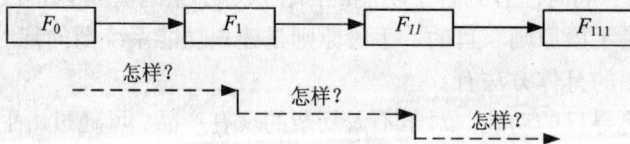

图7-6　直推法的提问模式

由图7-6可知，直推法的第一步是确定产品的整体功能或基本功能，这是寻找功能系统的基础。然后再从整体功能到局部功能，从局部功能到单元功能。

以矿物加工为例，其总体功能是"有用矿物与脉石矿物分离"，它的手段功能是什么呢？就是"选矿"。怎样才能选出来呢？那就要通过"物理选矿"、"化学选矿"。把以上几个功能加以整理，则可得到如图7-7所示的功能系统图。

该法一般适用于结构简单、功能较单一的产品。

（2）系统分析法。对于结构复杂、功能数量较多的产品，一般用系统分析法来进行。因为在复杂的功能系统中，不仅功能数量多，而且会出现多层次的功能并列关系，局部功能之间"目的－手段"关系也比较隐蔽。系统分析法是在功能定义后对功能的作用和地位进行分析，把基本功能与辅助功能、主要功能与次要功能分开，而后优先连接主要功能系列，再把

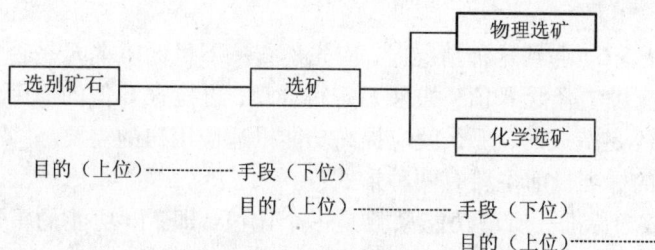

目的（上位）--------------手段（下位）

　　　　　　目的（上位）--------------手段（下位）

　　　　　　　　　　　　目的（上位）--------------

图 7 - 7　矿物加工功能系统图

次要功能或辅助功能系列附加进去的功能整理法。

功能整理系统分析法的步骤：

①编制功能卡片。即：按照每一卡片只记载一个功能的原则，把全部功能填入功能卡片中。其目的是要在集中思考特定功能的基础上，通过自由移动功能卡片，试探性地进行连接，找出功能之间的关系。

②区分基本功能与从属功能。

③排列重要功能系列。对分离出来的基本功能，用"目的－手段"的方法进行排列，寻找实现产品基本功能的手段，形成功能系统图的框架。

④添加从属功能系列。将各个从属功能按照其应有的位置连接到重要功能系列上去。

应该注意的是，如果在连接从属功能的过程中，没有找出从属功能的目的功能，那么这个从属功能则有可能是无用功能。这时，需要认真的研究，再检查一下，从属功能的定义是否正确，重要功能系列的排列是否有误，是否疏漏了某个基本功能。如果证明这个从属功能确实是无用功能，应该把它从功能系统图中剔除。

4. 功能评价

功能评价是功能分析的重要步骤，是整个价值工程活动的中心环节。功能定义和功能整理只是弄清楚了功能系统的范围，定性地说明了功能是什么，还不能定量地表达功能，也没有确定出哪一个功能区域或零件部位应该改进。这些正是功能评价要解决的问题。因此，功能评价就是评价功能的价值，即：回答"价值 V 是多少"的问题。通过对功能价值的定量研究，找出价值低的功能，以便更好地改进设计方案。

1）功能评价的含义

功能评价是对功能进行评价，而不是对产品进行评价，把产品的结构系统撇开，以功能系数的各个功能区域来进行评价。评价的对象是功能，评价的尺度是实现功能的最低成本，称为功能评价值。

功能评价使用的公式是：

$$V = F/C \tag{7.2}$$

与公式（7.1）表示一样，但该式中：V——功能价值或功能价值系数；F——功能评价值或功能目标成本；C——功能的现实成本或功能成本系数。

当用该公式对功能进行评价时，可能会出现三种情况：

①$V=1$，说明 $F=C$，即实现功能的现实成本与目标成本相符合，是理想情况。

②$V<1$，说明 $F<C$，即实现功能的现实成本高于目标成本，应设法降低其功能现实成

本，以提高其价值。

③$V > 1$，说明$F > C$，遇到这种情况时，应先检查一下目标成本F是否定得恰当合理。如果F定得太高，则应设法降低F值，如果F定得合理，再检查C低的原因。如果功能现实成本C低是由于功能不足造成的，那么就应提高功能以适应用户的需要。

功能价值评价的标准目前主要有两种形式：

(1)以功能系数为标准。所谓功能系数是一个比值，即：以功能的重要程度，对各功能评分，而后以某个功能的得分数与产品所有功能的得分数总和之比。以此作为标准，用功能的成本系数，即功能的现实成本与产品现实成本的比重，与功能系数进行比较，判断现实成本的高低，也就是计算价值并进行评价。

(2)以实现功能的最低成本为标准。以实现某一功能的最低成本量化作为标准。这个最低成本是指社会上实现这一功能的最低成本。进行功能评价时，以本企业实现这一功能的现实成本与"最低成本"这个标准相比，以判断现实成本的高低，计算价值并进行评价。

2)功能评价的目的

(1)确定重点改善对象和具体改进途径。通过价值、成本的分析评价，可揭示评价对象功能和成本不合理匹配的矛盾，发现存在的问题和差距，继而确定重点改善对象及相应的具体改进途径，如：追加成本提高功能或剔除剩余功能降低成本等。

(2)确定目标成本。功能评价的一个重要目的就是确定各评价对象的功能评价值，即目标成本。功能评价值是在一定的生产技术条件下，根据实际功能的要求合理制订的，同实现用户要求的功能一样，它是改善评价对象应实现的成本目标。

3)功能评价的方法与步骤

功能定义、功能分类、功能整理是对功能进行定性分析的方法，其目的是去除不必要的功能，保证可靠地实现产品的必要功能。功能评价是对为获得该功能所支出的成本是否合理做出判断，并由此确定需要改进的功能范围和对象。

在对功能进行评价时，主要是将功能转化为功能评价值，再将功能评价值与产品(或零件)目前所花的成本进行比较。功能评价值定义为获得该功能的可能最低成本，也称为目标成本(或成本期望值)。产品目前的成本称为现实成本、目标成本与现实成本之间的差距越大，可望改善的余地也越大。

对功能进行评价的主要步骤是：

第一，确定产品目标成本C_0，并令其等于总功能值F_0。

第二，确定各分功能F_i的重要度，并求出重要度系数f_i（$\sum f_i = 1$）。

第三，根据重要度系数分摊目标成本，得出各分功能的功能值：$F_i = C_0 \cdot f_i$。

第四，确定功能的现实成本。

第五，根据功能值和其对应的现实成本计算价值(或称价值系数)，对功能进行评价。

(1)目标成本的确定。

目标成本既要有先进性，也要有可行性，因此，在确定目标成本时，可参考以下几个因素：

①国内同行业的先进水平。

②根据国内外科技发展的情况，预测成本可能达到的最低限度。

③预测用户可接受的市场价格。

④企业的经营目标,如进入国际市场的要求。

(2)功能重要度系数的估算。

功能值在各功能之间的分配,是件困难的工作。而价值功能就是要寻求功能和成本的匹配。按各分功能重要程度分配功能值,是一种常用方法。其中功能重要度的确定主要靠经验判断。为了减少经验估计的偏差,一方面参加评价的人应该有丰富的经验,另一方面参加的人数要有一定数量,结果可取平均值。确定功能重要度的方法不少,这里介绍主要的几种。

① 强制确定法。

也称 0-1 评分法或 FD 法,它是通过对各功能(或零部件)做两两对比进行的。在评分时,重要的功能得 1 分,次要的功能得 0 分。若只有 4 个功能,可形成表 7-1 所示的评分矩阵。为避免最不重要的功能得零分,可将各功能累计得分加 1 分进行修正,用各功能累计修正得分分别除以总分即得到重要度系数 f_i。

表 7-1　0-1 评分表

功能	F_1	F_2	F_3	F_4	得分累计	修正得分	功能重要度系数 f_i
F_1	×	1	1	1	3	4	4/10 = 0.4
F_2	0	×	1	1	2	3	3/10 = 0.3
F_3	0	0	×	0	0	1	1/10 = 0.1
F_4	0	0	0	×	1	2	2/10 = 0.2
合计					6	10	1.00

② 0-4 评价法。

这种方法的具体步骤与原理和强制确定法相似,也是两两对比,按功能重要性评分。只是在功能一对一评分时,分 0-4 共 5 个重要性评分档次,评分标准为:

非常重要的功能得 4 分,其比较对象得 0 分;较重要的功能得 3 分,其比较对象得 1 分;同等重要的功能各得 2 分;自身相比不得分。这样评分,在任何情况下,互相比较的两个功能各自得分之和总是 4 分。表 7-2 是对 6 项功能进行 0-4 评分的评分表。

表 7-2　0-4 评分表

功能	F_1	F_2	F_3	F_4	F_5	F_6	得分累计	功能重要度系数 f_i
F_1	×	4	4	3	3	2	16	0.27
F_2	0	×	3	2	4	3	12	0.20
F_3	0	1	×	1	2	2	6	0.10
F_4	1	2	3	×	3	3	12	0.20
F_5	1	0	2	1	×	2	6	0.10
F_6	2	1	2	1	2	×	8	0.13
合计							60	1.00

③倍数确定法。

也称环比评比法或 DARE 法，其具体做法是：

首先，把需要评价的功能以任意顺序排列起来。

然后，确定暂定重要性系数。从上到下每两个相邻功能互相比较，每项功能的重要性对后项功能重要性的倍数就是它的暂定重要性系数。如表 7-3 中，F_1 的重要性是 F_2 的 1.5 倍，F_2 的重要性是 F_3 的 0.5 倍，等等。

而后，计算修正重要性系数。先把位于最下面位置的功能的修正重要性系数定为 1，如表 7-3 中 F_5，然后自下而上用暂定重要性系数作为下面一项功能修正重要性系数的倍数，计算出每一功能的修正重要性系数。如表 7-3 中，F_4 暂定重要性系数为 2，表示 F_4 的修正重要性系数为 F_5 的 2 倍，即 $1 \times 2 = 2$。

最后，计算功能系数。用倍数确定法得出的功能系数可按下列公式计算：

$$功能系数 = \frac{修正重要性系数}{全部修正重要性系数之和} \tag{7.3}$$

例如表 7-3 中，F_3 的修正重要性系数为 8，则功能系数为 $8/21 = 0.38$。

表 7-3 DARE 法

功能	暂定重要性系数	修正重要性系数	功能系数
F_1	1.5	$4 \times 1.5 = 6$	0.29
F_2	0.5	$8 \times 0.5 = 4$	0.19
F_3	4	$2 \times 4 = 8$	0.38
F_4	2	$1 \times 2 = 2$	0.10
F_5		1	0.04
合计	8	21	1.00

(3) 根据重要度分配目标成本。

产品各必要功能的重要度系数一旦确定，可将目标成本分配到各功能上去。以自来水笔为例，设定其目标成本为 7.5 元，按 0-1 评分法确定的重要度系数进行分配，结果如表 7-4所示。

表 7-4 功能评价值

功能名称	书写流利	握管舒适	造型新颖	不漏水	颜色好	挂钩方便
功能重要度系数	0.29	0.10	0.23	0.19	0.14	0.05
功能评价值	$7.5 \times 0.29 = 2.18$	$7.5 \times 0.10 = 0.75$	$7.5 \times 0.23 = 1.72$	$7.5 \times 0.19 = 1.42$	$7.5 \times 0.14 = 1.05$	$7.5 \times 0.05 = 0.38$

(4) 确定功能的现实成本。

功能现实成本的计算是以功能为对象的成本计算，它不同于以零部件(产品)为对象的成本计算,但又与零部件有联系。这种联系主要表现在:一个零部件往往参与完成几种功能的实现,这样在确定产品的各功能现实成本时,就需要将零部件的成本转移分配到各功能成本上去。

当一个零部件参与完成几个功能时,应按各功能的重要性来分配零部件成本;当一个零部件参与完成的各功能具有上下位功能关系时,应先分配下位功能的成本,然后再加到上位功能上去;再将每个功能分配到的成本求和,得到各功能的现实成本 C_1,C_2,……即实现功能的最低现实成本。

现假设某产品共有5个零部件,下面是它的功能成本分析表,如7-5所示。

表7-5 功能成本分析表

零部件名称	零部件成本(元)	功能现实成本				
		F_1	F_2	F_3	F_4	F_5
A	30			9(30%)	21(70%)	
B	50	50(100%)				
C	90		27(30%)	9(10%)	54(60%)	
D	40		16(40%)	4(10%)	20(50%)	
E	20				14(70%)	6(30%)
合计	230	50	43	22	109	6
成本系数 c_i	1.00	0.22	0.19	0.1	0.47	0.02

(5)价值的计算和评价。

$$价值系数\ V = \frac{功能评价值(目标成本)F}{现实成本\ C}$$

或

$$价值系数\ V = \frac{功能重要系数 f_i}{成本系数 c_i} \tag{7.4}$$

①当价值系数 $V \approx 1$ 时,即 $F \approx C$,意味着功能系数与成本系数相当,功能的重要程度与其成本比例匹配,现实成本接近或等于目标成本,达到理想状态,这样的功能无需再进行改进。

②当价值系数 $V > 1$ 时,即 $F > C$,这可能是由于使用了先进技术或价格低廉的原材料,用较低的费用实现了较重要的功能,这样的功能当然无需再进行改进。另外也有可能是存在过剩功能,超过了用户的要求。或者,由于目标成本定得太高,现实成本比目标成本还要低,这样的功能应当通过价值工程活动进行改进,使功能水平降至合适的程度。

③当价值系数 $V < 1$ 时,即 $F < C$,这说明功能系数的大小与成本系数的大小不相当,功能不太重要而成本花费得过多,也就是现实成本太高,具有降低潜力。这样的功能是价值工程的重点改进对象。

用价值系数来选择重点改进对象,如果不考虑功能系数与成本系数各自的大小,有时会出现偏差。例如有 A 与 B 两项功能，A 的功能系数为 0.7，成本系数为 0.8，说明 A 功能相当重要，成本比重也相当大，其价值系数为 $V_A = 0.7/0.8 = 0.88$；B 的功能系数为 0.1，成本系数为 0.115，说明 B 功能不重要，成本比重也很小，但其价值系数为 $V_B = 0.1/0.115 = 0.88$，即 $V_A = V_B$。仅从价值系数上看，在选择价值工程改进对象上二者处于同等地位，但从实际出发，显然改进 A 功能要比改进 B 功能获得的成效大。

7.3 方案创造与评价

7.3.1 方案的创造

1. 方案创造概述

价值工程的创始人 L·D·麦尔斯，在他所著《价值分析与价值工程技术》一书中，提出了加快出成果方案的十三条原则：

(1) 克服一般化、概念化；

(2) 收集一切有用的成本资料；

(3) 从最佳情报来源收集情报；

(4) 突破、创新、求精；

(5) 发挥彻底的独创精神；

(6) 发现并消除障碍；

(7) 请教工业行家以扩大专业化知识；

(8) 将重要公差换算成金额来考虑；

(9) 尽量采用专业化工厂的产品；

(10) 尽量利用和购买专业化工厂的成熟技术；

(11) 利用专门的生产工艺；

(12) 尽量使用标准件；

(13) 以"我自己是否这样花钱"作为判断标准。

这十三条原则对方案的创造、措施的拟订具有重要的指导作用。运用这些原则进行变革求新，易于达到目标。麦尔斯的十三条原则，实质上也就是要求人们要具有创新精神和科学态度，有了这种精神和态度，才有行动上的积极和合理，方案创新也就有了成功的保证。这是方案创造的基本原则。

所谓方案创造就是在产品功能分析与功能评价的基础上，选出需要改进的功能，并以此为出发点，探索和发展出一种新的方案，代替原有方案，以便更好地实现用户所需的必要功能，提高价值。

2. 方案创造的方法

目前，在价值工程活动中，运用的创造方法有十多种，其中，头脑风暴法和哥顿法等用得最为普遍，现分述如下：

(1) 头脑风暴法。头脑风暴法简称 BS 法，又叫集体思考法，是 1939 年美国 BBDO 广告公司奥斯本博士首先提出的一种创造方法，也是启发创意较早的一种方法。

头脑风暴法常采用会议的形式进行。在提方案的过程中，规定：不得评论别人的意见、观点，别人发言，要聚精会神地听，记录员要一一记录，每个人都要积极发言，相互启发、取长补短，提出创新设想，但不是代表某个权威、某个团体发表看法。这样，以保证能获得富有成效的改进方案。

BS 法的基本点可以归纳成 12 个字："积极思考、互相启发、集思广益"。在一个适当人数的集体中，用一定手段保证大家互相启发.在头脑中掀起思考的风暴，可以保证在比较短的时间内提出大量的有效的设想，正所谓"三个臭皮匠，顶一个诸葛亮"。社会中的某个具体的人，总免不了受经历、环境、知识、立场、思想方法等种种局限，即使是具有渊博学识的人，也不免有"井蛙之见"，而且当今的科学技术飞速向纵深发展，绝不是个人所能全部了解的。因此，集体思考、集体智慧是防止片面、防止遗漏的重要手段。这是头脑风暴法的根本点，也是这种方法普遍受到重视的原因。

这种方法的主要优点是简单易行，能够做到集思广益，在不长的会议时间里可以提出大量的方案来。缺点是会议后还要进行大量的整理、归纳和评价工作。

（2）哥顿法。这是美国哥顿博士 1961 年发明的一种方法。这种方法的指导思想是把所研究的问题适当分细或抽象，以利于开阔思路。在研究创新方案时，会议主持人开始时并不把要解决的问题全部摊开，只对大家做一番抽象笼统的介绍，要求海阔天空地提出各种设想，以激发出有价值的改进方案。

实际上，依据功能定义进行方案创造，也就体现了哥顿法的这种思想。定义出的功能是用户的要求，是产品的本质，它同时也是对产品实体的抽象。方案创造首先要围绕着定义的功能进行思考、创新，以便有针对性地提出符合用户要求的功能实现方案。如果创新的思路枯竭、停滞不前，或所提方案对现有方案的改进效果不大，可在原定义的基础上，将功能定义适当抽象化，以有效地引导方案创造。

（3）专家意见法（德尔菲法）。该法系美国兰德公司（Rand Co）于 20 世纪 50 年代提出的。实质上，它是一种函询调查法。其名取自希腊古城堡德尔菲之名，该城堡因阿波罗神灵而出名，寓意于"大力士"之意。它能将很多名人专家的创造性较好地发挥出来，并综合成具有很高水平的创造成果。

该法的特点是匿名调查。这是由于会议讨论时，通常有各种倾向，这些倾向有如下几方面：权威人士和大多数人的意见往往被重复和引申、而少数派的意见则有被忽视的倾向、各人的看法不同；比较分散；对已经发表的内容，直到最后也呈现受约束的倾向等。此法可以清除心理上的影响。

此法是将问题和意见编制成征询表，发给有关的每个成员。当得到各自的答案后，再将这些答案综合整理，进行统计分析，并将其结果反馈给每个成员、这样往返几次，将最初很分散的意见集中起来，得到较为统一的结论。另一个优点是，提案时间充裕，可无忧无虑地从各个角度提意见.正是伴随这一优点，它花费的时间较多，不宜用于紧急问题。此外，缺乏思想交锋的共鸣和不能产生面对面的启发和商讨效果。

（4）特性列举法。此法系美国的克劳福德教授提出来的。其特点是通过抓住一个产品或事物的最基本元素的特性，从而寻找到改进目标，进而引导出各种解决办法。其步骤为：

①把产品或零部件，或某一过程具有的特征全部列举出来。其特征包括：名词的特征，即对某一事物，先从整体上着眼于能够用名词来表示的组成部分和要素的特征；形容词的特征，即在事物的特性中，着眼于能够用"重的"或"大的"等形容词来表现的特征；动词的特征，即针

对事物之所以具有存在意义的功能，即可用动词来表现的特性、着眼于事物能实现的功能。

② 根据上述各种特性的着眼点，尽量把这些特点加以改变，以便更好地满足事物原来的要求，并寻找满足新要求的方案。此法尤其适用于简单产品。

例如，水壶的特性可以这样列举：名词特性——全体、部分、材料、制法。物品都有其构造的部分或因素。水壶有壶嘴、壶把、壶盖、壶身、壶底等部分。制造水壶的材料有铁皮、铝、瓷、陶土、搪瓷等，制造方法有模压、焊接、塑制等性质名词。VE组织者能掌握这些名词，当大家没有构想发表时，便可以此暗示，从而提醒人们产生其他联想。形容词特性——性质。水壶有黄色、白色等颜色，轻、重等性质，掌握这些性能，就可以很容易地想起其他的构想，以打破一时的冷场。动词特性——功能。水壶有装水、烧水之功能，若能善知其功能，便能产生其他诸如电水壶等的构想。

(5)缺点列举法。人们提出的各种方案，是以存在的问题作为依据的。所谓问题就是某产品(或服务或工程)在本质上存在的缺点。如果发现了这些缺点，就会有可能想出克服这些缺点的办法，因此，解决问题的第一步是找出缺点，在VE活动中，这些缺点也就是所要寻找的改进目标。第二步是提出克服这些缺点的改进方案。因此，这种方法也可以作为方案的创造与评价方法。

7.3.2　方案的评价

1.方案评价的分类

方案评价有两种形式：概略评价和详细评价。

概略评价是在方案创造阶段对所提出的各种方案设想进行的粗略评价，其目的是要淘汰那些明显不可行的方案，筛选出少数价值高的方案，以节约进一步的研究、评价所耗费的人力、物力和财力，提高工作效率。经概略评价后，将少数几个价值高的方案具体化，进行试验和调查研究，在此基础上，再从技术、经济、社会三个方面进行详尽的评价分析，选出最优方案作为准备实施的提案。

详细评价是在掌握了比较充足的数据和资料的基础上进行的，需要全面地分析各个方案，评出优劣，它比概略评价要深入、复杂得多。在详细评价中，有下面几个方面：①技术评价。就是围绕用户要求的功能，从技术方面评价各方案的功能实现程度及方案本身的可实施性；②经济评价，则要围绕产品寿命周期成本，评价各方案的耗费情况和盈利效果；③社会评价，主要围绕着方案的社会效果，评价方案的企业利益与用户利益、社会利益的一致性。实施的最优方案应是技术上、经济上和社会评价中比较先进、合理和协调的方案，它的选出有助于进一步的综合评价；④综合评价，是在技术评价、经济评价和社会评价的基础上所进行的总体性评价，其目的是找出一个技术、经济和社会效果三方面都彼此协调的最优方案。

2.方案评价的方法

1)差异评价法

这是以原方案的技术经济指标为基础，只评价改进方案与原方案的变动部分或改进方案之间的差异部分，不评价其相同部分的一种评价方法。这一方法的应用目的是为了简化评价工作、减少评价工作量、提高评价工作参数。

2）优缺点列举法

把每一个方案在技术上、经济上的优缺点详细列出，进行综合分析，并对优缺点作进一步调查，用淘汰法逐步缩小考虑范围，从范围不断缩小的过程中找出最后的结论。

3）加法评分法

加法评分法是将评价项目按实现程度分为若干等级，并确定各等级的评分标准，按标准逐一对各方案的各项目打分，从中得到得分最高者为最优方案，如下表7-6所示。

表7-6 加法评分法举例

评价项目			方案评分			
内容	评分等级	评分标准	A	B	C	D
功能	能满足用户要求	30	30	30		
	基本能满足要求	20			10	
	仅能满足最低要求	15				20
成本	低于同类产品成本	25	25		25	
	低于原有成本	20		20		
	与原有的产品相当	15				15
销路	销路大	20	20			
	销路中等	17		17		17
	销路差	4			4	
全年净节约	大于20万元	25	20			
	10万元~20万元	15		15		
	0~10万元	10			10	10
生产能力	有充分条件	10			10	10
	要增加一些措施	6	6	6		
	要增加较多措施	4				
社会要求	可综合利用,无污染	10	10		10	
	不能综合利用,有污染	4		4		4
	不能综合利用,有严重污染	0				
总评		48~120	111	92	69	76

4）连乘评分法

这种方法是先对各评价项目按照一定的评分标准评分后，再以各评价项目的评分值的连乘积作为方案总分，从而确定最优方案，如表7-7所示。

表7-7 连乘评分法举例

评价项目			方案评分			
内容	评分等级	评分标准	A	B	C	D
功能	能满足用户要求	3			3	3
	基本能满足要求	2		2		
	仅能满足最低要求	1	1			
成本	低于同类产品成本	3		3		3
	低于原有成本	2	2		2	
	与原有的产品相当	1				
销路	销路大	3		3		3
	销路中等	2	2		2	
	销路差	1				
投资	投资回收期	3		3	3	3
	投资回收期较长	2	2			
	投资回收期很长	1				
生产能力	有充分条件	3	3	3		
	要增加一些措施	2			2	2
	要增加较多措施	1				
社会要求	可综合利用,无污染	3		3		3
	不能综合利用,有污染	2	2		2	
	不能综合利用,有严重污染	1				
总评		1~729	48	486	144	486

5)加权打分法(矩阵评分法)

这种方法是将功能、成本等各种因素,根据要求的不同进行加权计算,权数大小应根据它在产品中所处的地位而定,算出综合分数,最后与各方案寿命周期费用综合分析,选择最优方案,如表7-8所示。

表7-8 加权打分法举例

评价因素	权重 W_i	A方案		B方案		C方案		D方案	
		S1	W1S1	S2	W2S2	S3	W3S3	S4	W4S4
可靠性	0.6	80	48	90	54	70	42	90	54
成本	0.3	80	24	70	21	90	27	90	27
外观	0.1	80	8	90	9	85	8.5	70	4
总计	1.0	240	80	250	84	245	77.5	250	88

6）理想系数法

（1）方案的技术价值系数。这种方法先对每种方案在各项功能指标上进行评分，并按照如下公式计算功能满足系数 X：

$$X = \frac{\sum_{i=1}^{n} P_i}{n P_{max}}\qquad(7.5)$$

式中：P_i——各方案满足功能 i 的分数；

P_{max}——满足功能的最高得分；

n——需要满足的功能数。

首先，可以邀请有经验的行业专家来评分，评分标准可按照表 7-9 进行评分，然后再按照表 7-10 进行功能满足系数 X 的计算。

表 7-9 评分标准表

方案接近理想完成的程度	评分值
很好的方案	4
好的方案	3
过得去的方案	2
勉强过得去的方案	1
不能满足要求的方案	0

表 7-10 功能满足系数 X 的计算

技术功能目标	A 方案	B 方案	C 方案	理想方案
a	3	2	1	4
b	3	2	1	4
c	3	2	1	4
d	4	2	1	4
e	0	3	0	4
f	3	3	3	4
$\sum P$	16	14	7	24
X	$XA = 0.66$	$XB = 0.58$	$XC = 0.29$	$X = 1.00$

（2）从经济价值对方案进行分析。计算成本满意系数 Y：

$$Y = \frac{C_0 - C}{C_0}\qquad(7.6)$$

式中：C_0——理想成本；

C——新方案的预计成本。

(3)最后对方案进行综合评价,即根据方案的功能满足系数 X 和成本满意系数 Y 计算方案的理想系数 K:

$$K = \sqrt{XY} \qquad (7.7)$$

理想系数 K 是综合衡量方案在功能和成本两方面距离理想状况的程度。当 $K=1$ 时,方案完全理想;当 $K=0$ 时,方案完全不理想;一般 $0 < K < 1$,在众多方案中选择 K 值最高的方案为选定方案。

7.3.3 方案的报批与实施

1.方案的报批

选出的最优方案在上报审批之前需要进行试验。具体包括以下内容:

(1)试验方案、设备、材料、日期、负责试验结果的评价标准的确定;

(2)试验;

(3)对试验结果进行汇总、整理、比较及评价,形成试验报告;

(4)试验通过,可以正式提案。

在提案中,要明确原产品的技术经济指标、用户要求、主要问题、拟达到的目标。同时,还要附上产品功能分析,改进对象的目标和依据,改进前后的试验数据和图纸,改进后的预计成本、预计效益等,一起上报请决策部门审查,经批准后列入实施计划。

2.方案实施

方案实施主要包括编写提案、提案审批、组织实施和效果总评等项工作。

1)编写提案

详细评价所确定出的最优方案,就是有待实施的方案。编写提案旨在以提案书的形式提交有关部门审批,以便实施。为了让决策部门理解和接受,编写提案书应从项目或产品改进的必要性、效果的有效性和成功的可能性三方面详细阐述。具体包括以下内容:

(1)项目或产品的现状;

(2)改进方案的技术性、经济性和社会效果;

(3)现有方案与改进方案的比较分析。

2)提案审批

提出的改进方案只是价值工程小组的业务成果,要付诸实施,需要企业生产技术行政指挥系统的承认,必要时,还需报请上级主管部门审查批准。

3)组织实施

组织实施主要做好两项工作:建立与方案要求相适应的生产管理系统。控制产品的功能水平和成本水平。

建立生产管理系统,具体地说就是,制订实施计划;添补设备、改装生产线、作好辅助生产准备;制订工艺规程和规章制度;组织原料、燃料和动力的供应等。建立生产管理系统,重要的是要保证实施进度,各部门要各司其职,协调配合。当方案涉及面大,内容庞杂时,可采用计划评审技术来安排实施工作,以期顺利实施,按时建立起生产管理系统。

生产管理系统应力求将生产产品的功能水平和成本水平控制在方案所要求的范围内。为及时有效地控制产品的功能水平和成本水平,还须具体规定有关技术标准;制订成本定额、劳动定额、建立原始记录、统计核算制度;建立经济责任制系统;检查、监督;反馈、调整等。

通过经常性的检查、分析、发现问题，查找原因，采取措施，解决问题，促使生产管理系统不断趋于完善，最终形成符合要求的正常生产管理系统，使新方案完全顺利地付诸实施。

7.4 价值工程成果评价

7.4.1 价值工程成果评价的定义

价值工程成果评价，就是将改进方案的各项技术经济指标与原设计进行比较，以考察方案所取得的综合效益。成果评价与方案评价不同，方案评价时，是采用改进方案的预计效益与原设计进行比较；而成果评价则是采用改进方案的实际效益与原设计进行比较。

7.4.2 价值工程成果评价的内容

一个完整的价值工程成果评价指标体系，一般应包括技术评价指标、经济评价指标和社会评价指标三个方面。

1）技术效果评价指标

技术效果评价指标主要是计算产品功能水平的提高率。根据改进后有显著变化的技术性能指标的多少，分为两种情况：

（1）简单型。只有一种主要技术性能指标发生了明显的变化，其功能水平提高率的计算比较简单，可以直接比较改进前后主要技术性能指标的数值而求得。

若主要功能参数是正指标，则有：

产品功能水平提高率 = 主要功能参数提高率

$$= \frac{主要功能参数改后值 - 主要功能参数原值}{主要功能参数原值} \times 100\% \qquad (7.8)$$

若主要功能参数是负指标，则有：

产品功能水平提高率 = 主要功能参数提高率

$$= \frac{主要功能参数原值 - 主要功能参数改后值}{主要功能参数原值} \times 100\% \qquad (7.9)$$

（2）复合型。有两个或两个以上主要性能指标同时发生了明显的变化。这类情况，功能水平提高率的计算较复杂，先要计算出每一种技术性能的功能水平提高率，其方法同简单型，再以每种技术性能的重要性系数为权重，计算所有技术性能的功能水平提高率的加权和，这个加权就是整个产品的功能水平提高率。

2）企业经济效益评价

根据需要计算方案实施后劳动生产率、材料消耗、能源消耗、资金利用、设备利用、产量品种发展、利润及市场占有率等指标值。此外，要进行以下经济效益指标的计算：

（1）全年净节约额

全年净节约额 =（改进前的单位成本 - 改进后的单位成本）× 年产量 - 价值工程活动费用的年度分摊额 (7.10)

（2）节约百分比

$$节约百分比 = \frac{（改进前的成本 - 改进后的成本）}{改进前的成本} \times 100\% \qquad (7.11)$$

（3）节约倍数

$$节约倍数 = \frac{全年净节约额}{价值工程活动经费} \qquad (7.12)$$

（4）价值工程活动单位时间节约数

$$价值工程活动单位时间节约数 = \frac{全年净节约额}{价值工程活动延续时间} \qquad (7.13)$$

3）方案实施的社会效果评价

方案实施的社会效果评价包括是否填补国内外科学技术或产品品种的空白，是否满足国家经济发展或国防建设的重点需要，是否节约了贵重稀缺物资材料，是否节约了能源消耗，是否降低了用户购买成本或其他使用成本，以及是否防止或减少了污染公害等。

多数社会效果评价指标是很难准确地进行定量分析的。如改进方案对贵重资源的节约、环境污染的减少等，对此只能做粗略的估计。这里，仅列举几个常见的评价指标，以供参考。

（1）用户直接经济效益。指由于产品生产效率的提高（如机床加工零件的成品率的提高等），给用户带来的直接经济效益。

（2）使用费用节约额。指由于能耗下降及其他面而引起的使用费用的节省。

（3）投资节约额。指由于产品功能的提高，如产品使用寿命延长或成本下降，引起用户购置费用的减少，或者在完成相同作业量的条件下，所需投资的节约等。

本章小结

价值工程是通过各相关领域的协作，着重于功能分析，力求用最低的寿命周期总成本，可靠地实现必要功能的有组织的创新性活动。它于20世纪40年代起源于美国。价值工程致力于提高价值，提高价值有五条基本途径。价值工程的工作过程实质上就是分析问题、发现问题和解决问题的过程。

开展价值工程，首先要正确选择价值分析对象（即生产中存在的问题）。选择价值工程分析对象常用的方法有经验分析法，ABC法和费用比重法。通常，在选择价值工程分析对象的同时，应进行情报资料的收集，情报资料的收集是价值工程实施过程中不可缺少的重要环节。

价值工程的核心是功能分析，其区别于其他成本管理方法的一个突出特点就是进行功能分析。功能分析包括功能定义，功能分类，功能整理和功能评价四部分内容。经过功能评价，确定了目标成本之后就进入了价值工程方案创造和评价阶段。方案创造的方法有头脑风暴法、专家调查法和检查提出法。方案评价分为概略评价和详细评价两种。在价值工程的实施过程中，还要进行价值工程成果评价。

并行工程即是对产品及其相关过程（包括制造过程和支持过程）进行并行，进行一体化设计的一种系统化的工作模式。并行工程的四个关键要素是产品开发队伍重构、过程重构、数字化产品定义、协同工作环境，其关键技术有六个，分别为：并行工程重构技术、并行工程的组织结构、DFA/FAM、PDM、并行工程协调管理、协同工作环境。

中英文名词术语

价值工程(Value Engineering,VE)
技术评价(Technology Evaluation)
功能(Function)
社会评价(Social Valuation)
因数分析法(Factor Analysis Method)
费用比重分析法(Cost Specific Gravity Analysis Method)
功能评价(Function Evaluation)
目标成本(Object Cost)
集成产品开发团队(Integrated Product Team,IPT)
经济评价(Economic Evaluation)
综合评价(Comprehensive Evaluation)
产品开发过程重构(Product Development Re-engineering)

工作小组(Team Work)
并行工程(Concurrent Engineering)
产品数据管理系统(Product Data Management,PDM)
价值分析(Value Analysis,VA)
寿命周期成本(Life Cycle Cost)
计算机支持的协同工作(Computer-supported Cooperative Work,CSCW)
ABC 分类法(ABC Classification)
情报(Information)
集成产品开发(Integrated Product Development,IPD)
功能评价值(Function Evaluation Value)
头脑风暴法(Brain Storming)

思考与练习

(1)什么是价值工程？提高产品价值的途径有哪些？
(2)价值工程的工作步骤有哪些？
(3)价值工程研究对象的选择原则与选择方法有哪些？
(4)某产品由10种零件组成，各种零件的个数和每个零件的成本如表7-11所示，用ABC分析法选择价值工程研究对象，并画出ABC分析图。

表7-11 某产品的各零件的成本

零件名称	a	b	c	d	e	f	g	h	i	j
零件个数	1	2	1	16	1	1	5	6	4	8
每个零件成本(元)	6.38	4.63	1.86	2.25	0.56	2.45	2.38	5.69	2.36	0.10

第8章 矿物加工技术改造和设备
更新技术经济分析

    企业技术改造是指按统一的设计，全部或部分地改造生产、更换设备，进行生产机械化和自动化，消除工艺环节和服务设施各环节之间不相适应的状况，在新的现代化工艺技术基础上扩大生产规模、增加产品品种、提高产品质量，以提高生产效率、改善生产条件和技术经济指标为目的的技术创新活动。现有企业的改造，还包括在现有生产场地改变生产方向（即转产），组织新产品生产或组织专业化生产协作或横向联合。它与新建项目不同，新建项目主要特点是以增加生产要素的数量来增加社会生产能力。主要反映为外延型扩大再生产；也有使用更先进的技术以提高生产要素的质量，优化产业结构的新建或扩建，其中既包含有外延型扩大再生产，又包含内涵型扩大再生产。

    所谓现有设备更新，是根据企业技术发展计划按单个项目的设计和预算实施的建设工程，旨在实现下列技术方案和技术措施：采用新技术、新工艺；对现有生产过程进行机械化、自动化和现代化；对现有设备进行现代化改装或用效率更高的的新设备更换老设备（基本上不扩大现有生产场地面积），它可提高单个生产环节的技术水平，消除薄弱环节，改善生产和全厂性设施的组织机构，实现企业生产自动控制系统等措施，从而提高产品产量及质量，改善劳动条件，改善企业生产和经营管理，提高其他技术经济指标。

    对于矿物加工行业来说，随着科学技术的进步，各种新工艺和新设备的不断涌现，必须通过技术改造和设备更新，才能保持企业旺盛的生命力，增强产品的市场竞争力。

    机器设备是现代工业生产的重要物质和技术基础。各种机器设备的质量和技术水平是衡量一个国家工业化水平的重要标志，是判断一个企业技术能力、开发能力和创新能力的重要标准，也是影响企业和国民经济各项经济技术指标的重要因素。

    企业购置设备之后，从投入使用到最后报废，通常要经过一段较长的时间，在这段时间内，设备会逐渐磨损，当设备因物理损坏或因陈旧落后不能继续使用或不宜继续使用时，就需要进行更新（指广义的更新）。由于技术进步的速度加快，设备更新的速度也相应加快，作为企业，为了促进技术进步和提高经济效益，需要对设备整个运行期间的技术经济状况进行分析和研究，以作出正确的决策。

    设备在使用（或闲置）过程中会逐渐发生磨损。磨损分为有形磨损和无形磨损两种形式。

    因为产品生产过程中一切耗费都构成产品成本，故上述磨损所造成固定资产价值的减少都逐渐转移到产品的成本中去，成为产品成本的一部分。

8.1　设备的磨损和折旧

8.1.1　设备的有形磨损

1.设备有形磨损的概念和成因

选矿(煤)厂是一座机械化和自动化程度较高的工厂,有许多高速旋转部件和过流部件,如各种泵的叶轮和壳体、机械搅拌浮选机转子与定子、离心脱水机的筛篮等在使用过程中磨损相当严重。

机器设备在使用(或闲置)过程中所发生的实体磨损称为有形磨损亦称物质磨损。

引起设备有形磨损的主要原因是在生产过程中对设备的使用。运转中的机器设备,在外力的作用下,其零部件会发生摩擦、振动和疲劳,以致机器设备的实体发生磨损。这种磨损称为第Ⅰ种有形磨损。它通常表现为:

(1)机器设备零部件的原始尺寸发生改变,甚至形状也发生变化;

(2)公差配合性质发生改变,精度降低;

(3)零部件损坏。

第Ⅰ种有形磨损可使设备精度降低,劳动生产率下降。当这种有形磨损达到一定程度时,整个机器的功能就会下降,发生故障,导致设备使用费用剧增,甚至难以继续正常工作,失去工作能力,丧失使用价值。

自然力的作用是造成有形磨损的另一个原因,因此而产生的磨损,称为第Ⅱ种有形磨损。这种磨损与生产过程中的使用无关,甚至在一定程度上还同使用程度成反比。因此设备闲置或封存不用同样也会产生有形磨损,如金属件生锈、腐蚀、橡胶件老化等。设备闲置时间长了,会自然丧失精度和工作能力,失去使用价值。

机器设备使用价值的降低或丧失,会使设备的原始价值贬值或基本丧失。要消除设备的有形磨损,使之局部恢复或完全恢复使用价值。必须支出相应的补偿费用,以抵偿相应贬值的部分。

2.设备有形磨损的度量

度量设备的有形磨损程度,借用的是经济指标。整机的平均磨损程度 α_ρ 是在综合单个零件磨损程度的基础上确定的。即:

$$\alpha_\rho = \frac{\sum\limits_{i=1}^{n} \alpha_i k_i}{\sum\limits_{i=1}^{n} k_i} \tag{8.1}$$

式中: α_ρ——设备有形磨损程度;

k_i——零件 i 的价值;

n——设备零件总数;

α_i——零件 i 的实体磨损程度。

也可用下式表示:

$$\alpha_\rho = \frac{R}{k_1} \tag{8.2}$$

式中：R——修复全部磨损零件所用的修理费用；

　　　k_1——在确定磨损时该种设备的再生产价值。

8.1.2　设备的无形磨损

1. 设备无形磨损的概念和成因

机器设备除遭受有形磨损之外，还遭受无形磨损（亦称经济磨损）。无形磨损不是由于在生产过程中的使用或自然力的作用造成的，所以它不表现为设备实体的变化，而表现为设备原始价值的贬值。

无形磨损按形成原因也可分为两种。第 I 种无形磨损是由于设备制造工艺不断改进，成本不断降低，劳动生产率不断提高，生产同种机器设备所需的社会必要劳动减少了，因而机器设备的市场价格降低了，这样就使原来购买的设备价值相应贬值了。

这种无形磨损的后果只是现有设备的原始价值部分贬值，设备本身的技术特性和功能即使用价值并未发生变化，故不会影响现有设备的使用。

第 II 种无形磨损是由于技术进步，社会上出现了结构更先进，技术更完善、生产效率更高、耗费原材料和能源更少的新型设备，而使原有机器设备在技术上显得陈旧落后造成的。它的后果不仅是使原有设备价值降低，而且会使原有设备局部或全部丧失其使用价值。这是因为，虽然原有设备的使用期还未达到其物理寿命，能够正常工作，但由于技术上更先进的新设备的发明和应用，使原有设备的生产效率远远低于社会平均生产效率，如果继续使用，就会使产品成本远远高于社会平均成本。在这种情况下，由于使用新设备比使用旧设备在经济上更合算，所以原有设备应该被淘汰。

第 II 种无形磨损导致原有设备使用价值降低的程度与技术进步的具体形式有关。例如：当技术进步表现为不断出现性能更完善、效率更高的新设备，但加工方法没有原则变化时，将使原有设备的使用价值大幅度降低。如果这种技术进步的速度很快，则继续使用旧设备就可能是不经济的；当技术进步表现为采用新的加工对象如新材料时，则加工旧材料的设备必然要被淘汰；当技术进步表现为改变原有生产工艺，采用新的加工方法时，则为旧工艺服务的原有设备将失去使用价值。当技术进步表现为产品的换代时，不能适用于新产品生产的原有设备也将被淘汰。

2. 设备无形磨损的度量

设备的无形磨损程度可用下式表示：

$$\alpha_I = \frac{K_0 - K_1}{K_0} = 1 - \frac{K_1}{K_0} \tag{8.3}$$

式中：α_I——设备无形磨损程度；

　　　K_0——设备的原始价值；

　　　K_1——等效设备的再生产价值。

在计算无形磨损程度时，K_1 必须反映技术进步，表现在两个方面：一是相同设备再生产价值的降低，二是具有较好功能和更高效率的新设备的出现对现有设备的影响。K_1 可用下式表示：

$$K_1 = K_n \left(\frac{q_0}{q_n} \right)^{\alpha} \cdot \left(\frac{C_n}{C_0} \right)^{\beta} \tag{8.4}$$

式中：K_n——新设备的价值；

q_0，q_n——使用旧设备与对应新设备的年生产率；

C_0，C_n——使用旧设备与对应新设备的单位产品耗费。

α，β 设备生产率提高指数和成本降低指数（$0 < \alpha < 1$，$0 < \beta < 1$），其值可根据具体设备的实际数据确定。

在上式中，当如 $q_0 = q_n$，$C_0 = C_n$ 即新旧机器的劳动生产率与使用成本均相同时，$K_1 = K_n$ 表示只发生了第一种无形磨损。

若上式中出现了下述三种情况之一，即表示发生了第二种无形磨损。

$q_n > q_0$，$C_n = C_0$，此时 $K_1 = K_n(q_0/q_n)^{\alpha}$

$q_n = q_0$，$C_n < C_0$，此时 $K_1 = K_n(C_n/C_0)^{\beta}$

$q_n > q_0$，$C_n < C_0$，此时 $K_1 = K_n(q_0/q_n)^{\alpha}(C_n/C_0)^{\beta}$

8.1.3　设备的综合磨损

机器设备在使用期内，既要遭受有形磨损，又要遭受无形磨损，所以机器设备所受的磨损是双重的，综合的。两种磨损都引起机器设备原始价值的贬值，这一点两者是相同的。不同的是，遭受有形磨损的设备，特别是有形磨损严重的设备，在修理之前，常常不能工作，而遭受无形磨损的设备，即使无形磨损很严重，仍然可以使用，只不过继续使用它在经济上是否合算，需要分析研究。

设备综合磨损的度量可按如下方法进行。

设备遭受有形磨损后尚余部分（用百分数表示）为 $1 - \alpha_p$

设备遭受无形磨损后尚余部分（用百分数表示）为 $1 - \alpha_I$

设备遭受综合磨损后的尚余部分（用百分数表示）为 $(1 - \alpha_p)(1 - \alpha_I)$

由此可得设备综合磨损程度（用占设备原始价值的比率表示）的计算公式为：

$$\alpha = 1 - (1 - \alpha_p)(1 - \alpha_I) \tag{8.5}$$

式中：α——设备综合磨损程度。

设备在任一时期遭受综合磨损后的净值 K 为：

$$K = (1 - \alpha)K_0$$

展开并整理得：

$$K = (1 - \alpha)K_0 = [1 - 1 + (1 + \alpha_p)(1 - \alpha_I)]$$

$$K_0 = (1 - \frac{R}{k_1})(1 - \frac{K_0 - K_1}{K_0})K_0 = K_1 - R \tag{8.6}$$

从上式可以看出，设备遭受综合磨损后的净值等于等效设备的再生产价值减去修理费用。

要维持企业生产的正常进行，必须对设备的磨损进行补偿，出于机器设备遭受磨损的形式不同，补偿磨损的方式也不一样。补偿分局部补偿和完全补偿。设备有形磨损的局部补偿是修理，设备无形磨损的局部补偿是现代化改装。有形磨损和无形磨损的完全补偿是更换，见图 8-1。

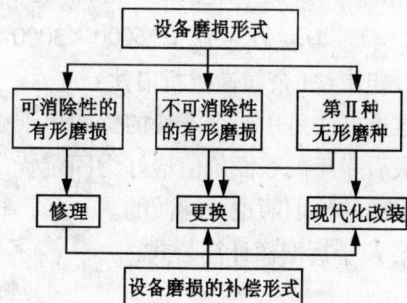

图 8-1　设备磨损形式与其补偿方式的相互关系

8.1.4　折旧的概述

所谓折旧，就是指固定资产逐渐转移到成本中去，并等于其耗损的那一部分价值，而从销售产品的收入中收回这部分资金，叫做固定资产的折旧基金。也就是说，折旧基金是在固定资金周转过程中从固定资产中分离出来暂时以货币形式贮藏的一部分固定资金。

8.1.5　折旧的计算方法

1. 直线折旧法(定额法)

这种方法是在固定资产折旧期内按年限平均分摊应提折旧的固定资产总额。公式为：

$$D = \frac{P - L_n}{N} \tag{8.7}$$

$$F = \frac{P - L_n}{N \cdot (P - L_n)} = \frac{1}{N} \tag{8.8}$$

式中：D——年折旧额；

$\quad\quad P$——固定资产原值；

$\quad\quad L_n$——固定资产残值(已扣除清理费)；

$\quad\quad N$——折旧年限(根据国家规定折旧年限计算，见本章 8.1.6 节)；

$\quad\quad F$——年折旧率。

这种方法计算简单，但没有考虑到固定资产的使用效果及耗损在不同时期的差异。

【例 8-1】　有一台设备原值 26000 元，折旧年限为 8 年，残值 2000 元。用直线折旧法计算折旧率和前三年的折旧额及账面价值。

解：

$$F = \frac{1}{N} = \frac{1}{8} = 12.5\%$$

$$D_1 = D_2 = D_3 = D = \frac{P - L_n}{N} = \frac{26000 - 2000}{8} = 3000(元)$$

$$L_1 = P - D_1 = 26000 - 3000 = 23000(元)$$

$$L_2 = P - D_1 - D_2 = 26000 - 3000 \times 2 = 20000(元)$$

$$L_3 = P - D_1 - D_2 - D_3 = 26000 - 3000 \times 3 = 17000(元)$$

2. 定率法(余额递减折旧法)

这个方法是用一个不变的折旧率乘以上一期固定资产的账面价值以求得本期的折旧额，并使最后一年的账面价值恰好为固定资产的残值 L_N。这样，由于每年账面价值不断减少，故每年提取的折旧额也是递减的。

第 K 年折旧额计算公式：

$$D_K = L_{K-1} \cdot f \tag{8.9}$$

式中：D_K——第 K 年折旧额；

$\quad\quad L_{K-1}$——第 $K-1$ 年账面价值；

$\quad\quad f$——年折旧率。

下面推导定率法折旧率的计算公式。

设固定资产折旧年限为 N，固定资产原值 P，则有：

$L_1 = P - D_1 = P - Pf = P(1-f)$

$L_2 = L_1 - D_2 = L_1 - L_1f = L_1(1-f) = P(1-f)^2$

$L_3 = L_2 - D_3 = L_2 - L_2f = L_2(1-f) = P(1-f)^3$

……

$L_N = P(1-f)^N$

最后一式左边为第 N 年账面价值，它应等于固定资产残值。故得：

$$f = 1 - \sqrt[N]{\frac{L_N}{P}} \tag{8.10}$$

从推导过程可以看出：

$$L_K = P(1-f)^K \tag{8.11}$$

$$D_K = P(1-f)^{K-1} \cdot f \tag{8.12}$$

【例 8 - 2】 同例 8 - 1 条件，用定率法计算折旧率和前三年的折旧额及账面价值。

解: $f = 1 - \sqrt[N]{\frac{L_N}{P}} = 1 - \sqrt[8]{\frac{2000}{26000}} = 1 - 0.726 = 27.4\%$

$D_1 = Pf = 26000 \times 27.4\% = 7124(元)$

$L_1 = P(1-f) = 26000 \times (1 - 27.4\%) = 18876(元)$

$D_2 = L_1f = P(1-f) \cdot f = 5172(元)$

$L_2 = P(1-f)^2 = 13704(元)$

$D_3 = L_2f = P(1-f)^2 \cdot f = 3755(元)$

$L_3 = P(1-f)^3 = 9949(元)$

这个方法折旧额逐年减少，比较符合实际，但是残值 L_N 较难确定，而且 L_N 比较小时，它的 f 值较大，因而对 D_K、L_K 的影响较大。特别当 $L_N = 0$ 时，$f = l$，这显然不合理。于是人们提出了双倍余额递减法。

3. 双倍余额递减法

该方法采用定率法的计算公式来计算折旧额及账面残值，但折旧率按直线折旧法的双倍取定，即 $f = \frac{2}{N}$。

【例 8 - 3】 同例 8 - 1 条件，用双倍余额递减法计算折旧率及前三年的折旧额及账面价值。

解: $f = \frac{2}{N} = \frac{2}{8} = 25\%$

$D_1 = Pf = 26000 \times 25\% = 6500(元)$

$L_1 = P(1-f) = 26000 \times (1 - 25\%) = 19500(元)$

$D_2 = L_1f = P(1-f) \cdot f = 4875(元)$

$L_2 = P(1-f)^2 = 14625(元)$

$D_3 = L_2f = P(1-f)^2 \cdot f = 3656(元)$

$L_3 = P(1-f)^3 = 10969(元)$

4. 年数合计法(年数总和法)

先复习一下数学公式 $1 + 2 + \cdots + N = \dfrac{N(N+1)}{2}$

年数合计法:是把应提折旧固定资产总额分成 $\dfrac{N(N+1)}{2}$ 份,第一年折旧额为其中 N 份,第二年折旧额为其中 $(N-1)$ 份,$\cdots\cdots$,第 K 年折旧额为其中的 $(N-K+1)$ 份。第 N 年折旧额为其中之一份。这样,至第 N 年全部应提折旧的固定资产全部回收。注意 $(N \geqslant K)$。

第 K 年折旧率

$$f_X = \frac{N(N-K+1)}{N(N+1)} \tag{8.13}$$

第 K 年折旧额:

$$D_K = P(1 - L_K) \cdot f_K \tag{8.14}$$

【例 8 - 4】 同例 8 - 1 条件,用年数合计法计算前三年的折旧率、折旧额及账面价值。

解: $N = 8$,$k = 1, 2, 3$

$$f_1 = \frac{N(N-K+1)}{N(N+1)} = \frac{2 \times (8-1+1)}{8(8+1)} = 22.2\%$$

$$f_2 = \frac{N(N-K+1)}{N(N+1)} = \frac{2 \times (8-2+1)}{8(8+1)} = 19.4\%$$

$$f_3 = \frac{N(N-K+1)}{N(N+1)} = \frac{2 \times (8-3+1)}{8(8+1)} = 16.7\%$$

$$D_1 = P(1 - L_n) \cdot f_1 = (26000 - 2000) \times \frac{2}{9} = 5333(元)$$

$$D_2 = P(1 - L_n) \cdot f_2 = (26000 - 2000) \times \frac{7}{36} = 4667(元)$$

$$D_3 = P(1 - L_n) \cdot f_3 = (26000 - 2000) \times \frac{1}{6} = 4000(元)$$

$$L_1 = P - D_1 = 20667(元)$$
$$L_2 = L_1 - D_2 = 16000(元)$$
$$L_3 = L_2 - D_3 = 12000(元)$$

本法中,折旧率逐年递减,而以应提折旧固定资产总值不变为计算基础,故折旧额逐年减少。这比较符合固定资产逐年耗损的实际情况。

将上述四个折旧方法比较如下:

折旧率:定额法为 12.5%,定率法为 27.4%,双倍余额递减法为 25%。

年数合计法:第一年为 22.2%,第二年为 19.4%,第三年为 16.7%。

前三年折旧额之和:定额法为 9000 元,定率法为 16051 元,双倍余额递减法为 15031 元,年数合计法为 14000 元。

前三年折旧额之和占原值百分之比:定额法为 34.6%,定率法为 61.7%,双倍余额递减法为 57.8%,年数合计法为 53.8%。

为了降低投产初期的成本,就必须减少折旧额,放缓固定资产折旧回收。但一般企业为了适应市场的变化与产品的周期性,都加快固定资产折旧回收,即加大折旧额。

8.1.6 折旧年限

工程技术经济评价中采用的折旧年限按国家有关规定执行。目前采用的折旧年限分类如表 8 - 1。

表 8 - 1 国家规定折旧年限分类表

名称		折旧年限(年)
通用设备	机械设备	10 ~ 14
	动力设备	11 ~ 18
	传导设备	15 ~ 28
	运输设备	6 ~ 12
	自动化控制仪表	8 ~ 12
	电子计算机	4 ~ 10
	通用测试	7 ~ 12
	工业窑炉	7 ~ 13
	工具、生产器具	9 ~ 14
非生产用设备及器具	设备工具(电视机)	18 ~ 22
	电子办公设备	5 ~ 8
专用设备	冶金工业	9 ~ 15
	发电机供热设备	12 ~ 20
	输电线路	30 ~ 35
	配电线路	14 ~ 16
	变配电设备	18 ~ 22
	核能发电设备	20 ~ 25
	石油工业专用设备	8 ~ 12
	机械工业专用设备	20 ~ 25
	化工、医药专用设备	8 ~ 14
	电子仪表电讯工业专用设备	7 ~ 14
	纺织轻工专用设备	6 ~ 12
	造船工业专用设备	15 ~ 22
	建材工业专用设备	5 ~ 10
	矿山、煤炭、森工专用设备	7 ~ 15
	公用事业、企业专用设备	15 ~ 25
	燃气工业专用设备	16 ~ 25

续表 8 - 1

名称		折旧年限(年)
房屋建筑	生产用房	30 ~ 40
	受腐蚀用房	20 ~ 25
	强腐蚀用房	10 ~ 15
	非生产用房	34 ~ 45
	简易房	8 ~ 10
建筑物	水电站大坝	45 ~ 55
	其他建筑物	15 ~ 25

8.2 矿物加工技术改造与设备更新概述

8.2.1 技术改造的概述

技术改造是指采用国内外先进的技术改造现有企业已经落后的技术,用先进的产品代替落后的产品,用先进的工艺、设备和生产管理技术代替已落后的工艺、设备和生产管理技术。也就是通过不断提高现有企业各种生产要素的质量,以达到增加产品品种,提高质量,提高生产能力,降低成本,提高社会经济效益的目的。所以,技术改造是以技术进步为手段和特点的现有企业扩大再生产的形式,是以内涵为主的扩大再生产,体现集约型的增长。技术改造是一种特殊形式的固定资产投资,它是以对原有固定资产进行维持、改善、提质、增效特点而进行的固定资产投资,可使原有固定资产的结构得到改善、素质得到提高,所以能收到比较高的经济效益。技术改造的资金主要来源于现有企业的补偿基金,如固定资产折旧基金、利润留成中的发展基金等,当然,也可以争取国内外贷款、或用发行债券、股票等方式筹资。

企业的利润是由企业的技术、规模、管理等内部因素与企业的外部环境共同决定的。只有当企业的内部条件适应外部环境时,企业才有较好的效益。企业进行技术改造的目的仅仅是通过改进企业的内部条件来更好地适应外部环境,以取得更好的效益。由于外部环境(市场)是不断变化的,任何一个企业要想求得不断地发展,就必须随着技术地不断进步和市场形势地变化,不断地进行技术改造。这是现有企业生存和发展的必要条件。所以,技术改造不是只进行一两次,而是一个适应情况变化不断进行的永无止境的动态过程。如我国赤铁矿选矿先后经历阶段磨矿—阶段磁选工艺、焙烧—磁选工艺、单一浮选工艺、阶段磨矿—赤铁矿浮选工艺、阶段磨矿—弱磁—强磁—阳离子反浮选工艺、阶段磨矿—弱磁—强磁—阴离子反浮选工艺等每一次工艺变革都会涉及技术改造。

8.2.2 技术改造的重要意义

(1)技术改造是我国实现扩大再生产的有效途径。技术改造比新建项目投资少,见效快。通过技术改造,用先进的技术改造落后的技术,用先进的技术、工艺和设备取代落后的技术、工艺和设备，不但能大大提高劳动生产率和经济效益，扩大生产能力，而且还能节约资金。

在我国目前资金非常紧张的情况下，对现有企业进行技术改造是克服资金短缺、实现扩大再生产的有效途径。

（2）技术改造是加速产品更新换代的有力保证。企业通过技术改造，用适合我国国情的先进设备，取代陈旧落后的老设备，为开发新产品创造了条件，从而使企业实现产品的更新和换代。

8.2.3 设备更新的概述

设备更新是修理以外的另一种设备综合磨损的补偿方式，是维护和扩大社会再生产的必要条件。设备更新有两种形式：一种是用相同的设备去更换有形磨损严重，不能继续使用的旧设备。这种更新只是解决设备的损坏问题，不具有更新技术的性质，不能促进技术的进步。另一种是用较经济和较完善的新设备，即用技术更先进，结构更完善、效率更高，性能更好，耗费能源和原材料更少的新型设备来更换那些技术上不能继续使用或经济上不宜继续使用的旧设备。这后一种更新不仅能解决设备的损坏问题，而且能解决设备技术落后的问题，在当今技术进步很快的条件下设备更新应该主要是后一种。

对设备实行更新不仅要考虑促进技术的进步，同时也要能够获得较好的经济效益。对于一台具体设备来说应该不应该更新？应在什么时间更新？应选用什么样设备来更新？这些都取决于更新的经济效果。

设备更新的时机，一般取决于设备的技术寿命和经济寿命。

技术寿命是从技术的角度看设备最合理的使用期限，它是由无形磨损决定的。具体来说是指从设备开始使用到因技术落后而被淘汰所延续的时间，它与技术进步的速度有关。

经济寿命是从经济角度看设备最合理的使用期限，它是由有形磨损和无形磨损共同决定的。具体来说是指能使一台设备的年平均使用成本最低的年数。设备的使用成本是由两部分组成，一是设备购置费的年分摊额，二是设备的年运行费用（操作费、维修费、材料费及能源耗费等），这部分费用是随着设备使用年限的延长而增加的。例如一辆汽车，随着使用时间的延长，每年分摊的购置投资会减少，但每年支出的汽车修理保养费和燃料费用都会增加，因此投资分摊额的减少会被使用费用的增高所抵消。这就是说，设备在整个使用过程中，其年平均使用总成本是随着使用时间变化的，在最适宜的使用年限内会出现年均总成本的最低值，而能使年均总成本最低的年数，就是设备的经济寿命。

8.3 矿物加工技术改造项目的技术经济分析

技术改造项目作为一个项目投资，具有一般投资项目的共同特点，在经济评价原理和方法上大体是一致的。但不要忘记，新建设的投资项目是从无到有，而技术改造项目则是在原有企业的基础上进行的。所以，技术改造项目又不同于一般新建项目。在经济数据的测定、经济评价方法上都有其自身的特殊性，需要根据具体情况加以特别处理。

8.3.1　技术改造项目的经济效益评价方法

（1）以技术改造项目为分析对象，将它看做一项独立的项目，按单方案经济评价方法，使用上述方法的关键在于分离技术改造项目的投资及其他费用、相应的收益。对于适合这种分离的项目，采用这种方法是简单可行的。对于大多数技术改造项目，其费用和收益，常常涉及到整个企业的费用和效益，很难将其分离出来，这是本方法的局限性。

（2）以技术改造企业为分析对象，将技术改造项目的经济评价，转化为对原有企业"有技术改造"和"无技术改造"两个方案的经济评价。

技术改造项目的经济评价最终目的是：

分析对原有企业进行技术改造的经济效益，判断对原有企业进行技术改造是否必要。对原有企业进行技术改造看作"有改造"方案，相应地把不进行技术改造看作"无改造"方案。对技术改造项目的经济评价实质就是对"有改造"与"无改造"这两个互斥方案进行比较、选优的问题。对于互斥方案，可用净现值法或差额净现值法、差额内部收益率法进行比较、选优。

（1）采用净现值法，对"有改造"方案和"无改造"方案分别求净现值时，必须正确处理投资所包含的主要内容。对"有改造"方案，投资应包含企业现有固定资产、金额、流动资金及新投入的资金。对"无改造"方案，投资应包含企业现有固定资金额和流动资金。

由于对企业现有固定资产的估价是一件较难的工作，所以，此法有一定的局限性。

对技术改造项目经济评价，实用、方便可行的方法是采用差额净现值法和差额内部收益率法。因为这两种方法是采用差额指标进行评价，所以统称为差额法，也称为有无对比法。

（2）应用有无对比法，先要计算"有改造"方案和"无改造"方案的收益差额和投资的费用差额。实际上，收益差额就是有技术改造项目时，整个企业的新增收益。若原企业在技术改造没有资产转让、报废，则费用差额等于新投入的资金额，亦即为追加投资；若原有企业有资产转让、报废，则应对这部分资产进行估价，这时：

费用差额 = 新投入的资金额资产的报废值 – 资产的转让值

无论有无资产的转让和报废，费用差额的计算基本上避免了现有固定资产估价的困难，这就是有无对比法评价技术改造项目的一个显著优点。

应用有无对比法评价技术改造项目的方法步骤如下：

①比较"有改造"方案与"无改造"方案；逐年计算费用差额和收益差额；

②制作差额现金流量表；

③计算差额净现值和差额内部收益率；

④根据项目特点，选择计算若干个辅助经济指标，确定项目的取舍。

8.3.2　技术改造项目经济评价的实例

【例 8 – 5】　某选矿厂为了提高产品产量和质量，拟建精选车间进行技术改造。该改造项目不影响工厂原固定资产的转让和报废。基准贴现率为 12%，固定资产残值为 150 万元。改造项目所需投资投入时间如表 8 – 2 所示。

表8-2 技术改造项目追加投资表 单位:万元

年份	0	1	2	3
自有资金	200	20		
固定资金贷款	150	50		
流动资金贷款			190	780
合 计	350	70	190	780

"有改造"和"无改造"方案有关收入、支出如表8-3所示。

表8-3 收入、支出表 单位:万元

	年 份	1	2	3	4~12
无改造	销售收入	523.2	523.2	566.8	566.8×9
	经营成本	380.6	380.6	410.6	410.6×9
	销售税金	26.16	26.16	28.43	28.43×9
有改造	销售收入	523.2	523.2	1090.0	1962.0×9
	经营成本	380.6	380.6	777.6	1374.8×9
	销售税金	26.16	26.16	57.88	104.688×9
差额	销售收入	0	0	523.2	1395.2×9
	经营成本	0	0	367.0	964.2×9
	销售税金	0	0	29.45	75.75×9

根据以上材料可以列出全投资现金流量表(差额),如表8-4所示。

表8-4 全投资现金流量表(差额) 单位:万元

年 份	0	1	2	3	4~11	12
现金流入:				523.2	1395.2×8	2515.2
销售收入				523.2	1395.2×8	1395.2
固定资产残值回收						150
流动资金回收						970
现金流出:	350	70	190	1185.45	1039.95×8	
固定资产投资	350	70				
流动资产投资			190	780.0		
经营成本				376.0	964.2×8	964.2
销售税金				29.45	75.75×8	75.75
净现金流量	-350	-70	-190	-662.25	355.25×8	1475.25

由上表可知,可以计算得该项目差额净现值为6057.8万元(基准贴现率为12%),用试算插入法可计算得该项目差额内部收益率为20.79%。

由于差额净现值为正值,差额内部收益率大于基准贴现率。所以,这项技术改造效果比较好,该改造项目可行。

8.4 矿物加工设备更新的技术经济分析

适时地更换设备，既能促进技术进步、加速经济增长，又能节约资源，提高经济效益，下面介绍以下几种设备更新的决策方法。

8.4.1 设备原型更新的决策方法

有些设备在其整个使用期内并不过时，也就是在一定时期内还没有更先进的设备出现。在上述情况下，设备在使用过程中，同样避免不了有形磨损的作用，结果将引起维修费用，特别是大修理费用以及其他运行费用不断增加，这时即使进行原型设备替换，在经济上往往也是合算的。这就是原型更新问题，在这种情况下，可以通过分析设备的经济寿命进行更新决策。

机器设备在使用过程中发生的费用叫做运行成本，运行成本包括：能源费、保养费、修理费（包括大修理费）、停工损失、废次品损失等等。一般情况下，随着设备使用期的增加，运行成本每年以某种速度在递增，这种运行成本的逐年递增称为设备的劣化。为简单起见，首先假定每年运行成本的劣化增量是均等的，即运行成本呈线性增长，设每年运行成本增加额为 λ，若设备使用 T 年，则第 T 年时的运行成本为：

$$C_T = C_1 + (T-1)\lambda \tag{8.15}$$

式中：C_1——运行成本的初始值，即第一年的运行成本；

T——设备使用年数。

设备年运行成本随设备使用年数变动的情况见图 8-2。

那么 T 年内运行成本的平均值将为：

$$C_T = C_1 + \frac{T-1}{2}\lambda \tag{8.16}$$

除运行成本外，在使用设备的年总费用中还有每年分摊的设备购置费用，其金额为：

$$\frac{K_0 - V_L}{T}$$

式中：K_0——设备的原始价值；

V_L——设备处理时的残值。

随着设备使用时间地延长，每年分摊的设备费用是逐年下降的，而年均运行成本却逐年线性上升。综合考虑这两个方面的因素，一般来说，随着使用时间地延长，设备使用的年均总费用的变化规律是先升后降，呈"U"形曲线（如图 8-2 所示）。年均总费用的计算公式为：

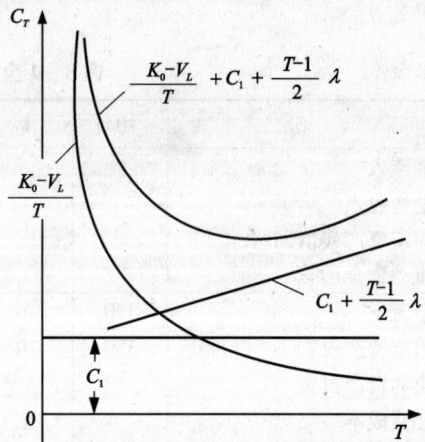

图 8-2 年运行成本随设备使用年数变动

$$AC = \frac{K_0 - V_L}{T} + C1 + \frac{T-1}{2}\lambda \tag{8.17}$$

可用求极值的方法，找出设备的经济寿命，亦即设备原型更新的最佳时期。

设 V_L 为一常数, 令 $\dfrac{\mathrm{d}(AC)}{\mathrm{d}T} = 0$, 则经济寿命:

$$T_E = \sqrt{\frac{2(K_0 - V_L)}{\lambda}} \tag{8.18}$$

【例8-6】 若设备原始价值 $K_0 = 8000$ 元, 预计残值 $V_L = 800$ 元, 运行成本初始值 $C_1 = 800$ 元/年, 年运行成本劣化值 $\lambda = 300$ 元/年, 求该设备经济寿命。

解:
$$T_E = \sqrt{\frac{2 \times (8000 - 800)}{300}} = 7(年)$$

如果设备残值不能视为常数, 运行成本不呈线性增长, 各年不同, 且无规律可循, 这时可根据工厂的记录或者对实际情况的预测, 用列表法来判断设备的经济寿命。

【例8-7】 某设备的原始价值为10000元, 物理寿命为10年, 运行成本初始值为700元, 各年运行成本初始值与劣化值之和见表8-5第二列, 年末残值见表8-4第三列, 求该设备的经济寿命。

表8-5 设备经济寿命的计算　　　　单位:元

使用年限	运行成本初始值与其劣化值之和	年末残值	运行成本及其劣化值的年平均值	年平均设备费用	年平均总费用
A	B	C	$D = \dfrac{\sum B}{A}$	$E = \dfrac{1000 - C}{A}$	$F = D + E$
1	700 + 0 = 700	7200	700	2800	3500
2	700 + 100 = 800	5300	750	2350	3100
3	700 + 150 = 850	3500	783	2167	2950
4	700 + 250 = 950	2200	825	1950	2775
5	700 + 400 = 1100	1100	880	1780	2660
6	700 + 600 = 1300	900	950	1517	2467
7	700 + 850 = 1550	700	1036	1329	2365
8	700 + 1150 = 1850	500	1138	1188	2326
9	700 + 1500 = 2200	300	1256	1078	2334
10	700 + 2000 = 2700	100	1400	990	2390

通过计算, 使用设备的年平均总费用在使用年限为8年时最低, 其值为2326元, 故该设备的经济寿命为8年。

上述经济寿命的计算忽略了资金的时间价值, 如果考虑资金时间价值, 假定基准折现率 $i = 10\%$, 上例的数据变化见表8-6所示。从表中第十三行可看出, 年平均总费用最低的设备使用年限是9年, 即经济寿命为9年。

表 8-6 折现率 10% 时经济寿命的计算

单位：元

使用年限	运行成本劣化值 ①	运行成本初始值 ②	现值系数 (P/F,i,n) ③	运行成本劣化值现值 ④=①×③	运行成本劣化值现值的累计 ⑤	资金回收系数(A/P,i,n) ⑥	运行成本劣化值的年平均值 ⑦=⑤×⑥	年平均设备费用 ⑧=10000×⑥	年末残值 ⑨	偿债基金系数(A/P,i,n) ⑩	年平均残值 ⑪=⑧×⑩	年平均总费用 ⑫=②+⑦+⑧-⑪
1	0	700	0.9091	0	0	1.10000	0	11000	7200	1.0000	7200	4500.0
2	100	700	0.8264	82.6	82.6	0.57619	47.6	5761.9	5300	0.47619	2523.8	3985.7
3	150	700	0.7513	112.7	195.3	0.40211	78.5	4021.1	3500	0.30211	1057.4	3742.2
4	250	700	0.6830	170.3	368.1	0.31547	115.5	3154.7	2200	0.21547	474.0	3496.2
5	400	700	0.6209	248.4	614.5	0.26380	162.1	2638.0	1100	0.16380	180.2	3319.9
6	600	700	0.5645	338.7	953.2	0.22961	218.9	2298.1	900	0.12961	116.6	3098.4
7	700	700	0.5132	436.2	1389.4	0.20541	285.4	2054.1	700	0.10541	73.8	2965.7
8	1150	700	0.4665	536.5	1925.9	0.18744	361.0	1874.4	500	0.08744	43.7	2891.7
9	1500	700	0.4241	636.2	2562.1	0.17364	444.9	1736.4	300	0.07364	22.1	*2859.2
10	2000	700	0.3855	771.0	3333.1	0.16275	542.5	1627.5	100	0.06275	6.3	2863.7

在考虑资金时间价值的条件下，使用设备的年平均总费用计算公式为：

$$AC = K_0(A/P, i_0, n) - V_L(A/F, i_0, n) + C_1 + \left[\sum_{j=1}^{n} W_j(P/F, i_0, j)\right](A/P, i_0, n) \qquad (8.19)$$

式中：W_j——第 j 年运行成本劣化值。

若运行成本劣化值是呈线性变化的，设每年的劣化值增量为 λ，即

$$W_j = (j-1)\lambda$$

则

$$AC = K_0(A/P, i_0, n) - V_L(A/F, i_0, n) + C_1 + \lambda(A/G, i_0, n) \qquad (8.20)$$

式中：$(A/P, i_0, n)$——资金回收系数；

$(A/F, i_0, n)$——偿贷基金系数；

$(A/G, i_0, n)$——等差序列年值系数。

其余符号同前。

在给定基准折现率 i_0 时，令 AC 最小的使用年限，即为设备的经济寿命。

8.4.2 新设备条件下的更新决策方法

前面讨论的是设备在使用期内不发生技术上过时和陈旧，没有更好的新型设备出现的情况。在技术不断进步的条件下，由于第 Ⅱ 种无形磨损的作用，很可能在设备运行成本尚未升高到该用原型设备替代之前，就已出现工作效率更高和经济效果更好的设备。这时，就要比较在继续使用旧设备和购置新设备这两种方案中，哪一种方案在经济上更为有利？在有新型设备出现的情况下，常用的设备更新决策方法有：年费用比较法和更新收益率法。

1. 年费用比较法

年费用比较法是通过分别计算原有旧设备和备选新设备对应于各自的经济寿命期内的年均总费用，并进行比较，如果使用新型设备的年均总费用小于继续使用旧设备的年均总费用时，则应当立即进行更新，反之，则应继续使用旧设备。

1）旧设备年总费用的计算

这里讲的旧设备的经济寿命已不是原来意义上的经济寿命了，它是指从决策时刻算起，直到应该报废时为止的期限，这段期限自然也存在年均总费用的问题。但值得注意的是，在决策年份，旧设备已运行多年，每年实际运行的费用会超过该设备经济寿命期内的年平均总费用，即它已处于"U"形曲线谷底以后的时期，在大多数情况下，旧设备的年均总费用将随着设备使用年限的延长而逐年增加。所以，在进行设备更新决策时，旧设备的经济寿命通常只有一年。这时，同新设备经济寿命期的年均总费用相比的旧设备的费用，实际上就用下一年的总费用即可。

旧设备年总费用的计算公式为：

$$AC_0 = V_{00} - V_{01} + \frac{V_{00} + V_{01}}{2}i + \Delta C \qquad (8.21)$$

式中：AC_0——旧设备下一年运行的总费用；

V_{00}——旧设备在决策时可出售的价值；

V_{01}——旧设备一年后可出售的价值；

ΔC——旧设备继续使用一年在运行费用方面的损失（即使用新设备相对使用旧设备的

运行成本的节约额和销售收入的增加额);

i——年利率;

$\dfrac{V_{00} + V_{01}}{2}i$——因继续使用旧设备而占用资金的利息损失,资金占用额取旧设备现在可

售价值和一年后可售价值的平均值。

上述计算,亦可用企业统计数据列表进行,详见表 8 - 7。

表中上栏记录再继续使用一年旧设备的运行损失,下栏记录使用旧设备的设备费用。旧设备年总费用为这两项费用之和,即 11825 元。

表 8 - 7　旧设备的年费用计算表　　　　　　单位:元

	下年度运行上的有利性	
	新设备	旧设备
(收入)产量增加收入	1100	
质量提高收入	550	
(费用)直接工资的节约	1210	
间接工资的节约		
因简化工序等导致的其他作业上的节约	4400	
材料损耗减少		
维修费节约	3300	
动力费节约		1100
设备占地面积节约	550	
合　计	11110①	1100②
旧设备运行损失		10010③ = ① - ②
旧设备现在出售价值	7700	
旧设备一年后出售价值	6600	
下年度旧设备出售价值减少额		1100④
继续使用旧设备的利息损失($i=10\%$)		715⑤
旧设备的设备费		1815⑧ = ④ + ⑤
旧设备年总费用		11825⑦ = ③ + ⑥

2)新设备年均总费用的计算

用于同旧设备年总费用比较的新设备年均总费用。主要包括以下几个方面:

第一,运行劣化损失。新设备随着使用时间的延长,同样也存在设备劣化的问题,劣化程度也将随着使用年数的增多而增加。具体的劣化值取决于设备的性质和使用条件。为了简化计算,假定劣化值逐年按同等数额增加,如果设备使用年限为 T,T 年间劣化值的平均值

为：$\dfrac{\lambda(T-1)}{2}$

式中：λ——设备年劣化值增量。

新设备的 λ 值往往是难以预先确定的。一般可根据旧设备的耐用年数和相应的劣化程度来估算新设备的年劣化值增量。

第二，设备价值损耗。新设备的使用过程中，其价值会逐渐损耗，表现为设备残值逐年减少。假定设备残值每年以同等的数额递减，则 T 年内每年的设备价值损耗为：

$$\frac{K_n - V_L}{T}$$

式中：K_n——新设备的原始价值；

V_L——新设备使用 T 年后的残值。

第三，利息损失。新设备在使用期内平均资金占用额为 $\dfrac{K_n + V_L}{2}$

故因使用新设备而占用资金的利息损失为 $\dfrac{(K_n + V_L)i}{2}$

总计以上三项费用，得新设备年均总费为

$$AC_n = \frac{T-1}{2}\lambda + \frac{K_n - V_L}{T} + \frac{(K_n + V_L)i}{2} \tag{8.22}$$

对上式进行微分，并令

$$\frac{\mathrm{d}(AC)}{\mathrm{d}T} = 0 \quad 则\ T = \sqrt{\frac{2(K_n - V_L)}{\lambda}} \tag{8.23}$$

式中：T——新设备的经济寿命。

将(8.23)式代入式(8.22)得按经济寿命计算的新设备年均总费用：

$$AC_n = \sqrt{2(K_n - V_L)\lambda} + \frac{(K_n + V_L)i - \lambda}{2} \tag{8.24}$$

若残值 $V_L = 0$，则可简化为：

$$AC_n = \sqrt{2K_n\lambda} + \frac{K_n i - \lambda}{2} \tag{8.25}$$

当年劣化值增量 λ 不易求得时，可根据经验决定新设备的合理使用年数 T，然后再求年劣化值增量 λ。这时将(8.23)式经整理后再代入式(8.22)，则新设备的年均总费用：

$$AC_n = \frac{2(K_n - V_L)}{T} + \frac{(K_n + V_L)i}{2} + \frac{K_n - V_L}{T^2} \tag{8.26}$$

【例 8-8】　新设备的价格 $K_n = 41800$ 元，估计合理的使用年数 $T = 15$ 年，处理时的残值 $V_L = 3700$ 元，利息率 $i = 10\%$，求新设备更换旧设备每年可节约开支。

解：将已知数据代入式(8.26)后，可得新设备的年均总费用：

$$AC_n = 7186\ 元$$

与表 8-6 的计算结果相比较，用新设备更换旧设备，每年可节约开支为 $11825 - 7186 = 4639$ 元。

2. 更新收益率法

更新收益率法是通过计算更新与不更新两种方案的差额投资的收益率来判别是否应该进

行设备更新的。由于这种方法给出的是一个收益率指标，可以用于同其他各种投资方案进行比较以寻求最有利的方案. 因此它有更广泛的适用性。计算更新收益率的基本公式如下：

$$i_p = \frac{\Delta R}{\Delta K} = \frac{B_r + B_a - \Delta T_a - \Delta K_n}{\Delta K} \qquad (8.27)$$

式中：i_p——更新收益率；

　　ΔK——更新方案相对于不更新方案的增量投资；

　　ΔR——更新方案相对于不更新方案的增量收报；

　　B_r——运行性收益，即使用新设备相对于使用旧设备在第一年收益增加额和运行费用节约额的合计；

　　B_a——运行外收益，即因设备更新而在第一年避免的资产价值损失；

　　ΔT_a——使用新设备相对于使用旧设备在第一年缴纳税金的增加额；

　　ΔK_n——新设备使用一年的价值损耗。

其中

$$\Delta K = K_a - (V_{L0} + K_{r0}) \qquad (8.28)$$
$$B_a = V_{L0} - V_{L1} + \Delta K_{r0} \qquad (8.29)$$
$$\Delta T_a = (B_r - D)rT \qquad (8.30)$$
$$\Delta K_n = \Delta K - K_1 \qquad (8.31)$$

以上四式中：

　　K_a——新设备的购置安装投资；

　　V_{L0}——旧设备在更换年份的残值；

　　K_{r0}——继续使用旧设备当年必须追加的投资；

　　V_{L1}——旧设备继续使用一年后的残值；

　　ΔK_{r0}——继续使用旧设备所需追加投资在第一年的分摊额；

　　D——新旧设备年折旧额的差额；

　　rT——所得税税率；

　　K_1——新设备第一年末的保留价值。

将式(8.31)代入式(8.27)可得

$$i_p = \frac{B_r + B_a - \Delta T_a - \Delta K(1 - \dfrac{K_1}{\Delta K})}{\Delta K} \qquad (8.32)$$

式中：$1 - \dfrac{K_1}{\Delta K}$——新设备价值损耗系数，表示新设备在第一年的价值损耗占更新投资额的比例。计算更新收益率的关键在于求出这一系数。

计算新设备价值损耗系数，首先应明确新设备第一年末保留价值 K_1 的经济涵义。

K_1 既不是新设备第一年末的可售价值，也不是新设备原值减除第一年折旧的净值，而是设备更新方案从第二年起直到新设备经济寿命结束时为止的全部净收益和新设备期末残值以第一年年末为基准年的现值合计。

设新设备的经济寿命期为 n 年，在新设备经济寿命期内各年，因设备更新而获得的税后净收益为 $B_t(t = 1, 2, \cdots, n)$，新设备在寿命期末可回收的残值为 V_{nL}。则设备更新净投资 ΔK

的内部收益率 i^* 可由下式求得

$$\Delta K = \sum_{t=1}^{n} B_t (1 + i^*)^{-t} + V_{nL}(1 + i^*)^{-n} \qquad (8.33)$$

如果我们把 ΔK 看成是新设备的初始价值(确切地说是"设备更新方案"的初始价值)。则新设备的初始价值可理解为在新设备经济寿命期内因设备更新而获得的全部税后净收益和新设备期末残值按 i^* 折算的现值合计。新设备在使用过程中会不断发生价值损耗,假定新设备第一年的价值损耗恰恰等于第一年的税后收益,则新设备第一年末的保留价值应等于从第二年起直到新设备经济寿命结束为止各年税后净收益和新设备期末残值以第一年末为基准年按 i^* 折算的现值合计,即

$$K_1 = \sum_{t=2}^{n} B_t (1 + i^*)^{-t+1} + V_{nL}(1 + i^*)^{-n+1} \qquad (8.34)$$

要计算 K_1,首先需要知道在新设备寿命期内各年由设备更新获得的净收益,而这些数据是不可能在进行更新决策时预先确知的。在更新收益率法中,我们作了更新收益逐年递减的假定。

由于存在着设备的有形磨损与无形磨损,设备更新所带来的净收益一般是逐年递减的。据有关研究,收益递减模式可以简化归纳为三种(见图8 –3)。第一种称为普通标准型[见图8 –3(a)]。更新收益随新设备使用年限的延长呈线性递减,直到新设备经济寿命结束时净收益为零。第二种和第三种为非标准型[见图8 –3(b)、(c)],更新收益随使用年限延长呈非线性递减,直到新设备经济寿命结束时净收益为零。图8 –3 中,假定期末残值为设备原值的10% 。因篇幅所限,本书仅就第一种模式进行讨论。

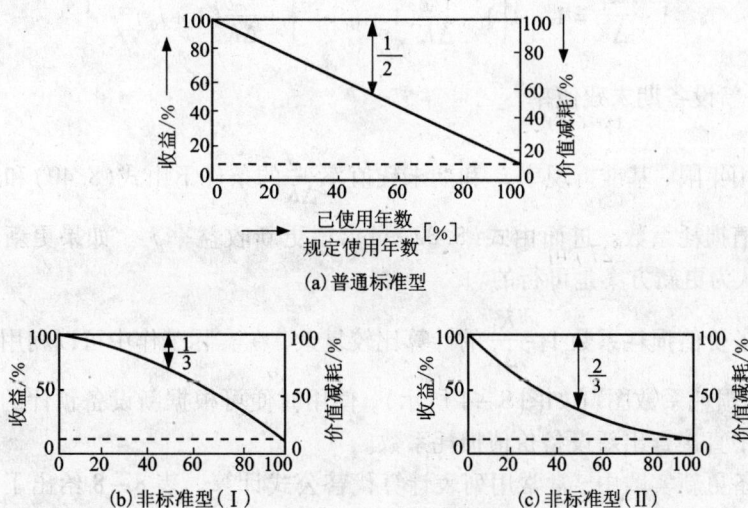

图8 –3　期末残余价值率为10%时的更新方案收益下降模式

当更新净收益线性递减时,若第一年的净收益为 B_1,则第 t 年的净收益为:

$$B_t = B\left(1 - \frac{t-1}{n}\right) \qquad (t = 1,2, \cdots \cdots, n) \qquad (8.35)$$

新设备的初始价值可表示为

$$\Delta K = B_t \sum_{t=1}^{n} (1 - \frac{t-1}{n})(1+i^*)^{-t} + V_{nL}(1+i^*)^{-n} \tag{8.36}$$

新设备第一年末的保留价值可表示为

$$K_1 = B_1 \sum_{t=1}^{n} (1 - \frac{t-1}{n})(1+i^*)^{-t+1} + V_{nL}(1+i^*)^{-n+1} \tag{8.37}$$

用给定的基准折现率 i_0 代替内部收益率 i^*，由上式可导出

$$\frac{K_1 - V_{nL}(1+i^*)^{-n+1}}{\Delta K - V_{nL}(1+i^*)^{-n}} = \frac{\sum_{t=1}^{n}(1-\frac{t-1}{n})(1+i^*)^{-t+1}}{\sum_{t=1}^{n}(1-\frac{t-1}{n})(1+i^*)^{-t}} \tag{8.38}$$

令

$$A = \frac{\sum_{t=1}^{n}(1-\frac{t-1}{n})(1+i^*)^{-t+1}}{\sum_{t=1}^{n}(1-\frac{t-1}{n})(1+i^*)^{-t}} \tag{8.39}$$

简化后

$$A = \frac{(ni_0-1)(P/A,i_0,n-1)+n(P/F,i_0,n-1)-1}{(ni_0-1)(P/F,i_0,n)+n(P/F,i_0,n)}$$

则有

$$K_1 - V_{nL}(1+i^*)^{-n+1} = A[\Delta K - V_{nL}(1+i^*)^{-n}] \tag{8.40}$$

由上式可导出新设备价值损耗系数的计算式

$$1 - \frac{K_1}{\Delta K} = 1 - A\left[1 - \frac{V_{nL}}{\Delta K}(1+i_0)^{-n}\right] + \frac{V_{nL}}{\Delta K}(1+i_0)^{-n+1} \tag{8.41}$$

式中：$\frac{V_{nL}}{\Delta K}$——新设备期末残值率。

在给定使用年限、基准折现率 i_0 和期末残值率 $\frac{V_{nL}}{\Delta K}$ 的条件下由式(8.40)和式(8.41)即可求出新设备价值损耗系数。进而由式(8.32)可求得更新收益率 i_p。如果更新收益率大于基准折现率，则认为更新方案是可行的。

由于新设备价值损耗系数 $1 - \frac{K_1}{\Delta K}$ 的计算比较复杂，在实际工作中可以利用计算机预先制成"新设备价值损耗系数图"(如图8-4所示)，使用时便可根据新设备预计的使用年限和期末残值率由图中直接查出新设备价值损耗系数。

在企业设备更新实践中，常常用列表计算代替公式计算。表8-8给出了设备更新投资收益分析表的基本格式，并通过一个例子说明了计算过程。

现在就表8-8中的有关项目说明如下：

1)更新投资。

更新投资是指新设备投资额减去旧设备可售价值及继续使用旧设备所需追加投资后的余额。其中：

新设备投资额：包括设备购置费和安装费，如有流动资金的增减，亦应包括在内。

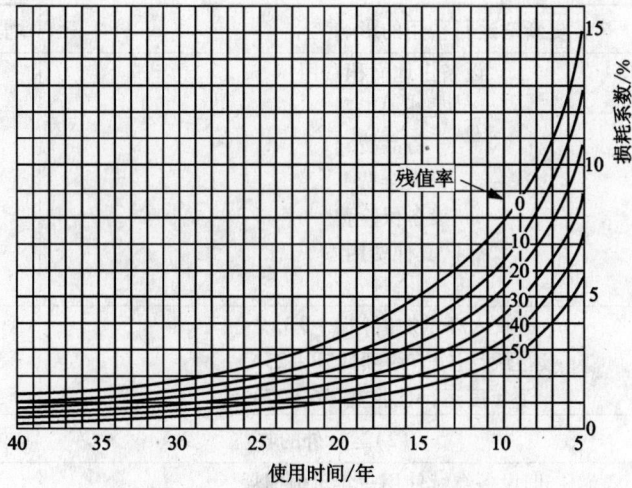

图8-4 新设备价值损耗系数图

表8-8 设备更新投资收益分析表 单位:元

	I 更新投资		
1	新设备投资额	18370	
2	旧设备可售价值	330	
3	继续使用旧设备所需追加投资	4642	
4	可回收和可节约的投资(2+3)	4972	
5	所需要的净投资额(1-4)	13398	
	II 更新收益		
	(1)运行性收益		
	预计设备运行率	3400h/a	
	更新对收入的影响	增加(A)	减少(B)
7	因产品质量改变		
8	因产品质量改变		
9	合计		
	更新对运行费用的影响	增加(A)	减少(B)
10	直接劳务费		
11	间接劳务费		2310
12	福利费		
13	修理费		370
14	工具费		1160
15	消耗费		
16	废品损失及返工费		660
17	停工损失		577
18	动力费		

续表 8-8

	更新对运行费用的影响	增加(A)	减少(B)
19	设备占地面积费用		
20	委托加工费		
21	备品费		
22	安全费		
23	设备保险费		440
24	其他费用	187	5517
25	合计		
26	收入净增加值(9A-9B)		
27	运行费用净节约额(25B-25A)	5330	
28	下年度运行性收益(26+27)	5330	
	(2)运行外的收益		
29	旧设备继续使用一年价值损耗		
30	继续使用旧设备追加投资的年分摊额	464	
31	下年度运行外收益(29+30)	464	
	(3)收益合计		
32	收益合计(28+31)	5794	
	Ⅲ更新收益率的计算		
33	应纳税金①	2624	
34	扣除税金后的收益(32-33)	3170	
35	新设备第一年价值损耗(5×价值损耗系数②)	13398×5%=670	
36	更新总收益(34-35)	2500	
37	更新收益率(36÷5)×100%	18.7%	

注：①应纳税金=(运行性收益-新旧设备折旧差额)×所得税率。所得税率55%、新旧设备折旧差额560元/年。

②价值损耗系数5%由新设备价值损耗系数图查出，新设备使用年限10年，期末残值率20%，基准折现率10%。

旧设备可售价值：若因购置新设备而出售尚有价值的旧设备，则这部分收入可视为对新设备投资的节约。

继续使用旧设备所需追加投资：假如旧设备不进行更新则将继续使用，通常需要进行大修或改造，这部分费用的支出，应作为不更新方案的追加投资。如果更新，则这部分投资，可视为更新方案带来的投资节约，应从新设备投资额中扣除。

2)更新收益

更新收益包括运行性收益和运行外收益两部分。

(1)运行性收益。运行性收益与设备运行率有关。设备运行率是指新设备为生产产品而运行的时间与年有效时间的比值。而工厂开工率与设备运行率往往不是一回事，因此不能用工厂的开工率代替设备运行率。同时新旧设备运行率也不一定完全相等，因为新设备并不限于旧设备所完成的任务，所以应作具体分析。

运行性收益包含两个方面的内容，一方面是新设备改善了原有的运行情况，使运行费用降低，最终导致成本的下降，从而引起收益增加。另一方而，新设备完成新的工作内容或提高现有工作内容的质量,可能引起销售额的增加,最终导致收益的增加。

运行成本中的修理费指的是经常发生的修理费用的变化。至于大修理费或与修理同时进行的设备改造所需要的投资,则应计入表8-8中第3项和第30项中。

(2)运行外收益。运行外收益指设备更新后可免除的有关损失。如旧设备现在立即转让和晚一年转让的价值差额,显然,现在转让可避免再使用一年所引起的价值损失。当然,这部分费用也只能用推测的办法进行估计。此外,还应包括所节约的旧设备追加投资的分摊额。

3)更新收益率计算

表8-8中第36项是汇总表中各项内容构成的更新总收益,用它除以所需的净投资额(表8-8第5项),可得出更新投资收益率。这个比例说明更新投资能带来多大的收益,同时也可根据这一比例的大小,对多个更新投资规划进行经济效果排序,结合拥有的资金数量进行设备更新方案选择。

如果把表8-8的各项按公式(8-27)形式汇总,则可写出设备更新收益率的计算式:

$$更新收益率 = (②+③-④-⑤)/①×100\% \tag{8.42}$$

式中:① ——更新的净投资额,即表中第5项

② ——下一年度的运行收益,即表中第28项,

③ ——下一年度的运行外收益,即表中第31项;

④ ——下一年度因收益增加而需要多缴纳的税金,即表中的第33项;

⑤ ——新设备使用一年的价值损耗,即表中的第35项。

把表中的数据,代入公式(8.42)即可得出设备更新的收益率:

$$更新收益率 = (5330+464-2624-670)/13398 = 18.7\%$$

如果给定的基准折现率(即最低期望收益率)为10%,则更新收益率大于最低期望收益率,可以认为这一更新方案在经济上是可行的。

8.5 设备的修理和现代化改造的技术经济分析

8.5.1 设备修理的概述

设备进入生产过程以后,由于有形磨损和无形磨损的作用,自然会有一个平均寿命期限,它反映着设备在实物形态上保持完好的时间。在平均寿命期限内,设备应经常保持正常的工作状态。

众所周知,设备是由不同材质的众多零部件组成的,这些零部件在设备中各自承担着不同的功能,工作条件也各不相同,在设备使用过程中,它们遭受的有形磨损是非均匀性的。在任何条件下,机器制造者都不可能制造出各个组成部分的寿命期限完全一样的机器。通常,在设备的实物构成中总有一部分是相对耐久的(例如机座、床身等),而另外的部分则易于损坏。

【例8-8】 一台价值为10000元的设备,其原始实物形态包括下列组成部分(如表8-9所示):

表8-9 设备组成及其价值

设备组成要素	价格/元	物理耐用期限/年	年平均磨损价值	
			金额/元	占设备原值的百分比/%
第一部分	500	1	500	5
第二部分	2000	2	1000	10
第三部分	5000	6	833	8.3
第四部分	2500	90	27.8	0.28
整机	10000	—	2360.8	23.6

如果这台设备最耐久的部分是机座,大约服役90年,其余组成部分在两班制正常工作的条件下,在1~6年内丧失其使用价值。既然设备原来的实物形态在其组成中包括寿命期为90年的部分,那么价值为500元的第一个组成部分就需要一年更换一次;价值为2000元的第二组成部分,需要两年更换一次;价值为5000元的第三个组成部分,需要六年更换一次;而价值为2500元的机座部分,可允许推迟到90年更换一次。

倘若根据对有形磨损和无形磨损的综合考虑,把该设备的平均寿命期限定为12年,那么在这个寿命期限内就需要对设备的部分零件进行定期的更换或修复,以保证设备完好地使用12年。

在实践中,通常把为保持设备在平均寿命期限内的完好使用状态而进行的局部更换或修复工作叫做维修。

维修的目的是消除设备的经常性的有形磨损和排除机器运行中遇到的各种故障,以保证设备在其寿命期内保持必要的性能(如生产能力,效率、精度等),发挥正常的效用。

按其经济内容来讲,这种必要的维修工作可分为日常维护、小修理、中修理和大修理等几种形式。

日常维护是指与拆除和更换设备中被磨损的零部件无关的一些维修内容,诸如设备的润滑与保洁,定期检验与调整,消除部分零部件的磨损等等。

小修理是工作量最小的计划修理,指设备使用过程中为保证设备工作能力而进行地调整、修复或更换个别零部件的修理工作。

中修理是进行设备部分解体的计划修理,其内容有:更换或修复部分不能用到下次计划修理的磨损零件,通过修理、调整,使规定修理部分基本恢复到出厂时的功能水平以满足工艺要求,修理后应保证设备在一个中修间隔期内能正常使用。

大修理是最大的一种计划修理,它是在原有实物形态上的一种局部更新。它是通过对设备全部解体,修理耐久的部分,更换全部损坏的零部件,修复所有不符合要求的零部件,全面消除缺陷,以使设备在大修理之后,无论在生产率、精确度、速度等方面达到或基本达到原设备的出厂标准。

维修工作的上述区分,既有工作量和周期性的标志,又有工作内容的标志。但是,应该指出,这些区分仅仅是相对的,难以严格限定彼此间的界限,而且每一种维修形式都可能包含共同的工作内容。

尽管维修形式的区分有很大的相对性,但是,大修理仍然是维修工作中规模最大、花钱最多的一种设备维修方式,因此对维修经济性的研究,主要是就大修理而言的。所以在对设备进行大修理决策时，必须同设备更新以及设备其他再生产方式相比较。

在作大修理决策时，还应注意以下情况：

第一，尽管要求大修理过的设备达到出厂水平，但实践上大修理过的设备不论从生产率、精确度、速度等方面，还是从使用中的技术故障频率、有效运行时间等方面，都比用同类型的新设备有逊色，其综合质量会有某种程度的降低，这是客观现实（见图8－5）。图中 A 点表示新设备的标准性能，事实上设备在使用过程中，其性能是沿 AB_1 线所示的趋势下降的，如不及时修理而仍然继续使用，则寿命一定很短，如果在 B_1 点所对应的时刻上，进行第一次大修理，设备的性能可能恢复到 B 点上。自 B 点起进行第二个周期的使用，其性能又继续劣化，当降至 C_1 点时，又进行第二次的大

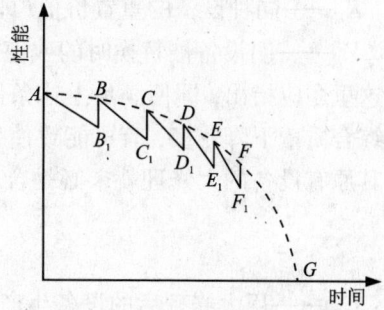

图8－5　大修理后设备综合质量劣化图

理，其性能可能恢复至 C 点。这样再一次大修理后的性能又可能恢复到相当程度，一经使用又会下降，最终至 G 点，这时设备在技术上已不存在再进行修理的可能性了。我们把图中 ABCDEF 各点连接起来，就形成一条曲线，这条曲线就反映了设备在使用过程中的综合质量劣化趋势，从这条曲线所呈现的现象也可以看出，设备的大修理并非是无止境的。

第二，大修理的周期会随着设备使用时间的延长，而越来越短，假如新设备投入使用到第一次大修理的间隔期定为 10～12 年，那么第二次大修理的间隔期就可能为 8～10 年，而第三次大修理的间隔期则可能降至 6～8 年，也就是说，大修理间隔期会随着修理次数的增加而缩短，从而也使大修理的经济性逐步降低。

以上两种现象，是由于设备各组成部分长期运行而积累起来的有形磨损所引起的。

尽管如此，在设备平均寿命期限内，进行适度的维修工作，包括大修理在内，往往在经济上是合理的。因为修理，包括大修理在内，能够利用原有设备中保留下来的零部件，这部分比重越大，修理工作就越具有合理性。这正是修理之所以能够存在的经济前提。

但是，这个前提是有条件的，如果设备长期无止境的修理，一方面维修中所能利用的被保留下来的零部件越来越少，另一方面大修理所需的费用越来越高，大修理经济上的优越性就可能不复存在了。这时，设备的整体更新将取而代之。

从上面的分析看出，修理作为设备再生产的方式之一，其存在的基础，主要取决于经济性。

8.5.2　设备大修理的技术经济分析

1.大修理的经济界限

设备平均寿命期满前所必需的维修费用总额可能是个相当可观的数字，有时甚至超过设备原值的若干倍。同时，这个费用总额又随规定的平均寿命期而变化，平均寿命期规定的越长，维修费用越高。因此，为了更合理地使用设备，我们必须研究维修的经济性。由于日常维护，中小修理所发生的费用相对较少，因此应该把注意力放在大修理上。

如果该次大修理费用超过同种设备的重置价值，十分明显，这样的大修理在经济上是不合理的。我们把这一标准看做是大修理在经济上具有合理性的最低条件，或称最低经济界

限。即：

$$K_r \leqslant K_n \leqslant V_{0L}$$

式中：K_r——该次大修理费用；

K_n——同种设备的重置价值（即同一种新设备在大修理时刻的市场价格）；

V_{0L}——旧设备被替换时的残值。

这里还应指出，即使满足上述条件，也并非所有的大修理都是合理的。如果大修理后的设备综合质量下降较多，有可能致使生产单位产品的成本比用同种用途的新设备生产更高，这时其原有设备的大修理就未必是合理的，因此还应补充另外一个条件，即：

$$\frac{C_{Z0}}{C_{Zn}} \leqslant 1$$

式中：C_{Z0}——用大修理后的设备生产单位产品的计算费用；

C_{Zn}——用具有相同用途的新设备生产单位产品的计算费用。

$$C_{Z0} = (K_r + \Delta V_0)(A/P, i_0, T_0)/Q_A + C_0$$
$$C_{Zn} = \Delta V_n (A/P, i_0, T_n)/Q_{An} + C_{gn}$$

K_r——原设备大修理的费用；

ΔV_0——原设备下一个大修理周期内的价值损耗现值；

Q_A——原设备下一个大修理周期的年均产量；

C_g——原设备第 j 次大修理后生产单位产品的经营成本；

T_0——原设备第 J 次大修理到第 $j+1$ 次大修理的间隔年数；

ΔV_n——新设备第 1 个大修理周期内的价值损耗现值；

Q_{An}——新设备第 1 个大修理周期的年均产量；

C_{gn}——用新设备生产单位产品的经营成本；

T_n——新设备投入使用到第一次大修理的间隔年数；

对迅速发生无形磨损的设备来说，很可能是用现代化的新设备生产单位产品的计算费用更低，在这种情况下，即使满足第一个条件，即大修理费用没有超过新设备的重置价值，但是这种大修理也是不合理的。

还应注意到，在不同的大修理周期，C_{Z0} 的值可能是不等的，例如，在第一个大修理周期时的 C_{Z0} 可能小于 C_{Zn}，但是不等于各次的 C_{Z0} 值均小于 C_{Zn}。因此，进行大修理经济评价时。必须注意修理的周期数。

2. 设备大修理周期数的确定

从技术上来说，通过大修理的办法，可以消除有形磨损，使设备得以长期使用。事实上，我国许多老企业的一些设备，经过多次的大修理，至今仍在使用。但是，从前面的分析也可以看出，从经济角度我们可以确定一台设备到底大修到第几个周期最为适宜。这是大修理工作必须解决的问题。

如果一台设备的最佳使用期限（即设备的经济寿命，这一问题将在下节作详细讨论）已定而且设备每次大修理间隔期又是已知的（这些数据往往取决于设备的种类和设备的工作条件，设备的使用单位和设备的制造厂都应对设备大修理间隔期有所规定），则设备大修理周期数应由下式求出：

$$\sum_{j=1}^{n} T_j = T_E \tag{8.43}$$

式中：T_E——设备的经济寿命；

　　　T_j——第 $j-1$ 次到第 j 次大修理的间隔期，若 $j=1$ 时，则表示新设备至第一次大修理的间隔期（见图 8-6）；

　　　n——设备大修理的周期数。

由式（8.43）求出的设备大修理周期数是一个时间界限，它表明从经济上看设备应该大修几次。

如前所述，从经济角度分析，设备不能无止境进行大修理，原因在于随着大修理次数的增加，修理费用和设备运行费用都会不断增加。图 8-6 表示了设备大修理间隔期及大修理次数与运行费用之间的关系。运行费用是随修理间隔期长度和修理次数的增加而增加的，设备使用时间越长，大修理次数越多，运行费用越高。设备投入使用以后，由于有形磨损，运行费用逐渐升高，临近大修理时达到最大值。设备进行大修理后，各项技术经济指标都会有不同程度的改善，运行费显著下降。图 8-6 中，经过第一次大修理，运行费用由 B 降至 E。进入下一个大修理间隔期后，随着使用时间地延长，运行费用又会逐渐增加，再次大修后又会有显著下降。在图 8-6 中，第二次大修使运行费用由 C 降至 F，第三次大修后由 D 降至 G。尽管每次大修都使运行费用下降，但后一次大修后与前一次大修后相比，运行费用总要有所升高，且修理间隔期会缩短，如图 8-6 所示：

$$P_3G > P_2F > P_1E > OA$$

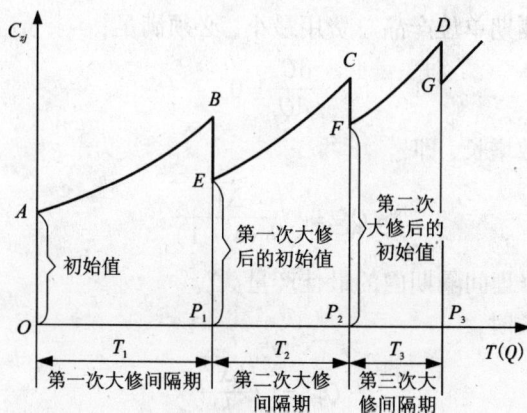

图 8-6　修理间隔期与运行费用的关系

且 $T_3 < T_2 < T_1$ 合理的大修理间隔期可用下述方法求得。

设第 j 个大修理间隔期内生产单位产品的平均总费用为 C_{zj}，不考虑资金的时间价值，则有：

$$C_{zj} = \frac{\Delta V_j + C_j}{Q_j} \tag{8.44}$$

$$\Delta V_j = V_{j-1} + V_j + K_{rj-1} \tag{8.45}$$

式中：ΔV_j——第 j 个大修理间隔期内应分摊的设备价值损耗；

V_{j-1}，V_j——第 $j-1$ 和第 j 次大修理后的设备余值，二者之差表示了第 j 个间隔期的设备价值损耗；

K_{rj-1}——第 $j-1$ 次大修理的费，当 $j=1$ 时，则 K_{r0} 表示设备购入时的价值；

Q_j——第 j 个大修理间隔期内生产产品总量；

C_j——第 j 个大修理间隔期内设备运行成本。

若运行成本呈指数增长，则：

$$C_j = C_{0j}Q_j + b_jQ_j^{t_j} \tag{8.46}$$

式中：C_{0j}——第 j 个大修理间隔期单位产品运行成本初始值(见图 8-3 中的 OA、P_1E、P_2F、P_3G 等)；

b_j——第 j 个大修理间隔期内增长系数；

t_j——第 j 个大修理间隔期内运行成本增长指数。

若运行成本呈线性增长时，则：

$$C_j = C_{0j}Q_j + \frac{b_jQ_j(Q_j-1)}{2} \tag{8.47}$$

运行成本呈指数增长时：

$$C_{zj} = \frac{\Delta V_j}{Q_j} + C_{0j} + b_jQ_j^{t_j-1} \tag{8.48}$$

运行成本呈线性增长时：

$$C_{zj} = \frac{\Delta V_j}{Q_j} + C_{0j} + \frac{b_j(Q_j-1)}{2} \tag{8.49}$$

要使每个大修理间隔期单位产品总费用最小，必须满足：

$$\frac{\mathrm{d}C_{zj}}{\mathrm{d}Q_j} = 0$$

这时运行成本呈指数增长，即：

$$Q_j^* = \sqrt[t_j]{\frac{\Delta V_j}{b_j(t_j-1)}} \tag{8.50}$$

式中：Q_j^*——第 j 个大修理间隔期内的最佳产量。

运行成本呈线性增长时：

$$Q_j^* = \sqrt{\frac{2\Delta V_j}{b_j}} \tag{8.51}$$

有了各个大修理间隔期内应生产的最佳产量数后，若知道设备在该间隔期内的年生产能力(年产量)，就不难求出各次大修理的间隔期 T，然后再根据公式(8.43)找出设备应该大修理的次数。

8.5.3 设备现代化改装及其技术经济分析

1. 设备现代化改装的概念和意义

设备超过最佳使用期限之后，就存在更换问题。但是，这里有两个问题尚需研究，第一，国家能否及时提供国民经济各部门更换所需的新设备。第二，陈旧设备一律更换是否必要或是否最佳的选择。

是一种设备从构思、设计、研制到成批生产，一般要经历较长的时间。随着技术进步的加快，这个周期在不断地缩短。例如，在发达的工业国家，从构思、设计、试制到商业性生产，二次世界大战前约需40年，20世纪60年代中期缩短到20年，70年代缩短到10年，最快的仅5年，要按这个周期更换掉所有陈旧设备那是不可能的。

解决这个矛盾的有效途径是对现有设备进行现代化改装。所谓设备的现代化改装，是指应用现代的技术成就和先进经验，适应生产的具体需要，改变现有设备的结构（给旧设备换新部件、新装置、新附件），改善现有设备的技术性能，使之全部达到或局部达到新设备的水平。设备现代化改装是克服现有设备的技术陈旧状态，消除第Ⅱ种无形磨损，促进技术进步的方法之一，也是扩大设备的生产能力，提高设备质量的重要途径。

现有设备通过现代化改装在技术上可能做到：

(1)提高设备所有技术特性使之达到现代新设备的水平；

(2)改善设备某些技术特性，使之局部达到现代新设备的水平；

(3)使设备的技术特性得到某些改善。

在多数情况下，通过设备现代化改装使陈旧设备达到需要的水平，所需的投资往往比用新设备更换为少。因此，在不少的情况下，设备现代化改装在经济上有很大的优越性。

设备现代化改装具有很强的针对性和适应性。经过现代化改造的设备更能适应生产的具体要求，在某些情况下，其适应具体生产需要的程度，甚至可以超过新设备。有时设备经过现代化改装，其技术性能比新设备水平还高。所以，在个别情况下，对新设备也可以进行改装。在我国产品更新换代缓慢的特定情况下，设备现代化改装有着特别重要的意义。

设备现代化改装是现有企业进行技术改造，提高老企业的经济效益，节约基本建设投资的有效措施。

2. 设备现代化改装的技术经济分析

设备现代化改装是广义设备更新的一种方式，因此，研究现代化改装的经济性应与设备更新的其他方法相比较。在一般情况下，与现代化改装并存的可行方案有：旧设备原封不动的继续使用，对旧设备进行大修理，用相同结构新设备更换旧设备或用效率更高、结构更好的新设备更新旧设备。决策的任务就在于从中选择总费用最小的方案。这时除参考前两节介绍的方法外，还可用下列方法进行决策。

1)最低总费用法

最低总费用法是通过分别计算各种方案在不同服务年限内的总费用，并加以比较，根据所需要的服务年限，按照总费用最低的原则，进行方案选择的一种方法。各种方案总费用的计算公式如下：

$$TC_0 = \frac{1}{\beta_0} \left[\sum_{j=1}^{n} C_{0j} r_j - V_{0L} r_n \right] \tag{8.52}$$

$$TC_n = \frac{1}{\beta_n} \left[(K_n + \sum_{j=1}^{n} C_{nj} r_j) - V_{00} - V_{nL} r_n \right] \tag{8.53}$$

$$TC_h = \frac{1}{\beta_h} \left[(K_h + \sum_{j=1}^{n} C_{hj} r_j) - V_{00} - V_{hL} r_n \right] \tag{8.54}$$

$$TC_m = \frac{1}{\beta_m} \left[(K_m + \sum_{j=1}^{n} C_{mj} r_j) - V_{mL} r_n \right] \tag{8.55}$$

$$TC_r = \frac{1}{\beta_r}\Big[\Big(K_r + \sum_{j=1}^{n} C_{rj}r_j\Big) - V_{rL}r_n\Big] \qquad (8.56)$$

式中：TC_0、TC_n、TC_h、TC_m、TC_r——继续使用旧设备、用原型设备更新、用新型高效设备更新、进行现代化改装和进行大修理等各种方案 n 年内的总费用；

K_n、K_h、K_m、K_r——用原型设备更新、用新型高效设备更新、进行现代化改装、进行大修理等各种方案所需的投资；

C_{0j}、C_{nj}、C_{hj}、C_{mj}、C_{rj}——继续使用旧设备、用原型设备更新，用新型高效设备更新、进行现代化改装和进行大修理等各种方案在第 j 年的运行成本；

V_{0L}，V_{nL}，V_{hL}，V_{mL}，V_{rL}——旧设备、原型新设备、新型高效设备、现代化改装后的设备及大修理后的设备到第 n 年的残值；

V_{00}——原有旧设备在决策年份的可售价值；

β_0，β_n，β_h，β_m，β_r——继续使用旧设备、用原型设备更新、用新型高效设备更新、进行现代化改装和进行大修理等各种方案的生产效率系数，可将 β_n 作为基准参数取 $\beta_n = 1$；

r_j、r_n——第 j 年、第 n 年的现值系数，即 $r_j = \dfrac{1}{(1+i_0)^j}$，$r_n = \dfrac{1}{(1+i_0)^n}$，其中 i_0 是折现率。

【例 8 – 9】 假定各种更新方案各年分项费用的原始资料如表 8 – 10 所列，试选择最佳更新方案。

从以上计算结果可以看出，如果设备只考虑使用两年(如两年以后产品将更新换代)，以原封不动使用旧设备的方案为最佳。这时不仅没有更换的必要，就连大修理也是多余的。如果只打算使用 3~5 年，最佳方案是对原设备进行一次大修理。如果估计设备将使用 6~7 年，最佳方案是对原设备进行现代化改装。如果使用期在 8 年以上，则用高效率新型设备替换旧设备的方案最佳。

2)追加投资回收期法

设备现代化改装与更新、大修理的经济性比较还可以用计算投资回收期指标的方法来进行。各方案的投资、成本及年生产率等参数的代表符号如表 8 – 12 所示。

多数情况下，设备现代化改装与更换，大修理之间有下列关系：

$$K_r < K_m < K_n$$

$$C_r > C_m > C_n$$

$$q_r < q_m < q_n$$

因此，在考虑设备更新方案时，可根据下列标准进行决策：

(1)当 $K_r/q_r > K_m/q_m$ 且 $C_r > C_m$ 时，现代化改装方案具有较好的经济效果，不仅经营费用有节约，基本投资也有节约，但这种情况较少。

表8-10　各种更新方案的原始数据（设 $V_{00}=3000$ 元）

方案	生产效率系数	投资（元）		I 表示各年各年运行费用（元）；II 表示各年年末残值（元）									
旧设备继续使用	$\beta_0=0.7$	$K_0=0$	I	1400	1800	2200							
			II	1200	600	300							
旧设备大修理	$\beta_r=0.98$	$K_r=7000$	I	700	950	1200	1450	1700	1950	2200	2450	2700	2950
			II	6400	5800	5200	4700	3800	3000	2200	1400	700	700
用原型新设备替换	$\beta_n=1$	$K_n=18000$	I	450	550	650	750	850	950	1050	1150	1250	1350
			II	9360	8320	7280	6240	5200	4160	3120	2080	1300	1300
用高效率新设备替换	$\beta_h=1.3$	$K_h=20000$	I	350	420	490	560	630	700	770	840	910	980
			II	11520	10240	8600	7250	5700	4700	4000	3000	2000	2000
旧设备现代化改装	$\beta_m=1.2$	$K_m=11000$	I	550	680	810	940	1070	1200	1330	1460	1580	1720
			II	9000	8000	6700	5700	4700	3700	2700	1700	1000	1000

解： 根据前面的公式，计算出不同服务年限服务各方案的总费用如表8-11所列。

表8-11　各种方案的总费用（$i=10\%$）

单位：元

方案＼使用年限	1	2	3	4	5	6	7	8	9	10
旧设备继续使用（TC_0）	259.7*	3234.9*	5982.6							
旧设备大修理（TC_r）	1855.3	3702.1	5526.7*	7248.2*	9193.4*	10996.2	12724.2	14376.0	15908.0	17096.1
旧设备现代化改装（TC_m）	2765.1	4542.0	6363.9	7849.5	9215.5	10471.5*	11626.1*	12687.4	13556.8	14141.5
用高效率新设备替换（TC_h）	4563.6	6135.0	7715.1	8976.4	10179.0	11033.1	11696.5	12303.6*	13018.3*	13321.6*
用原型新设备替换（TC_n）	4900	6987.6	8882.4	10602.2	12163.2	13580.1	14866.0	16033.2	16982.4	17553.0

*：该年各方案中总费用最低者。

表 8-12 比较设备现代化改装经济性所用参数及符号

指 标 名 称	方　案		
	大修理	现代化改装	更换
基 本 投 资	K_r	K_m	K_n
设备年生产率(件/年)	q_r	q_m	q_n
单位产品成本(元/件)	C_r	C_m	C_r

(2)当 $K_r/q_r < K_m/q_m$ 但 $C_r > C_m$ 时,可用追加投资回收期指标进行决策。

$$T = \frac{K_m/q_m - K_r/q_r}{C_r - C_m}$$

式中:T——投资回收期(年)。

如果 T 小于企业或部门规定的年数,则选择现代化改装方案。

(3)当 $K_m/q_m > K_n/q_n$ 且 $C_m > C_n$ 时,设备更换优于现代化改装方案。

(4)当 $K_m/q_m < K_n/q_n$,但 $C_m > C_n$ 时,同样可用追加投资回收期标准进行判断。此时:

当 T 小于或等于企业或部门规定的回收期标准时,更换的方案是合理的。如果超过了回收期标准,则应选择现代化改装方案。

本章小结

技术改造与设备更新的分析与评价是技术经济分析方法的主要应用。技术改造是走内涵式扩大再生产道路的表现形式,它是在充分利用现代科技成果和先进经验来改造现有设备、工艺、产品等生产技术和组织要素的内涵扩大再生产为主的更新改造,以达到增加品种、改进质量、提高技术水平、管理水平和经济效益的目的。技术改造的内容主要包括企业的设备和工具的更新改造、生产工艺的改革、新产品开发与老产品更新换代、原材料与各种消耗资料的综合利用及改进、生产组织与作业方案的调整及改善、企业管理手段与方法及劳动条件的改进与完善,以及相应的厂房建筑物等生产条件的扩大与改善等方面。

技术改造的经济评价方法主要有总量法和增量法。总量法是以总量来衡量两种不同方案(技改前后的各自方案)的绝对效果。增量法是对技术改造投资所产生的增量效果进行评价的方法。具体步骤是首先计算进行技术改造与不进行技术改造的两个不同方案在同一时间内的费用、收益对应相减、得出增量净现金流量,然后据此计算增量净现值和增量内部收益率有关经济效益指标。在对企业技改方案的分析与评价时,一般采用增量法。

设备更新有广义和狭义之分,前者指设备修理、设备更换、设备更新和设备现代化改装;后者仅指以结构更先进、技术更完善、生产效率更高的新设备去替换不能继续使用以及经济上不宜继续使用的旧设备。设备磨损分为有形磨损和无形磨损,其综合磨损决定着设备的经济寿命。设备的补偿有技术补偿和经济补偿两种方式。设备通过修理、现代化改装和设备更新等实现其技术补偿,并通过低劣化数值法和最小年费用法来确定设备的经济寿命期。设备合理更新方案的选择方法有总使用成本最低法和更新收益率法。

设备的大修是设备修理的主要方式,其关键是设备大修的经济界限及大修理的周期数的确定。设备现代化改装是快速、经济、有效的设备改造方式,通过计算旧设备继续使用、原型设备更新、新型高效设备更新、设备大修理、设备进行现代化改装等方案的总费用,选取总费用最小的方案为最优方案。

中英文名词术语

技术改造(Technology Reform)

设备的综合磨损(Comprehensive Abrasion of Equipment)

设备的磨损(Equipment Attrition)

技术更新(Technology Renewal)

低劣化数值法(Low Degradation Numerical Method)

增量法(Incremental Method)

经济补偿(Economic Compensating)

总使用成本最低法(Method of Minimum Total Use Cost)

设备的技术寿命(Technical Life of Equipment)

设备(Equipment)

设备大修理(Capital Repair of Equipment)

简单更新(Simple Renewal)

总量法(Gross Method)

最低总费用法(Method of Minimum Overall Cost)

技术补偿(Technology Compensating)

设备的有形磨损(Tangible Abrasion of Equipment)

设备的物理寿命(Natural Life of Equipment)

设备的无形磨损(Intangible Abrasion of Equipment)

设备的经济寿命(Economic Life of Equipment)

思考与练习

1.何谓设备的有形磨损、无形磨损,各有何特点?举例说明。对设备磨损的补偿形式有哪些?

2.若某设备原始价值为12000元,再生产价值为8000元,此时大修理需要费用2000元。试问该设备遭受何种磨损,磨损度为多少?

3.某设备原始价值为8000元,可用5年,其他数据如表8-13。试求:①不考虑资金的时间价值时设备的经济寿命;②若考虑资金的时间价值($i_0 = 10\%$)时,其经济寿命变化如何。

表8-13 某设备各年发生的费用 （单位:元）

设备使用年限	1	2	3	4	5
运行成本初始值	600	600	600	600	600
运行成本劣化值		200	400	600	800
年末残值	5500	4500	3500	2500	1000

4.某工厂拟更换一台新设备。新设备可使产量增加、成本节约,更新后第一年收入增加

额为 2000 元；直接工资的节约为 9000 元；间接工资的节约为 1300 元；材料损耗减少为 280 元，维修费节约为 400 元，但使用新设备动力消耗比旧设备多 330 元，假设新设备的预计使用年效为 15 年，使用过程中线性劣化，新设备价值为 76000 元，估计 15 年后处理价为 3000 元。旧设备现在出售价格为 2500 元；旧设备一年后出售价格为 2000 元。当年利率 $i = 10\%$ 时，试判断用新设备更换旧设备是否经济。

第9章 矿物加工技术创新

技术创新对一个企业、一个行业、一个国家甚至整个世界的经济增长与发展都会产生巨大的推动作用，这是毫无疑问的。对于矿物加工工程领域来说同样如此。目前，矿物加工领域所面临的主要挑战是矿物资源的贫、杂化和嵌布粒度的微细化，造成了分选难度的进一步增加，因此如何实现矿物资源的高效回收利用、增加资源的有效供给已成为资源与能源领域亟需解决的课题，而这一问题的突破将依赖于矿物技术与工艺创新。矿物加工技术创新是通过对经济中的基本单元——选矿（煤）厂来进行。本章将通过对技术创新的叙述，着重论述技术创新的类型、战略模式及技术创新与企业发展的关系。

9.1 矿物加工技术创新概述

9.1.1 技术创新的涵义

随着人们对技术创新的研究和认识的深入，对技术创新理解的渐进，技术创新的涵义也在不断发展和变化。目前，比较倾向性的定义是美国国会图书馆研究部给出的技术创新的定义：技术创新是一个从新产品或新工艺设想的产生到市场应用的完全过程，它包括新设想的产生、研究、开发、商业化生产到扩散等一系列的活动。因此，矿物加工技术创新就是指矿物加工方面的一个新产品或新工艺或新的工艺创意，从产生到市场化、商业化的过程。

对于技术创新的理解，需要强调以下三点。

1）技术创新的主体是企业家

按照哈佛大学熊彼得教授的论述，之所以说企业家是技术创新的主体，是因为他们是技术创新全过程的决策者与组织者。技术创新要求企业家必须掌握本行业的科技发展态势，抓住市场潜在的机会，引入"新的组合"，使生产函数发生变化。创新过程的每一个环节都需要企业家敏锐的目光、果断的决策与高效的组织，都需要用其所掌握的生产要素做后盾。

2）技术创新的核心是将"新组合"应用于生产

企业家将生产要素重新组合应用于生产系统之中，最终通过市场来实现。与研究开发（R&D）不同，创新有明确的经济目标，创新成功与否通过市场来检验，成功的标志是市场占有率的提高与超额利润的获取。而一般的研究开发只是其中的一个环节，目标是选择和实现某种技术，其成果水平的判据是技术指标，检验方式是鉴定会。创新一般都要从研究开发开始，但是技术开发的成功并非意味着创新的实现。再高级的技术，其成果不能被市场接受，不能实现商业价值，该技术创新就没有实现，反之，再简单的技术，其成果如果能够被市场接受，能实现商业价值，那么该技术创新就是成功的。

3）技术创新的目的是为了获取潜在的超额利润

没有技术创新的企业，最多能够获得的是该行业的平均利润；而技术创新成功的企业，由于"新组合"的引入，把最新的科学技术融入到生产过程中，建立了新的生产函数，利用新产品拓展市场，利用新工艺提高了产品质量、利用新的组织方法提高了劳动生产率、新原料供给来源降低生产成本。同时，生产出的新产品往往可以垄断市场，采用高价营销策略，便可获取高于行业平均利润的超额利润。这是技术创新能获取超额利润的根本原因。

9.1.2　动力

国内外学者一直在研究和探索的问题之一，就是到底是什么力量促使了技术创新，不同的学者有不同的观点。一般认为有三种力量在发挥作用。

1）技术推动

由技术发展的推动作用而产生技术创新称为技术推动，主要表现为科学技术的重大突破，明显超前于生产，从而创造了全新的市场需求，或者激发了市场的潜在需求。在此过程中，创新是从科学研究、基础研究、应用研究到开发研究的过程开始，从新现象与新理论的发现到实验室取得新成果开始，当新成果取得后就要寻找市场，一旦与新需求相结合，就会产业化、商品化，最终完成技术创新的全过程。

2）需求拉动

需求拉动是指由于市场需求的拉动作用而产生技术创新，其中市场需求主要表现为市场及用户对产品和技术提出了明确的要求，企业在对这些要求改革的过程中，引起了科学技术的发展，生产出适销对路的产品，最终达到满足不同需求的目的。在此过程中，创新从市场需求或用户要求开始，拉动了科学技术研究发展，并将研究成果投入生产，以改进产品或全新产品满足市场需求，最终完成技术创新的全过程。

3）推－拉的综合作用

随着科学技术的迅猛发展，当今的技术创新内涵有很大变化，主要表现为：技术越来越复杂，综合程度越来越高，涉及的因素越来越多，从而很难断定到底是技术推动还是需求拉动促进了技术创新。莫厄里和罗森堡经过深入研究，在 20 世纪 70 年代末提出了技术创新的综合作用过程。

所谓技术创新的推－拉综合作用是指在技术推动和需求拉动综合作用下，导致技术得以创新的结果，是在技术的可能性和市场潜在机会两者平衡的基础上产生的。在此过程中，科技成果需要寻找市场，市场需要引发技术的不断进步，这样就会开发出全新的产品，从而激活市场的潜在需求，形成一个新的市场，最终完成技术创新的全过程。

9.1.3　程序

1. 技术创新的一般程序

企业家在动力因素的作用下产生了创新概念，通过自主、合作开发研究或引进模仿，形成可以产业化的研究成果，并将这些新技术、新工艺、新材料引入到生产体系中，生产出新产品，这些新产品投入市场后，一旦占有一定的市场，就会使企业获得比原有工艺生产的老产品超出行业平均利润还要高的超额利润。而新产品或新技术带来的超额利润必然会吸引其他企业的模仿，从而引起技术扩散。扩散后新产品将占有更多的市场，又使企业获得了更高的利润，从而引发新一轮扩散，多轮扩散产生了新兴产业，促进了经济的新一轮增长。

技术创新的一般程序如下图 9－1 所示。

图9-1 技术创新的一般程序

2.技术创新的具体过程

技术创新是一个新产品或新工艺的首次商业运用，是一个从新的产品或工艺创意到真正商业化的过程。结合我国矿物加工企业技术创新运行过程的实际情况，可把技术创新过程分为如下阶段：

1）创意思想的形成阶段

创意的形成主要表现在创新思想的来源和创新思想形成环境两个方面。创意思想可能来自有关科研人员的推测或发现，也可能来自市场营销人员或用户对环境或市场需求的感受，如对于矿物加工设备在实际应用时，可能会因为能耗、物耗或工作效率等问题，而产生一些改进或改变的想法，但这些创意与创新还有较大差距。创新思想的形成环境主要包括市场环境、宏观政策环境、经济环境、社会人文环境、政治法律环境等。

2）研究开发阶段

这一阶段的基本任务就是创造新技术，一般由基础研究或应用研究和技术开发组成。企业从事研究开发活动的目的很明确，就是开发可以或可能实现实际应用的新技术，换句话说，就是企业根据自身的技术、经济和市场需要，敏感地捕捉各种技术机会和市场机会，探索应用的可能性，并把这种可能性变为现实。研究开发的基本内容是研制开发可供利用的新产品和新工艺，如对于不同品位、不同矿物组成的铁矿资源的加工工艺研究。研究的开发阶段是根据技术、商业、组织等方面的可能条件对创新构思阶段的计划进行检修和修正。有些企业也可能根据自身的情况购买技术或专利，从而跳过这个阶段。

3）中试阶段

其主要任务是完成从技术开发阶段到试生产的全部技术问题，以满足生产需要或降低生产风险。因为小型试验在不同规模上考验技术设计和工艺设计的可行性，解决生产中可能出现的技术和工艺问题，是技术创新过程不可缺少的阶段。对于矿物加工来讲，这一阶段一般是在科研单位单独研究或与企业合作进行，在增大处理量的基础上，尽可能地将试验条件与实际生产相结合。

4）批量生产阶段

本阶段任务是按照商业化规模或设计规模，把中试阶段的成果变为现实的生产力，产出新产品或新工艺，并解决大量的生产组织管理和技术工艺问题。

5）市场营销阶段

技术创新成果的实现程度取决于其市场的接纳程度。本阶段的任务是实现新技术所形成的价值与使用价值，包括试销和正式营销两个阶段。试销具有探索性质，探索市场的可能接受程度，进一步考验其技术的完善程度，并反馈到以上相应阶段，进行改进与完善。市场营销阶段实现了技术创新所追求的经济效益，完成了技术创新过程中的质的飞跃。

6）扩散阶段

扩散阶段是创新技术被赋予新的用途，进入新的市场的阶段。

总之，在实际的创新过程中，各阶段的界定不一定十分明确，相应的创新活动也不仅仅是按照线性序列递进的，有时存在着过程的多重循环与反馈及多种活动的交叉和并行。下一阶段的问题会反馈到上一阶段，上一阶段的活动也会从下一阶段所提出的问题及其解决中得到推动、深入和发展。各个阶段相互区别又相互联结和促进，形成技术创新的统一过程。

9.1.4 技术创新原则

企业进行技术创新，实质上是一个投入产出的过程，但其目的必然是以提高自身的竞争力或盈利为最终目的。因此，在当今市场竞争日益激烈的环境中，企业从事技术创新也要遵循一定的原则，以降低技术创新的风险，提高企业技术创新的能力。

1）效益原则

市场经济条件下，企业的经济活动要注重投入与产出效果的比较，即成本与收益的比较。评价技术创新的经济效益，不但要考虑通过技术创新所实现的生产要素重新组合的投入产出效率，而且还要考虑技术创新本身的成本，也就是要选择"技术上先进，经济上合理"的创新技术。因此，企业技术创新的根本目的是增值利益的获取。当然，企业技术创新效益还要符合社会效益和生态环境效益的要求。

2）竞争原则

企业在市场上制胜的关键是其竞争优势，但关键中的关键是能否形成企业直接的竞争优势。因此，必须将技术创新作用细化为能否使企业的产品成本、质量、品种、品牌形象，以及生产、销售和服务等方面形成竞争优势和效率得以提高。

3）需求原则

当今市场从卖方转向了买方。企业的产品必须符合买方的需求才能实现市场价值，否则工艺再考究，产品性能再完美也将是废品。如，对于有色金属的矿物加工，如果买方要求的杂质含量标准达不到，那么无论矿物加工工艺流程是多么的节能或完美，都将无济于事。

4）系统原则

企业技术创新不仅仅是技术部门或研究部门的事，而是贯穿企业价值活动的全过程，技术创新的形成和实现一般包括创新设想形成、创新项目确定、研究开发、制造、试销、批量生产六个阶段，因此，企业的技术创新必须是各个环节的相关部门协同攻关，合理进行，才能达到技术创新的效果。

5）全技术原则

凡是技术的改进都可称为创新，并不一定非高新技术或先进技术方面的创新莫属。如生产企业销售技术的改进，收款方式的革新等。很多实践经验证明，企业技术创新应该坚持全技术原则。

6）发展原则

人类科技发展日新月异，市场竞争越演越烈，消费需求变化迅速，要求企业不断进行技术创新。因此，要发展就必须创新，而创新必须有发展的眼光。

7）风险原则

技术创新的风险性是指技术创新并不一定获得成果或多大程度上获得成功，具有很大的不确定性。因为技术创新作为一种具有创造性的过程，必然涉及或受到许多可变因素以及难以估计、不可控制的因素的作用或影响。因此，要求企业在创新活动中既要量力而行，又要经过严密的组织，按照科学的程序和方法来进行决策，特别是情报信息的收集、分析、预测和论证的决策工作。

9.2　矿物加工企业技术创新的类型与战略模式

在实际的矿物加工企业技术创新过程中，各个国家、企业根据自身的条件，会采取不同的创新类型和不同的战略模式，如美国企业侧重自主开发，日本及其他后进国家的企业则侧重技术引进。

9.2.1　矿物加工企业技术创新的类型

关于技术创新的分类方法有很多种，主要的三种分别是：经济增长理论中的希克斯（Hicks）分类法、世界经合组织 OECD 分类法以及创新经济学中的 SPRU 分类法。不同的分类方法有其不同的研究用途。除了以上三种分类方法，还包括其他的方法，如从企业创新战略角度，有人将技术创新分为自主创新、模仿创新和合作创新；从创新范围，可以分为国家创新、产业创新与企业创新。

按照世界经合组织 OECD 的分类方法，把技术创新分为产品创新和工艺创新。下面分别进行叙述：

1. 产品创新

产品创新是指企业通过创新获得并在市场上首次实现新产品商业化的过程，包括新设想产生、研发、设计与研制、商业化生产、营销服务和扩散多个环节。

按照产品技术变化量的大小，产品创新可以分为重大产品创新和渐进产品创新。

1）重大产品创新

重大产品创新是指产品用途及其应用原理有显著变化的创新。如 1915 年，蔡斯（Zeise）首次合成了黄药，推动了选矿技术，特别是浮选工艺的快速发展。重大的产品创新往往与技术上的重大突破相联系。

重大产品创新包括换代型产品创新和全新产品创新。

换代型产品创新是指企业采用新材料、新零部件或新技术，使产品功能有重大突破的创新。如各种类型的振动筛已经在原有基础上，发展到 50 多种，如多角度筛分机、超声波筛和旋流细筛等等。

全新产品创新是指应用新原理、新结构、新材料和新技术制造的前所未有的新产品。它是企业应用科学技术的新成果，再将其转化为现实产品的一系列活动。如 1890 年，美国 C. M. 博尔（Boll）等发明了电磁磁系的圆筒式磁选机，并用于选矿，在当时的情况下，就是全新型创新产品。

2）渐进产品创新

渐进产品创新是指在技术原理没有重大变化的情况下，基于市场需要对现有产品所作的功能上的扩展和技术上的改进。如拉默拉（lamella）型浓缩机的效率比一般浓缩机高 10 ~ 20 倍。我们不能轻视渐进或改进式的创新，正是这类创新，不断地吸引大量的顾客，为企业产品开辟了广阔的市场前景。

渐进产品创新包括模仿型产品创新和改进型产品创新。

模仿型产品创新是指企业模仿市场上已经出现的产品,有时在仿制时有可能对局部(如颜色、样式等)做出改进和创新,但基本原理、功能和结构还是仿制的。这种创新是产品创新的初级形式。如各种可见光拣选设备,虽然其型号不同,但基本原理都是一样的。

改进型产品创新是对原有产品进行局部改进,以增加规格型号,提高产品质量,改进结构功能,节省能耗,变更一部分原材料等。这种形式的产品创新适合于该产品的市场尚未饱和,但原产品的使用缺陷已经影响到企业的经济效益,如果不加改进,势必会给企业带来不利的影响。

企业创新的实践证明,产品创新是企业技术创新的核心活动,是企业生产经营的主要活动。企业创新一般是从产品创新开始的,因为一种新的市场需求总是表现为产品需求。产品创新是现代企业成长的基础。对中小企业来说,产品创新既是创业的重要途径,又是发展的必由之路。尤其是在高技术产品领域中,产品创新领先的时间不断缩短,没有持续的产品创新,企业就难以保持自己的竞争地位。

2. 过程创新

1)过程创新的概念和分类

过程创新是指产品的生产技术的变革,包括新工艺、新设备和新的组织管理方式。

过程创新的涵义包括三个方面:一是对生产装备及工艺的改进和更新;二是对生产过程的重组,这是更高一个层次的过程创新活动,是对新的生产技术的运用,是对提高生产效率所做的根本性的创新活动;三是既有对生产装备的更新,又包括对整个生产过程的重组,是最高层次的过程创新活动,代表着企业生产方式的革命。

2)产品创新和过程创新关系

在企业的技术创新过程中,产品创新和过程创新之间存在着一定的依赖性和交互性。先进的生产设备和生产工艺在降低生产成本、提高企业的劳动生产率的同时,又有利于提高企业的产品质量,并能更好地推动产品创新成果的产业化、商品化,实现产品创新效益。反之,由于过程创新能力弱,企业生产设备陈旧,生产工艺落后,最终使得企业产品创新或因生产工艺"瓶颈"而不能实现,或因效益差而缺乏应有的市场竞争力,因此,过程创新是提高企业的技术水平和产品创新能力的必要途径,是提高企业竞争力的必要手段。

同时,产品创新和过程创新存在较大差异:

(1)侧重点不同。产品创新侧重于创新活动的结果,而过程创新侧重于生产这一结果的过程。

(2)手段不同。产品创新能够制造产品的差异化,而过程创新可以降低企业成本。

(3)面向对象不同。产品创新主要是向市场提供产品,其用户可能很多,身份可能是消费者,也可能是生产者,而过程创新只有在少数情况下,才向市场提供,其用户的身份只能是生产者,而多数情况下由企业自身享用创新成果。

(4)补偿方式和所需时间不同。产品创新的价值补偿通常可以通过产品的市场销售很快收回;而过程创新的价值补偿多数情况下是通过资产折旧、生产效率提高后,得到补偿。产品创新的价值补偿所需时间相对较短,而过程创新较长。因此,相对产品创新来讲,过程创新很少能取得立竿见影的效果。因而在现实中,人们往往比较重视产品创新,不太重视过程创新。

然而，单纯的产品创新难以长期维持其竞争效益，必须依靠过程创新。产品创新过程中必须考虑现有的工艺基础。因而，将产品创新和过程创新相结合才可以构成企业组合创新效益实现的基础。在企业持续的技术创新过程中，这两个创新活动是必不可少的，是企业生存、发展和壮大必不可少的技术经济活动。

3）产品创新、过程创新与新技术的寿命周期

在技术寿命周期的各个阶段，产品创新和过程创新具有各自不同的意义。企业所生产的任何一项产品在其整个寿命周期中都包含有产品创新和过程创新。

在技术导入阶段，产品创新的速度很快，然而，过程创新逐渐超过了产品创新。产品设计和特性的重大变化阻碍了产品过程的标准化。

在技术导入阶段，主导设计一旦出现，产品和过程创新非常活跃。竞争的焦点在于实现产品的功能，并为市场所接受，所以创新主要体现为提高产品功能和实现产品设计的产品创新。在技术发展阶段，产品创新速度不断减缓，过程创新的速度相应增加。竞争的焦点在于提高质量，实现大批量生产，因此，材料、设备以及管理等的专业化显得非常重要。创新类型转向以过程创新为主要内容。进入技术成熟阶段，产品创新的速度骤降，而过程创新速度也相应达到极值。此时，竞争的焦点在于降低生产成本，因此主要是以降低生产中活劳动和物化劳动的消耗、进一步提高劳动和资本生产率为目的的过程创新，产品创新则主要以针对目标市场的多层次需要增加该类产品的品种和规模为内容。接下来企业要考虑是否需要投入大量资源，升级技术，继续创新，否则进入衰退期。在技术衰退期，一般可能只存在产品或工艺的局部改进，产品寿命周期的延长在更大程度上依赖于市场创新。一般情况下，现有的技术和产品会很快被新的主导设计所替代。因此，按照产品的技术寿命周期和市场周期，企业对换代产品的开发应有的预见和准备，即实行"四代同堂"（生产一代、试制一代、预研一代、构思一代）的策略。

9.2.2 矿物加工企业技术创新的战略模式

技术创新是一个复杂的过程，包括构思、研发、设计和制造、控制及用户反馈等一系列活动。技术创新过程不仅是技术的变化，也是组织管理、营销方式的改变。依据技术资源和技术能力的来源，技术创新战略模式可以分为三种：自主创新模式、模仿创新模式和合作创新模式。

1. 自主创新模式

1）自主创新的概念及特点

自主创新又称内源创新，是指创新主体以自身的研究开发为基础，实现科技成果的商品化、产业化和国际化，获取商业利益的创新活动。

（1）企业进行自主创新具有一系列优点：

①有利于创新主体在一定时期内掌握和控制某项产品或工艺的核心技术，在一定程度上左右行业的发展，从而赢得竞争优势；

②在一些技术领域的自主创新能促进一系列的技术创新，带动一批新产品的诞生，推动新兴产业的发展；

③有利于创新企业更早积累生产技术和管理经验，获得产品成本和质量控制方面的经验；

④自主创新产品初期都处于完全独占性垄断地位，有利于企业较早建立原料供应网络和牢固的销售渠道，获得超额利润。

（2）自主创新的缺点：

①需要巨额的投入，不仅要投巨资研发，还必须拥有实力雄厚的研发队伍，具备一流的研发水平；

②高风险性，自主研发开发的成功率相当低，在美国，基础性研究的成功率仅为5%，50%能获得技术上的成功，30%能获得商业上的成功，只有12%能给企业带来利润；

③时间长，不确定性大；

④市场开发难度大、资金投入多、时滞性强，市场开发投入收益较容易被跟随者无偿占有；

⑤在一些法律不健全、知识产权保护薄弱的地方，自主创新成果有可能面临被侵犯的危险，搭便车现象难以避免。因此，自主创新主要适用于少数实力超群的大型跨国公司。

2）企业进行自主创新的要求

在任何一个行业内，不是所有的企业都能够成为行业领先者，也不是领先企业都能在该行业长久存在，但是，自主创新是对行业领先企业的一个基本要求，企业要实现自主创新，需要一系列客观的要求。

首先，担任创新主角的企业家要有强烈的创新精神和进取精神，要有敏锐的市场洞察力，能够更早的预见市场、技术的变化动态，更要对一旦出现的市场机会的把握和决策能力。

其次，对自身研究开发能力的高投入和相应的组织保证。一个行业内，有竞争优势的企业一般研发投入占销售收入的比例在5%以上，行业领先企业有的达到20%。

再次，自主创新在一定程度上，具有相当的率先性。要做到这一点，企业还必须有快于其他企业的敏感和迅速的市场反映能力。市场总是无情和快速变化的，技术创新的本质就是要求技术和市场的结合，一个只重视技术而忽略市场的企业永远不可能开发出领先行业的产品，在结合市场上，要有对市场信息和变化有及时的认知并做出相应对策的能力。

最后，自主创新的效益高低取决于创新企业的市场营销能力，企业研究开发的产品或服务的最终裁定者是市场，而在技术创新成果的商业化过程中，商业化效果的好坏直接影响企业技术创新的效果，甚至影响企业的生存。

2. 模仿创新模式

1）模仿创新的概念及其特点

模仿创新是指创新主体通过学习模仿自主创新者的方法，引进、购买或破译自主创新者的核心技术和技术秘密，并以其为基础进行改进的做法。模仿创新是各国企业普遍采用的创新行为。

模仿创新的优点：企业可以利用资金优势加速新产品、新工艺的开发，不必参与创新过程就能享有创新成果；可以把握新技术发展的动态，能将外部科技资源内在化。缺点：企业不能分享创新过程的信息和经验，不利于企业技术能力的提升，一次性投资过大，缺乏有效的管理等。

2）模仿创新的过程

模仿创新一般有三个阶段：

第一阶段，简单型复制模仿。这一阶段包括产品设计、制造工艺、测试方法、材料配方、技术标准，关键设备和样机的引进。它的基本特点是简单模仿国内外产品的工艺，属于低级阶段，基本上是对引进的有形资源的照搬照抄，企业在这一阶段往往不能掌握引进技术的原理和诀窍，对技术输出国的依赖性很强。但对企业来说，毕竟是一项新技术的应用，使企业的技术水平上了一个新的台阶。

第二阶段，创造性模仿。该阶段的特点是减少了对技术输出国的依赖，在消化、吸收、引进技术的基础上对关键设备或工艺技术实施国产化，使企业的产品和工艺设计能力有很大的提高。该阶段虽然仍以维持引进产品的性能进行工艺创新为主，但随着技术的国产化，引进技术的质将发生重大变化。

第三阶段，改进型创新。通过前面两阶段的实施，技术引进的主体具有了一定的生产能力，掌握了引进技术的基本原理和专有技术，达到了消化、吸收的目的。该阶段，企业在技术积累的基础上逐步形成了自我研究开发的能力，能够根据市场的需求，通过自身的研究和开发进行改进型创新，充分利用引进技术的扩散作用进行新产品功能的开发，并扩大引进技术的应用领域。这种改进型创新的出现是模仿创新的真正意义所在。它标志着对所模仿技术的成功消化和吸收，表明引进主体已摆脱了对技术输出国的依赖，走上了技术自主的道路。

3）模仿创新的方式

在企业创新的过程中，都会或多或少的遇到一些技术难题和困难，需要去面对和解决。因此，制订正确的战略是企业模仿创新活动中极为重要的部分，它能使企业在激烈的竞争环境中，把握正确的创新方向，抓住时机，加速发展，获得模仿创新的成功。企业一般可选择的模仿创新如下：

（1）内部开发型方式。内部开发是指没有其他企业的参与和介入，仅依靠企业内的人员进行模仿创新项目的开发。这种模仿创新方式不仅可以防止技术机密的泄露，也可以杜绝合作伙伴有意的机会主义行为，更为重要的是，技术开发通常都伴随着知识和信息的交流，开发工作效率和自身的创新能力的提高。但这种模仿创新方式也存在一定的局限性，要求中小企业具有较强的科研力量和足够的资金，这也是多数中小企业所缺乏的条件。

（2）联合开发型方式。企业在平等互利的基础上，结成较为紧密的联系，互相取长补短，共同开发市场，从而有利于自己的创新和发展。采用联合开发战略的企业可以更有效地利用有限的资金和技术力量，弱弱联合，优势互补，克服单个企业无法克服的困难和危机，取得模仿创新成果。我国中小企业可采取的战略模式有：一是行业协作性模仿创新联合方式，即产业相关度较高的若干小企业组成联盟，利用本行业的资源、人才、技术等优势，组成技术开发小组，以合同形式明确规定各方的权利和义务，进行项目开发；二是区域联合创新方式，即由地方科委、企业、大专院校、科研院所等单位本着互惠互利的原则参加，地方科委根据国家的产业政策和经济政策，协调企业、科研院所、金融部门为某一项目成立专门的技术开发小组，以合同形式明确规定各方的权利和义务，以及要实现的目标，推动区域科技进步和经济发展。

（3）依托型方式。所谓依托，即中小企业选择大企业配套的技术项目，作为大型企业的零部件供应商，积极与大型企业保持技术协作，实现企业间优势互补、协同发展。这种方式一方面可尽量减少与大企业间的竞争；另一方面还可以利用大企业求得自身生存。由于大企业的经营规模庞大，市场销售稳定，能够给中小企业带来稳定的市场，减少了中小企业的经营风险，而且中小企业通过为大企业配套生产，在资金、技术、市场、管理、信息等诸多方面会得到大企业的支持，中小企业的技术提升速度大大加快，可以获得高水平的经营管理，尤其是创新能力，有利于缩短研究开发周期，降低创新成本。

（4）开放型方式。指中小企业自身模仿创新的能力很低，不能做到自主开发或联合开发，最后依托社会力量来实现技术创新项目的开发，技术、资金、人才、市场及管理等，都可靠社会力量来提供，中小企业依据自身特长，如企业有资金、设备、市场、组织协调能力等，处于模仿创新的主体地位，社会开发力量向企业聚集。

这种方式要求企业有较强的协调能力和宽容性，因为企业不可能独占技术创新成果，技术创新的成果由多位开发者所共享，但是，对自身技术创新能力较弱的小企业来说，这是一种合适的方式选择。这种选择的主要方式是企业与地方科委、科研院所、高等院校等之间的合作，地方科委、高校与科研院所是我国智力最密集地带，聚集着各研究领域的人才，由于中小企业技术力量较为薄弱，无法推动模仿创新活动或难以提高模仿创新的层次水平，只有充分利用社会力量，发挥各自优势，实行技术和资源的互补，才能达到缩短模仿创新周期，提高模仿创新质量，降低创新风险，实现成果共享和共同发展的目标。

（5）虚拟研究开发方式。随着社会由工业社会步入知识经济社会，企业研究开发活动创新的来源无处不在，中小企业可以与高校、科研机构建立长期稳定密切的关系，将其作为企业的研究开发机构，行政上不存在隶属关系，即作为企业的虚拟的研究开发机构，其虚拟性不在于职能上，而在于组织方式和体制上，对于虚拟的研究开发机构的技术研究成果可以作为一种投入要素，如折价入股，也可以采用技术买断方式，一次性收购，这种方式对缺乏技术力量的中小企业模仿创新功能是极大的补充和加强。

4）自主创新与模仿创新的比较分析

（1）自主创新与模仿创新的风险比较。自主创新是一项高风险的创新活动。据统计，在技术创新研究开发项目中，只有60%的研究开发计划在技术上可行，其中30%能够进入市场，进入市场后的成功率仅为12%。而模仿创新主要特点之一就是能够有效降低创新风险，一般从技术、市场、管理和资金四个方面来进行：

①技术风险。自主创新的技术风险主要是由于创新活动的不确定性所引起的。主要表现在：技术上成功的不确定性、技术前景的不确定性、产品生产和销售服务的不确定性、技术效果的不确定性，以及技术寿命的不确定性等。而模仿创新则滞后进入新技术领域，不做开拓探索者，回避了率先性的技术研发活动，避免了大量技术探索中的失误，大大降低了其技术开发活动的不确定性，从而有效降低了创新中的技术风险。

②市场风险。自主创新的大部分产品，必须经历一个性能质量被用户逐步认识，价格服务为用户逐步接受，逐步替代原有产品的过程，有较大的市场风险。这种风险主要是由于自主创新产品需求的不确定性引起的，主要表现有：难以确定市场的接受能力、难以确定市场接受时间以及市场竞争能力等。而模仿创新企业所进入的则是自主创新已成功开辟的市场，能够充分享受到率先开辟新市场投入的诸多外溢效益，回避新市场成长初期的不确定性，具有投入少、风险低等的优势。

③管理风险。管理风险主要是指自主创新企业在创新过程中因管理不善而导致创新失败所带来的风险。它主要包括：创新意识不强而带来的风险、自主创新决策失误而带来的风险、自主创新企业组织结构不合理所带来的风险等。而模仿创新者不仅能够最大限度地学习和完善率先者的产品技术，而且可以最大限度地吸取率先者在管理上成功的经验与失败的教

训，有效回避率先者的管理风险。

④资金风险。资金风险是指因资金不能适时供应而导致创新失败的可能性。率先性技术研究开发需要高额的投入，需要大量的资金和人才，率先技术创新的不确定性也带来创新投入的不确定性，如果自主创新企业实力不雄厚，实际所需投入要比自主创新的资金投入低。此外，模仿创新减少了自主创新技术上的不确定性，也减低了资金投入的风险。

（2）自主创新和模仿创新的投入比较。从生产成本角度看，自主创新与模仿跟进者之间确实存在着生产成本壁垒。自主创新由于生产工人在生产实践中学习训练、生产技能积累、废次品率下降、生产耗时缩短、物质消耗下降和生产效率不断提高等原因，其自主创新产品的单位生产成本也就随着累积产物的增加而下降，而跟进企业的生产成本则相对高于自主创新企业。实际上，企业的总投入不仅仅只包括生产成本，还包括研究开发成本、试制成本、销售成本等，即使是生产成本，也有固定成本和变动成本之分，能够随累积产量而下降的显然只是其变动成本，因此，相比较而言，模仿创新产品的研究开发成本、试制成本和销售成本一般要低于自主创新，即使是变动成本，模仿创新也处于劣势。

（3）自主创新和模仿创新的产出比较。从理论上分析，自主创新产品如果能够成功地投入市场，肯定有较大的利润空间，然而，由于模仿创新的优良投入及运作特性，其投入产出比也未必低于自主创新。

3. 合作创新模式

1）合作创新的概念及其特点

合作创新是指企业与科研机构、高等院校、其他企业间联合开展创新的做法，是自主与模仿相结合的创新活动。

其优点：缩短企业创新时间，增强企业竞争地位；有助于企业打破行业壁垒，以较低的成本进入新产业；有助于企业参与分摊创新成本和分散创新风险。

随着全球性的技术竞争不断加剧，企业技术创新活动中面对的技术问题越来越复杂，技术的综合性和集群性越来越强。即使是技术实力雄厚的大企业也会面临技术资源短缺的问题，单个企业依靠自身能力取得技术进展越来越难。因此，以合作方式进行重大的技术创新，将成为新形势下企业技术创新的必然趋势。

2）合作创新的种类

最常见的合作创新有两种：

（1）产学研的合作创新。它是指企业与高校、科研机构的合作创新。后者一般具有较强的研发能力，但缺乏设计、生产和销售的能力，如果企业能够与高校、科研机构联合创新，就会形成优势互补、共同发展的局面。合作的内容包括：合作研究开发、技术转让、共建基础或新企业等。而企业采取产学研合作创新，会带来双赢效果。一方面有助于企业借助高校、科研院所拥有的雄厚科研力量，提高技术创新水平；另一方面，也有助于高校、科研机构科技成果的转化。

（2）企业间的合作创新。它是指企业间联合共同创新的模式。伴随全球经济一体化速度的加速，产品寿命周期缩短、技术创新所伴随的高投入和高风险等多种因素，都推动了企业间的合作创新，甚至原本是竞争对手的企业也从事合作。

通过国际合作引进资金和先进技术，可以缩小与世界先进水平的差距，在消化吸收的基础上提高自身技术水平。我国企业技术创新广泛采用与国际优势企业合作的战略模式。

国内企业间开展合作可以有效利用各种资源，避免资源浪费，同时也可以使企业分散风险，形成优势互补。

对比分析上述三种技术创新模式的特点，可以发现，自主创新模式的知识获取渠道源于内部，而模仿创新和合作创新模式则源于外部。三种模式的技术学习方式也不尽相同：自主创新模式主要是从研发及创新模式网络中获取知识，模仿创新模式是在观察模仿及培训中进行学习，而合作创新模式则是合作和研发过程中学习。

9.3 矿物加工企业技术创新与产业组织

1. 产业组织的概念与内涵

产业即行业，其含义是生产同一类或具有密切替代关系的商品生产者在同一市场上的集合，这些生产者之间的相互关系结构就是所谓的产业组织。因此，产业组织是指某一行业内的企业组织构成及其重组和创新，是同一行业中企业关系的总和，其核心在于协调规模经济和竞争的关系，寻求最有利于资源合理配置的市场秩序和企业行为。

产业组织理论的主要研究内容包括市场结构、市场行为、市场绩效以及三者之间的互动关系，表现为产业内企业与企业之间、企业与市场之间的相互关系。其中市场结构是指构成市场的买方(企业或消费者)之间、卖方(企业)之间、买卖者集团之间，以及市场上已有的买者和卖者与准备进入市场的买者和卖者之间的竞争或垄断关系；市场行为是指企业为提高获利能力和追求更高市场占有率所采取的战略性行为；市场绩效是指在特定的市场结构和市场行为下市场运行的效果。

在该理论框架中，特定的市场结构决定着市场行为，市场行为又决定了市场的结构和绩效，三者是相互影响和相互作用的。随着对产业组织理论研究的不断完善与发展，技术进步与技术创新已成为现代产业组织理论体系中的一个重要内容。

2. 技术创新与产业组织

1) 技术创新与市场结构

市场是促进技术创新活动的重要因素之一，按照市场竞争程度的高低，一般将市场结构分为完全竞争市场、垄断性竞争市场、寡头垄断市场和完全垄断市场。市场结构对技术创新的影响主要表现在市场集中度、企业规模和进入壁垒三个方面。

(1) 市场集中度对技术创新的影响。

市场集中度是衡量市场结构的主要尺度，不同的集中度反映了市场上企业间的垄断和竞争的基本差异。垄断与竞争是影响市场集中度的两个主要因素，从理论分析来看，垄断与竞争对技术创新而言都是一把"双刃剑"。

一般而言，产业的集中度较低，意味着进入低壁垒，则技术创新成果很容易被模仿，企业技术创新利润率低，使其缺少进行研究和开发的资金支撑，因此，市场结构的集中度过低，资源分散，不利于推动企业的技术创新。一方面，在集中度高的市场结构中，市场的垄断性较高，意味着进入高壁垒，垄断企业资金充足、技术开发能力与风险承担能力强，创新能力也强，而且创新不容易被模仿，可以促使技术创新企业获得超额利润，因此，其创新动力大；另一方面，高市场集中度会导致核心技术只集中在少数企业手中，垄断企业为获得更多的超额利润，会采取各种手段阻止技术扩散与模仿。同时，过高的集中度会使企业缺乏有力的竞争对手，从而使企业创新动力不足，在某种程度上不利于技术创新，过多的垄断和过多的竞争都可能导致创新活动的减少。

（2）企业规模对技术创新的影响。企业规模存在扩大和分散两种趋势，大型企业拥有充足的 R&D 资源，包括人力资源、资金和良好的协作条件，可以依靠技术创新长期发展。根据 OECD 调查，在 OECD 范围内，全部工业 R&D 的三分之二左右是由那些雇员超过 1 万人的大公司完成的。

小企业在 R&D 实力、资金筹措等能力上虽然不如大企业，但它具有灵活、专业化程度高等优势。小企业的创新动力主要来自强大的竞争压力以及市场需求，小企业的灵活性使它创新效率比较高，产出与投入之比高于大企业，另外，据有关调查研究，小企业的创新速度也优于大企业。

从统计分析来看，企业规模与技术创新之间并不存在确定的对应关系，规模大小不是决定技术创新的唯一因素，创新过程的特征、不同产业的技术经济特征都会影响规模与创新的关系。一般，大型企业所从事的技术创新模式主要是自主创新模式，而小企业的创新模式则主要是模仿创新模式。

（3）进入壁垒对技术创新的影响。进入壁垒是指准备进入或正在进入的新企业在与产业内已有企业竞争过程中，遇到的障碍或不利因素。高的市场进入壁垒可以使企业技术创新成果不易被模仿，从而使企业获得超额利润，但是在高壁垒的情况下，技术只掌握在少数企业手中，不利于技术扩散。同时，高的市场进退壁垒使企业缺乏竞争对手，从而降低其创新的活力。正如鲍莫尔的可竞争市场理论中所说，只要存在一个进退无障碍的市场结构，潜在的竞争压力就会迫使任何市场结构下的企业采取竞争行为，从而取得较好的市场绩效，即相对自由的市场环境有利于技术创新。

2）技术创新对产业组织结构的优化作用

产业组织结构与技术创新是相互作用的关系，技术创新受产业组织影响的同时，对产业组织的优化、产业竞争力的提升也起到了推动作用，具体表现如下：

（1）技术创新通过改变需求结构拉动产业结构调整。市场需求是某一产业存在的根本原因。根据马斯洛需求层次理论，一旦低层次的需求被满足，高一层次的需求就会出现。由于科技的不断进步，人们生活水平不断提高，人们的消费重点也由温饱型向舒适型转变。需求结构的改变促进产业结构的改变，高新技术产业、信息产业以及环保产业逐渐显现出重要地位。

（2）技术创新有利于资源在各产业间的流动。技术创新可以认为是市场经济主体进行资源重组的过程。人力资源、物质资源、资本资源在重组后创造出新的价值，新产品、新工艺、新材料、新技术不断被发明，并得到利用，创造了新的生产活动的领域，拓宽了社会分工的范围，使新的可替代的资源得到了利用，节约了现有的生产资源；提高了资源的使用效率，使资源流向发生了改变；技术创新使劳动生产率提高，减少了对劳动力的需求，部分劳动力会从技术创新的领域分离出来，向需求上升的产业转移，实现人力资源的产业间流动。

（3）技术创新可以促进产业升级。新技术的出现是对原有技术的突破，在市场机制的作用下，社会需求结构变化使新技术得到广泛应用，各个生产部门之间由于技术创新水平的差异而不平衡，实现技术创新的产业部门成长更加迅速，旧的产业部门因为没有技术突破，导致生产效率和增长速度落后而逐渐降级甚至淘汰。因此，产业部门发展过程中市场选择的优胜劣汰实际上就是一个产业升级的过程。在这个过程中，微观上一项或几项技术创新得到积累必然导致宏观上产业结构的不断优化和调整。

9.4　国家创新系统与矿物加工企业自主创新

创新是一个民族进步的灵魂，是国家兴旺发达的不竭动力。世界经济发展历程已充分证明：技术创新是人类财富之源，是国家经济发展的源泉与动力。

9.4.1　国家创新系统

20 世纪 70 年代，西方工业国家的经济开始停滞，而日本等国家通过产业政策、政府干预等手段使本国经济快速增长，这引起人们的广泛关注，许多人在研究技术创新理论的过程中，开始将国家和产业等宏观因素考虑其中，逐渐形成了国家创新系统理论。

1.国家创新系统的内涵与发展

一般而言，国家创新系统是一个以国家为基本单位，在一国范围内参与创新资源配置的有关机构和部门组成的推动创新活动的开放网络系统。它包括若干基本的行为主体、关系网络、创新政策和创新机制。

国家创新系统的概念可以从五个方面来理解：

(1)国家创新系统是一个以国家为基本单位的开放的网络系统。国家创新系统要以国家的存在为前提，同时强调国际交流和竞争，具有开放性。

(2)这个系统既包括若干基本结构要素(行为主体)，也包括创新政策和创新机制，强调制度创新和组织创新在推动技术创新中的重要作用。

(3)国家创新系统的行为主体包括企业、科研机构、教育与培训机构、政府部门、中介机构和基础设施等。

(4)国家创新体系中的创新活动是创新主体和要素之间的一种互动行为。

(5)国家创新系统的功能主要是促进和进行创新活动，以推动经济发展和社会进步。

2.国家创新系统的组成要素

国家创新体系是由一组相对独立又功能相关的机构和部门之间相互作用而形成的开放的网络系统，其构成要素既包括创新活动的行为主体，以及各行为主体间的相互作用。

1)创新活动的行为主体

(1)企业。企业作为技术研究的主要力量，是国家创新系统的行为主体。企业的创新活动是市场驱使的经济活动，其创新活动以创造收益、扩大市场占有率为主要动机，受市场需求的引导，因此，大部分企业的技术研发主要集中于应用技术和新产品研发。可以说企业是连接创新成果与市场的一座桥梁。企业的创新不仅包括技术创新，也包括管理创新、制度创新、组织创新和文化创新，在发达国家的企业往往还参与知识创新，特别是技术知识的创新。

既然企业是国家创新系统的主体，其创新能力也影响着一国的创新能力，而创新的不确定性决定了企业在创新过程中必然要承担各种风险，这成为阻碍企业创新的瓶颈，因此，政府应制定相关政策来促进并引导企业创新。

(2)科研机构。科研机构包括大学研究机构、国家科研机构以及民间非营利性科研机构。科研机构与企业性质不同，其创新活动一般属于非营利性，注重基础研究，国家科研机构则主要开展与国家利益紧密相关、涉及国计民生的高风险、耗资大、企业无力承担或不愿开展的技术研究，其研究项目带有公益性。科研机构的主要职能是实现知识传播、增强人才培养、提高人民生活质量等。

(3)教育与培训机构。教育与培训机构主要包括各大中院校、继续教育体系和职业培训系统等。教育培训机构的主要职能是为国家创新体系提供各种高素质人才，包括技术人才以及各种管理人员。人才的培养可以使创新充满活力，也促进技术的扩散和转移。部分教育机构在培养人才的同时也展开科研，这种教学与实践模式相结合的教育模式有利于人才的培养。另外，有些企业为自身发展，也在企业内部实行各种培训活动，提高员工技能。

(4)政府部门。政府作为国家创新系统的协调者，其作用不言而喻。在国家创新系统中，政府的主要作用是政策制定、提供支持、实施保证和资源配置等。

创新政策可以分为供给、需求和环境三个方面，其主要任务是规范创新主体行为、保护创新主体利益、维护国家和公众利益，为创新活动提供良好的环境。

政府在国家创新体系建设中的主要职能之一是采取一系列手段鼓励创新主体的创新行为，为其分担风险，提供技术和资金支持。主要包括以下方面：①政府直接资助，分担创新风险。一般政府承担创新费用的20%～50%，企业承担50%～80%。政府还可以通过政策性贷款，支持企业的创新活动。②税收政策。一般采用R&D投入部分冲抵所得税、技术资本投入部分冲抵所得税、新产品开发税收减免等措施。③信贷政策。对于长期投资，降低投资利率；对于新产品和新服务的开发，政府采取优惠信贷政策予以扶持和鼓励。④政府采购。政府在采购办公用品或政策性用品时，对新产品、新服务和新企业予以扶持和优先采购，鼓励高技术企业和新产品开发。⑤产业政策。政府引导和推动产业升级和产业结构优化的主动政策，常对高新技术产业予以倾斜。⑥风险基金。政府对风险基金采取鼓励和扶持政策，有些国家的政府还建立了风险基金，支持新产品开发和新企业的发展。⑦协调政策。政府出面，组织政府科研机构、大学与企业，开展互惠互利的合作。⑧技术转移。许多国家，如美国等，政府制定了专门的法规，要求政府科研机构加速向企业转让技术，并对成功的技术转移给予奖励。⑨提供基础设施。政府创建了许多具有公共性质的创新基础设施，为企业的创新提供服务。如高技术工业园区、生产力促进中心、创新中心、创新网络、工程研究中心等。⑩知识产权保护以及国际合作政策等。

(5)中介服务机构。中介服务机构包括生产力促进中心、技术咨询机构、工程技术研究中心、高科技园区、创新中心、孵化器及风险投资机构等，它是创新体系主体相互作用的纽带，其主要职能是提供信息服务、交易场所、资金和保险服务等，中介服务机构是创新活动分工的产物，它的存在促进了技术转移，为支持中小企业的技术创新提供支持，减少创新成本，降低创新风险。

2)各行为主体的联系和相互作用

各行为主体的协同合作是完善国家创新系统的重要因素。世界经合组织(OECD)认为，在国家创新系统中，各创新要素间的相互作用对技术创新起着至关重要的作用。各行为主体的相互作用主要包括：①企业之间的合作，主要是技术合作；②企业与研究机构的合作，企业可以促使研究机构的科技成果商业化，而研究机构的一些基础研究成果也为企业的技术创新提供了基础和平台，两者之间的技术交流和人才流动促进了技术扩散和转移；③中介服务机构与其他行为主体的合作，中介服务机构为各行为主体的相互联系减少障碍，促进知识的传播和技术创新活动的开展；④政府与其他行为主体的合作，政府通过创造良好的环境、规范行为主体活动、提供政策和资金上的支持，促使各行为主体的健康发展和相互协调。

3）国际交流

国家创新体系是一个开放的系统，绝对封闭的国家创新系统是注定要失败的，各国之间创新资源的输入和输出使国家创新系统充满活力，并能不断发展壮大。应加强国际合作，包括学术交流、招商引资、技术合作等。

9.4.2　矿物加工企业自主创新

1. 矿物加工企业自主创新的特点

1）独立性和内在性

自主创新的内在性是自主创新的本质。自主创新所需的关键和核心技术主要源于创新主体内部，依靠自身力量，通过独立研发而获得。在矿物加工相关的工作中，遇到的问题往往是独特的、唯一的，如不同的地区，同一类矿石的性质可能也不完全一致，所用流程也不尽相同，因此企业在进行这方面研究时，往往是只能依靠自身的力量来进行。

2）高风险性

根据资料统计，在美国，基础性研究的成功率为5%，技术开发的成功率一般为50%左右，而开发产出的时间也不确定，快则一两个月就可研发成功；慢则可达数十年，甚至以失败告终。而研发出来的产品在投放市场方面也需要企业投入大量资金，因为对于一个企业而言，必须要采取大量的营销和宣传手段，才能尽快使市场接受新的产品，这在一定程度上加重了企业的成本负担。

根据曼斯菲尔德对美国三家大公司自主创新的调查，60%的自主创新项目通过研究开发能在技术上获得成功，但只有30%的项目能获得商业成功，而最终给企业带来经济效益者只有12%。

3）高收益性

成功的自主创新能给创新主体带来巨大的收益，这是毫无疑问的，企业只有掌握了核心技术，才能增加自身产品的附加价值，增强在市场中的竞争实力。

2. 矿物加工企业自主创新的战略意义

1）加强自主创新，是实现创新型国家的重要保证

改革开放以来的三十多年间，我国经济保持快速增长的发展势头，经济总量已位居世界前列，众多产品的产量已跃居世界第一。

在国家经济实力不断增强的同时，人们也日渐深刻地认识到，当今世界，国际间的经济竞争，说到底是综合国力的竞争，其关键正是科学技术的竞争，国家的竞争优势，蕴藏于科学技术的发展水平及推广应用程度之中；而一个国家能否长久地在激烈的国际经济竞争中保持优势，已越来越取决于其科技进步的速度与自主创新的能力。经过这些年的发展，我国已经在科学技术领域初步具备了支撑经济社会发展、参与国际竞争的较强实力。但是，由于自主创新能力不足，缺乏具有自主知识产权的核心技术，相当多的企业和产业正面临知识产权问题。在世界高新技术革命和产业革命的机遇面前，在经济全球化，国际竞争不断加剧的情况下，特别是国内不少行业和企业屡屡在核心技术上受制于人的国情面前，自主创新能力已成为当前影响我国产业竞争力的最大问题。

2）加强自主创新是提高资源利用效率，促进经济发展的根本途径

我国的基本国情是人均资源短缺，土地、森林、水、石油、金属矿产等资源的人均占有水平都显著低于世界平均水平。特别是我国的矿产资源，贫矿多，富矿、易选的矿少，致使商品矿的成本大大增加。我国支柱性矿产大多存在这样的问题。我国铁矿平均品位仅33%，比世界铁矿平均品位低10%，而国外主要铁矿生产国如澳大利亚、巴西、印度、俄罗斯等，其铁矿石不经选矿品位就可达62%的商品矿石品位。我国锰矿平均品位仅22%，不到世界锰商品矿石工业标准48%的一半，且多属难选的碳酸锰。我国铜矿平均品位仅0.87%，而智利、赞比亚分别为1.5%和2%。我国铝土矿几乎全是一水硬铝石，生产成本远高于美、加、澳等国的三水或一水软铝石。磷矿全国平均品位仅17%，富矿储量仅占6.6%，且胶磷矿多，选矿难度大。我国硫矿以硫铁矿为主，贫矿多、富矿少，一级品富矿储量仅占4.3%，而国外大多以自然硫和回收油气副产硫为主。钾盐我国严重短缺，现在利用的盐湖钾镁盐，根本无法与国外固态氯化钾开发的成本效益相比。

在这种条件下，要实现工业化，使13亿以上的人口普遍过上比较宽裕的小康生活，并逐步走向现代化，必须依靠科技创新，改变大量消耗自然资源的粗放增长的模式，走资源消耗少的新型工业化道路。增强自主创新能力，提高资源利用效率，是实现我国社会经济发展目标的根本出路。

加强自主创新是优化经济结构、促进产业升级的重要手段。长期以来，我国经济的高速增长主要依赖高投入和资源的高消耗。当前，我国的经济社会发展正处在一个十分重要的关口，调整经济结构和转变经济增长方式，是落实科学发展观的必然要求，势在必行。而提高自主创新能力则是推进结构调整的中心环节，只有科技和人才要素的全面介入，大幅度提高创新能力，才能大力推进经济结构的战略性调整，逐步实现经济发展从要素驱动型增长向创新驱动型增长转变，才能突破资源、能源和环境的制约，走新型工业化道路，实现全面建设小康社会的宏伟目标。

3）加强自主创新是改善国家贸易环境，提高国家竞争力的主要措施

实践证明，在关系国计民生和国家安全的战略领域，真正的核心技术是买不来的。在激烈的国际竞争中，缺乏核心技术和自主知识产权，将对我国经济社会发展构成严重制约。因此，只有通过提高自主创新能力，才能从根本上增强国家竞争力，自立于世界民族之林。

4）加强自主创新，是推进国防现代化建设的迫切要求

当代科学技术的发展和广泛应用，引发当代一系列军事变革。科技强军是新时期我国军队建设的一项重要任务。为了维护国家的安全、领土完整和实现祖国统一，必须推进国防现代化建设。国防现代化的基础是国防科技工业的现代化。我国国防科技工业的技术来源面临着军事工业发达国家严密的技术封锁，因此即使花钱，也买不来国防现代化。我国只能依靠增强自主创新能力实现国防科技工业的现代化。

本章小结

创新是一个民族进步的灵魂，是国家兴旺发达的不竭动力。熊彼特把创新内涵概括为：（1）生产新的产品；（2）引入新的生产方法、新的工艺过程；（3）开辟新的市场；（4）开拓并利用新的原材料或半制成品的供给来源；（5）采用新的组织方法。

技术创新是企业家抓住市场的潜在盈利机会，以获取商业利益为目标，重新组织生产条件和要素建立起效能更强、效率更高和费用更低的生产经营系统，它既包括一项技术创新成果本身，又包括成果的推广、扩散和应用的过程。技术创新它具有经济性、不确定性、商业化、产业化周期缩短，连续性和系统性等主要特征。技术创新过程模型经历了五代的演变，包括技术推动的创新过程模型，需求拉动的创新过程模型、技术与市场交互的创新过程模型，综合创新过程模型和系统综合网络模型。

技术创新的分类方法有很多种，主要是经济增长理论中的希克斯（Hicks）分类法、产业组织经济学中的 OECD 分类法以及创新经济学中的 SPRU 分类法。其中产业组织经济学中的分类法是微观层次上的分类，而 SPRU 分类法则是在宏观层次上进行的。SPRU 分类法将技术创新分为增量创新、基本创新、技术体系变革、技术经济模式的变更，而 OECD 分类法把技术创新分为产品创新和工艺创新。技术创新主要有三种战略模式——自主创新模式、模仿创新模式和合作创新模式。

产业组织是指生产同一类或具有密切替代关系的商品生产者在同一市场上的集合，现代产业组织理论的主体框架包括市场结构、市场行为、市场绩效及三者之间的互动关系。产业组织对技术创新的影响主要体现在市场集中度，企业规模和进入壁垒这三方面。

国家创新系统是指在一国范围内参与创新资源配置的有关机构和部门之间相互作用而组成的推动创新活动的开放的网络系统，包括行为主体、关系网络和运行机制。其主要构成要素有：（1）创新活动的主体，包括企业、研究机构、教育与培训机构、政府部门和中介服务机构；（2）各行为主体的联系和相互作用以及系统外界的交流。

自主创新是一个国家或企业摆脱了对国外技术的依赖，主要依靠自己的力量进行的技术创新活动，它具有独立性、高风险性和高收益性的特点。在我国"十一五"《国家中长期科学和技术发展规划纲要》中，明确将自主创新，建立创新型国家作为重要的指导方针，把提高自主创新能力摆在全部科技工作的突出位置。

中英文名词术语

创新（Innovation）

增量创新（Incremental Innovation）

增量性改进（Incremental Improvement）

技术体系变革（Change of Technology System）

基本创新（Radical Innovation）

工艺创新（Process Innovation）

产品创新（Product Innovation）

模仿创新（Imitation Innovation）

自主创新（Independent Innovation）

产业（Industry）

合作创新（Cooperate Innovation）

市场结构（Market Structure）

产业组织（Industrial Organization）

市场集中度（Market Concentration Rate）

市场行为（Market Conduct）

进入壁垒（Entry Barriers）

市场绩效（Market Performance）

国家创新系统（National Innovation Systems）

企业规模（Enterprise Size）

技术创新（Technology Innovation）

技术经济模式的变更（Change in Techno-economic Paradigm）

思考与练习

(1)什么是技术创新，其特点有哪些？

(2)矿物加工企业技术创新战略模式有哪些，其特点分别是什么？

(3)什么是产业组织？

(4)什么是矿物加工企业自主创新？其特点是什么？自主创新对一个国家具有什么战略意义？

第10章 矿产资源开发及建设项目技术经济评价

10.1 矿业政策

10.1.1 矿业政策概述

矿业政策是国家针对矿产资源的勘查、开发、利用和保护所制定的产业政策。一般通过法律、经济和行政手段对矿业实行干预。制定矿业政策的目的是为了实现某个时期的社会经济发展的目标。

矿业政策的主要目标是：

(1)促进有潜力的矿产储量增长与消耗速度保持在国民经济发展可接受的范围内，保证国土综合开发和社会经济发展对矿产资源的需求；

(2)建立矿产资源合理开发、有效保护、综合利用、节约使用机制，实现矿产资源的可持续利用；

(3)建立合理的税赋、价格、社会负担机制，促进地勘业和矿产采掘业的健康有序发展；

(4)参与国际资源的合作开发，充分利用国外资金和资源；

(5)确定国家对矿产资源的合理储备，维护国家的经济安全。

10.1.2 矿业政策理论

矿业政策理论即是以经济政策理论为基础，以可行的矿业政策措施为研究对象，以寻求矿业与环境之间、矿业内部企业之间的协调与平衡，进而促进国民经济增长与社会发展为目标的应用经济理论。矿业政策研究包括矿业投资、矿业税收、矿业补贴、矿业研究、矿业复垦、矿产价格管制、矿产储备、矿产资源保护、环境保护、矿产贸易及国际合作等方面的政策研究。

10.1.3 矿业政策实践

矿业政策实践具有较强的空间性与时间性。世界各国政府一般根据本国矿产资源情况、矿产供求情况、社会经济发展水平、国际经济环境等条件，在一定时期内实施特定的矿业政策，以促进经济增长和社会发展。

1. 我国的矿业政策

我国是矿业大国，目前居世界第三。矿业是我国重要的基础产业，矿业政策是我国资源开发政策和经济政策的重要组成部分，其主要内容包括：矿产资源开发利用政策、矿产资源保护政策、国际合作开发政策和小型矿山政策等。

1)矿产资源开发利用政策

根据我国宪法规定，矿产资源属于国家所有，因而在矿产资源的开发利用中强调其国家所有权的性质和强化政府的管理职能。国家对全国的矿产勘查和开采实行统一规划、优化布局、有效保护、合理开采和综合利用，根据需要和资源情况，将某些地区确定为国家规划矿区，而将另一些矿区列为对国民经济有重要价值的矿区。

对于矿产的勘查和开采，实行许可证制度，允许探矿权、采矿权依法流转。根据我国矿产资源人均拥有水平低的特点，提出资源开发与节约并举，把节约放在首位，提高资源利用率；根据我国共生矿、伴生矿多的特点，提出综合勘查、综合开采、综合利用，对综合利用资源的企业实行优惠政策；根据我国的社会经济体制，在矿业开发中，实行以国有矿为主体，国有矿、集体矿、合资矿、私营矿等多种经济成分共存，投资主体多元化，共同发展，对石油、天然气和放射性矿等战略性资源，主要由国有矿山开采。

国家为了鼓励某些矿产的开发，采取各种优惠政策措施。例如，20世纪80年代以来，为了发展黄金生产，采取提价、减税、补贴、建立发展基金、低息贷款等政策，扶持和刺激黄金生产以年均10%以上的高速迅速增长。国家对某些稀缺的、战略性的或者贵重金属矿产品，例如金、银、钨、锑、离子型稀土等，实行统一收购和销售，以把握流通和储备，制止不当消费。

2）矿产资源保护政策

我国的矿产资源虽然总量丰富，但人均拥有水平低，据相关资料，仅为世界人均的58%，而且经济建设与人民生活对矿产的需求量大，供需矛盾突出，因此强调对矿产资源的保护、节约和综合利用。国家根据各种资源的稀缺、贵重程度，将某些资源列为实行保护性开采的特定矿种，目前包括：黄金、钨、锡、锑、离子型稀土、石油、天然气、放射性矿等。申请开采这些矿产，必须经过国务院有关主管部门审批。对矿山企业矿产储量的变化实行报批、登记和注销制度；对矿山企业的"三率"（开采回采率、采矿贫化率和选矿回收率）指标实行监督考核。鼓励矿山企业贫富兼采、大小兼采，对利用表外矿、尾矿和矸石的企业给予优惠。对于从废石（矸石）中回收矿产品的或按照国家有关规定经批准开采已关闭矿山的非保安残留矿体的，免交资源补偿费；对于从尾矿中回收矿产品的，开采未达到工业品位或未计算储量的低品位资源的，以及依法开采水体下、建筑物下、交通要道下矿体的，可以减交资源补偿费。

3）国际合作开发政策

矿产资源开发的国际合作主要包括引进外资与对外投资两种形式，其中以引进外资为主。引进外资勘查开发国内矿产资源，除石油与天然气外，其他矿产包括黄金、金刚石、煤层气、有色金属矿产等，但外资规模不大。国家规定，对于黄金、金刚石、有色金属等矿产的开发，不允许外商独资经营，金矿的对外合资开采只限于低品位、难选冶矿，硼镁石、天青石禁止外商开采。

4）矿产品进出口政策

对钨、锡、锑、稀土等原材料性有色金属矿产品出口执行配额加出口许可证制度，这是目前中国对出口产品最为严格的管理措施。此外，中国还对铅锌精矿、精锌出口执行出口许可证管理，对铜、铝、镍等有色金属冶炼产品出口设定了出口关税。

中国对有色金属产品进口基本上实行放开经营。对矿山原料产品进口免征进口关税，对大宗进口的有色金属原料，特别是铜精矿、氧化铝还在一定控制范围内采取进口优惠关税或优惠进口环节增值税的政策；许多有色金属进口产品可以利用边境小额贸易、进（来）料加工方式，减免关税或进口环节增值税。中国在有色金属产品进口方面基本没有设置什么非关税贸易壁垒，除了为防止大量进口污染物，而对废杂金属进口有较为严格的管理措施外，几乎没有其他的进口审批手续。海关总署已经发布过公告，自 2003 年 6 月 1 日起对铜、铅、锌等 20 种商品停止执行边境贸易进口税收优惠政策，此项举措对国内铜、铅、锌等生产企业意义重大，对支持我国铜、铅、锌工业的发展产生了积极的推动作用。

5）矿业融资政策

矿业属于资金密集型行业，矿业企业的发展对资金的需求很大。扩大企业规模，完善产业链都需要资金的支持，在这种情况下，多渠道融资就成为必然趋势。"拨改贷"之后，矿山企业资金紧张、利息负担加重，而且融资渠道狭窄。这些因素在一定程度上导致了一些资源条件较好的矿山，也因资金问题而得不到及时开发。

我国政府相继发布了《关于向外商转让上市公司国有股和法人股有关问题的通知》和《利用外资改组国有企业暂行规定》，上述两个法规构成我国利用外资改组国有企业的政策体系，对调整和优化国有经济布局将产生重要影响，标志着我国国有企业改革和对外开放已进入一个崭新的阶段。此外，民间资本也已经开始积极投入到矿业。

6）小型矿山政策

小型矿山是指矿产资源储量规模和开采规模均在小型以下的矿山。20 世纪 80 年代以来，国家为了调动各方面的力量与资金发展矿业，同时为了振兴地方经济和帮助广大农民脱贫致富，允许兴办乡镇集体矿山企业、私营矿山企业和个体采矿。其中私营矿山企业是指符合国家有关私营企业的规定，雇工 8 人或以上，具有采矿生产能力，依法持有采矿许可证和营业执照的企业。而个体采矿则是指具有采矿技能、自己直接参加采矿生产劳动、雇工 7 人或以下、依法持有采矿许可证和营业执照的个体工商户。

国家从资源开发管理和资源保护的角度，对集体矿山企业、私营矿山企业的开采范围规定为：不适于国家建设大、中型矿山的矿床及矿点；经国有矿山企业同意，并经其上级主管部门批准，在其矿区范围内划出的边缘零星矿产；矿山闭坑后，经原矿山企业主管部门确认可以安全开采并不会引起严重环境后果的残留矿体。对个体采矿者规定，只能采挖如下矿产资源：零星分散的小矿体或者矿点，只能用作普通建筑材料的砂、石和黏土。

这些小型矿山曾经在一个时期内发展很快，对开发矿业、增加就业和发展经济作出了重要贡献。但也存在着不少严重的问题，如资源利用率低，矿业秩序混乱，影响国有大中型矿山的生产与安全，生产安全与劳动卫生条件差，环境污染严重等。针对小型矿山的这些问题，国家提出了"扶持、改造、整顿、联合、提高"的方针，引导小型矿山健康发展。

7）矿山环境保护政策

我国矿业仍属传统产业，其发展在一定程度上是以资源的过量消耗和生态环境的破坏为代价的。目前我国矿业生产中资源浪费、环境污染的落后生产力还占有相当比重。同时，随着发达国家的环保法制建设不断加强，一些发达国家开始向发展中国家转移严重污染环境的有色金属的生产，例如铅的生产开始大规模向发展中国家转移，在不到 10 年的时间里，我国成为世界上最主要的铅生产和出口国，早在 2004 年，铅的出口量已经占世界铅出口量的 30%。因此，必须严格执法，坚决取缔对人民生命财产安全造成危害的土法炼砷、汞、铅、锌、锡、锑等冶炼工艺；制定政策限制或禁止外国企业到国内开发部分矿种，制定优惠政策鼓励开展矿山环境保护。

8）矿业税收政策

税收政策是矿产资源开发政策的一项重要内容。税收不仅可以增加国家的财政收入，而且还可以达到促进国家工业发展和保护本国投资者的目的。税收的形式复杂多样，依企业合作形式以及合作伙伴不同而异。主要税种有资源税、产品税、增值税、所得税、专门税等以及这些税收形式的各种组合。税率也常因矿产种类、收入水平、投资期限等因素不同而异。本部分内容将在本章"10.4.2"一节中详述。

2. 国外矿业政策

纵观近几年全球矿业政策与管理的变化趋势，许多国家对本国矿业相关政策法规进行了修改，内容多与清洁能源、减少碳排放等节能减排有密切关系，发达国家试图引领国际资源利用方式的"新潮流"；东南亚发展中国家一方面继续密切跟随发达国家的步伐，同时对资源战略的重视也在日益增强；非洲发展中国家还处于不断调整矿业政策来满足国内经济的阶段。

1) 发达国家的矿业政策

发达国家因其矿产资源分布情况不同，矿业政策亦存在差异。日本、美国和大多数欧洲发达国家的重要矿产供给主要依赖进口。一般而言，矿产资源稀缺的发达国家，主要通过如下一系列措施来保证矿产的供给：拓宽供给渠道，优化本土资源的使用，发展技术以降低消耗，加强废旧利用，维持稳定的国际矿产贸易市场，通过技术转让和对外投资等方式同资源丰富的发展中国家合作勘探与开发矿产资源等。

矿产资源丰富的发达国家，例如澳大利亚、加拿大、南非等国家的矿业政策则全然不同。这些国家矿业政策的核心目标是使本国矿产资源得以优化利用。具体目标有：持续勘探，稳妥的资源管理，优化开发与开采，环境保护，人力资源合理利用，优化矿物处理，出口利润最大，良好的投资环境，与邻国的密切合作，自给自足和连续稳产等。

(1) 矿业生产鼓励政策。自20世纪70年代初期，面对欧佩克(OPEC)的石油禁运，美国尼克松政府成立了联邦能源机构(FEA)，以实施一项能源自给政策，包括促进国内资源开发、有效利用能源和寻求替代燃料等三个主要方面；卡特政府实施过节能政策；里根政府实施过矿业生产减税等鼓励投资政策。所有这些政策，对缓解能源紧张状况起到了重要作用。

(2) 矿产勘探补贴政策。德国由于金属矿产资源不足，自1971年至1990年，实施过矿产勘探补贴政策，该项勘探资助计划的20年实践证明此政策是成功的。它的勘探资助计划为国内外矿产勘探项目提供高达50%~66.6%的投资。若勘探项目没能获得有价值的矿床，则资助是无偿的；若获得有价值的矿床，则补贴成为无息贷款，矿山投产一定时期后再分期偿还。补贴可以用于勘探或者地质调查结果的获取，勘探方法与设备的开发试验，预可行性研究或者可行性研究，开采权的获得以及高风险矿床开发投资等方面。自第二次世界大战结束以来，美国政府也实施过矿产勘探补贴政策，资助额高达勘探费用的50%~90%。每1美元投资所发现的可采矿石价值达24美元，取得了较大的成功。

(3) 矿产开发投资政策。发达国家的重要矿业政策之一，是鼓励跨国矿业投资项目，对于处在发展中国家的矿产开发项目更是如此。鼓励投资的主要措施有：

① 政府通过外交努力提供投资安全保障以抵抗政治风险；

② 政府特设金融机构提供资金，包括合作投资与贷款；

③ 优惠税收政策。

日本在20世纪70年代设立了"有色矿业应急贷款基金"，由日本矿业和金属局(MMAJ)管理，用于支持有困难的采矿企业。当市场金属价格跌至低于所定的最低价时，就可得到利息很低的贷款；德国在1971~1990年间，为了保证矿产品的供应，促进国内经济的持续发展，联邦政府设立了5.26亿马克的矿产资源勘查风险基金，资助除石油外其他矿产（涉及31个矿种）的风险勘探开发，对获得资助的项目，要求公司和政府对半投资，成功了要偿还，不成功可以不偿还。

有关的援助机构还包括德国复兴信贷银行（KFW）、德国投资与开发有限公司（DEG）、法国地质矿产总局（BRGM）、法国对外贸易保险公司（COFACE）、美国海外私人投资公司（OPIC）、美国对外信贷保险协会（FCIA）、英国出口信贷保险局（ECGD）等。

（4）矿产储备政策。矿产储备是防止矿产供给短缺以及平抑矿产价格的重要措施之一。矿产储备可以分为战略储备和商业储备两种形式。

世界范围内至少有10个国家建立了战略矿产储备制度，最先建立的国家分别是美国、日本、法国、德国、瑞典、瑞士、挪威、芬兰、英国和韩国，仅这10个国家在20世纪90年代的GDP几乎占全世界的60%。

稀土、锑、钨都是重要的战略性矿产资源，西方国家都有较为充足的库存和储备。美国战略性矿产储备最早于1939年，是世界上矿产品战略储备最早、品种最多、储备量最大的国家，最初完全是出于军事目的。其国防钨储备有3.7万t之多，储备其他矿产的价值逾百亿美元，储备量可供3年之用。美国政府的矿产储备量如此之大以至于其矿产收购或者出售皆能对矿产市场价格产生较大的影响。此外，美国还储备多达可供90天使用的石油。日本也积极进行战略储备，政府授权日本矿业和金属局（MMAJ）储备和管理钴、镍、铬、钨、锰、钒等有色金属矿产品，储备量为60天消费量。

（5）矿产贸易政策。矿产贸易是国际贸易的一个重要组成部分。最惠国（MFN）待遇原则是国际贸易中的一项最普遍、最重要的法律原则。它是指缔约国一方现在和将来所给予任何第三国的一切特权、优惠和豁免，也应同样地给予缔约国的另一方。最惠国待遇原则的基本要求是：使缔约国一方在缔约国另一方享有不低于任何第三国所能享有或者可能享有的待遇。换言之，即要求一切外国人处于同等地位，享有同样的待遇，不应有任何歧视待遇。这些待遇主要包括通商、航海和关税等方面。具体有：

① 有关进口、出口、过境商品的关税和其他各种捐税；

② 有关商品进口、出口、过境、仓储和换船方面的海关规则、手续和费用；

③ 进出口许可证的发放及其他限制措施；

④ 船舶驶入、驶出和停泊时的各种税收、费用和手续；

⑤ 关于移民、投资、商标、专利和铁路运输方面的待遇。

由于最惠国待遇原则对贸易各方皆有利，各国的贸易政策应遵循这一国际贸易原则，排除各种贸易壁垒，包括关税、进出口配额、进出口许可证、外汇管制、进出口国家垄断、歧视性采购政策、歧视性海关制度以及苛刻的技术与检疫标准等，发展广泛的国际贸易。

（6）矿业研究政策。矿业是国民经济的一个基础产业部门，对促进国民经济的发展和维持经济增长起着重要作用。因此，许多国家对矿业研究与开发皆予以充分的重视。美国的原内务部矿山局便是一个专门开展矿业研究与开发，以确保美国矿产供给，维持经济稳定增长的政府研究机构。澳大利亚的联邦科学与工业研究组织（CSIRO），亦设有专门的矿业研究与开发部门，为澳大利亚的矿业发展提供了持续的动力。德国由于矿产资源缺乏，亦通过联邦研究与技术部对地球物理与地球化学勘探方法、深部矿床勘探、海外矿床调查、钻探技术、采选工艺方法等方面的研究给予大力支持。

（7）新能源政策。随着能源消费方式的转变，如风能和太阳能等更多能源利用的方式使我们逐步降低了对石油等化石燃料的依赖。全世界都意识到，要实现这一目标，各个国家都需做出努力，共同应对气候变化。为此，以美国为代表的西方发达国家准备在应对气候变化的全球努力中发挥"带头"作用。新能源产业革命可以说是继蒸汽、电力、计算机之后的第四次产业革命的主导。2009年，美国、加拿大、澳大利亚、法国等发达国家纷纷出台新能源法律及相关政策。比如：《美国清洁能源和安全法》（俗称"气候变化法"）于2009年6月26日出台，该法是美国众议院首次批准的与气候变化相关的法案。2009年8月澳大利亚议会通过了政府的可再生能源法案。新的法案规定到2020年，澳大利亚20%的电力来自太阳能、风能等可再生能源，超过目前可再生能源发电量的两倍。

2）发展中国家的矿业政策

发展中国家的矿产资源是其经济发展的重要基础。这些国家在矿业发展中，面临双重目标：一是维护国家对矿产资源的主权以获取最大的经济效益；二是从发达国家取得矿产资源开发所需要的技术与资本。这些目标的实现，在很大程度上依赖于各种政策因素，包括一般投资政策、采矿与资源政策和鼓励政策，如资金转移、税收减免、关税优惠、金融支持等政策。发展中国家还有特殊的矿业发展问题，譬如，小型矿山对社会经济发展的作用问题。

（1）矿产资源合作开发政策。发展中国家因受技术与资金等方面条件的限制，常常与发达国家有关企业合作开发本国的矿产资源，以促进国民经济的发展。合作开发的主要方式有：

① 外商独资经营。投资者按照资源国的法律，经过其政府的批准，在资源国独家投资和经营矿产开发企业。资源国收取矿区使用费和其他各种税金。

② 合资经营。按照此种方式，合作双方共同投资，共同经营。董事会是合资企业的最高权力机构，决定企业的重大问题。董事名额分配按照合资双方出资比例商定，并由各方委派。董事会下设管理部门，包括正副经理若干人，负责按照双方合同规定的生产规模进行生产经营。利润分配遵循按股分红的原则。

③ 合作经营。在此种形式下，企业各方的权利和义务是通过合同规定的，投资者的投资与服务不计算股份和股权。其管理机构比较灵活，可以设立董事会，也可以设立其他形式的联合管理机构，聘用总经理，负责企业的日常经营管理工作。利润分配按照平等互利的原则以及合同有关规定，可以采取利润分成或者产品分成的形式。

合作经营或者合资经营较外商独资经营，更便于资源国对外商在资源利用、材料供应、产品销售、环境保护等方面的方针策略进行监督和控制，是资源国在矿产资源开发中采用较多的合作方式。

税收政策是矿产资源合作开发政策的一项重要内容。税收不仅可以增加资源国的财政收入，还要达到促进资源国工业发展和保护本国投资者的目的。税收的形式复杂多样，依企业合作形式以及合作伙伴不同而异，税率也常因矿产种类、收入水平、投资期限等因素不同而异。

引进外资开发矿产资源的主要作用有：

① 增加税收和外汇收入；

② 引进先进技术和经营管理经验；

③ 利用外资促进国民经济发展。

（2）小型矿山政策。小型矿山的定量概念依矿产资源的类型以及所论国家的不同而异。定义小型矿山的准则主要有：①产量；②矿山人数；③固定资产额；④毛收入；⑤净利润。

发展中国家小型矿山的主要特征是：①资金投入少，劳动力密集；②工作条件差；③对矿床赋存情况了解甚少，对已知矿体的开采缺少规划，实施破坏性开采；④安全及福利设施差，无社会保障。

小型矿山与大型矿山相比的优势在于：①投资少，见效快；②生产资料或者生产工具简单，可以由当地生产，利于促进当地小工业发展；③提高区域就业率。然而，小型矿山亦存在严重的问题，包括生产效率低、工人安全保障差、劳动强度高、回收率低、破坏性开采。在某些情况下，小型矿山还存在单位能耗高、环境危害严重等问题。为使小型矿山向良性方面发展，可以采取下列有关政策措施：①加强矿产勘探，对适合小型矿山开采的矿床进行规划；②提供技术与管理方面的服务及培训，改善小型矿山的采选技术及管理水平，提高回收率，克服破坏性开采；③加强小型矿山的基本建设，提供能源、水源、运输、医疗和教育等方面的设施。

（3）矿业效应。矿业对矿产资源丰富的发展中国家的社会经济发展的影响是多方面的，在此称这些影响为"矿业效应"。具体包括：

① 微观经济效应。矿产资源开发为投资者提供经济效益或者维持投资企业的市场份额及生存。

② 基础设施效应。矿产资源开发使得能源、水源、运输、房产、医疗和教育等基础设施的建设成为必须，政府的规划及参与更会促进这些设施的发展，为区域经济的发展提供基础与动力。

③ 宏观经济效应。资源国的矿业收入可以高达国内生产总值的25%。

④ 就业效应。矿业虽然是资本密集型产业，但是由于其生产规模巨大，一般能够为发展中国家提高就业率、特别是区域就业率提供条件。

⑤ 工业化效应。矿业为其他相关产业提供生产资料或者产品市场，促进机械修造、木材、建材、焦炭、水泥、电力等工业的发展，进而促进发展中国家的工业化。

⑥ 技术进步效应。矿业的发展，尤其是在此过程中与发达国家的合作，可以促进高新技术以及管理方法与手段向发展中国家转移。

⑦ 财政效应。资源丰富的发展中国家可以通过矿产资源开发，获得可观的税收，为社会经济发展提供资金。

⑧ 国际收支效应。大量的矿产出口，可以使发展中国家的国际收支平衡状况得到改善。

⑨ 生态效应。矿产资源开发通常会造成大气、水体和土质污染以及地形地貌、自然景观和植被的破坏。

合理有效的矿业政策会使有利的矿业效应得以发展，而使不利的矿业效应受到制约，最终从矿产资源的开发与利用中获得最大的社会经济效益。

10.2 矿产资源与矿业权评估

10.2.1 矿产资源和矿产资源资产

1. 矿产资源

根据 1988 年 6 月 2 日在新西兰召开的"南极条约特别会议"，矿产资源是指一切非生物、非再生的自然资源，包括矿物燃料、金属和非金属矿物。根据我国《矿产资源法实施细则》第二条之规定，所谓矿产资源是指由地质作用形成的，具有利用价值的，呈固态、液态、气态的自然资源。矿产资源属于国家所有，地表或者地下的矿产资源的国家所有权，不因其所依附土地的所有权或者使用权的不同而改变。

2. 矿产资源资产

资产是会计学中的概念，是指可以用货币计量，能够在社会经济运营中为其所有者、控制者带来收益的经济资源。按资产存在的形态，可分为有形资产和无形资产。矿产资源资产是一种资源性资产，属于有形资产。矿产资源资产是指经过地质勘查并达到工业开发利用要求的矿产资源。这部分矿产资源可以作为生产要素投入到矿业生产经营活动中，实现增值，为其所有者和投资者带来收益。从矿产勘查的角度看，矿产资源资产是探明储量中可供开发利用的那一部分，即可采储量。

3. 矿产资源资产的特点

与其他资产相比，矿产资源资产具有以下显著的特点：

1）自然属性的不可改变性

矿产资源是地球上各种矿物物质在几十亿年漫长的历史时期中经过各种地质作用而形成的。它的形成不依附于人类的出现和人类的活动。对于作为"资产"的矿产资源，虽然对其投入了地质勘查劳动与试验研究，并取得了系统的资料以圈定出具有开发利用价值的那一部分，但并未改变矿产资源本身的自然属性。与性质相近的同样是自然资源的土地相比，矿产资源的这种自然属性的不可改变性是很突出的。对于土地，人们可以通过施肥轮作等措施改变土壤的成分和土地的"肥力"，通过灌溉改变其物理性质等。而对矿产资源，人类只能认识它，开发利用它，不能改变其自然属性，并且在开采加工过程中往往造成质量的下降（岩石混入产生贫化）和数量的丢失（采矿损失，选矿、冶炼中有用成分的流失）。

2）不可再生性和耗竭性

矿产资源是一种自然资源，但它不像森林、鱼类自然资源那样，采伐、捕捞之后可以自然再生，可以人工种植、养殖，矿产资源开采后不能再生。矿产资源也不像土地资源那样，使用之后可以恢复和可以永续使用，矿产资源采完之后即不复存在。矿产资源的这种不可再生性和耗竭性，使得矿产资源成为有限的、稀缺的资源，从而对其价值评估产生影响。

3）不确定性和风险性

矿产资源资产虽然是经过地质勘查达到了工业开发利用要求的资源，但对其数量、质量、产状和相关因素的认识，仍然具有相当程度的不确定性，这种不确定性使得矿产资源资产投入生产经营具有较大风险性。不确定性和风险性给矿产资源资产评估工作增加了困难，并影响评估结果的可靠性。

4）价值的差异性和相关因素的复杂性

各种矿产资源资产因矿种不同，价值相差很大；即使同一矿种，因其禀赋不同，价值也有很大差别。矿产资源资产的价值，不仅取决于本身的自然属性，而且还取决于围岩的性质、相关的地质构造、矿产所在地的地形、供水供电、交通运输和矿区经济条件等十分复杂的众多因素。这些因素都影响矿产开发投入的多少和生产成本的高低，从而影响收益的大小，因而使得资产评估工作甚为复杂。

5）国家所有性

我国和许多国家在宪法或相关法律中都规定，矿产资源属国家和全民所有。这一性质决定了矿产资源资产本身不能以实物形式进行交易，即任何单位或个人都不能出售、购买矿产资源。为了实现矿产资源的勘查、开采，国家依法和有偿授予某些单位(或个人)以矿产资源使用权，即授予矿业权人以探矿权、采矿权，并允许矿业权依法流转。

10.2.2 矿业权及其评估

1.矿业权

矿业权是指依法赋予矿业权人在规定范围内对矿产资源进行矿产勘查和采矿的权利。在我国矿业权分为探矿权和采矿权。探矿权是指在依法取得的勘查许可证规定范围内进行矿产资源勘查的权利。获得此权利的单位或个人称为探矿权人。采矿权是指在依法取得的采矿许可证规定范围内，开采矿产资源和获得所开采的矿产品的权利。获得此权利的单位或个人称为采矿权人。矿业权是矿产资源所有权派生出的他物权。一般认为，矿业权应属无形资产的范畴，其特点是必须依托于相应的矿产资源，矿业权的价值主要取决于使用该矿产资源可能获得的收益。在我国，矿产资源归国家所有，矿业权赋予矿业权人的是矿产资源的使用权而非所有权，矿业权的转让也只是矿产资源使用权的转让。

2.矿业权市场

从人类经济发展来看，市场的概念是与商品经济联系在一起的。无论什么性质的社会，只要有商品经济，就必定存在市场，而且市场的范围和作用随着商品经济的发展而发展和扩大。矿业权市场是随着我国社会主义市场经济的发展而出现的一种特殊商品市场，属于产权市场，因而是我国市场体系中产权市场的一个重要组成部分。

矿业权市场的概念也有狭义和广义之分。狭义的矿业权市场是指进行矿业权交易的专门具体场所，如矿业权交易所、矿业权交易中心等。广义的矿业权市场则是指因矿业权流转、交易所产生和形成的一切经济关系和行为的总和，包括矿业权交易的客体或对象、矿业权交易的主体和矿业权交易的媒介等要素。

3.矿业权市场的特点

矿业权市场作为我国社会主义市场体系中产权市场的一个重要组成部分，具有市场的一般性。但是矿业权是一种特殊形态的商品，具有区别一般商品市场的明显特征：

(1)矿业权市场交易客体的特殊性，即所交易的客体是矿业权，属于矿产资源使用权而非矿产资源所有权；

(2)矿业权市场中交易的矿业权具有期限性；

(3)交易实体的非移动性(固定性)；

(4)矿业权价值的依附性；

(5)矿业权商品供给的稀缺性。

4.矿产资源资产和矿业权评估

矿业权的评估，特别是采矿权和高精度勘查阶段探矿权的评估，与矿产资源资产评估在原理和方法上基本上是一致的，而低精度勘查阶段探矿权的评估，由于已取得的地质信息量较少，其所依托的矿产资源实体界于"有、无"之间、"大、小"不定的状态，主观推断多、勘查风险大，因而评估基础薄弱，难度大，评估方法有若干特别之处。

1)资产评估

资产评估就是估算资产某一时点价值的经济活动过程。在我国，资产评估必须由有资质的评估机构，按照规定的程序，根据有关的法律和规定进行。资产评估工作对资产价值的量化具有估算性和预测性，由于评估对象的复杂性和相关因素的不确定性，评估结果不可能精确到无误差的程度。

2）矿产资源资产的评估

我国在计划经济时期，对矿产资源的勘查和开采，是依照国家计划，由地质矿产部门和有关工业部门组织实施。地质勘查单位按照国家计划进行矿产勘查，经费由国家拨付，获得的储量上交国家。矿山企业依照行政划拨无偿取得采矿权。在这种矿业运行机制下，没有必要进行矿产资源和矿业权价值评估。改革开放以来，相继提出矿产资源有偿使用、矿产资源资产化管理和矿业权流转问题。1996年修订的《矿产资源法》规定："国家实行探矿权、采矿权有偿取得制度"，并规定探矿权、采矿权可以依法流转。这种新的矿业运行机制和我国社会主义市场经济体制必然要求对矿产资源和矿业权进行价值评估。

矿产资源资产评估，就是由依法取得矿产资源资产评估资质的机构对经过矿产勘查并达到工业开发利用要求的矿产资源的价值进行科学评定和估算。矿产资源资产评估是矿产开发、规划、核算和管理中一项重要的基础工作。

3）矿业权评估

矿业权评估是指由依法取得矿业权评估资质的评估机构，依照国家有关法律和规定，对矿业权的价值进行评价估算。对国家出资形成的矿业权的评估结果，必须由国务院地质矿产主管部门对其进行审查和确认。

矿业权评估的主要目的在于：为国家有偿出让矿业权提供价值依据；为矿业权转让方和受让方提供矿业权价格依据；当矿业企业发生重组、兼并、分设、收购、合作经营、合资经营等市场行为时，必须对有关各方涉及的矿业权进行评估，为各方与矿业权有关的权益得到公平合理的体现与保护提供价值依据；当矿业公司以矿业权为依托在证券交易所上市时，必须对涉及的矿业权进行评估，这是公司法、证券交易上市条例等有关规定所要求的，否则，矿业公司无法上市。在上市以后，若矿产地有重要发现或矿业权有重要变更，需要对矿业权重新评估；当矿业企业以矿业权为抵押向银行或其他金融机构申请贷款时，必须对作为抵押物的矿业权进行评估；矿业权评估可以为矿业企业的发展规划、投资决策和经营管理提供依据，为政府对矿业权市场的调控和矿业政策的制定提供参考。

5. 矿产资源资产与矿业权评估理论和方法

1）国外有关矿产资源和矿业权价值评估的理论与方法

关于矿产资源价值的估算方法，早在1848年，J·S·米尔在《政治经济原理》一书中就讨论了矿产品的价值问题。他认为："各种采自地球内部的原料（金属、煤、宝石等）都是从贫富程度颇不相同的矿山得到的，……不仅最好的矿山产品的价值与生产成本成正比，在最坏的矿山也是这样。所有矿山，只要在产品上优于实际开采的最坏矿山，就会产生等于超额产品（excess）的租金。而且，需求状况也会使得矿产品的价值大大高于现在开采的最坏矿山的生产成本。"1890年，A·马歇尔在《经济学原理》中提出："矿产供应的边际价格除了包括开采矿山的边际费用以外，还包括矿区使用费。"1918年G·卡塞尔在他所著的《社会经济原理》一书中谈到："矿山现有矿石储量不能一下子全部采出，采矿工作必须在很长的时期内逐步进行。因此，矿石总量的价值并不完全等于总量与单价的乘积。必须按照现行利率把未来要得到的矿石价值折算成现值；换言之，总资产的价值是在矿山开采期间逐渐得到的全部矿量的现值。"

美国内政部矿管局专家徐淮在"美国矿政管理"讲座中谈到："矿产价格评估不外乎三种方法：①综合费用法，为勘查、探矿费用与应有利润之总值；②比较市场法，由比较市场上买卖同样矿石价格比较决定；③现值法，实际是净现值法，即按照现行利率把未来要得到的矿石价格的估算值折算成现值。加拿大学者麦肯齐认为："净现值代表矿床内在的经济价值，即代表那种与矿产转化过程有关的'财富'。净现值的评估可有效地用于买卖矿床，或用于签订开发协议。"他把地质储量、地质品位和金属价格的乘积叫做矿床的"原地毛值"，但这个"原地毛值"往往给人以虚假的矿床经济价值印象。

矿业经济活动的实践，推动着矿业权评估理论与方法的发展，特别是以矿业权为依托的矿业公司、地勘公司的股票上市，要求采用更加科学合理和更有说服力的矿业权评估方法。对于探矿权的评估，1990年基尔伯恩提出了"地质工程法"，在温哥华和多伦多股票交易所招股说明书中被广为采用，不久被修改为"地学指数法"，在澳大利亚证券交易所的招股说明书中采用。广泛用于采矿权评估的DCF法，随着计算机的应用，建立了其财务评价模型，并对该方法应用中重要参数的确定和预测进行了大量研究。如随着证券业中收益与风险理论的进展和资本资产定价模型的建立，为矿业权评估中合理确定折现率等参数提供了依据。联合国专家小组确认了对自然资源资产进行估价的两个原则：①自然资源在市场流通中产生价值；②采用对即将计价资产未来收益流转的贴现价。

2）国内有关矿产资源资产和矿业权评估的理论与方法

我国有关矿产资源资产和矿业权评估的理论研究，起步较晚，但进展很快。谈到矿产资源资产和矿业权评估理论，首先涉及到矿产资源有没有价值的问题。在这一问题上，国内存在着不同的观点。对此，陶树人教授归纳出五种观点：

（1）矿产资源既无价值，也无价格；

（2）矿产资源本身无价值，只有处于开采状态并使之变为商品时才有价值；

（3）矿产资源没有价值，但有价格；

（4）矿产资源既有价值又有价格；

（5）矿产资源的价值是由矿产资源本身的价值和人类劳动投入产生的价值两部分组成。

李祥仪等学者认为，矿产资源是在远远先于人类历史的漫长的地质年代中由地球的地质作用形成的，它的形成与存在完全不依附于人类的存在与否，没有任何人类的活动参与其中。因而，处于原始状态的矿产资源不具有劳动价值学说中所谓的由人类劳动所创造的价值。但是，当人类社会发展到一定阶段时，当人类掌握了某些矿产开发利用的技术和知识时，这些矿产就具有了潜在的使用价值。之所以要在使用价值之前加上潜在的限定词，是因为矿产不具有拿来就用的性质，必须经过勘查、开采、矿物加工等生产过程才能为人类所用。

对于经过勘查的矿产资源，或对于经过勘查并达到工业开发利用要求的作为"资产"的矿产资源，一般都认为具有价值，但对于这种价值的涵义、内容、影响因素和估算方法等，存在着不同的观点。吴鉴从马克思的劳动价值学说出发，认为："每一个矿床——矿产资源在其从'自在之物'转变成'为我之物'——被找到时，它的价值就等于劳动的投入量。新中国成立以来我们找到的所有矿床的资产价值就是历年来国家在地勘工作中的全部投入之和"。李万亨教授等认为，矿产资源"有矿产资源物质和矿产资源资本之分，矿产资源物质是自然的产物，……矿产资源资本是固定在矿产资源上的地勘劳动"。他把矿产资源资产评估分为"矿产资源物质评估"和"矿产资源资本评估"，前者是以矿产资源地租的测定来进行评估，并提出了岩金矿产资源地租的计算公式：$y_n = 1.4288(1 + 0.028)^n$，式中 n 为资源等级。矿产资源资本评估与一般资产评估类似。王四光等提出，矿产资源资产含有三个层次上的价值：一是矿产资源自身的价值；二是资源资产的权益价值；三是由地质勘查劳动投入产生的价值。何贤杰等提出"马克思的地租理论和现代会计计价理论是矿产资源资产评估的理论基础"，并认为"用于矿租的计算方法，即矿产资源资产价值评估方法，可归纳成两大类：第一类是以成本为基础的正算法，如成本法、综合成本法等；第二类是以收益为基础的逆算法，如收益现值法、净价格法等"。陶树人教授在《矿业价格体系的研究》一文中提出："矿产资源价值由两部分构成，其表达式为：$V_{R0} = VR_{01} + VR_{02}$，式中 V_{R0} 为某种矿产资源自身的价值，亦称资源转让费；VR_{01} 为同种矿产资源在市场供需均衡条件下还能获得最低可接受利润的劣等资源的价值或劣等资源转让费。VR_{02} 为该矿产资源与劣等资源相比较单位资源的级差收益"。王广成教授在其博士论文中提出："矿产资源价值由地质勘查劳动价值、潜在收益价值和环境价值构成。"并给出了矿产资源价值的一般模型。刘朝马博士应用现代资产定价技术研究了矿业权估价理论和方法。

李祥仪教授等认为，矿产资源对于人类之所以有价值，是由于矿产资源的有用性、稀缺性及对其占有的排他性。某一矿产资源的价值量，是由该矿产资源的数量、质量、自然丰度和社会丰度等因素所决定的，应该是一个可以由相关参数构成的模型进行估算的大体相对确定的量。而依托于该矿产资源的矿业权在某一时点的市场价格，则是以该价值量为基础并受供求关系等市场因素影响而变动的量。在评估中，应该加以区别。

近年来，特别是 1996 年修订的《矿产资源法》提出矿业权可以依法流转以来，有关矿产资源资产和矿业权评估的理论研究与实际工作，有了进一步的发展。1998 年 2 月 12 日，国务院发布了《探矿权采矿权转让管理办法》；1999 年 3 月，国土资源部颁布了《探矿权采矿权评估管理暂行办法》；1998 年，王四光等编著出版了《矿产资源资产与矿业权评估——原理、规则、案例》，1999 年，国土资源经济研究院编写出版了《探矿权采矿权评估方法指南》；2004 年，袁怀雨等编著出版了《矿业权评估——理论、方法、参数概论》。这些行政条例和相关著作的出版，标志着我国矿产资源资产和矿业权的评估由理论探讨进入了实际操作的阶段。但是，这些方面的研究工作并未停顿下来，新的评估理论和方法不断发表，新的学术著作不断出现。可以认为，适合我国社会主义市场经济和我国矿业实际的矿产资源资产和矿业权评估理论、方法与实际操作系统，将会逐步形成并不断完善。

6. 矿产资源资产和采矿权评估的适宜方法——收益现值法

收益现值法又叫贴现现金流量（DCF）法。综观国内外有关矿产资源资产和矿业权评估的文献资料，收益现值法被认为是进行矿产资源资产和采矿权评估的较为合适的方法。这是根据矿产资源资产的特点，并在比较了各种评估方法优缺点的基础上得出的结论。

由矿产资源资产的特点可知，在估算其价值大小时，不能像加工业、制造业那样主要以投入其中的劳动量的多少为基础进行测算。在矿业生产中，由于矿产资源的矿产种类、矿石品位、赋存条件和外部环境等相关因素千差万别，等量劳动投入得不到等量产出，这是一个普遍存在、无可争议的事实，这种情况不仅出现在矿产勘查中，而且也出现在矿产开采中，甚至也发生在矿物加工中。因而，应用以矿业生产中投入的物化劳动和活劳动为基础的各种成本法进行矿产资源资产评估是不合适的。事实上，往往是相同质量的单位矿产品劳动消耗越高的矿产资源，其单位资源的价值越低。

当我们对矿产资源资产进行评估时，这些"资产"仍然是埋藏在地下的矿产资源，只有当这些矿产资源未来被采出（多数还要进行加工）并被作为商品售出后，其价值才能最终实现和准确算出。这个最终实现的价值，应该是我们评估时追求的、逼近的目标，尽管我们还不能准确无误地求出它。为此，首先需要对作为评估对象的矿产资源资产进行实物评估（地质评估、技术评估），并在此基础上，模拟被评估对象未来开发利用的生产过程，预测全过程的投入产出和相关的主要经济参数，估算开发与生产期间各年的支出和收入，并以选定的折现率将其分别折现到规定的基准时点，求出净现值，以该净现值作为被评估的矿产资源资产和采矿权的评估值。这就是收益现值法。

应用收益现值法进行矿产资源资产评估，与评价投资项目经济效果的净现值法类似。但在实际应用中有以下几个特殊问题需要讨论。

1）矿产储量

矿产储量是评估对象（矿产资源资产和采矿权）的重要参数，是确定生产规模、服务年限及总收益的依据。在进行评估时，已有经过有资格的相关部门批准的储量和地质报告，可以作为评估的依据，但储量中可以作为资产运营的应是符合工业开发利用要求的可采储量。另外，对于那些储量随工业指标而变化的矿床（如浸染状矿床）在评估时根据需要可以对原来的工业指标进行修改，在指标优化的基础上重新圈定矿体和计算储量，并进行多方案的"工业指标—储量—资产价值"评估，按照资源最优利用原则确定评估值。

2）生产规模

生产规模涉及到建设投资的大小、生产成本的高低和服务年限的长短，从而影响总收益的水平。矿业生产规模不是可以任意确定的，应在市场预测的基础上，根据矿产储量大小和有关的技术经济参数确定。从经济角度确定的合理生产规模，还要根据矿床空间分布状态和有关参数，考虑采矿工作面和运输系统的合理布置，开采运输设备的能力等考察技术上的可行性。另外还要注意到，当矿床工业指标改变时，储量也将随之变化，若储量变化较大，相应的生产规模也需要改变。若有必要，可以作多种生产规模方案的资产评估，提出最优生产规模的评估值。

3）收益分配

矿产资源开发的收益，是由投入的资金、技术和管理等因素与矿产资源相结合而取得的，不能把全部收益都当做是矿产资源本身的贡献，因而，在应用收益现值法进行评估时，需要把非矿产资源因素对收益所作的贡献扣除。但在实际操作中如何进行这种扣除，目前尚存在着不同的观点和方法。

从一般意义上说，矿山企业出售矿产品所得的收入，在减去经营成本和有关税费之后，即为利润。对这些利润作出贡献的有：作为劳动对象的矿产资源，作为劳动手段而投入的资金和作为劳动者的工人与管理人员。因而，参与利润分配的应该是相应的三方：一是作为矿产资源所有者的国家，获得产权收益；二是作为投资者的银行、股票持有者等，获得投资收益；三是作为生产经营者的矿山企业，获得企业利润（工人和管理者的工资已在经营成本中反映）。其中国家作为矿产资源所有者获得的产权收益，即为该矿产资源资产或采矿权的评估值。该评估值一般是用反算法求得，即从资源开发总收益中扣除非矿权收益之后所得的值，作为该资产的评估值。中国国土资源经济研究院编写的《探矿权采矿权评估方法指南》推荐如下计算公式：

$$W_p = \sum_{i=1}^{n} \left[(W_{ai} - W_{bi}) \cdot (1 + r)^{-i} \right] \tag{10.1}$$

式中：W_p——采矿权或矿产资源资产评估值；

    W_{ai}——年利润额（$W_{ai} = E_{pi} - S_{ji} - Y_{bi} - Y_{si} - Y_{qi}$，其中：$E_{pi}$为年销售收入，$S_{ji}$为年经营成本，$Y_{bi}$为年资源补偿费，$Y_{si}$为资源税，$Y_{qi}$为其他税）；

    W_{bi}——社会平均收益额（$W_{bi} = E_{pi} \cdot \delta$，$\delta$为社会销售收入平均利润率）；

    r——货币贴现率；

    i——评估年限（$i = 1, 2, \cdots, n$）。

该方法是以矿山企业的年利润额扣除按社会平均销售利润率计算的收益额，以适当的折现率进行折现，并累积求和，作为资产的评估值。其中，扣除额 W_{bi} 也可以考虑按行业平均利润率或部门平均利润率进行计算。总之，在应用收益现值法进行矿产资源资产和采矿权评估时，如何合理地进行收益分配以扣除非矿产资源因素对收益的贡献，在理论上和实际操作上都有待继续深入研究。

4）折现率

应用收益现值法进行资产评估时，合理确定折现率是一项十分重要而又非常复杂的工作。确定折现率的实质是对拟投入评估项目资金成本水平、项目风险水平和收益水平的合理预测，因而折现率的值与项目的资金结构、利率水平、项目风险、通货膨胀等众多因素有关。当选用的折现率过高时，将会降低项目的评估值，反之亦然。由于在矿业权评估中必须从项目总收益中扣除非矿业权因素的收益，因而在确定折现率时，要有不同的考虑。如果在评估计算式中，在折现之前从利润额中进行了某种扣除，如式（10.1），则这时的折现率一般取安全利率与风险报酬率之和。如果评估计算式中，在对每年的利润额进行折现时不进行扣除，如式（10.2），则这时的折现率除包括安全利率和风险报酬率之外，还要加上投资收益率或社会平均收益率，此时，其采矿权或矿产资源资产评估值可用下式计算：

$$W_p = \sum_{i=1}^{n} \left[W_{ai} \cdot (1 + r)^{-i} \right] \tag{10.2}$$

式中各符号意义同式（10.1）。

在市场经济发达的国家，20 世纪 60 年代以后，广泛应用资本资产定价模型（CAPM）预测资产的收益率，此时，资产的期望收益率可用下式计算：

$$E(R_j) = R_f + \beta_j \left[E(R_m) - R_f \right] \tag{10.3}$$

式中：$E(R_j)$——资产 j 的期望收益率；

    R_f——无风险收益率，一般取国债利率；

    β_j——资产 j 的风险系数，可由相关的统计资料取得；

    $E(R_m)$——市场预期收益率，可由证券市场的统计资料取得。

用该式求得的 $E(R_j)$，可以作为确定折现率的依据。但这种方法的应用，要求有规范的证券市场和充分的、可靠的资料。

总体而言，在应用收益现值法进行矿产资源资产或采矿权评估时，对于评估计算中所采用的折现率的实质及其确定方法，目前还存在着较多的不同观点，有待从理论上进一步研究，在方法上也有待通过评估实践加以改进和完善。

应用收益现值法进行矿产资源资产和采矿权评估，其实质是对作为评估对象的矿产资源的未来开发利用过程进行模拟，并在对相关的众多技术、经济参数进行预测的基础上，计算全部评估期内各年矿产资源净收益的现值，这是一项专业性很强的极其复杂的工作。为了完成这项工作要求评估人员除具有评估专业知识之外，还需要具有相当程度的地质、采矿、矿物加工等方面的专业知识，往往是一两个人难以胜任的。评估工作的质量和评估结果的合理性、可靠性，一方面取决于对所评估的矿产资源未来开发利用方案（采选工艺、生产规模等）拟定的合理性，另一方面取决于对各相关经济参数（产品价格、建设投资、生产成本、折现率等）预测的正确性。由于矿业生产过程复杂，相关参数众多，许多因素具有不确定性，评估期限长等原因，在评估工作的实际操作中，任何一个重要生产环节的拟定不当，或任何一个重要参数的预测失误，都会影响评估结果的合理性和可靠性。因而，寻求更为科学合理、简便实用的矿产资源资产和采矿权评估方法，仍是有待继续研究的课题。

7. 其他评估方法

收益现值法主要适用于矿产资源资产评估、采矿权评估和高精度勘察阶段探矿权评估。除此之外，目前在实际工作中试行应用的和在研究探讨的评估方法还有很多。国土资源部在《探矿权采矿权评估管理暂行办法》中，提出探矿权评估可视地质勘查程度选用投资—贴现现金流量法、地勘加和法、重置成本法、地质要素评序法、联合风险勘查协议法和粗估法。对采矿权的评估提出贴现现金流量法和可比销售法。

1）地质要素评序法

此方法是由加拿大证券委员会及多伦多股票交易所顾问 L·C·基尔伯恩 1990 年提出的，从地质工程法经改进而成的，适用于探矿权的评估。其基本原理是：以矿产地购置成本乘以地质要素价值影响系数来评估探矿权 P。

$$P = CR \cdot \alpha \qquad (10.4)$$

式中：CR——基础购置成本；

α——各项价值影响系数的乘积。

基础购置成本 CR 包括探矿权使用费和探矿权人承诺履行的地质基本支出。根据《矿产资源勘查区块登记管理办法》的规定，探矿权使用费，第一个勘查年度至第三个勘查年度，每平方公里每年缴纳 100 元，从第四个勘查年度起，每平方公里每年增加 100 元，但是最高不得超过每平方公里 500 元。探矿权人承诺履行的基本支出，包括按规定完成的最低勘查投入，按上述管理办法，探矿权人自领取勘查许可证之日起，第一个勘查年度应完成的最低勘查投入为每平方公里 2000 元，第二个勘查年度，每平方公里 5000 元，从第三个勘查年度起，每个勘查年度每平方公里 10000 元。影响探矿权价值的地质要素主要有：成矿显示、异常显示、品位显示、成因显示、蕴藏规模显示和前景显示。每一种显示又分为若干级别，由地质专家分别赋予其一定的价值系数，即可求得这些系数的乘积 α。向永生博士根据金矿资源的找矿标志和金矿找矿方法手段，在已有的地质要素评序分类及对应价值系数的基础上，提出了我国金矿资源地质要素评序法分类及对应价值系数表，在实际应用中取得了较为满意的结果。这种评估方法有比较规范的评估程序和参数选取原则，便于操作。但是对于地质要素价值系数的确定具有相当的主观性，各种要素的选取有时不能很好反映矿产地的特征，目前的评估计算中，没有反映矿产品价格等有关经济参数。

2）重置成本法

利用资产评估的重置原理，在模拟现行技术条件下，按原勘探规范要求实施各种勘探手段,依据新的工业指标,将所投入的有效实物工作量,按新的价格和费用标准,重置与被评估矿产地的探矿权具有相同勘探效果的全新探矿权的全价,扣除技术性贬值,以得到探矿权的评估值。其一般的计算公式为:

$$P = P_b(1 + F) \cdot (1 - \xi)$$

$$= \sum_{i=1}^{n} \left[U_{bi} P_{ui} \right] \cdot (1 + \varepsilon) \cdot (1 + F) \cdot (1 - \xi) \qquad (10.5)$$

式中:P——探矿权评估值;

P_b——探矿权资产重置全价;

U_{bi}——各类地质勘查实物工作量;

P_{ui}——相对应的各类地质勘查实物工作量现行价格;

ε——其他地质工作、综合研究及编写报告、岩矿实验、工地建筑等四项费用分摊系数;

F——地勘风险系数;

ξ——技术性贬值系数;

n——地质勘查实物工作量项数。

由式(10.5)可知,探矿权评估值是由相应的地勘实物工作量重置全价扣除技术性贬值后,再考虑地勘风险收益而求得的。因而,评估值的可靠性取决于上述这些参数确定的合理性。一般说来,这些参数的确定相当复杂。重置成本法可用于探矿权的评估,尤其是适用于保本转让的探矿权评估。但是,从理论上说,以矿权地中蕴含的资源为依托的探矿权价值与该矿权地上投入的勘查费用两者之间并无严格的、内在的、必然的联系,因而,以勘查费用为基础计算得出的评估值,有时不能正确反映探矿权的真实价值。

3)可比销售法

此方法也称类比估价法,是以最近发生的具有类似环境和类似地质特征的矿业权交易为参考,通过比较和适当修正相关参数进行评估的方法。这种方法的理论根据是:在当时或近期市场交易中发生的类似环境和类似地质特征的矿业权应该具有类似的价格。类比可以是整个项目的,或是矿量单价的类比,或者是其他有关经济参数的类比。在类比和参数调整的基础上,求得评估值。其一般的计算式为:

$$P = P_0 \cdot t \cdot q \cdot r \cdot k \cdot m \cdot n \cdot e \qquad (10.6)$$

式中:P——矿业权评估值;

P_0——类比对象的矿业权市场成交价格;

t——产品价格调整系数;

q、r——储量、品位调整系数;

k、m、n——开采条件、选冶条件、区位条件调整系数;

e——其他参量调整系数。

可比销售法的主要特点是具有强烈的市场特性,一方面,以类比和系数调整为主要内容的全部评估工作均以市场为依据和出发点,另一方面,评估结果的有效性和合理性要受到市场的检验和认可,即以市场为归宿。这对于以服务于矿业权交易为目的的矿业权评估来说,从根本上体现了合理性。与其他评估方法相比,这种评估方法不需要模拟矿业权的价值具体形成和计算过程,而只是采用了可能为买主接受或市场认可的结果,因而相对简单、快捷、有效。由于可比销售法具有强烈的市场特性，因而这种方法的应用要求有比较发育的矿业权交易市场和充分的交易信息。但一般来说，矿业权的交易数目较少，矿业权和反映其特征的许多参数之间的可比性较差，以及矿业权交易中的隐蔽性、信息的模糊性等，都限制了可比销售法的实际应用。

10.3　矿物加工建设项目经济评价特点与指标

矿物加工建设项目即选矿厂建设项目，是一项复杂的系统工程，不仅涉及的部门广，专业多，因素杂，而且政策性强，现以选矿厂的建设项目为例阐述其技术经济及评价工作。

10.3.1　矿物加工技术经济工作的特点

归结起来，矿物加工技术经济工作有如下三大特点：

(1)涉及部门广、专业多。选矿是对原矿石进行加工处理，为下道工序提供合格精矿的加工部门。选矿的产品属于中间产品，生产指标的好坏，取决于矿山的供矿条件，同时影响到下道工序——冶炼的生产指标。所以选矿指标的评价，不能仅仅从选矿工艺考虑，还要从矿山开采、冶炼等方面综合考虑。因而涉及的专业多，考虑的范围广，遇到的问题错综复杂，必须具备多种专业知识。

(2)影响因素杂、方案多。选矿厂的项目建设，受外部条件影响较大，既受矿山供矿条件限制，又受下道工序制约，同时选矿工艺本身方案也比较多。如选矿方法的确定，选矿工艺流程的确定，矿产资源保护及综合回收问题的确定和外部运输方式的确定等。所以选矿厂建设往往要进行多种方案比较，经过大量经济计算和综合论证，从中选择最佳建设方案。

(3)政策性强。选矿厂的建设不仅要贯彻一般工厂建设必须遵循的各项政策规定，还要和矿产资源保护、环境保护、土地占用等政策紧密相关。在贯彻国家政策规定的前提下，要保证选矿厂建设指标先进合理、切实可行，技术经济评价常常起着至关重要的作用。

10.3.2　矿物加工技术经济的主要任务

矿物加工技术经济的主要任务如下：

(1)参加编制建厂和厂址调查报告；

(2)参加编制矿山企业可行性研究；

(3)参与建设方案比较工作；

(4)编制建设企业的职工定员，计算劳动生产率指标；

(5)估算和分析建设企业的生产成本；

(6)对建设的矿山企业进行企业经济效果分析与计算；

(7)对建设的矿山企业进行技术经济论证与评价。

10.3.3　矿物加工技术经济评价的一般原则

矿物加工技术经济评价应遵循如下原则：

(1)从全局利益出发的原则。强调从国家和民族的政治、经济利益或行业发展方向，全面分析考虑问题。

(2)综合性原则。强调项目各部分的逻辑关系和项目与环境的关系，寻求综合效益最优，并采用多种方法、多侧面、多角度地进行考察和分析。

(3)可行性原则。在多种可供选择的方案中，推荐当时当地主客观条件相对可行的方案。

(4)"有无对比"原则。"有无对比"是指"有项目"相对于"无项目"的对比分析。"无项目"状态指不对该项目进行投资时，在计算期内，与项目有关的资产、费用与收益的预计发展情况；"有项目"状态指对该项目进行投资后，在计算期内，与项目有关的资产、费用与收益的预计发展情况。"有无对比"求出项目的增量效益，排除了项目实施以前各种条件的影响，突出项目活动的效果。

(5)效益与费用计算口径对应一致的经济评价原则。将效益与费用限定在同一个范围内，才有可能进行比较，计算的净效益才是项目投入的真实回报。

(6)收益与风险权衡的原则。投资人关心的是效益指标，但对于可能给项目带来风险的因素考虑的不周全。本原则提示项目投资人，在进行投资决策时，不仅要看到效益，还要看到风险，权衡得失利弊后再进行投资决策。

(7)定量分析与定性分析相结合，以定量分析为主的经济评价原则。经济评价的本质就是要对拟建项目在整个计算期内的经济活动，进行效益与费用的计算，对项目经济效益进行分析和比较。一般而言，项目经济评价要求尽量采用定量指标，但对于一些不能量化的经济因素，可以进行定性分析，但应与定量分析结合起来进行评价。

(8)动态分析与静态分析相结合，以动态分析为主的经济评价原则。动态分析是指利用资金时间价值的原理对现金流量进行折现分析。静态分析是指不对现金流量进行折现分析。项目经济评价的核心是"折现"，所以分析评价要以动态指标为主。静态指标与一般的财务和经济指标内涵基本相同，比较直观，但只能作为辅助指标。

10.3.4 矿物加工建设项目的总投资及资金筹措

1.项目总投资

根据国家发展改革委和住建部发布的《建设项目经济评价方法与参数》(第三版)，对建设项目总投资构成的界定，选矿厂工程建设项目总投资是由建设投资、建设期利息和流动资金构成。

在《国务院关于固定资产投资项目试行资本金制度的通知》(国发[1996]35号)中指出，"作为计算资本金基数的总投资，是指投资项目的固定资产投资与铺底流动资金之和。"铺底流动资金指流动资金中的非债务资金，一般占全部流动资金的30%。

1)建设投资

选矿厂建设项目的投资，是指在项目筹建与建设期间所花费的全部建设费用。

(1)建设投资构成。建设投资的构成可按概算法分类或按形成资产法分类。

按概算法分类：建设投资由工程费、工程建设其他费和预备费三部分构成。其中工程费又由建筑工程费、设备购置费和安装工程费构成；预备费包括基本预备费和涨价预备费。

按形成资产法分类：建设投资由形成固定资产的费用、形成无形资产的费用、形成其他资产的费用和预备费四部分构成。固定资产费用指项目投产时将直接形成固定资产的建设投资，包括工程费和工程建设其他费中按规定将形成固定资产的费用，后者被称为固定资产其他费用，主要包括建设单位管理费、可行性研究费、研究试验费、勘察设计费、环境影响评价费、场地准备及临时设施费、引进技术和引进设备其他费、工程保险费、联合试运转费、特殊设备安全监督检验费和市政公用设施建设及绿化费等；无形资产费用指将直接形成无形资产的建设投资，主要是指专利权、非专利技术、商标权、土地使用权和商誉等。其他资产费用是指建设投资中除形成固定资产和无形资产以外的部分，如生产准备及开办费等。

在工程设计中，建设投资估算一般采用概算法进行分类。按概算法估算的建设投资估算表见表 10 - 1。

表 10 - 1　建设投资估算表（概算法）（人民币：万元，外币：美元）

序号	工程或费用名称	建筑工程费	设备购置费	安装工程费	其他费用	合计	其中外币	比例/%
一	工程费用							
（一）	主体工程							
1	××××							
…	……							
（二）	辅助工程							
1	××××							
…	……							
（三）	公用工程							
1	××××							
…	……							
（四）	服务性工程							
1	××××							
…	……							
（五）	厂外工程							
1	××××							
二	工程建设其他费用							
1	××××							
…	……							
三	第一、二部分费用合计							
四	预备费							
五	建设投资合计							
六	比例/%							100%

（2）不同设计阶段建设投资分类。根据设计阶段和计算深度不同，建设投资在设计中可分为投资估算、投资概算和施工图预算。

投资估算：精度较低，适用于项目的前期阶段；

投资概算：在初步设计阶段完成，精度高于投资估算；

施工图预算：是根据施工图纸编制的预算文件，预先测算和确定的工程投资。

2）建设投资概算

建设投资概算，是指在初步设计阶段，根据设计意图，通过编制工程概算文件预先测算和确定的工程造价。

设计概算经批准后，一般不得调整。若因以下原因造成需要调整的，可按具体需要进行适当调整：①超出原设计范围的重大变更；②超出基本预备费规定范围不可抗拒的重大自然灾害引起的工程变动和费用增加；③超出工程造价调整预备费的国家重大政策性调整。需要调整概算时，由建设单位调查分析变更原因，报主管部门审批同意后，由原设计单位核实编制调整概算，并按有关审批程序报批。建设投资概算是确定基本选矿厂投资额、编制项目建设计划，实行项目建设投资包干，控制项目建设拨款和施工图预算，考核设计经济合理性与建设成本的依据。

（1）概算编制依据。概算编制依据是指编制概算所需的一切基础资料。主要包括以下几个方面：

① 批准的可行性研究报告；

② 设计工程量；

③ 项目涉及的概算指标或定额；

④ 国家、行业和地方政府的有关法律、法规或规定；

⑤ 项目涉及的设备材料供应及价格；

⑥ 有关文件、合同、协议等。

（2）概算结构。概算是根据我国现行的选矿厂的分解结构编制的，如图 10 - 1。

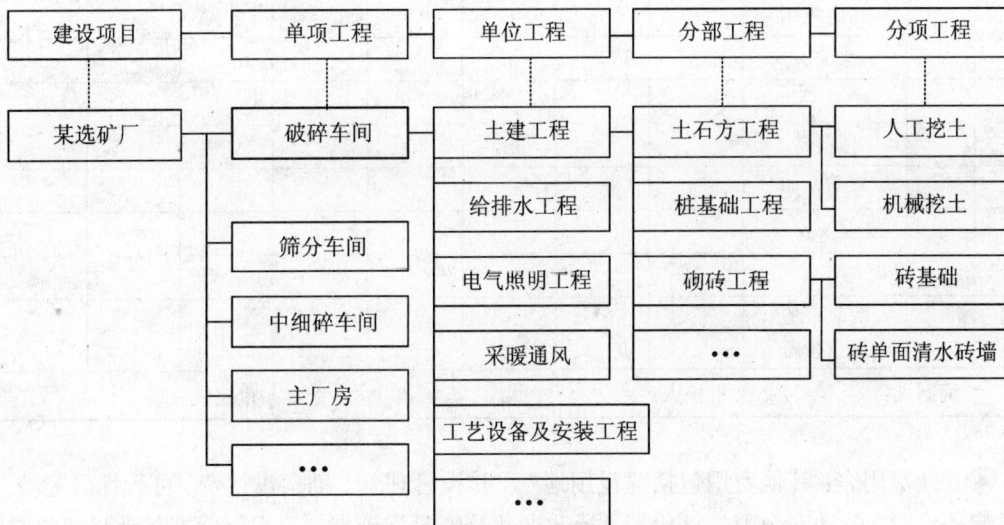

图 10 - 1　选矿厂建设项目的分解结构示意图

编制概算的顺序一般按照由简单到复杂的原则。首先编制分部、分项工程,由各个分部、分项工程汇总为各个单位工程,再由各个单位工程汇总为各个单项工程,最后汇总为选矿厂的投资。即先编制单位工程概算,再编制单项工程综合概算,最后编制项目总概算。

(3)设计概算文件的组成及应用表格。建设投资设计的概算文件一般由七部分组成:

①封面、签署页及目录;

②编制说明:包括工程概况、编制原则、编制依据、投资构成、其他需要说明问题和附表;

③总概算表:由工程费用、其他费用、预备费用、建设期利息、铺底流动资金组成。总概算表表格样式见表10-2。

表10-2 总概算表

总概算编号:			工程名称:					单位:万元	共 页	第 页
序号	概算编号	工程项目和费用名称	建筑工程费	安装工程费	设备购置费	其他费用	合计	其中:引进部分		占总投资比例/%
								美元	折合人民币	
一		工程费用								
1		主要生产车间								
		……								
2		辅助生产车间								
		……								
3		公用设施								
		……								
二		其他费用								
1		×××××								
		……								
三		预备费								
四		专项费用								
1		×××××								
		……								
		选矿厂概算总投资								
编制人:		审核人:						审定人:		

④其他费用表:其他费用包括建设用地费、建设管理费、勘察设计费、可行性研究费、环境影响评价费、劳动安全卫生评价费、场地准备及临时设施费、工程保险费、研究试验费等。其他费用表表格样式见表10-3。

表10-3 其他费用表

工程名称:				单位:万元		共 页	第 页
序 号	费用项目编号	费用项目名称	费用计算基数	费率/%	金 额	计算公式	备 注
1							
2							
3							
4							
…							
		合计					
编制人:				审核人:			

⑤综合概算:以单项工程所属的单位工程概算为基础,分别按各单位工程概算汇总成若干个单项工程综合概算。综合概算表表格样式见表10-4。

表10-4 综合概算表

综合概算编号:			工程名称:			单位:万元		共 页 第 页	
序号	概算编号	工程项目和费用名称	设计规模或主要工程量	建筑工程费	安装工程费	设备购置费	合计	其中:引进部分	
								美元	折合人民币
一		主要工程							
1		×××××							
…		……							
二		辅助工程							
1		×××××							
…		……							
三		配套工程							
1		×××××							
…		……							
		单项工程概算费用合计							
编制人:			审核人:			审定人:			

⑥单位工程概算:单位工程概算一般分建筑工程、设备及安装工程两大类。建筑安装工程概算费用内容及组成见建设部建标[2003]206号《建筑安装工程费用项目组成》。建筑工程概算采用建筑工程概算表,表格样式见表10-5。设备及安装工程概算表样式见表10-6。

表 10 – 5　建筑工程概算表

单位工程概算编号：				工程名称：					共　页		第　页	
序号	定额编号	工程项目和费用名称	单位	数量	单价/元				合价/元			
					定额基价	人工费	材料费	机械费	金额	人工费	材料费	机械费
一		土石方工程										
1		××××										
…		……										
二		砌筑工程										
1		××××										
…		……										
三		楼地面工程										
1		×××										
…		……										
		小　计										
		工程综合取费										
		单位工程概算费用合计										
编制人：					审核人：							

表 10 – 6　设备及安装工程概算表

单位工程概算编号：				工程名称：						共　页		第　页	
序号	定额编号	工程项目和费用名称	单位	数量	单价/元					合价/元				
					设备费	主材费	定额基价	其中：		设备费	主材费	定额基价	其中：
								人工费	机械费				人工费	机械费
一		设备安装											
1		××××											
…		……											
二		管道安装											
1		××××											
…		……											
三		防腐保温											
1		××××											
…		……											
		小　计											
		工程综合取费											
		单位工程概算费用合计											
编制人：					审核人：								

⑦附件：补充单位估价表。表格样式见表10－7。

表10－7 补充单位估价表

子目名称					
工作内容					
				共 页	第 页
补充单位估价表编号：					
定额基价：					
人工费：					
材料费：					
机械费：					
名 称		单 位	单 价		
综合工日					
材料	××××				
	……				
	其他材料费				
机械	××××				
	……				
编制人：				审核人：	

4）建设投资估算

建设投资估算是对拟建项目所需的建设投资预先测算和确定的过程。估算的投资是投资决策、筹资和控制造价的重要依据，因此力求做精细做准确。

（1）建设投资估算阶段。建设投资估算在初步设计之前，一般可分为三个阶段：

①项目建议书阶段：项目建议书阶段研究工作比较粗糙，按建议书中的产品方案、项目建设规模、产品主要生产工艺、企业车间组成、初选建厂地点等，估算项目建设所需投资额。估算投资的误差率一般允许在±30%以内。通过此阶段的工作可以判定是否进行下一阶段的工作。

②初步可行性研究阶段：项目初步（预）可行性研究阶段的投资估算是对项目的主要问题进行了调查研究，掌握了更详细、更深入资料的条件下，估算选矿厂所需投资额，此阶段估算的投资误差率一般允许在±20%以内。通过此阶段的工作可以判定是否进行详细的可行性研究工作。

③可行性研究阶段：项目可行性研究阶段是对项目进行全面、详细、深入的技术经济分析论证，推荐出技术可行、经济合理的最优方案的过程，此阶段估算的投资误差率一般允许在±10%以内，该阶段的投资估算是项目决策、制定项目融资方案和控制项目初步设计概算的主要依据，也是进行项目经济评价的基础。

(2)建设投资估算方法。建设投资估算方法一般有简单估算法和分类估算法。对某一个具体项目而言,究竟采用哪一种方法,可根据掌握的设计资料、设计工作深度和已掌握的参考资料多少而定。

①简单估算法。简单估算法主要分为五种:单位原矿投资指标估算法、生产能力指数法、系数估算法、比例估算法、指标估算法。前四种估算方法估算准确度相对不高,主要适用于项目建议书阶段和初步可行性研究阶段。项目可行性研究阶段应采用指标估算法和分类估算法。

A. 单位原矿投资指标估算法

单位原矿投资指标估算法是根据单位原矿投资指标和选矿企业处理能力估算选矿企业总投资的方法。其公式为:

$$C = E \times Q + I \tag{10.7}$$

式中:C——拟建选矿厂建设投资;

E——类似选矿厂单位原矿投资指标;

Q——拟建选矿厂年处理原矿量;

I——拟建选矿厂外部投资等。

为了使单位原矿投资指标有较大的适用性和可比性,使用的单位原矿投资指标,一般不包括选矿厂外部工程,如外部供水、供电、运输以及居民区等投资,这部分投资应另行计算。

在选取类似选矿厂单位原矿投资指标时,以下条件和因素应加以考虑:

(a)选矿厂的年处理原矿量相近;

(b)选矿厂所处理原矿石物理机械性质相似;

(c)选矿厂工艺流程和装备水平相似;

(d)选矿厂的车间组成相近;

(e)选矿厂的产品方案相近。

B. 生产能力指数法

生产能力指数法是根据已建成的选矿厂的生产能力和投资额,进行粗略估算拟建选矿厂相关投资额的方法。其计算公式为:

$$C = C_1 \times \frac{Q}{Q_1} \times X \times f \tag{10.8}$$

式中:C——拟建选矿厂的投资额;

C_1——已建成的类似选矿厂的投资额;

Q——拟建选矿厂的生产能力;

Q_1——已建成的类似选矿厂的生产能力;

X——生产能力指数$(0 \leqslant X \leqslant 1)$;

f——不同建设时间、地点而产生的定额水平、设备购置和建筑安装材料价格、费用变更和调整等综合调整系数。

C. 系数估算法

系数估算法是根据已知的拟建选矿厂主体工程费或主要生产工艺设备费为基数,以其他辅助或配套工程费占主体工程费或主要生产工艺设备费的百分比为系数,进行估算拟建选矿厂相关投资额的方法。本办法主要应用于设计深度不足,拟建选矿厂与类似选矿厂的主体工程费或主要生产工艺设备投资比重较大，相关系数等基础资料完备的情况。其计算公式为：

$$C = E \times (1 + f_1 \times P_1 + f_2 \times P_2 + f_3 \times P_3 + \cdots) + I + \cdots \tag{10.9}$$

式中：C——拟建选矿厂的建设投资；

　　　E——拟建选矿厂的主体工程费或主要生产工艺设备费；

　　　$P_1, P_2, P_3 \cdots$——已建成的类似选矿厂的辅助或配套工程费占主体工程费或主要生产工艺设备费的比重；

　　　$f_1, f_2, f_3 \cdots$——不同建设时间、地点而产生的定额水平、建筑安装材料价格、费用变更和调整等综合调整系数；

　　　I——根据具体情况计算的拟建选矿厂各项其他基本建设费用。

D. 比例估算法

比例估算法是根据已知的同类选矿厂主要生产工艺设备投资占整个选矿厂的投资比例，先逐项估算出拟建选矿厂的主要生产工艺设备投资，再按比例进行估算拟建选矿厂相关投资额的方法。

E. 指标估算法

指标估算法是根据编制的各类具体的投资估算指标，进行计算各单位工程或单项工程的投资额，在此基础上汇集编制成拟建选矿厂的各个单项工程和拟建选矿厂工程费用的投资估算。再按相关规定估算工程建设其他费用、预备费用、建设期贷款费用等，从而形成拟建选矿厂的总投资。

②分类估算法。建设投资分类估算法是对构成建设投资的各类投资，即工程费用、工程建设其他费用和预备费分类进行估算。

A. 建筑工程费估算

建筑工程费是指为建造永久性建筑物和构筑物所需要的费用。如场地平整、厂房、设备基础等工程的费用。建筑工程费的估算方法有三种：

(a)单位建筑工程投资估算法。单位建筑工程量投资乘以建筑工程总量。

(b)单位实物工程量投资估算法。单位实物工程量投资乘以实物工程量总量。

(c)概算指标估算法。建筑工程概算指标通常是以整个建筑物为对象，以建筑面积、体积等为计量单位来确定劳动、材料和机械台班的消耗量标准和造价指标。建筑工程概算指标包括：一般土建工程概算指标、给排水工程概算指标、采暖工程概算指标、通讯工程概算指标、电气照明工程概算指标等。采用概算指标投资估算法，需要占有较为详细的工程资料、建筑材料价格和工程费用指标，工作量较大。具体估算方法可参照专门机构发布的概算编制办法。对于没有前两种估算指标，或者建筑工程费占建设投资比例较大的项目，在估算建筑工程费时可以采用概算指标法进行估算。

B. 设备及工器具购置费估算

设备购置费是为选矿厂购置或自制的达到固定资产标准的各种国产或进口设备的购置费用。工器具购置费一般按占设备费的一定比例计算。

(a)国内设备购置费。国内设备购置费一般包括设备原价和设备运杂费。国产标准设备原价一般指的是设备制造厂的交货价，即出厂价。设备的出厂价分两种情况：一是带有备件的出厂价，二是不带备件的出厂价。在计算设备原价时，一般应按带有备件的出厂价计算。如只有不带备件的出厂价，应按有关规定另加备品备件费用。如设备由设备成套公司供应，还应考虑设备的成套费用。

国产标准设备原价可通过查询相关价格目录或向设备生产厂家询价得到。国产非标准设备是指国家尚无定型标准，设备生产厂不可能采用批量生产，只能根据具体的设计图纸按订单制造的设备。非标准设备原价有多种不同的计算方法，无论采用哪种方法都应使非标准设备计价接近实际出厂价，并且计算方法要简便。实践中也可以采用有关单位公布的参考价格（元/t），根据设备类型、材质、规格等要求选用。设备运杂费通常由运输费、装卸费、运输包装费、供销手续费和仓库保管费等各项费用构成。

(b)进口设备购置费：

进口设备购置费 = 进口设备货价 + 进口从属费用 + 国内运杂费。

其中：

进口设备货价又分为离岸价(FOB 价)和到岸价(CIF 价)：

到岸价 = 离岸价 + 国外运费 + 国外运输保险费。

进口从属费用包括：国外运费、国外运输保险费、进口关税、进口环节消费税、进口环节增值税、外贸手续费、银行财务费等。

国外运费 = 进口设备离岸价 × 国外运费费率(或：国外运费 = 单位运价 × 运量)；

国外运输保险费 = (进口设备离岸价 + 国外运费) × 国外运输保险费费率；

进口关税 = 进口设备到岸价 × 人民币外汇牌价 × 进口关税税率；

进口环节消费税 = (进口设备到岸价 × 人民币外汇牌价 + 进口关税) ÷ (1 - 消费税税率) × 消费税税率；

进口环节增值税 = (进口设备到岸价 × 人民币外汇牌价 + 进口关税 + 消费税) × 增值税税率；

外贸手续费 = 进口设备到岸价 × 人民币外汇牌价 × 外贸手续费费率；

银行财务费 = 进口设备货价 × 人民币外汇牌价 × 银行财务费费率。

国内运杂费通常由运输费、运输保险费、装卸费、包装费和仓库保管费等费用构成。

国内运杂费 = 进口设备离岸价 × 人民币外汇牌价 × 国内运杂费费率。

国内运杂费费率按部门、行业或省、市的相关规定执行。

进口从属费各费率的确定：

国外运费费率或单位运价参照有关部门或进出口公司的规定执行；

国外运输保险费费率按照有关保险公司的规定执行；

进口关税税率按照我国海关总署发布的《中华人民共和国海关进出口税则》及相关规定执行；

消费税税率按《中华人民共和国消费税暂行条例》及相关规定(财税[2006]33 号)执行；

增值税税率按《中华人民共和国增值税暂行条例》及相关规定执行，目前进口设备适用税率为17%；

外贸手续费费率按合同成交额的一定比例收取，成交额度小，费率较高；成交额度大，费率较低。在可行性研究阶段外贸手续费费率一般取 1.5%；

银行财务费费率一般为 0.4% ~ 0.5%。

注意：进口设备按到岸价计价时，不必计算国外运输保险费和国外运输保险费。

C.安装工程费估算

需要安装的设备应估算安装工程费,包括生产、动力、起重、运输、传动和实验等各种需要安装的机电设备、专用设备、仪器仪表等设备的安装费;工艺、供热、供电、给排水、通风空调、净化及除尘、自控、电讯等管道、管线、电缆等的材料费和安装费;设备和管道的保温、绝缘、防腐,设备内部的填充物等的材料费和安装费。

安装工程费一般是根据行业或专门机构发布的安装工程定额、取费标准(安装费费率、每吨设备安装费指标或每单位安装实物工程量费用指标)进行估算。

计算公式为:

安装工程费 = 设备原价 × 安装费费率;

安装工程费 = 设备吨位 × 每吨设备安装费指标;

安装工程费 = 安装工程实物量 × 每单位安装实物工程量费用指标。

注意:附属管道量大的项目,还应单独估算管道工程费用,有的还要单独列出主要材料费用。

项目决策分析与评价阶段,根据投资估算的深度要求,安装费用也可以按单项工程分别估算。

D. 工程建设其他费用估算

工程建设其他费用是指建设投资中除建筑工程费、设备购置费、安装工程费以外的,为保证工程建设顺利完成和交付使用后能够正常发挥效用而发生的各项费用。按其内容大体可分为三类:第一类是建设用的费用;第二类是与项目建设有关的费用;第三类是与项目运营有关的费用。工程建设其他费用估算表见表10-8。

表10-8 工程建设其他费用估算表

分 类	费 用 名 称	计算依据	费率或标准	总 价
建设用地费用	(1)征地补偿费			
	(2)土地使用权出让(转让)金			
	(3)建设期租地费用、临时用地补偿费			
与项目建设有关的费用	(1)建设管理费			
	(2)可行性研究费			
	(3)研究试验费			
	(4)勘察设计费			
	(5)环境影响评价费			
	(6)职业安全卫生健康评价费			
	(7)场地准备及临时设施费			
	(8)引进技术和设备其他费用			
	(9)工程保险费			
	(10)市政公用设施建设及绿化补偿费			

续表 10 – 8

分　类	费 用 名 称	计算依据	费率或标准	总　价
与项目运营有关的费用	(1)专利及专有技术使用费			
	(2)联合试运转费			
	(3)生产准备费			
	(4)办公及生活家具购置费			

注：工程建设其他费用的其他科目及费用标准应根据各级政府物价部门有关规定并结合项目的具体情况确定。上述各项费用并不是每个项目必定发生的费用，应根据项目具体情况进行估算。

E. 基本预备费估算

基本预备费又称工程建设不可预见费，是在项目实施中可能发生，但在项目决策阶段难以预料的支出，需要事先预留的费用。估算内容包括：(a)在批准的设计范围内，基本设计、施工图设计及施工过程中所增加的工程费用；经批准的设计变更、工程变更、材料代用、局部地基处理等增加的费用；(b)一般自然灾害造成的损失和预防自然灾害所采取措施的费用；(c)竣工验收时为鉴定工程质量对隐蔽工程进行必要的挖掘和修复费用。

基本预备费以工程费用和工程建设其他费用之和为基数，计算公式为：

基本预备费 = (工程费用 + 工程建设其他费用) × 基本预备费费率

冶金工厂建设工程规定的基本预备费费率为 8% ~ 10% 。

F. 涨价预备费估算

涨价预备费又称为价格变动不可预见费，是对建设工期较长的项目，在建设期内可能发生材料、设备、人工等价格上涨引起投资地增加，需要事先预留的费用。

涨价预备费以分年的工程费用为计算基数，计算公式为：

$$PC = \sum_{t=1}^{n} I_t [(1 + f)^t - 1] \qquad (10.10)$$

式中：PC——涨价预备费；

I_t——第 t 年的工程费用；

f——建设期价格上涨指数；

n——建设期；

t——年份。

建设期价格上涨指数 f，政府主管部门有规定的按规定执行，没有规定的由工程咨询人员合理测算。

5)建设期利息估算

建设期利息的估算，应将名义年利率换算为实际年利率。计算公式为：

$$实际年利率 = (1 + \frac{r}{n})^n - 1 \qquad (10.11)$$

式中：r——名义年利率；

n——每年计息周期数。

当建设期用自有资金按期支付利息时，可不必进行换算，直接采用名义年利率计算建设期利息。

计算建设期利息时，为了简化计算，通常假定借款均在每年的年中支用，借款当年按半年计息，其余各年份按全年计息，计算公式如下：

采用自有资金、按单利计息时：

各年应计利息 ＝（年初借款本金累计 ＋ 本年借款额/2）× 名义年利率

采用复利方式计息时：

各年应计利息 ＝（年初借款本息累计 ＋ 本年借款额/2）× 实际年利率

对有多种借款资金来源，每笔借款的年利率各不相同的项目，既可分别计算每笔借款的利息，也可先计算出各笔借款加权平均的年利率，然后以加权平均利率计算全部借款的利息。

估算建设期利息，需要根据项目进度计划，提出建设投资分年计划，列出各年投资额，并明确其中的人民币和外币。

建设期利息估算表的编制样式见表10 - 9。

表 10 - 9　建设期利息估算表　　　（人民币：万元）

序　号	项　目	合　计	建　设　期					
			1	2	3	4	…	n
一	借　款							
（一）	建设期利息							
1	期初借款余额							
2	当期借款							
3	当期应计利息							
4	期末借款余额							
（二）	其他融资费用							
（三）	小计（一）＋（二）							
二	债　券							
（四）	建设期利息							
5	期初债务余额							
6	当期债务金额							
7	当期应计利息							
8	期末债务余额							
（五）	其他融资费用							
（六）	小计（四）＋（五）							
合　计	（三）＋（六）							
建设期利息合计	（一）＋（四）							
其他融资费用	（二）＋（五）							

其他融资费用系指某些债务资金发生的手续费、承诺费、管理费、信贷保险费等融资费用，原则上应按该债务资金债权人的要求单独计算，并计入建设期利息。初步可行性研究阶段，可简化作粗略估算，计入建设投资；可行性研究阶段，不涉及国外贷款的项目，也可简化作粗略估计后计入建设投资。

在项目评价中，对于分期建成投产的项目，应注意按各期投产时间分别停止借款费用的资本化，即投产后继续发生的借款费用不作为建设期利息计入固定资产原值，而是作为运营期利息计入总成本费用。

6）流动资金估算

流动资金是指企业为正常生产运营，用于购买原材料、燃料、支付工资及其他经营费用等所需的周转资金。流动资金估算一般采用分项详细估算法，个别情况或者小型项目可采用扩大指标估算法。流动资金估算详见第2章2.2.3节。

根据流动资金各项估算的结果，编制流动资金估算表，样式见表10-10。

表10-10　流动资金估算表（万元）

序号	项目	最低周转天数	周转次数	计算期					
				1	2	3	4	…	n
（一）	流动资产								
1	应收账款								
2	存货								
（1）	原材料								
（2）	在产品								
（3）	产成品								
…	……								
3	现金								
4	预付账款								
（二）	流动负债								
5	应付账款								
6	预收账款								
（三）	流动资金 （一）+（二）								
（四）	流动资金当期增加额								

扩大指标估算法是一种简化的流动资金估算法，一般可参照同类企业流动资金占销售收入、经营成本比例或单位产量占用流动资金的数额估算。计算公式为：

①按固定资产估算：

流动资金额 = 固定资产额 × (15% ~ 25%)；

②按企业经营费估算：

流动资金额 = 年经营费 × (30% ~ 35%)；

③按产品年销售额估算：

流动资金额 = 年销售额 × 25%

7) 资金筹措

资金筹措又称融资，是指为了保证选矿厂项目按计划实施，满足项目对资金的需要而筹集的资金。

选矿厂所需资金的来源，包括项目公司股东投入的资本金和项目公司承担的债务资金。

(1) 项目资本金(外商投资项目为注册资本)，是指在选矿厂总投资(外商投资项目为投资总额)中，由投资者认缴的出资额。投资者可以用货币出资，也可以用实物、工业产权、非专利技术、土地使用权、资源开采权等作价出资。作价出资的实物、工业产权、非专利技术、土地使用权和资源开采权等，必须经过有资格的资产评估机构评估作价；其中以工业产权和非专利技术作价出资的比例一般不得超过项目资本金总额的 20%(经特别批准，部分高新技术企业可以达到 35% 以上)。

项目资本金的来源渠道和筹措方式有三种：①股东直接投资；②股票融资；③政府投资。对政府投资资金，国家根据资金来源、项目性质和调控需要，分别采取直接投资、资本金注入、投资补助、转贷和贷款贴息等方式，并按项目安排使用。按照我国有关法规规定，从 1996 年开始，对各种经营性国内投资项目试行资本金制度，投资项目资本金占总投资的比例：钢铁、邮电、化肥项目，资本金比例为 25% 以上。外商投资项目(包括外商融资、中外合资、中外合作经营项目)的注册资本与投资总额的比例，按照现行法规，具体规定如下：

①投资总额在 300 万美元以下(含 300 万美元)的，其注册资本的比例不得低于 70%；

②投资总额在 300 万美元以上至 1000 万美元(含 1000 万美元)的，其注册资本的比例不得低于 50%，其中投资总额在 420 万美元以下的，注册资本不得低于 210 万美元；

③投资总额在 1000 万美元以上至 3000 万美元(含 3000 万美元)的，其注册资本的比例不得低于 40%，其中投资总额在 1250 万美元以下的，注册资本不得低于 500 万美元；

④投资总额在 3000 万美元以上的，其注册资本的比例不得低于三分之一，其中投资总额在 3600 万美元以下的，注册资本不得低于 1200 万美元。

债务资金是项目投资中以负债方式从金融机构、证券市场等资本市场取得的资金。项目债务资金的来源可通过商业银行贷款、政策性银行贷款、外国政府贷款、国际金融组织贷款、出口信贷、银团贷款、企业债券、国际债券、融资租赁等方式筹集。

(2) 资金筹措计划。资金筹措方案确定之后，制定项目资金筹措计划，它是通过编制总投资使用计划与资金筹措表(见表 10 - 11)来表述的。

表10-11 项目总投资使用计划与资金筹措表

序号	项目	合计			1			...		
		人民币	外币	小计	人民币	外币	小计	人民币	外币	小计
一	总投资									
1	建设投资									
2	建设期利息									
3	流动资金									
二	资金筹措									
1	项目资本金									
(1)	用于建设投资									
(2)	用于流动资金									
(3)	用于建设期利息									
2	债务资金									
(1)	用于建设投资									
(2)	用于建设期利息									
(3)	用于流动资金									
3	其他资金									

8)维持运营投资

某些项目在运营期需要投入一定的固定资产投资才能得以维持正常运营,例如设备更新费用、矿山的井巷开拓延伸费用等。如发生维持运营投资时应将其列入现金流量表作为现金流出,参与内部收益率等指标的计算。同时,也应反映在财务计划现金流量表中,参与财务生存能力分析。

按照《企业会计准则——固定资产》,该投资是否能予以资本化,取决于其是否能为企业带来经济利益且该固定资产的成本是否能够可靠地计量。项目评价中,如果该投资投入后延长了固定资产的使用寿命,或使产品质量实质性提高,或成本实质性降低等,使可能流入企业的经济利益增加,那么该固定资产投资应予以资本化,即应计入固定资产原值,并计算折旧,否则该投资只能费用化,不形成新的固定资产原值。

10.3.5 矿物加工(产品)成本费用

1.成本费用的种类

产品成本分为总成本和单位成本两种,在矿物加工技术经济工作中,这两种成本指标并用。

1)总成本

产品总成本是选矿企业在一定时间内(通常为一年)为生产、销售一定数量的产品所支出的费用总和,包括生产成本、管理费用、财务费用和销售费用。

2）单位产品成本

生产单位产品所支出的费用总和为单位产品成本。单位产品成本与总成本对技术经济工作的作用基本相同。

当采、选为联合企业时，选矿成本中的原料费即是矿石成本。设计中，有时以计算年的矿石成本作为矿山的成本指标，但在矿山的生产期间，由于矿山剥采比（或采准）和运距的变化，直接影响矿石成本即选矿原料费的变化，所以使用某一年的产品成本，不能全面反映矿山企业的经济效益，这时就应当逐年计算产品成本，以满足财务评价的要求。

2. 成本费用计算

1）各项费用的计算方法

选矿厂各项成本费用的计算方法如下：

（1）原料费，指原矿开采成本加原矿从采矿场至选矿厂的运输费用。

（2）辅助材料费，指设计的辅助材料消耗定额乘当地材料价格，或按国家材料单价（如运距较远，应考虑材料的运杂费）乘以设计消耗定额求得。在选定价格体系下的预测价格，应按入库价格计，即到厂价格并考虑途库损耗。采用的价格时点和价格体系应与营业收入的估算一致。

（3）选矿耗用的水、电费，指设计的水电消耗指标乘其单价即得（水电指标应扣除修理和行政福利设施的用水、用电量）。

（4）人工工资及福利费估算，指选矿厂的职工定员人数乘全部人员年工资及福利费的平均数值或者按照人员类型和层次分别设定不同档次的工资进行计算。

（5）折旧费的估算。

①固定资产原值。计算折旧需要先计算固定资产原值。固定资产原值是指选矿厂投产时（达到预定可使用状态）按规定由投资形成固定资产的部分。

②固定资产折旧。固定资产在使用过程中会受到磨损，其价值损失通常是通过提取折旧的方式得以补偿。固定资产的折旧方法可在税法允许的范围内由企业自行确定，一般采用直线法，包括年限平均法和工作量法。我国税法也允许对某些机器设备采用加速折旧法，该方法包括双倍余额递减法和年数总和法。

选矿厂设计一般按直线法进行折旧，计算公式如下：

$$年折旧额 = \frac{1 - 预计净残值率}{折旧年限} \times 100\%$$

$$年折旧额 = 固定资产净值（原值减残值） \times 年折旧率$$

选矿厂设计中折旧年限一般取 15～20 年，预计净残值率取 5%。

（6）固定资产修理费的估算。修理费是指为保持固定资产的正常运转和使用，充分发挥使用效能，对其进行必要修理所发生的费用，按修理范围的大小和修理时间间隔的长短可以分为大修、中修和小修。

固定资产修理费是指项目全部固定资产的修理费，可直接按固定资产原值（扣除所含的建设期利息）的一定百分数估算。选矿厂设计中修理费率一般取 3%～5%。

（7）摊销费的估算。无形资产原值是指项目投产时按规定由投资形成的无形资产的部分。无形资产和其他资产的摊销一般采用平均年限法，不计残值。选矿厂设计摊销年限一般取 10 年。

(8)其他费用估算。其他费用包括其他制造费用、其他管理费用和其他营业费用这三项费用，即指由制造费用、管理费用和营业费用中分别扣除工资及福利费、折旧费、摊销费和修理费以后的其余部分。产品出口退税和减免税项目按规定不能抵扣的进项税额也可包括在内。

①其他制造费用。项目评价中常见的估算方法有：按固定资产原值(扣除所含的建设期利息)的百分数估算，按人员定额估算，也可参照类似企业实际按每吨产品指标估算。

②其他管理费用。项目评价中常见的估算方法是按人员定额或取工资及福利费总额的倍数估算。若管理费用中的技术转让费、研究与开发费与土地使用税等数额较大，应单独核算后并入其他管理费用，或单独列项。

③其他营业费用。项目评价中常见的估算方法是按营业收入的百分数估算。

④不能抵扣的进项税额。对于产品出口项目和产品国内销售的增值税减免税项目，应将不能抵扣的进项税额计入总成本费用的其他费用或单独列项。

(9)财务费用。按照会计法规，企业为筹集所需资金而发生的费用称为财务费用，包括利息支出(减利息收入)、汇兑损失(减汇兑收益)以及相关的手续费等。在大多数项目的财务分析中，通常只考虑利息支出。利息支出的估算包括长期借款利息、流动资金借款利息和短期借款利息三部分。

①长期借款利息。是指对建设期间借款余额(含未支付的建设期利息)应在生产期支付的利息，项目评价中可以选择等额还本付息(等额本息)方式或者等额还本利息照付(等额本金)方式来计算长期借款利息。

等额还本付息方式：

$$A = P \times \frac{i(1+i)^n}{(1+i)^n - 1} \tag{10.12}$$

式中：A——每年还本付息额(等额年值)；

　　P——还款起始年年初的借款余额(含未支付的建设期利息)；

　　i——年利率；

　　n——预定的还款期；

　　$(1+i)^n - 1$——资金回收系数。

其中：每年支付利息 = 年初借款余额 × 年利率；

每年偿还本金 = A - 每年支付的利息；

年初借款余额 = P - 本年以前各年偿还的借款累计。

等额还本利息照付方式：

设 A_t 为第 t 年的还本付息额，则有：

$$A_t = \frac{P}{n} + P \times \left(1 - \frac{t-1}{n}\right) \times i \tag{10.13}$$

式中符号的含义与式(10.12)相同。

其中：每年支付利息 = 年初借款余额 × 年利率

第 t 年支付的利息 = $P \times \left(1 - \frac{t-1}{n}\right) \times i$

每年偿还本金 = $\frac{P}{n}$

②流动资金借款利息。项目评价中估算的流动资金借款从本质上说应归类为长期借款，但目前企业往往有可能与银行达成共识，按期末偿还、期初再借的方式处理，并按一年期利率计息。流动资金借款利息可以按下式计算：

年流动资金借款利息＝年初流动资金借款余额×流动资金借款年利率。

财务分析中对流动资金的借款可以在计算期最后一年偿还，也可在还完长期借款后偿还。

③短期借款利息。项目评价中的短期借款指运营期间由于资金的临时需要而发生的短期借款，短期借款的数额应在财务计划现金流量表中得到反映，其利息应计入总成本费用表的利息支出中。短期借款利息的计算同流动资金借款利息，短期借款的偿还按照随借随还的原则处理，即当年借款尽可能于下年偿还。

2）固定成本和可变成本

根据成本费用与产量的关系可以将总成本费用分解为可变成本、固定成本和半可变（或半固定）成本。

固定成本是指不随产品产量变化的各项成本费用。可变成本是指随产品产量变化而成正比例变化的各项费用。有些成本费用属于半可变（或半固定）成本。工资、营业费用和流动资金利息等也都可能既有可变因素，又有固定因素。必要时需将半可变（或半固定）成本进一步分解为可变成本和固定成本，使产品成本费用最终划分为可变成本和固定成本。长期借款利息应视为固定成本，流动资金借款和短期借款利息可能部分与产品产量相关，其利息可视为半可变或半固定成本，为简化计算，一般也将其作为固定成本。

3）经营成本

经营成本是总成本费用中扣除折旧费、维简费、摊销费、财务费后的余额。它是财务分析的现金流量分析中所使用的特定概念，作为项目现金流量表中运营期现金流出的主体部分。

经营成本与融资方案无关。因此在完成建设投资和营业收入估算后，就可以估算经营成本，为项目融资前分析提供数据。

4）产品成本计算表

上述各项费用计算之后，编制单位产品（精矿）生产成本计算表见表10－12，单位产品（精矿）成本费用计算表见表10－13。

表10－12 单位产品（精矿）生产成本计算表

序号	成本项目	单 位	单价/元	用量	单位费用/（元·t^{-1}）
一	原料费	t			
二	辅助材料				
1	钢球	kg			
2	衬板	kg			
3	胶带	m^2			
4	滤布	m^2			
5	机油	kg			

续表 10 – 12

序号	成本项目	单 位	单价/元	用量	单位费用/ (元·t^{-1})
6	黄 油	kg			
7	钢 材	kg			
8	叶轮盖板	kg			
9	硫 酸	kg			
10	水玻璃	kg			
11	其 他	kg			
三	动 力				
1	电	kW·h			
2	水	t			
四	工资及附加	元			
五	制造费用	元			
1	维修费	元			
2	折旧费	元			
3	其他制造费	元			
六	精矿生产成本	元·t^{-1}			

表 10 – 13　单位产品(精矿)成本费用计算表

序号	成本项目	单 位	单价/元	用量	单位费用/ (元·t^{-1})
一	原料费	t			
二	辅助材料				
1	钢 球	kg			
2	衬 板	kg			
3	胶 带	m^2			
4	滤 布	m^2			
5	机 油	kg			
6	黄 油	kg			
7	钢 材	kg			
8	叶轮盖板	kg			
9	硫 酸	kg			
10	水玻璃	kg			
11	其 他	kg			

续表 10 - 13

序号	成本项目	单 位	单价/元	用量	单位费用/ $(元 \cdot t^{-1})$
三	动 力				
1	电	kW·h			
2	水	t			
四	工资及附加	元			
五	制造费用	元			
1	维修费	元			
2	折旧费	元			
3	其他制造费	元			
六	管理费用	元			
1	资源补偿费	元			
2	摊销费	元			
3	其他管理费	元			
七	销售费用	元			
八	财务费用	元			
	单位成本费用合计				

5)产品成本计算中的有关问题

(1)采、选或采、选、冶联合企业的成本计算。采、选或采、选、冶联合企业应分别计算采矿、选矿、冶炼成本。公用设施(水、电、风、机修、运输)按各自的用量分配费用。企管费及服务性设施按采、选、冶各自的生产工人人数分摊其费用。

(2)多种产品的成本计算。生产多种产品的选矿厂,对工艺流程自成独立系统的,分别按成本项目计算每种产品的成本;工艺流程混合生产的,先计算生产总成本,然后按下列公式计算每种产品的成本:

$$C_甲 = C_总 \times A_甲 \times K_甲 / (A_甲 \times K_甲 + A_乙 \times K_乙 + \cdots) \quad (10.14)$$

式中:$C_甲$——甲种产品的单位成本,元/t;

$C_总$——多种产品的生产总成本,元/t;

$A_甲, A_乙, \cdots$——各种产品产量,t;

$K_甲, K_乙, \cdots$——各种产品价格,元/t。

10.3.6 矿物加工建设项目职工定员与劳动生产率

1.职工定员

1)确定职工定员的原则

职工定员应根据所设计的选矿厂实际情况,本着既先进合理又切实可行的原则来确定。为了提高劳动效率,应力求减少职工人数,同时压缩非生产人员,提高直接生产工人的比例。

选矿厂的生产和设计应该不断提高管理水平，合理确定劳动组织，积极争取外厂协作，把可能交由社会负担的服务性工作交给厂外有关单位管理。

2）职工定员的编制

（1）编制职工定员的基本方法。确定职工定员，大体有以下五种基本方法：

①设备（岗位）定员：根据机器设备数量、规格及操作工人所处的工作岗位确定职工定员，如破碎、磨矿、选别、脱水等工种。

②效率（定额）定员：根据生产任务和工作量多少，考虑不同生产特点和条件确定职工定员，如取样、手选、搬运等工种。

③比例定员：按占全员的一定比例确定劳动定员，主要适用于勤杂、食堂、托儿所、房屋维修等服务人员。

④机修设备维护检修人员：根据车间机械设备重量及承担机械检修范围确定职工定员，包括设备大、中、小修及日常维护和值班等工艺过程中所需要的钳工、电工、铆工、焊工、木工、泥（瓦）工、起重工、杂（壮）工等工种。

⑤管理人员定员：根据所设计选矿厂隶属关系职工人数和职责范围等确定职工定员，如行政管理人员、党群人员和技术人员等。

（2）职工定员分类。职工定员分为直接生产人员和非直接生产人员两类。

①直接生产人员包括：从事企业生产的破碎、磨矿、选矿、脱水等生产工人和辅助设施、附属设施的生产工人（如机修、机械制作、供电、供水、排水、"三废"治理与综合利用、原材料及燃料供应、化验、生产仓库保管等工人）；为生产车间和辅助生产车间从事生产活动（包括产品设计、科学研究）的工程技术人员。

②非直接生产人员包括：管理人员、服务人员和其他人员三部分：

A.管理人员：是指在企业职能机构中从事行政、生产、经济、技术管理和政治工作的人员；

B.服务人员：是指为职工生活服务和间接服务于生产的人员。如勤杂人员、安保、消防、职工食堂、职工住宅管理和维修、浴室、幼儿园、话务员、印刷厂、生活用汽车司机、文教卫生（指职工医院、俱乐部、保健站人员）；

C.其他人员：指病、伤假和脱产学习，农副业生产及援外出国等在六个月以上的人员（此项在企业定员设计中不进行编制）。

（3）编制职工定员。

①编制职工定员表：职工定员表的编制格式见表 10 – 14。

②编制职工定员分工。全部直接生产人员的昼夜出勤人数和部分非直接生产人员的岗位定员，如安保、消防人员、生活用汽车司机等人员由各有关设计专业编制。管理人员、服务人员以及全部在籍人员系数均由技经专业编制与计算。

③在籍人员系数：

在籍人员系数 = 企业年工作天数/年制度工作日

年制度工作日 = 365 –（全年周休息日 + 年法定节假日）

在籍人员系数计算时不再考虑病事假等的缺勤替补人员，即按出勤率 100% 考虑。

表10-14　职工定员表

序号	工作名称	职务分类	昼夜人数				在籍人员系数	在籍人数	备注
			一班	二班	三班	合计			
1									
2									
3									
…									

在籍人数的计算方法：

A. 在一个工段内,各工种可以互相替换时,可按一个工段的合计出勤定员数乘以在籍人员系数求得；

B. 在一个工段内,各工种不能互相替换时,则按工种分别乘以在籍人员系数求得；

C. 直接生产人员的工程技术人员和非直接生产人员(除个别岗位如调度员、话务员外),均不考虑在籍人员系数；

D. 非直接生产人员可参照类似选矿厂的实际定员进行编制,也可按非直接生产人员数占职工定员总数的比例计算。

管理人员一般按占职工总数的8%~10%计算。

2. 劳动生产率

在通常情况下,选矿厂只按原矿处理量计算全员和直接生产工人的实物劳动生产率,即：

全员劳动生产率 = 年处理原矿量/全员人数, $t/(人·a)$；

直接生产工人劳动生产率 = 年处理原矿量/直接生产工人人数, $t/(人·a)$。

选矿厂劳动生产率同机械化程度、选矿工艺流程、选矿厂的规模、设备类型、机修规模、操作管理水平和各厂的具体情况等因素有关。一般说来,装备和自动化水平高的大型厂矿,劳动生产率较高；装备和自动化水平低的中小型厂矿,劳动生产率较低。所以,设计或生产的选矿厂应科学地组织生产,提高管理水平,压缩非生产人员。在资金允许的条件下,尽量改善装备,提高自动化水平,以提高劳动生产率。

10.4　选矿厂设计方案的比较和财务分析

10.4.1　选矿厂设计方案的比较

1. 方案比较的原则

方案比较贯穿于整个设计过程中,其目的是使选用的设计方案在技术上先进,经济上合理。因此,做好设计方案的技术经济比较是保证设计质量、合理开发矿产资源、有效地使用资金、提高经济效益的一项十分重要的工作。

备选方案应遵守以下原则：

(1)参选方案必须是国家产业政策允许、有成熟技术支持的可实施的方案；

(2)备选方案的整体功能应达到目标要求；

(3)备选方案的经济效益应达到可以被接受的水平；

(4)备选方案包含的范围和时间应一致，效益和费用计算口径应一致。

2. 方案比较的方法

在较为复杂的系统方案比较工作中，一般先经过定性分析，如果直观很难判断各个方案的优劣，再通过定量分析，论证其经济效益的大小，判别方案的优劣。有时，需要定性比选与定量比选相结合来判别方案的优劣。

选矿厂设计方案中涉及的各决策要素，都应从技术和经济相结合的角度进行多方案分析论证，比较选优。如产品或服务的数量、技术和设备选择、原材料供应、运输方式、厂(场)址选择、资金筹措等方面，根据比较的结果，结合其他因素进行决策。

根据是否考虑资金的时间价值，方案比选的经济计算与分析包括静态和动态分析两种。静态分析方法简单，但不考虑资金的时间价值，不反映设计方案的总体价值差异，容易导致决策失误，因此，最好采用动态分析法进行方案比选。常用的动态分析法一般有效益比选法和费用比选法。效益比选法一般采用净现值法、净年值法、内部收益率法和差额投资内部收益率法等；费用比选法一般采用费用现值法和费用年值法。各类方法的计算及比选过程具体参见本书的相关章节，不再赘述。

3. 方案比选时应注意的问题

方案比选时应注意以下问题：

(1)备选方案提供的信息资料应可靠、均衡；

(2)备选方案的经济指标取值比较差异不大时，不能依此判定方案的优劣，只有在经济指标的取值存在足够的差异，且估算和测算的误差不足以使评价结论出现逆转时，才能认定比较方案有显著的差异，并据此判定方案的优劣；

(3)计算期不同的互斥方案的比选，需要对各备选方案的计算期和计算公式进行适当的处理，使各方案在相同的条件下进行比选；

(4)在多方案比较中，应分析不确定性因素和风险因素对方案比选的影响，判断其对比选结果的影响程度，必要时，应进行不确定因素和风险分析，以保证比选结果的有效性。

方案比选中，通常采用与财务分析统一的折现率基准。

10.4.2 选矿厂设计方案的财务分析

财务分析是在财务效益与费用的估算以及编制财务辅助报表的基础上，编制财务报表，计算财务分析指标，考察和分析项目的盈利能力、偿债能力和财务生存能力，判断项目的财务可行性，明确项目对财务主体的价值以及对投资者的贡献，为投资决策、融资决策以及银行审贷提供依据。

1. 财务效益与费用估算

财务效益与费用是财务分析的重要基础，其估算的准确性与可靠程度直接影响财务分析的结论。

1)财务效益与费用内容

(1)财务效益。选矿厂财务分析中财务效益主要是指选矿厂销售各种精矿所获取的收入。销售收入指年产量与相应的销售价格的乘积。产品的销售价格为预测价格，近年来各种金属精矿价格波动较大,产品价格的选用宜从保守角度出发,采用略低的价格。并在敏感性分析时进行多价格分析。

(2)费用。选矿厂项目费用主要包括投资、成本费用和税费等,其中投资、成本费用在前面的章节中已作介绍。下面主要介绍我国的选矿厂涉及的税费。

①关税。是以进出口的应征税货物为纳税对象的税种。项目评价中涉及引进设备、技术和进口原材料时,可能需要估算进口关税。项目评价中应按有关税法和国家的税收优惠政策,正确估算进口关税。我国仅对少数货物征收出口关税,而对大部分货物免征出口关税。若项目的出口产品属征税货物,应按规定估算出口关税。

②增值税。财务分析应按税法规定计算增值税。须注意当采用含(增值)税价格计算销售收入和原材料、燃料动力成本时,利润和利润分配表以及现金流量表中应单列增值税科目,反之,上述三表中不包括增值税科目。财务评价时应说明是否采用含税方式。目前我国大部分地区仍然采用生产型增值税,不允许抵扣购进固定资产的进项税额。经国务院批准,自2004年7月1日起,东北、中部等部分地区先后进行增值税转型改革试点,取得预期成效。自2009年1月1日起,在全国所有地区、所有行业推行增值税转型改革。这为扩大国内需求,降低企业设备投资的税收负担,促进企业技术进步、产业结构调整和转变经济增长方式奠定了坚实的基础。改革的主要内容是:允许企业抵扣新购入设备所含的增值税,同时,取消进口设备免征增值税和外商投资企业采购国产设备增值税退税政策,将小规模纳税人的增值税征收率统一调低至3%,将矿产品增值税税率恢复到17%。项目评价中须注意按相关法规采用适宜的计税方法。

③增值税附加税。包括城市维护建设税和教育费附加。城市维护建设税,是一种地方附加税,目前以增值税为计税依据,税率:市区为7%,县、镇为5%和县、镇以外为1%。教育费附加是地方收取的专项费用,用于发展地方性教育事业,扩大地方教育经费的资金来源,该税以纳税人实际缴纳的增值税、消费税、营业税的税额为计费依据,税率由地方确定,一般为3%,项目评价中应结合当地的相关规定进行计算。

④资源税。是以各种应税自然资源为课税对象、为了调节资源级差收入并体现国有资源有偿使用而征收的一种税。纳税人为开采特定矿产品或者生产盐的单位和个人。通常按矿产的产量计征,参照各地矿山的实际情况,也有不同,有些地方亦采用精矿量计征。

在我国选矿厂设计中销售税金及附加主要包括增值税、城市维护建设税和教育费附加。营业税金及附加应作为利润和利润分配表中的科目。

⑤企业所得税。是对我国内资企业和经营单位的生产经营所得和其他所得征收的一种税。项目评价中应注意按有关税法对所得税前扣除项目的要求,正确计算应纳税所得额,我国企业所得税税率一般为25%,但也有特殊情况,比如:经国务院批准的高新技术产业开发区内的高新技术企业,按15%的税率征收所得税;新办的高新技术企业自投产年度起,免征所得税2年;在国家确定的"老、少、边、穷"地区新办的企业,经主管税务机关批准后可减征或免征所得税3年;企业遇有风、火、水、震等严重自然灾害,经主管税务机关批准,可减征或免征所得税1年;高等学校和中小学校办工厂,暂免征所得税;乡镇企业可按应缴税款减征10%,用于补助社会性开支的费用。

2)财务效益与费用估算表格

财务效益和费用的估算需要编制下列财务分析的辅助报表:

(1)建设投资估算表;

(2)建设期利息估算表;

(3)流动资金估算表;

(4)项目总投资使用计划与资金筹措表;

(5)营业收入、营业税金及附加和增值税估算表;

(6)总成本费用估算表。

以上报表按不含增值税价格设定,若采用含增值税价格,应调整相关科目。这些表的标准格式见《建设项目经济评价方法与参数》(第三版)中的相应内容。

3)财务分析基本报表

财务分析基本报表主要包括:项目投资现金流量表、项目资本金现金流量表、投资各方现金流量表、利润与利润分配表、财务计划现金流量表、资产负债表、借款还本付息计划表等。这些表的具体编制样式参见《建设项目经济评价方法与参数》(第三版)中相关内容。

选矿厂项目建设的敏感性分析、盈亏平衡分析及风险分析的方法参见本书相关章节,并结合所建选矿厂的实际情况进行。

10.5　矿物加工改扩建项目的技术经济

改建、扩建、技术改造、迁建、停产复建等项目都可以归入改扩建项目的范畴。

10.5.1　盈利能力分析

现有企业改扩建项目的盈利能力分析是"增量分析"。通过比较"有项目"与"无项目"的净现金流量,求出增量净现金流量,并据此计算内部收益率,考查项目实施的效果。

10.5.2　偿债能力分析

改扩建项目的偿债能力分析宜进行两个层次的分析:

(1)项目层次的偿债能力分析;

(2)企业层次的偿债能力分析。

10.5.3　生存能力分析

改扩建项目只进行"有项目"状态的生存能力分析,分析的内容同一般的新建项目。

10.5.4　改扩建项目技术经济评价的简化处理

改扩建项目一般要用到"有项目"、"无项目"、"现状"、"新增"和"增量"数据,增大了数据预测的工作量;在企业规模比较大时,有些必要的企业数据比较难于获得,或即使得到了可靠性也比较差;还款主体与经营主体异位,一般要进行项目层次与企业层次的分析。因此,改扩建项目经济评价比较复杂,在项目评价的实践中,往往简化处理,而按新建项目进行评价。

(1)改扩建项目与现有企业的生产经营活动相对独立。在这种情况下,项目的边界比较清楚,可以进行独立经济核算,项目的费用与效益比较好识别,现金流入与流出比较好测算,符合新建项目评价的基本条件,可简化处理。

(2)以增加产出为目的的项目,增量产出占现有企业产出比例较小。在这种情况下,现有企业产出规模大,项目的增量产出不会对现有企业现金流量产生较大影响,项目实际上也相对独立,可以简化成新建项目处理。

(3)利用现有企业的固定资产量与新增量相对较小。被使用的现有企业的固定资产量小,意味着"有项目"情况下现金流入与现金流出基本不受现有企业的影响,新增投资是项目建设期内主要的现金流出,项目其他现金流入和现金流出也是总现金流的主要组成部分,所以可以简化处理,使用新建项目的评价过程。

(4)效益和费用的增量流量较容易确定。"有无对比"是项目评价的根本原则,对比的结果是求出增量现金流量,增量现金流量可直接用于项目(含新建项目)的盈利能力分析。新建项目实际是改扩建项目的特例,"无项目"的净现金流量为零,也不利用现有企业的任何资产,增量现金流量可以视作"无项目"的流量为零时"有项目"的现金流量。

(5)对于可以进行简化处理的项目,一定要阐明简化处理的原则和理由,不能直接用新建项目的做法进行估算和分析。

10.5.5 改扩建项目经济评价应注意的相关问题

(1)计算期的可比性。根据"费用与效益口径一致"的原则,现有企业改扩建项目经济评价的计算期一般取"有项目"情况下的计算期。如果"无项目"的计算期短于"有项目"的计算期,可以通过追加投资(局部更新或全部更新)来维持"无项目"的计算期,延长其寿命期至"有项目"的结束期,并于计算期末回收资产残值;若在经济或技术上延长寿命不可行,则适时终止"无项目"的计算期,其后各期现金流量计为零。

(2)原有资产利用的问题。现有企业改扩建项目范围内的原有资产可分为"可利用的"与"不可利用的"两个部分。"有项目"时原有资产无论利用与否,均与新增投资一起计入投资费用。"可利用的"资产要按其净值提取折旧与修理费。"不可利用的"资产如果变卖,其价值按变卖时间和变现价值计作现金流入(新增投资资金来源),不能冲减新增投资。如果"不可利用的"资产不变现或报废,就仍然是资产的一部分,但是计算项目的折旧时不予考虑。

(3)停产减产损失。改扩建项目的改建活动与生产活动总是同时进行,但一般总会造成部分生产停止或停产。这一部分停产减产损失的直接结果是减少"老产品"的营业收入,同时也会减少相应的生产费用。这些流量的变化均应在销售收入表和生产成本表中有所体现,最终反映在现金流量表中,因此不必单独估算。

(4)沉没成本处理。沉没成本是现有企业过去的投资决策发生的、非现在决策能改变(或不受现在决策影响),已经计入过去投资费用回收计划的费用。如前期工程为后期工程预留的场地与设备,均为前期工程的沉没成本,不计入后期投资决策费用。沉没成本是"有项目"和"无项目"都存在的成本,对于实现项目的效益不会增加额外的费用。对于项目是否应当实施的决策来说,沉没成本不应当包括在项目增量费用之中。改扩建项目的经济效果不取决于项目开始前已经支出多少费用,而仅仅取决于在改扩建过程中新投入的费用。改扩建项目的效益只能是超出原有项目效益之上的部分。对沉没成本的这种处理办法可能导致项目的内部收益率很高,但这恰恰反映了当前政策的性质。如果为了弄清原来投资决策是否合理,可以计算整个项目(有项目状态,包括已经建成和计划实施的项目)的收益率,这时就应把沉没成本计算在内。

(5)机会成本。如果项目利用的现有资产,有明确的其他用途(出售、出租或有明确的使用效益),那么将资产用于该用途能为企业带来的收益被看做项目使用该资产的机会成本,也是无项目时的收入,按照有无对比识别效益和费用的原则,应该将其作为无项目的现金流入。

10.5.6　改扩建项目技术经济扩大指标

1. 选矿厂基建扩大指标

1)黑色金属选矿厂基建扩大指标

(1)选矿厂单位矿石投资扩大指标,见表 10 – 15。

表 10 – 15　选矿厂单位矿石投资扩大指标

项　目	单　位	大　型	中　型	小　型
单一浮选	元/(t · a)	90 ~ 110	95 ~ 130	100 ~ 140
单一磁选	元/(t · a)	80 ~ 100	90 ~ 130	90 ~ 138
磁浮联合	元/(t · a)	100 ~ 120	110 ~ 175	100 ~ 150
磁重浮联合	元/(t · a)	100 ~ 140	120 ~ 230	

注:a.选厂投资中包括破碎、磨矿、主厂房、浓缩、脱水,不包括尾矿库及管道输送系统。机修等其他相关配套设施、外部工程也不在投资中;

b.本扩大指标只按常见的矿石类型和一般生产条件考虑,仅供编制规划和可行性研究参考。实际投资受各选矿厂具体条件的差异变化较大;

c.生产材料和设备价格物价指数基于 2007 ~ 2008 年的平均价格水平。

(2)破碎筛分厂单位原矿设备重量、装机容量扩大指标,见表 10 – 16。

表 10 – 16　破碎筛分厂单位原矿设备重量、装机容量扩大指标

指标名称	设备重量/[t · (万 t)⁻¹]		装机容量/[kW · (万 t)⁻¹]	
条　件	二段	三段	二段	三段
指　标	1.5	2.5	4	5.5

(3)选矿厂单位原矿设备重量、装机容量扩大指标,见表 10 – 17。

表10－17　选矿厂单位原矿设备重量、装机容量扩大指标

选矿方法	设备重量 /[t·(万t)$^{-1}$]	装机容量 /[kW·(万t)$^{-1}$]	适用条件
重介质选	5～6	12～18	两段破碎、无磨矿、粗粒级振动溜槽、细粒级跳汰
单一磁选	13～18	35～50	三段破碎；一段磨矿取小值，两段磨矿取大值
单一磁选	19～23	51～65	三段破碎；三段磨矿
磁浮联合	14～15	50～55	一段磨矿
磁浮联合	17～18	60～70	二段磨矿
浮　选	18～19	75～80	连续两段磨矿

注：a. 上表中扩大指标可做建厂调查、规划、可行性研究等工作的参考，方案比较需根据具体情况进行调整；

b. 上表中指标包括破碎、主厂房、浓缩、过滤、尾矿设施、厂区内供排水、供电等，但不包括外部供水、外部供电、外部运输、机修及生活福利设施等项目；

c. 大型选矿厂和处理易选矿石的选矿厂取小值，小型选矿厂和处理难选矿石的选矿厂取大值。

（4）选矿厂基建三材消耗扩大指标，见表10－18。

表10－18　选矿厂基建三材消耗扩大指标

材料名称	单位	年处理1万t原矿消耗指标	
		大　型	小　型
水　泥	t	30～35	25～30
钢　材	t	15～30	8～25
木　材	m^3	18～25	7～12

注：a. 选厂基建中包括碎磨、主厂房、浓缩、脱水，不包括尾矿设施、配套水电设施，以及运输、机修等其他相关配套设施；

b. 影响基建材料消耗的因素很多，与选厂规模、土建工程项目、结构形式及地区条件等有关。在同类指标中，规模大时取小值，规模小时取大值。

2）有色金属选矿厂基建扩大指标

（1）选矿厂单位矿石投资扩大指标，见表10－19。

表10－19　选矿厂单位矿石投资扩大指标

流　程	项　目	单　位	大　型	中　型	小　型
半自磨流程	单一（或两种）金属浮选厂	元/(t·a)	65～95	85～115	105～125
半自磨流程	多金属浮选厂	元/(t·a)	73～112	95～125	115～135

续表 10 – 19

流　程	项　目	单　位	大　型	中　型	小　型
常规碎磨流程	单一(或两种)金属浮选厂	元/(t·a)	70 ~ 113	90 ~ 123	110 ~ 133
	多金属浮选厂	元/(t·a)	78 ~ 120	100 ~ 133	120 ~ 143
	重选厂	元/(t·a)		66 ~ 120	60 ~ 110
	重浮磁联合选厂	元/(t·a)	150 ~ 190	190 ~ 220	200 ~ 240

注:a. 选矿厂投资中包括碎磨、主厂房、浓缩、脱水,不包括尾矿设施、配套水电设施,以及运输、机修等其他相关配套设施;

b. 表中指标,二段磨矿、三段脱水取高值,边远地区建厂取高值、还可根据实际情况适当提高;

c. 重选厂小型投资中不包括精选处理,只产毛砂中间产品;

d. 本扩大指标只按常见的矿石类型和一般生产条件考虑,仅供编制规划和可行性研究参考。实际投资受各选矿厂具体条件的差异变化较大;

e. 生产材料和设备价格物价指数基于 2007 ~ 2008 年的平均价格水平。

(2)选矿厂单位矿石基建三材用量扩大指标,见表 10 – 20。

表 10 – 20　选矿厂单位矿石基建三材用量扩大指标

流　程	项　目	单　位	大　型	中小型
常规碎磨流程	水　泥	t/(万 t·a)	35 ~ 40	30 ~ 35
	钢　材	t/(万 t·a)	16 ~ 22	9 ~ 16
	木　材	m³/(万 t·a)	18 ~ 25	9 ~ 15

注:a. 选矿厂基建中包括碎磨、主厂房、浓缩、脱水,不包括尾矿设施,配套水电设施,以及运输、机修等其他相关配套设施;

b. 主要厂房结构按钢筋混凝土结构考虑;

c. 影响基建材料消耗的因素很多,与选矿厂规模、土建工程项目、结构形式及地区条件等有关。在同类指标中,规模大时取小值,规模小时取大值。

(3)选矿厂单位矿石设备重量、安装容量扩大指标,见表 10 – 21 和表 10 – 22(两表均为常规碎磨流程下的扩大指标)。

表 10 – 21　按工艺流程划分的设备重量、安装容量扩大指标

项　目	工艺流程	单　位	大　型	中　型	小　型
设备重量	浮选厂	t/(t·d)	0.55 ~ 0.70	0.60 ~ 1.00	0.65 ~ 1.20
	重选厂	t/(t·d)	0.50 ~ 0.60	0.55 ~ 0.80	0.60 ~ 1.10
	重浮磁联合选厂	t/(t·d)	0.80 ~ 1.00	0.70 ~ 1.20	0.80 ~ 1.45
安装容量	浮选厂	kW/(t·d)	2.00 ~ 2.50	2.50 ~ 3.50	3.50 ~ 5.00
	重选厂	kW/(t·d)	1.30 ~ 1.60	1.60 ~ 2.00	2.00 ~ 3.50
	重浮磁联合选厂	kW/(t·d)	2.50 ~ 3.50	3.00 ~ 4.50	3.50 ~ 5.50

表10-22 按矿石类型划分的设备重量、安装容量扩大指标

矿石类型	项 目	单 位	大 型	中 型	小 型
铜矿石	设备重量	t/(t·d)	0.5~0.6	0.5~0.7	0.6~0.8
	安装容量	kW/(t·d)	2.0~2.5	2.5~3.5	3.0~3.5
铅锌矿石	设备重量	t/(t·d)		0.6~1.2	
	安装容量	kW/(t·d)		3.4~4.6	
钨矿石	设备重量	t/(t·d)		0.4~0.5	
	安装容量	kW/(t·d)		1.3~1.6	
锡矿石	设备重量	t/(t·d)		0.7~1.4	
	安装容量	kW/(t·d)		2.5~4.5	
镍矿石钼矿石	设备重量	t/(t·d)		0.7~1.0	
	安装容量	kW/(t·d)		3.5~5.0	

2. 选矿厂生产消耗扩大指标

1)黑色金属选矿厂生产消耗扩大指标

(1)破碎生产消耗扩大指标。

①破碎生产主要材料消耗扩大指标,见表10-23。

表10-23 破碎厂单位原矿主要材料消耗扩大指标

序号	材料名称	条件	单位	工 厂 类 型				
				一段粗碎	粗中两段破碎	粗中细三段破碎	只有中细碎	只有细碎
1	衬板	硬矿 软矿	kg/t kg/t	0.015~0.025 0.005~0.01	0.03~0.05 0.01~0.015	0.065~0.075 0.015~0.02	0.05~0.06 0.01~0.015	0.02~0.03 0.005~0.01
2	筛网及筛棒	硬矿 软矿	kg/t kg/t	0.001 0.001	0.003~0.005 0.002~0.004	0.008 0.006	0.007 0.005	0.005 0.003
3	钢材	硬矿 软矿	kg/t kg/t	0.01 0.006	0.02 0.015	0.035 0.025	0.025 0.015	0.015 0.01
4	稀油		kg/t kg/t	0.005(颚) 0.003(旋)	0.01~0.015(颚) 0.004~0.005(旋)	0.015~0.02(颚) 0.01~0.012(旋)	0.01~0.015	0.004~0.006
5	干油		kg/t kg/t	0.003(颚) 0.002(旋)	0.005(颚) 0.004(旋)	0.01(颚) 0.008(旋)	0.006	0.004
6	胶带		m²/t 单层)	0.001	0.002	0.003~0.006	0.002~0.004	0.001

②破碎厂电力消耗扩大指标,见表10-24。

表 10-24 单位原矿破碎电力消耗扩大指标

指 标	一段破碎	二段破碎	三段破碎
耗电量/$(kW \cdot h \cdot t^{-1})$	0.8~1.2	1.8~2.2	2.6~3.2

注：a. 原矿破碎电力消耗按破碎厂计算；

b. 硬度大的矿石取大值，硬度小的矿石和石灰石取小值。

③ 洗矿耗水扩大指标，见表 10-25。

表 10-25 单位原矿洗矿耗水扩大指标

序 号	洗 矿 方 法	耗水指标/$[m^3 \cdot t^{-1}]$
1	水 筛	0.5~0.7
2	槽式洗矿机	1.5~2.5

(2) 选矿生产消耗扩大指标。

① 选矿生产主要材料消耗扩大指标，见表 10-26。

表 10-26 单位原矿选矿材料消耗扩大指标

序号	材料名称	单位	一段磨矿 易磨	一段磨矿 难磨	两段磨矿 易磨	两段磨矿 难磨	三段磨矿 易磨	三段磨矿 难磨	半自磨+球磨
1	一次钢球	kg/t	0.5~1.0	1.0~2.5	0.5~1.0	1.0~2.5	0.5~1.0	1.0~2.5	0.2~0.25
2	二次钢球	kg/t			0.8~1.0	1.5~2.0	0.8~1.0	1.5~2.0	0.51~0.52
3	三次钢球	kg/t	—				0.3~0.5	0.5~0.8	0.14~0.17
4	衬板	kg/t	0.1~0.15	0.15~0.25	0.15~0.25	0.25~0.35	0.25~0.3	0.35~0.4	0.2~0.25
5	稀油	kg/t	0.012~0.015		0.02~0.025		0.025~0.03		—
6	干油	kg/t	0.03~0.035		0.05~0.06		0.06~0.065		
7	滤布	m^2/t	磁选 浮选 0.00015~0.0002		磁选 浮选 0.00015~0.0002		磁选 0.0002~0.00025		0.001~0.0015

注：a. 两段、三段磨矿指标中，磁选为阶段磨矿，两段磨矿指标中浮选为连续磨矿，其磨矿粒度，第一段为 0.3mm，第二、三段为 0.1mm；

b. 上表为低碳钢球指标，采用中碳钢球或稀土锰铁球时，其消耗指标可适当降低；

c. 滤布为锦纶滤布；

d. 浮选消耗定额按难磨矿石消耗定额选取；

e. 半自磨+球磨消耗指标仅供参考，由于矿石性质的不同，指标将有很大变化；

f. 上表扩大指标，均按鞍山式矿石一般生产条件考虑。

②选矿厂水、电消耗扩大指标，见表10－27。

表10－27　选矿厂水、电消耗扩大指标

序　号	项　目	单　位	处理1t原矿消耗指标		
			磁选	浮选	重介质选
1	新水	m³	3～4	4～5	4～5
2	电	kW·h	15～26	30～35	7～10

注：电耗指标包括破碎、选矿等各工序消耗的电量，一段磨矿及大型选矿厂取小值，两、三段磨矿及中小型选矿厂取大值。

③选矿厂劳动生产率扩大指标。选矿厂劳动生产率与建厂规模、工艺流程、机械化自动化程度、操作管理水平等因素有一定关系，设计定员需要按照实际情况进行配备。表10－28所列劳动生产率指标，系根据国内一般选矿厂的实际情况，扣除不正常因素而求得，供编制规划和可行性研究参考。

表10－28　按原矿计选矿厂劳动生产率扩大指标(t/(人·a))

规模类型	项　目	选矿方法		
		磁　选	浮选、重选	重介质选
大型	全员劳动生产率	13600～26000	13200～25500	—
	生产工人劳动生产率	14100～26800	13600～26200	—
中型	全员劳动生产率	12800～13700	12280～13200	13800～14800
	生产工人劳动生产率	13200～14200	12600～13600	14400～15500
小型	全员劳动生产率	4760～5800	4400～5280	6350～6800
	生产工人劳动生产率	5000～6200	4600～5600	7800～6400

注：本扩大指标仅供编制规划和可行性研究参考。实际实物劳动生产率与建厂规模、工艺流程、机械自动化程度、管理水平等因素密切相关。

(2)有色金属选矿厂生产消耗扩大指标

1)选矿厂单位制造成本扩大指标，见表10－29。

表10－29　单位原矿选矿制造成本扩大指标(元/t)

矿石类别	项　目	大　型	中　型	小　型
铜矿石	简单易选硫化矿	25～30	30～40	40～50
	复杂、多金属硫化混合矿	40～55	55～68	—
	一般型氧化矿	45～53	53～60	—

续表 10 - 29

矿石类别	项 目	大 型	中 型	小 型
铅锌矿石	简单易选硫化矿	38 ~ 45	45 ~ 55	58 ~ 75
	中等可选性硫化混合矿	53 ~ 58	58 ~ 63	—
	致密、细粒高锌混合氧化矿	56 ~ 63	63 ~ 70	—
	复杂、交溶、难选多金属矿、高氧化矿	110 ~ 130	130 ~ 145	—
钨矿石	产钨精矿		26 ~ 35	
	产钨中矿		21 ~ 26	
锡矿石	砂 锡		18 ~ 35	
	氧化脉锡		32 ~ 40	
	多金属硫化脉锡		65 ~ 110	
镍矿石	硫化矿	50 ~ 70	55 ~ 75	—
钼矿石	单一钼矿	30 ~ 45	45 ~ 60	—

注：a. 本扩大指标只按常见的矿石类型和一般生产条件考虑，仅供编制规划和可行性研究参考，实际选矿成本受各选矿厂具体条件的差异变化较大；b. 生产材料物价指数基于 2007 ~ 2008 年的平均价格水平；c. 本表中仅少数指标来源于企业实际成本，其他大部分为设计成本指标。

（2）选矿厂单位矿石用电量扩大指标，见表 10 - 30。

表 10 - 30　选矿厂单位矿石用电量扩大指标（kW·h/t）

流 程	项 目	大 型	中 型	小 型
浮选流程	三段碎矿一段磨矿	28 ~ 33	29 ~ 35	30 ~ 38
	三段碎矿二段磨矿	30 ~ 36	32 ~ 38	34 ~ 45
	二段碎矿一段磨矿	—	26 ~ 30	28 ~ 32
	二段碎矿二段磨矿	—	26 ~ 30	28 ~ 32
	半自磨 + 球磨	32 ~ 40	35 ~ 43	—
	镍矿石	50 ~ 55	55 ~ 60	—
重选流程	钨矿石：产钨中矿		11 ~ 14	
	钨矿石：产钨精矿		26 ~ 30	
	砂锡矿		20 ~ 23	
	氧化脉锡矿		21 ~ 25	
	多金属硫化脉锡矿		55 ~ 60	
联合流程		30 ~ 50	35 ~ 55	40 ~ 60

注：重选、联合流程指标为常规碎磨方式下的扩大指标。

（3）选矿厂单位矿石用水量扩大指标，见表 10 - 31。

表 10 - 31　单位矿石用水量扩大指标（m³/t）

流　程	项　目	用水量
浮选流程		3.5 ~ 5.5
重选流程	钨矿石：产钨精矿	20 ~ 26
	钨矿石：产钨中矿	14 ~ 18
	砂锡矿	16 ~ 24
	氧化脉锡矿	22 ~ 27
浮磁联合	—	6 ~ 9
重浮磁联合	—	25 ~ 30

（4）选矿厂单位矿石实物劳动生产率扩大指标，见表 10 - 32。

表 10 - 32　单位矿石实物劳动生产率扩大指标（t/（人·d））

流　程	项　目	大　型	中　型	小　型
半自磨浮选流程	全　员	65 ~ 130	35 ~ 65	20 ~ 35
	生产工人	75 ~ 150	40 ~ 75	24 ~ 40
常规碎磨浮选流程	全　员	40 ~ 90	20 ~ 40	10 ~ 20
	生产工人	47 ~ 106	24 ~ 48	12 ~ 24
常规碎磨重选流程	全　员	20 ~ 45	10 ~ 20	6 ~ 10
	生产工人	23 ~ 52	12 ~ 23	7 ~ 12

注：本扩大指标仅供编制规划和可行性研究参考，实际实物劳动生产率与建厂规模、工艺流程、机械自动化程度、管理水平等因素密切相关。

（5）选矿厂加工单位精矿材料消耗扩大指标，见表 10 - 33。

表 10 - 33　加工单位精矿材料消耗扩大指标

项　目	单　位	大　型	中　型	小　型
滤布	m²/t	0.03	0.035	0.045
机油	kg/t	0.01	0.02	0.03
黄油	kg/t	0.05	0.06	0.07

（6）选矿厂碎矿作业单位矿石材料消耗扩大指标，见表 10 - 34。

表 10 - 34 碎矿作业单位矿石材料消耗扩大指标

项　目	独立粗碎	二段碎矿	三段碎矿
胶带	0.0005	0.0007 ~ 0.0010	0.0015
机油	0.003 ~ 0.005	0.005 ~ 0.015	0.01 ~ 0.02
黄油	0.002 ~ 0.003	0.004 ~ 0.006	0.006 ~ 0.01
衬板	0.01 ~ 0.015	0.015 ~ 0.04	0.03 ~ 0.05
筛网	0.001 ~ 0.002	0.002 ~ 0.004	0.004 ~ 0.005

注：表中扩大指标，系按国内有色选矿厂常见的矿石类型和一般生产条件考虑。

(7)选矿厂磨选作业单位矿石材料消耗扩大指标，见表 10 - 35。

表 10 - 35　磨选作业单位材料消耗扩大指标

项目	一段球磨	二段球磨	一段棒磨	二段棒磨	球磨 + 棒磨:砂矿	球磨 + 棒磨:脉矿	二段球磨 + 棒磨	半自磨 + 球磨
衬板	0.15 ~ 0.2	0.20 ~ 0.26	0.14 ~ 0.16	0.15 ~ 0.17	0.02 ~ 0.025	0.15 ~ 0.18	0.5 ~ 0.55	0.1 ~ 0.15
钢球	1.0 ~ 1.2	1.1 ~ 1.4	—	—	0.15 ~ 0.20	0.5 ~ 0.6	0.75 ~ 1.10	0.83 ~ 0.98
钢棒	—	—	0.2 ~ 0.3	0.4 ~ 0.5	0.05 ~ 0.07	0.4 ~ 0.5	0.2 ~ 0.3	—
叶轮盖板	0.1 ~ 0.2	0.12 ~ 0.22	0.1 ~ 0.2	0.12 ~ 0.22	0.1 ~ 0.2	0.12 ~ 0.22	0.12 ~ 0.22	0.05 ~ 0.15
机油	0.013 ~ 0.015	0.02 ~ 0.025	0.013 ~ 0.015	0.018 ~ 0.02	0.018 ~ 0.020	0.020 ~ 0.022	0.03 ~ 0.035	0.005 ~ 0.01
黄油	0.04 ~ 0.05	0.06 ~ 0.07	0.04 ~ 0.05	0.06 ~ 0.07	0.05 ~ 0.06	0.06 ~ 0.07	0.07 ~ 0.09	0.01 ~ 0.02

注：a.表中扩大指标，系按国内有色选矿厂常见的矿石类型和一般生产条件考虑，其中叶轮盖板消耗，适当考虑了浮选机大型化的发展趋势；

b.表中钢球钢棒材质，为目前我国有色选矿厂常用的普通钢材，若钢材中添加稀土或其他合金元素，指标可适当降低。

3.选矿厂生产技术经济指标

1)黑色金属选矿厂生产技术经济指标

黑色金属选矿厂生产技术经济指标见表 10 - 36。

表 10-36 黑色金属选矿厂生产技术经济指标

选 矿 厂	磨矿机作业率/%	电力单耗/(kW·h·t^{-1})	精矿成本/(元·t^{-1})	球消耗/(kg·t^{-1})	衬板消耗/(kg·t^{-1})	水耗/(m³·t^{-1})	新水消耗/(m³·t^{-1})	皮带消耗/[m²·(万t)$^{-1}$]
(一)黑矿	83.06	28.36	442.93	1.18	0.12	5.88	1.19	77.62
200万t磁选厂	82.39	29.97	686.67	2.08	—	7.89	1.84	—
600万t磁选厂	95.67	32.01	322.81	1.53	0.12	0.59	0.47	—
750万t磁选厂	95.84	23.06	313.39	1.48	0.18	0.8	0.8	20.65
1000万t磁选厂	69.78	25.20	508.62	0.81	0.11	11.71	1.48	472.11
650万t磁重联合	72.41	20.82	—	0.56	0.01	8.13	8.13	22.23
200万t磁重浮联合	90.93	15.75	474.28	0.31	0.13	1.24	0.89	6.02
600万t磁重浮联合	91.01	29.08	354.50	1.22	0.23	1.09	1.09	4.22
200万t自磨磁重浮联合	87.11	17.10	450.68	0.4	0.11	1.05	0.76	92.51
500万t自磨磁选厂	93.77	30.95	322.81	0.90	0.19	19.12	0.69	79.80
(二)红矿	79.13	29.72	305.51	1.78	0.26	2.21	0.33	39.24
400万t单一浮选	80.88	47.93	511.99	3.59	0.327	1.72	0.32	127.52
900万t磁浮联合	88.34	35.69	503.47	1.99	0.55	1	0.13	5.54
400万t磁重浮联合	57.07	26.68	—	0.91	0.15	0.89	0.89	34.85
(三)混合矿	81.43	29.42	514.89	0.99	0.14	8.75	0.48	11.04
1200万t磁浮联合	89.82	30.79	471.57	1.24	0.18	10.81	—	24.89
240万t磁浮联合	39.88	32.24	674.13	0.89	0.01	3.95	0.25	16.59

注:本表指标为2001~2007年间各矿山企业的实际平均生产和消耗指标。

2)有色金属选矿厂生产技术经济指标

有色金属选矿厂生产技术经济指标见表10-37。

表 10-37 有色金属选矿厂生产技术经济指标

选 矿 厂	磨矿机作业率/%	电力单耗/(kW·h·t^{-1})	选矿成本/(元·t^{-1})	钢球(+钢棒)消耗/(kg·t^{-1})	衬板消耗/(kg·t^{-1})	水耗/(m³·t^{-1})	新水消耗/(m³·t^{-1})	胶带消耗/[m²·(万t)$^{-1}$]
(一)铜 矿								
某铜矿常规流程40000t/d选厂	85.23	27.07	25.20	0.95	0.13	4.04	1.08	0.0003
某铜矿常规流程60000t/d选厂	89.90	24.65	24.50	0.99	0.08	2.92	0.37	0.0032

续表 10 - 37

选 矿 厂	磨矿机作业率/%	电力单耗/(kW·h·t⁻¹)	选矿成本/(元·t⁻¹)	钢球(+钢棒)消耗/(kg·t⁻¹)	衬板消耗/(kg·t⁻¹)	水耗/(m³·t⁻¹)	新水消耗/(m³·t⁻¹)	胶带消耗/[m²·(万t)⁻¹]
某铜矿常规流程 12100 t/d 选厂	80	22.40	24.80	0.85	0.10	3.19	0.85	0.0003
某铜矿常规流程 10000 t/d 选厂	75	26.80	25.80	1.19	0.15	4.12	1.13	0.0002
某铜矿常规流程 2200 t/d 选厂	78	32.40	35.70	1.32	0.17	3.82	1.12	0.0003
某铜矿半自磨流程 3000 t/d 选厂	68	22.10	23.20	0.55	0.10	3.12	0.34	0.0002
某铜矿常规流程 4500 t/d 选厂(难选型)	80	35.90	68.17	2.01	0.23	4.51	0.96	0.0005
(二)铅 锌 矿								
某铅锌矿 3300 t/d 选厂	80	35.80	81.50	0.88	0.21	3.64	1.22	0.0003
某铅锌矿 2000 t/d 选厂	80	36.20	75.20	2.28	0.22	3.56	1.12	0.003
某铅锌矿 4000 t/d 选厂(难选型)	85	56.20	144.50	1.42	0.24	5.2	1.45	0.0005
(三)镍 矿								
某镍矿 9000 t/d 选厂	86	54.12	51.24	0.57 + 0.23	0.23	5.54	1.03	0.0002
某镍矿 6000 t/d 选厂	86	57.89	53.10	0.71 + 0.26	0.18	4.52	0.78	0.0002
某镍矿 2000 t/d 选厂	86	67.23	55.25	0.64	0.16	4.87	0.82	0.0002
(四)钼 矿								
某钼矿 22000 t/d 选厂	88	23.52	35.97	0.72	0.13	3.10	0.67	0.0002
某钼矿 8000 t/d 选厂	87	21.68	36.67	0.90	0.14	3.50	1.14	0.0002
某钼矿 6000 t/d 选厂和 2500 t/d 选厂综合	78	27.20	42.45	1.10	0.11	2.85	0.95	0.0002
(五)钨 锡 矿								
以锡矿为主的某矿山 4200 t/d 选厂	—	58.60	88.90	0.75 + 0.55	0.25	3.60	0.98	0.0003
以锡矿为主的某矿山 1400 t/d 选厂	—	76.80	108.50	0.74 + 0.53	0.25	3.60	0.97	0.0003
以锡矿为主的某矿山 940 t/d 选厂	—	106.40	153.20	0.84 + 0.29	0.26	4.50	1.02	0.0004

续表 10 - 37

选 矿 厂	磨矿机作业率/%	电力单耗/(kW·h·t⁻¹)	选矿成本/(元·t⁻¹)	钢球(+钢棒)消耗/(kg·t⁻¹)	衬板消耗/(kg·t⁻¹)	水耗/(m³·t⁻¹)	新水消耗/(m³·t⁻¹)	胶带消耗/[m²·(万t)⁻¹]
(六) 多 金 属 矿								
某钨铋钼多金属矿 1000 t/d 选厂	65	47.20	62.30	1.84 + 0.73	0.21	4.23	1.45	0.0003

注：本表指标为 2001～2007 年间各矿山企业 2 年或 3 年的实际平均生产和消耗指标。

本章小结

矿产资源具有不可再生性和可耗竭性、地域性分布的不平衡和所有权的垄断性、隐蔽性、潜在性和产权关系的复杂性、多样性和层次性、动态性和可变性等特点。根据矿产资源的性质、产出状态，可将其分为固体矿产资源、液体矿产资源及气体矿产资源；依据矿产资源的主要用途，可将其分为金属矿产资源、非金属矿产资源、能源矿产资源及地下水矿产资源等。

矿产资源的经济评价方法主要有货币评价法和价值评价法。前者是从微观的财务角度来进行分析评价；后者则是从国民经济的角度，利用影子价格体系来进行评价。两者评价的目的和方法有所不同。

以金属矿产资源开发为实例，较为详细地介绍选矿厂的技术经济评价方法。

中英文名词术语

矿产(Mineral)

矿产资源(Mineral Resources)

矿物加工(Mineral Processing)

财务分析(Financial Analysis)

资产负债表(Balance Sheet)

损益表(Income Statement)

现金流量表(Cash Flow Statement)

选矿厂技术经济指标(Economic Index of Technology for Mineral Processing Plant)

思考与练习

1. 我国目前的矿业政策有哪些？

2. 何谓矿产资源，其特点是什么？有哪些类型？

3. 何谓"矿业权"，其特点是什么？

3. 矿业权评估的主要目的是什么？

4. 矿业权评估的主要方法有哪些？

5. 矿业权市场的主要特点是什么?

6. 简述矿物加工建设项目技术经济评价的一般原则?

7. 矿物加工建设项目投资估算的阶段及其特点?

8. 矿物加工(产品)成本费用及其计算方法?

9. 矿物加工建设项目职工定员的原则及方法?

10. 矿物加工改扩建项目经济评价应注意哪些问题?

第 11 章　矿物加工项目建设管理

11.1　概述

11.1.1　项目建设

1. 项目建设

建设项目源于人类有组织的活动。人类有组织的活动可分为两类：

（1）作业（operations），连续不断、周而复始的活动，如企业日常生产产品的活动。

（2）项目（projects），临时性、一次性的活动，如建设一个工厂、开发一种新产品等。

广义的项目包括一切符合项目定义、具备项目特点的一次性任务。项目既可以是有形的，如开发新产品、修建高速公路等；也可以是无形的，如人员培训、政策调整等。

狭义的项目主要是指建设项目。建设项目是指需要一定量的资金，经过决策和实施（设计、施工等）的一系列程序，在一定的约束条件下以形成固定资产的明确目标的一次性任务。

建设项目是在一个总体设计范围内，由一个或几个单项工程组成，在经济上统一核算，行政上有独立组织，实行统一管理的建设单位。与一般项目比较，建设项目的特点是：

①投资大，建设项目往往规模比较大、需要大量的资金支持，一些大型的工程项目有时要数十亿、几百亿乃至上千亿元；

②建设周期长，由于建设项目规模大、技术复杂、涉及的专业面宽，因此从项目设想到施工建设、投入运营，往往需要比较长的时间；

③具有固定性，建设产品一般要求固定的建设地点，不能移动。

由于建设项目种类繁多，为了适应科学管理的需要，从不同角度反映建设项目的性质、结构、比例关系，项目可以根据不同标志分类。比如，按照项目规模，分为大型项目、中型项目、小型项目；按照项目建设性质，分为技术改造项目和基本建设项目；按照投资的目的分为竞争性项目、基础性项目和公益性项目。

竞争性项目一般投资收益比较高，但风险较大，竞争性比较强，一般由企业法人投资建设。基础性项目包括基础设施和一部分基础工业项目，这类项目往往具有自然垄断性，建设周期长，投资额大而收益低，一般需要政府的政策进行扶持。公益性项目包括科技、教育、卫生、环保、国防、政府机构办公设施等，这类项目具有公共产品属性，其投资目的不是直接的经济效益，主要是追求社会效益，一般由政府投资建设。

2. 矿业项目建设

矿产资源是一种自然资源，可定义为赋存于地壳内或地壳上天然产出的固态、气态、液态物质的富集物，用目前可行的或潜在可行的技术手段可以经济地开采和提取矿产品。矿产资源作为第一产业的劳动对象，通过生产被消耗掉，转化为与土地分离的社会产品。

在人类漫长的发展史中，矿产资源的利用程度，不仅仅反映人类已达到的科学技术水平，而且也是划分人类文明史的标志。人类历史上的石器时代、青铜器时代、铁器时代，以及蒸汽、电气和原子能时代的划分，均体现了矿产资源在人类生活中的利用程度。

在所有的工程建设项目中，矿业工程建设项目是提供国民经济发展的资源保障的基础项目。矿业是为国民经济各部门提供燃料、原料和材料的产业。它是国民经济的基础产业。世界经济发展所需90%的能源，80%以上的工业原料，都取自矿产资源，在我国也是如此。矿产资源已成为整个世界经济的支柱，正像有人所描述的那样："如果说农产品是人类的粮食，那么矿产品就理当成为工农业的粮食。水、土、矿是自然资源中支撑现代经济和社会可持续发展的最重要的基础性资源，对人类社会具有生死攸关的意义。"

中国的矿业工程项目建设在20世纪获得了巨大的发展，中国的煤炭、钢铁、有色金属、水泥产量均已跃居世界第一。进入21世纪以来，中国矿业仍保持着强劲的发展势头。图11-1是总投资额16亿元（其中选矿厂投资3亿元）、2004年底建成投产的铜陵有色金属公司冬瓜山铜矿13000 t/d选矿厂。

图11-1　总投资额16亿元（其中选矿厂投资3亿元）的冬瓜山铜矿及13000 t/d选矿厂

中国矿业将在21世纪中保持可持续发展，在为促进国家的现代化建设作出贡献的同时，建设环境友好、效益良好和社会和谐的新型企业。

11.1.2　工程项目建设管理简介

社会的进步和发展，需要大量工程建设项目活动来提供基础设施和人类生产、生活的物质条件。许多工程项目的投资，都是国家或公司（企业）和个人为实现将来的利益目标（达到预定或发展目标）所作出的承诺。按照可持续发展的要求，任何一项工程项目建设活动，不仅要追求最佳的经济效果，同时还要追求最佳的生态环境效果和社会效果，以适应经济、生态环境和社会协调发展的要求。如何使一项工程项目建设活动能优质、按期、节约、安全的完成，发挥其效益，这就需要切实做好工程项目建设管理。

　　所谓项目管理，是在一定的约束条件下，为实现项目的目标，项目管理者运用系统管理理论和方法对项目进行高效率的计划、组织、协调和控制，以实现项目全过程的动态管理和项目目标的综合协调与优化的过程。

　　所谓实现项目全过程的动态管理是指在项目的生命周期内，不断进行资源的配置和协调，不断做出科学决策，从而使项目执行的全过程处于最佳的运行状态，产生最佳的效果。所谓项目目标的综合协调与优化是指项目管理应综合协调好时间、费用及功能等约束性目标，在相对较短的时期内成功地达到一个特定的成果性目标。

　　工程项目建设管理可分为两个方面：其一是政府（通过相关部门和机构）的管理。以中国的实际为例，政府对项目主要体现在立项和规划审批，实施建设的报建要求，承发包（招投标）以及质量（包括勘察设计的工作质量和施工安装的工程质量）的监督，工程竣工验收备案的管理等。可见政府对工程建设项目的管理贯穿于从前期准备到竣工验收的全过程。政府对工程建设项目的管理主要是通过程序和相关法律法规的规定来实现的。其二是项目业主及参建各方的管理。以国际建筑市场的情况为例：从市场主体的不同角度来看，工程建设项目管理主要有三种情形即业主方、设计方、施工方（承包商）的管理。

　　从20世纪40年代中期起，项目管理在发达国家的国防工程和工业与民用建筑工程中得到较为广泛的应用。这一时期的项目管理主要致力于项目规划、预算和一些特定的管理目标。20世纪80年代进入了现代项目管理阶段，逐渐发展成为一个管理学科，理论与实践都有很大进步，它所涉及的已不再是传统的以工程建设项目为主的项目管理，而是适应现代社会中各种项目管理的理论和方法。特别是进入20世纪90年代后，随着信息系统工程、网络工程、软件工程的发展，以及大型建设工程和高科技项目开发等项目管理新领域的出现，促使项目管理在理论与方法上不断创新，从而促使项目管理快速发展且更趋现代化，项目管理的应用范围也越来越宽。

　　中国推行项目管理体制改革，以20世纪80年代初利用世界银行贷款的鲁布革水电站工程聘用外国专家，采用国际标准，运用项目管理方法进行建设并取得成功为起点，加快了与国际惯例接轨的步伐。以后在二滩电站、三峡水利枢纽工程、黄河小浪底水利枢纽工程和其他大型项目建设中，都相应采用了这一有效手段。中国对项目管理的理论研究和实践总的来说虽然起步较晚，但近年却发展较快。在项目管理的职业化发展方面，中国已经建立了造价师、监理工程师考试、国家注册制度和国家标准《建设工程项目管理规范》（GB/T50326—2001）。

11.1.3　工程项目建设管理的主要内容

1.项目计划

　　项目计划是项目组织根据项目目标的规定要求，对项目实施工作进行的各项活动做出的合理安排。它系统地确定项目的任务、进度和完成任务所需要的资源等，使项目在合理的工期内，以尽可能低的成本和尽可能高的质量来完成。任何项目的管理都要从制定项目计划开始，项目计划是确定项目协调、控制方法和程序的基础及依据，项目的成败首先取决于项目计划工作的质量。项目计划作为项目执行的法律，是项目中各项工作开展的基础，也是项目经理和项目工作人员的工作依据和行动指南。项目计划作为规定和评价各级执行人的责、权、利的依据，对于任何范围的变化都是一个参照点，从而成为对项目进行评价和控制的标准。

项目计划按其作用和服务对象可以分为四个层次，即决策型计划、管理型计划、执行型计划、作业型计划。项目计划按其活动内容分类，主要有项目主体计划、进度计划、费用计划、资源计划等。项目计划的具体内容包括：工作计划、人员组织计划、采购供应计划、工资计划、变更计划、进度报告计划、财务计划、文件控制计划、应急计划、支持计划，等等。

2. 合同管理

工程建设合同，包括勘察设计合同、施工合同、物资采购合同、建设监理合同以及建设项目实施过程所必需的其他经济合同，都是业主和参与项目实施的各主体之间明确责任权利关系的具有法律效力的协议文件，也是运用市场经济体制组织项目实施的基本手段。从某种意义上说，项目的实施过程，也就是工程建设合同订立和履行的过程，一切合同所赋予的责任权利履行到位之日，也就是建设工程项目实施完成之时。建设合同管理，主要是指对各类合同的依法订立过程和履行过程的管理，包括合同文本的选择，合同条件的协商、谈判，合同书的签署，合同履行、检查、变更、违约、纠纷的处理，总结评价，等等。

3. 项目组织

组织是人们为了达到某种共同的目标而结成的统一体，包括组织结构和组织活动。项目组织结构设计的原则是精干高效、分工协作、责权对等、统一指挥、有效管理幅度及灵活性。组织结构形式有直线制、职能制、直线职能制、事业部制等，可以根据项目的具体情况设置。

建设项目组织协调活动是项目管理的职能。在项目实施过程中，各个项目参与单位需要处理和调整众多复杂的业务组织关系，主要内容包括：

(1)外部环境协调。指与政府管理部门之间的协调，如规划、城建、市政、消防、人防、环保、城管部门的协调；资源供应方面的协调，如供水、供电、供热、电信、通信、运输和排水等方面的协调；生产要素方面的协调，如图纸、材料、设备、劳动力方面的协调；社区环境方面的协调等。

(2)项目参与单位之间的协调。主要有业主、监理单位、设计单位、施工单位、供货单位等之间的协调。

(3)项目参与单位内部的协调。指项目参与单位内部各部门、各层次之间及个人之间的协调。

4. 项目控制

目标控制是建设项目管理的重要职能，它是指项目管理人员在不断变化的动态环境中，为保证既定计划目标的实现而进行的一系列检查和调整活动的过程。也就是项目控制机构按预先设定的目标值，对被控对象在实施过程中不断进行调查和分析，将实际状况与计划目标进行比较，找出偏差，并采取措施加以调节和纠正，以使其满足预定目标的要求。项目控制过程如图11-2所示。

其主要环节的具体内容如下：

(1)预定目标值设定。预定目标一般用一系列计划指标值来反映，例如项目工期、成本、质量等数值。为了便于控制，有时还必须将控制目标值按不同对象、不同层次、不同内容等进行分解。

(2)信息调查和收集。这是实现信息反馈的主要步骤，是实施控制的依据，既包括已发生的项目实际状况、外部环境变化等信息，还应包括对未来事态发展趋势的预测信息。具体方法包括：直接观察法、统计分析法、例会报告法等。

（3）比较和分析。通过将预定目标值与实际状况进行对比，可以找出工程实施过程中的目标偏差，从实际努力程度、客观条件变化等方面分析其产生的原因，以便进一步采取措施。

（4）纠偏与调整。根据偏差的程度，采取相应措施，以保证既定目标的实现；或者调整预定目标，重新制订新的实施方案。

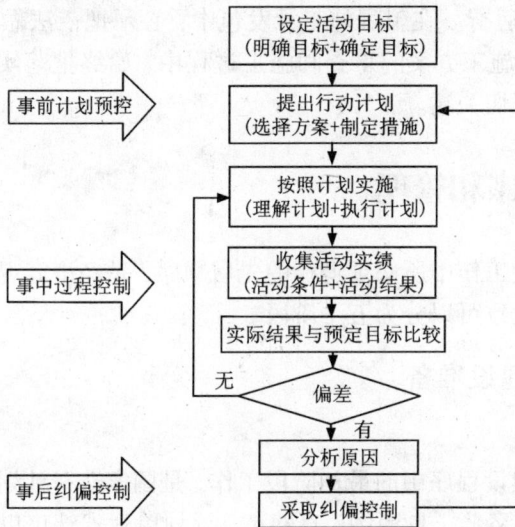

图11-2 项目控制过程

建设项目目标控制的主要任务就是采用规划、组织、协调等手段，从多方面采取措施，包括组织措施、技术措施、经济措施与合同措施等，确保项目总目标的最优实现。项目目标控制的任务贯穿在项目前期策划、勘察设计、施工、竣工交付等各个阶段。建设单位必须根据各自的工程性质、任务和特点，制定详细的目标规划，明确控制要求。

5. 信息管理

所谓项目信息管理，主要是指对有关建设项目的各类信息的收集、储存、加工整理、传递与使用等一系列工作的总称。信息管理是建设项目管理的基础工作，是实现项目目标控制的保证，其主要任务就是及时、准确地向项目管理各级领导、各参加单位及各类人员提供所需的综合程度不同的信息，以便在项目进展的全过程中，动态地进行项目规划，迅速正确地进行各种决策，并及时检查决策执行结果，反映工程实施中暴露的各类问题，为项目总目标服务。

信息管理工作的好坏，将会直接影响项目管理的成败。为了做好信息管理工作，需要把握以下几个环节：

（1）信息的收集，并建立一套完整的信息采集制度；

（2）信息的检索和传递，做好编目分类和流程设计工作，拟定科学查找的方法和手段；

（3）信息的采用，充分利用现有的信息资源。

6. 环境保护

工程建设既可以改造环境为人类造福，优秀的设计作品可以增添社会景观，给人们带来观赏价值。但一个建设项目的实施过程的结果，同时也存在着影响甚至恶化环境的种种因素。因此，应在工程建设中强化环保意识，切实有效地把环境保护作为项目管理的重要任务之一。

项目管理者必须充分研究和掌握国家和地区的有关环保法规和规定，在项目可行性研究和决策阶段，必须提出环境影响报告及其对策措施，并评估其措施的可行性和有效性，严格按建设程序向环保管理部门报批。在项目实施阶段，做到主体工程与环保措施工程同步设计、同步施工、同步投入运行。在工程施工承发包中，必须把依法做好环保工作列为重要的合同条件加以落实；并在施工方案的审查和施工过程中，始终把落实环保措施、克服建设公害作为重要的内容予以密切关注。

11.2　项目建设程序和管理

项目建设程序是建设工作中所必须遵循的先后顺序，是经济客观规律在项目建设中的具体体现。项目建设程序大致可以分为五个阶段。

11.2.1　投资决策与建设准备

1.项目建议书
项目建议书是项目建设程序中的最初阶段工作，是国家选择计划建设项目的依据。项目建议书由国务院各部门、各省、自治区、直辖市、计划单列省辖市以及各企事业单位根据国民经济和社会发展的长远规划、行业发展规划、地区发展规划的要求和市场需要，经过调查、预测、分析研究后提出，报有关项目建设管理部门审批的工作。项目建议书应包括以下主要内容：

（1）建设项目提出的必要性和依据。若是引进技术和进口设备的项目，要说明国内外技术差距的概况以及进口设备的理由。

（2）产品方案、拟建规模和建设地点的初步设想。

（3）资源情况、建设条件、协作关系和引进国别、厂商的初步分析。

（4）投资估算和资金筹措设想。利用外资项目要说明利用外资的可能性，以及偿还贷款能力的大体测算。

（5）项目的进度安排。

（6）经济效益和社会效益的初步估计。

2.项目建设可行性研究
经审查同意的项目建议书的项目，即可进行项目建设可行性研究的论证工作。它是根据国民经济长期发展规划、地区利行业经济发展规划的基本要求与市场需要，对拟建项目在工艺和技术上是否先进可靠与适用，在经济上是否合理有效，对社会是否有利，在环境上是否允许，在建造能力上是否具备等各方面进行系统的分析论证，提出研究结果，进行方案优选。从而提出拟建项目是否值得投资建设和怎样建设的意见，为项目投资决策提供可靠的依据。

3.项目评估
我国项目建设可行性研究一般由有资质的工程咨询机构或设计单位承担，为确保可行性研究报告的科学性与可靠性，对于建设项目可行性研究报告一般要经主管部门授权的工程咨询机构对其进行评估；银行贷款项目，贷款银行一般也要对项目进行评估。项目评估的内容就是可行性研究的内容。经评估认可的项目可行性研究报告，才能作为编制项目设计任务书的依据。

4. 编制设计任务书

项目设计任务书又称计划任务书，利用外资引进技术项目则称为批准的可行性研究报告。因此，设计任务书的主要内容，就是可行性研究报告的主要内容，它是项目决策的依据，应按规定深度做到一定的准确性，应能满足大型、专用设备预订货的要求；投资估算和初步概算的出入不得大于10%，否则将对项目重新进行决策。

5. 建设准备

大中型建设项目设计任务书批准之后，主管部门可根据任务书要求的建设进度和工作的实际情况，落实项目法人，实行项目法人责任制，负责建设准备工作。项目法人是指由投资方派代表组成，从建设项目的筹划、筹资、设计、建设实施直到生产经营、归还贷款及债券本息等全面负责并承担投资风险的项目管理班子。

建设准备工作的主要内容是：工程、水文地质勘察；收集设计基础资料；组织设计文件的编审；根据经过批准的设计任务书和设计文件，提报物资计划，组织大型专用设备预安排和特殊材料预订货，落实地方建筑材料的供应；办理征地拆迁手续；落实水、电、路等外部条件。

11.2.2　工程设计与计划安排

大中型项目的工程勘察设计一般由项目法人以招标方式委托。一般采用两阶段设计，即初步设计和施工图设计。重大项目和特殊项目，可根据行业特点，增加技术设计阶段。对于具备条件的和项目法人的需要，亦可以采用工程总承包方式（设计施工一条龙承包）。

工业项目初步设计的主要内容包括：设计指导思想，建设规模、产品方案或纲领，总体布置，工艺流程，设备选型，主要设备清单和材料用量，劳动定员，主要技术经济指标，主要建筑物、构筑物、公用设施，综合利用及"三废"治理，生活区建设、占地面积和征地数量，建设工期，总概算等的文件说明和图纸。

建设项目设计，要积极采用先进合理的技术经济指标，积极采用成熟的新技术。新技术的采用，应坚持一切经过试验的原则，在产品定型或有了工厂试验的技术鉴定后才能进行设计。

设计概算是控制建设项目总投资的主要依据。初步设计阶段，应当根据实际情况编制总概算（及综合概算和单位工程概算）；有技术设计阶段的，还应当编制修正总概算。

必须严格保证设计质量，每项设计要做多方案比较，合理确定设计方案；设计必须有充分的基础资料，基础资料要准确；设计所采用的各种数据和技术条件要正确可靠；设计所采用的设备、材料和所要求的施工条件要切合实际；设计文件的深度要符合建设和生产要求。

大中型建设项目的初步设计和设计概算，由国务院主管部门或省级地方建设主管部门审批。初步设计和总概算未经批准的项目，一般不能进行施工图设计。

建设项目，必须有经过批准的初步设计和总概算，进行综合平衡后，才能列入年度计划。要合理地安排分年投资，注意配套项目的同步建设与互相衔接。必须做好建设准备，具备开工条件后，才能申请报建和进行工程施工招标。

项目法人报建应通过审计机关的审计。审计的主要内容是：资金来源是否正当、落实，项目建设开工前各项支出是否符合国家的有关规定，资金是否存入规定的专业银行；是否列入基本建设计划，报建手续是否合规合法；是否符合报建条件和产业政策。

11.2.3 施工招标投标

工程招标投标制是我国建筑业和基本建设管理的运行机制。工程施工任务按照一定的招投标程序，在承发包中引进竞争机制，由项目法人择优选择施工单位。工程招标使工程造价得到了比较合理的控制，从根本上改变了长期以来先干后算的局面。同时，在竞争中推动了施工企业的管理，施工企业为了赢得社会信誉，增强了质量意识，提高了合同履约率，缩短了建设周期，较快地发挥了投资效益。

11.2.4 工程施工安装

施工阶段，要求施工单位做好各项施工准备工作，由监理机构组织项目建设有关单位做好设计图纸与技术的交底，由施工单位在正式开工前编制施工组织设计、分部分项工程的施工方案并报送监理机构审查。施工过程中，施工单位必须严格按照设计施工图施工，在确保工程质量的前提下，降低工程成本，按期完成施工任务。施工中因工程需要变更时，应取得设计单位同意。施工单位要按照施工顺序合理组织施工。地下工程和隐蔽工程，特别是基础和结构的关键部位，一定要经过检验合格，并做好原始记录，才能进行下一道工序。对不符合质量要求的工程，要及时采取措施，不留隐患。不合格的工程不得交工。

11.2.5 生产准备与竣工验收、交付生产

1. 生产准备

项目法人要根据建设项目或主要单项工程生产技术的特点，及时抓好生产准备工作，保证工程建成后能及时投产。生产准备工作的主要内容是：

(1)招收和培训必要的生产人员，组织生产人员参加设备的安装、调试和工程验收，特别要掌握好生产技术和工艺流程；

(2)落实原材料、协作产品、燃料、水、电、气等的来源和其他协作配合条件；

(3)组织工装、器具、备品、备件等的制造和订货；

(4)组建强有力的生产管理机构，制订必要的管理制度，收集生产技术资料、产品样品等。

2. 竣工验收、交付生产

所有建设项目，按批准的设计文件所规定的内容建完，工业项目经负荷运载和试生产考核，能够生产合格产品；非工业项目符合设计要求，能够正常使用，都要及时组织验收。大型建设项目，由国家建设部组织验收；中小型项目，按隶属关系，由国务院主管部门或省、市、自治区负责组织验收。

竣工项目验收前，项目法人委托的监理机构要组织设计、施工等工程建设有关单位进行初验。项目法人要向主管部门提出竣工验收报告，并系统整理技术资料，绘制竣工图，分类立卷，在竣工验收时作为技术档案，移交生产部门保存。项目法人要认真清理所有财产和物资，编好工程竣工决算，报上级主管部门审查。

竣工验收后，应迅速办理固定资产交付使用的转账手续，加强固定资产的管理。项目法人与施工单位要加强工程保修阶段的责任管理。

11.3 项目招标投标

11.3.1 工程项目招投标的意义

工程建设项目招标投标亦即业主和承包商就某一特定工程进行商业交易和经济技术合作的行为过程。

招标采购由于其充分的市场竞争行为可优化资源的配置，故而能给招标者带来最佳的经济利益，对投标者也起到了优胜劣汰的强大鞭策作用，所以它一诞生就具有强大的生命力。英国早在18世纪就制定了有关政府部门公用品招标采购法律。世界市场经济国家的招标采购经过不断发展，现在已经形成一套比较完善的管理制度。许多国家以立法的形式规定工程建设项目项目的采购（包括相关的物资设备的采购），必须采用招标投标方式进行。世界银行也于1985年颁布了以强化对招标采购的严密监管而著称的《国际复兴开发银行贷款和国际开发协会信贷采购指南》。招标投标作为世界经济技术合作和国际贸易中普遍采用的重要方式，广泛地应用于建设工程项目的可行性研究、勘察设计、物资设备采购、建筑施工、设备安装等各个方面。

西方国家和国际组织的招标采购立法，尽管体系不同，某些具体内容也有差异，但从总体上看，具有以下几个特点：

1）贯穿竞争、平等、公开、开放的宗旨

（1）在价格、质量、及时提供产品或服务等方面最大限度地满足招标采购人的要求，坚持报价最低或条件最优惠的投标人中标原则；

（2）促进和鼓励国内所有的供应商和承包商参与投标，并在一定限制内鼓励国外的供应商和承包商参与招投标，以体现充分竞争；

（3）坚持给予所有参加投标的供应商和承包商以公平和平等的待遇的原则；

（4）保证招标采购过程的所有参与人在其权利受到侵犯时能及时获得有效法律救济手段。

2）对公共（政府及国有企业、事业）采购实行强制招标

对公共采购推行强制招标是绝大多数国家采购法律又一个特点。普遍规定，凡是政府部门、国有企业以及某些对公共利益影响重大的私人企业进行的采购项目达到规定金额的都必须实行招标。

3）自由选择招标方式，但对谈判招标方式（议标）进行严格限制

20世纪70年代末，中国进行了改革开放。中国打开国门，为实现四个现代化而努力吸取世界上先进的科学技术和管理经验。1984年国务院颁布暂行规定，提出改变行政手段分配建设任务，实行招标投标，大力推行工程招标承包制，同年，按照建设部和监察部的统一部署，我国建设工程领域以试点的形式在工程承发包交易方面实行招标投标制度。90年代初期到中后期，全国各地普遍加强对招标投标的管理和规范工作，相继出台一系列法规和规章，《中华人民共和国招标投标法》自2000年1月1日起施行。招标投标制度得到了长足的

发展,全国的招标投标管理体系基本形成。此后,伴随着我国社会主义市场经济体制的逐步健全,招标投标作为我国建设工程承发包交易的一种主要形式,得到了迅速、规范、有序、健康的发展。

11.3.2 工程项目招投标程序和主要工作

1.确定招标方式和发布招标信息

(1)公开招标——发布招标公告。

(2)邀请招标——发出投标邀请函。

邀请招标,也称选择性招标,指由招标人根据供应商或承包商的资信和业绩,选择特定的、具备资格的法人或其他组织(不能少于3家),向其发出投标邀请书。

(3)招标公告或投标邀请书应当载明招标人的名称和地址、招标项目的性质、数量、实施地点和时间以及获取招标文件的办法等事项。

2.投标申请人资格审查

1)资格审查方式

资格审查方式可分为资格预审和资格后审。资格预审是在投标前对投标申请人进行的资格审查,资格后审一般是在评标时对投标申请人进行的资格审查。招标人应根据工程规模、结构复杂程度或技术难度等具体情况,对投标申请人采取资格预审方式或资格后审方式。

目前,在招标活动中,招标人经常采用的是资格预审方式。当资格预审合格的投标申请人过多时,招标人可以从中选择不少于七家资格预审合格的投标申请人参加投标。

对于一些工期要求比较紧,工程技术、结构不复杂的项目,为了争取早日开工,可不进行资格预审,而进行资格后审。

2)资格审查内容

无论是资格预审还是后审,都是主要审查投标申请人是否符合条件:

(1)具有独立订立合同的权利;

(2)具有圆满履行合同的能力,包括专业、技术资格和能力,资金、设备和其他物质设施状况,管理能力,经验,信誉和相应的工作人员;

(3)以往承担类似项目的业绩情况;.

(4)没有处于被责令停业,财产被接管、冻结、破产状态;

(5)在最近几年内(如最近三年内)没有与合同有关的犯罪或严重违约、违法行为。

3.招标文件编制与发放

1)招标文件的内容

一般情况下,招标文件应包括下列内容:①投标须知,包括工程概况,招标范围,资格预审条件,工程资金来源或者落实情况(包括银行出具的资金证明),标段划分,工期要求,质量标准,现场踏勘和答疑安排,投标文件编制、提交、修改、撤回的要求,投标报价要求,投标有效期,开标的时间和地点,评标的方法和标准等;②招标工程的技术要求和设计文件;③采用工程量清单招标的,应当提供工程量清单;④投标函的格式及附录;④拟签订合同的主要条款;⑤要求投标申请人提交的其他材料。

2)招标文件的发出

根据上述规定,招标人应向合格的投标申请人发出招标文件。

3）编制工程标底

4）踏勘现场与答疑

5）投标文件编制与送达

（1）投标文件的内容

投标文件应按招标文件的要求进行编制。投标文件应当包括下列内容：①投标函；②施工组织设计或者施工方案；③投标报价；④招标文件要求提供的其他材料。

（2）投标文件的送达与签收

投标人应当在招标文件要求提交投标文件的截止时间前，将投标文件密封送达招标文件规定的地点。为了保证充分竞争，对于投标人少于3个的，应当重新招标。

（3）投标文件的补充、修改或撤回

投标人在招标文件要求提交投标文件的截止时间前，可以补充、修改或者撤回已提交的投标文件。

6）开标、评标和中标

（1）开标。在开标时，投标文件出现下列情形之一的，应当作为无效投标文件，不得进入评标：①投标文件未按照招标文件的要求予以密封的；②投标文件中的投标函未加盖投标人的企业及企业法定代表人印章的，或者企业法定代表人委托代理人没有合法、有效的委托书(原件)及委托代理人印章的；③投标文件的关键内容字迹模糊、无法辨认的；④投标人未按照招标文件的要求提供投标保函或者投标保证金的；⑤组成联合体投标的，投标文件未附联合体各方共同投标协议的。

（2）评标和中标。为了确保评标的公正性，评标不能由招标人或其代理机构独自承担，而应组成一个由有关专家和人员参加的评标委员会，负责依据招标文件规定的评标标准和方法，对所有投标文件进行评审，向招标人推荐中标候选人或者直接确定中标人。

7）签订合同

招标人和中标人应当自中标通知书发出之日起30日内，按照招标文件和中标人的投标文件订立书面合同，招标人和中标人不得再行订立背离合同实质性内容的其他协议。

11.3.3　矿物加工工程项目招标投标案例

1.工程总承包项目招标

【例11-1】　大红山铁矿扩产工程选矿系统深部铜矿150万t/a选矿及熔岩矿380万t/a选矿工程项目EPC总承包招标公告

项目联系人：张某　；联系电话：　　　；联系传真：　　　；联系信箱：

所属地区：云南

详细内容：

1. 根据云发改工业(2008)117号、云发改工业备案(2008)0044号，昆明钢铁集团有限责任公司大红山铁矿扩产工程选矿系统深部铜矿150万t/a选矿及熔岩矿380万t/a选矿工程项目，计划开工时间2009年8月，计划竣工时间2010年12月。本工程将采用EPC总承包方式组织实施。受招标人委托，云南招标股份有限公司就本项目工程总承包组织国内公开招标，选定总承包方。

招标编号：YZ200903-0521。

2. 本项目招标范围：大红山铁矿扩产工程选矿系统深部铜矿 150 万 t/a 选矿及熔岩矿 380 万 t/a 选矿工程项目 EPC 总承包，详细内容以招标技术资料为准。

2.1 报价方式：EPC 工程总承包报价（万元）；

2.2 工程建设地点为：云南省戛洒镇。

3. 资格要求：投标人应具备有色、冶金工程咨询甲级资质或冶金、矿山工程设计甲级及以上资质，并有类似项目承包业绩

4. 总承包工期要求：

熔岩铁系列：2009 年 8 月 1 日至 2010 年 8 月 31 日（14 个月）；

铜系列：2009 年 8 月 1 日至 2010 年 12 月 31 日（18 个月）。

5. 本工程对投标人的资格审查采用资格后审方式，主要资格审查标准和内容详见招标文件中的资格审查文件，只有资格审查合格的投标人才有可能被授予合同。

6. 获取招标文件和相关资料时间从 2009 年 5 月 13 日上午 8 时 30 分至 2009 年 5 月 19 日下午 5 时 00 分。

7. 招标文件每套售价为人民币：1200 元，招标文件售后不退，图纸及其他资料 1000 元。

2. 工程施工项目招标

【例 11－2】 项目名称：选矿工艺升级改造项目碎矿部分建筑工程

施工业主单位：金堆城钼业股份有限公司

招标机构：西北（陕西）国际招标有限公司

工程地点：陕西省华县百花岭选矿厂

结构类型：钢筋砼框架、排架结构，钢结构。

投标人资质：

1. 同时具备：（1）房屋建筑工程施工总承包一级及以上资质；（2）钢结构工程专业承包一级资质。

2. 拟报项目经理具有建筑工程专业壹级注册建造师资质。

3.《投标申请人资格预审文件》规定的其他条件。

本项目于 2009 年 3 月 24 日起至 2009 年 3 月 30 日（每天 9:30 至 17:00；节假日休息）接受招标报名，报名时须持有单位介绍信和经办人身份证。

报名地点：西北（陕西）国际招标有限公司四部（西安市长安北路 14 号、陕西省政务大厅三层）

联系人：宁莎、毛鑫

联系电话：029－85361265

3. 工程项目设备采购招标（略）

4. 工程建设项目招标投标书（略）

5. 工程建设项目招标投标合同协议书

【例 11－3】 合同协议书

本协议书于 20__ 年__ 月__ 日由__（以下简称"业主"）为一方与___（以下简称"承包人"）为另一方签定。鉴于业主欲建成本项工程，即_____ 并已接受承包人提出的承担该项工程之施工、竣工并修补其任何缺陷的投标书。

兹为以下事项达成本协议：

1.本协议书中的措辞和用语应具有下文提及的合同条件中分别赋予它们的相同的含义。

2.下列文件应被认为是组成本协议书的一部分,并应被作为其一部分进行阅读和理解:

(a)中标函;

(b)上述投标书;

(c)合同条件;

(d)规范;

(e)图纸;

(f)工程量清单。

3.考虑到下文提及的业主准备付给承包人的各项款额,承包人特此立约向业主保证在各方面均遵照合同的规定进行施工及竣工并修补其任何缺陷。

4.业主持此立约保证在合同规定的各项期限和以合同规定的方式向承包人支付合同价格或合同规定的其他应支付的款项,以作为本工程施工、竣工并修补其任何缺陷的报酬。

特立此据。本协议书于上面所定的日期,由有关双方根据其各自的法律签署订立。

在__在场的情况下,盖的正式印章如下:

或在__在场的情况下,由上述签字盖章并递交。

业主签名:_____承包人签名:_____

联系人:_____联系人:_____

11.4 项目建设造价管理

11.4.1 建设工程项目招标标底价、投标报价、合同价与竣工结算价

1.招标标底价制定

现代工程项目通常都用招投标形式委托、签订合同,所以,在这之前,无论是业主还是承包商所做的项目费用概预算都不是最终的、有约束力的工程项目费用额。业主通过做概预算确定标底,而承包商通过概预算确定工程报价。

建设工程项目施工招标必须编制标底价。标底由招标单位自行编制或委托经建设行政主管部门认定具有编制标底能力的咨询、监理单位编制。编制标底应遵守以下原则:

(1)根据设计图纸有关资料、招标文件,参照国家规定的技术、经济标准定额及规范,确定工程量和编制标底;

(2)标底由成本、利润和税金组成,一般应控制在批准的总概算(或修正概算)及投资包干的限额内;

(3)标底作为建设单位的期望计划价,应力求与市场的实际变化吻合,要有利于竞争和保证工程完成;

(4)标底应考虑人工、材料、机械台班等价格变动因素,还应包括施工不可预见费、包干费和措施费等,工程要求优良的还应增加相应的费用;

(5)一个工程只能编制一个标底。

标底必须报经招标投标办事机构审定;实行议标的工程,承包价由双方协商,报招标投标办事机构备案。

2. 工程投标与报价

报价是投标最关键的环节。对不同的承包业务范围，报价的计算方式也就不同。一般承包的业务范围包括两大类，即设计、监理、咨询服务类和工程施工类。

(1)设计、监理、咨询服务类的报价。常有的计费方法有：

①按工程建设费用的某百分比费率计酬。采用此种方法不仅要明确服务范围，还要确定提取百分比的建设费用基数如何计算。

②承包商按某一固定金额收费。采用此种方法需要承包商编制报价书。

③按工时工资加一定比例管理费计价。采用此种方法关键要确定合理的工程标准和对承包商有利的计时方法。

④混合报价法，即以上述三种方法为基础，不同阶段用不同的方法。如设计按①、监理按②、其他按③，则对承包商有利。

(2)工程施工报价法。此法的主要步骤为：

①核算工程量；②计算基础单价；③计算分摊费用；④单价分解；⑤编制报价项目单价汇总表，即将计算并填好的各项分解表的分项总价汇总，再加入分包和转包出去的分项工程分包和转包价，即得出初步标价。

此标价是特定的标价，不能正式填入报价书中。要经过分析研究投标局势，决策人对利润、降价系数等关键内容拍板后，再作调整修改，最后填入报价书中。

3. 合同价

合同价是业主在分析许多投标书的基础上最终与一家承包商确定的工程价格，最终在双方签订的合同文件中确认，并作为工程结算的依据。有时最终合同价与标底、报价差距很大，例如，鲁布革水电站引水工程最终合同价是业主标底的58%。在建筑市场上，工程项目合同价的主要形式如图11-3所示。

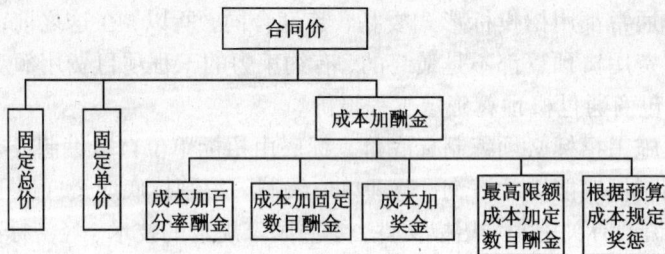

图11-3　工程项目合同价的主要形式

1)固定总价

固定总价的特点是按照承包工程的范围计算总价，并且固定不变。由于这种价格形式能有效地控制投资，因而颇受发包者欢迎。按固定总价报价，要求工程内容明确详尽，具备施工详图、详细的设备清单和详细的材料清单，工程量计算依据充分。

在按固定总价报价时，承包单位要承担实物工程量和工程单价双重风险。一般只有招标工程规模不大，结构不甚复杂，改变少，施工工期较短(一年以内)，而承包公司对该工程又比较有把握时，采用这种报价方式比较有利。

2）固定单价

固定单价又称工程单价，即完成单位实物工程量所需各种费用之和。包工不包料方式下的工程单价，包括完成单位实物工程量所需人工费和分摊的有关费用；包工包料方式下的工程单价，则包括完成单位实物工程量所需材料、人工费、施工机械使用费、其他直接费和应分摊的施工管理费、其他间接费、计划利润、营业税等。以固定单价形式报价，适用于已有类似技术设计或扩大初步设计的文件，列有较详细的设备清单和材料清单，但缺乏施工详图，工程内容不能明确规定的工程。在整个合同期间执行同一工程单价，而工程量则按实际完成的数量结算，量变价不变，用实际完成工程量乘以单价相加之和即得工程总价。目前国际上采用这种价格形式最为普遍。

与固定总价形式比较，采用固定单价形式对承包单位的好处是，减少了工程量计算不准的风险，但仍需承担工程单价方面的风险。如实际完成工作量与招标规定的设计工程量出入较大，因而造成所订单价不合理时，则承包公司可以要求调整单价。一般在签订承包合同时，应规定允许工程量增减的幅度，以明确调价的界限。

3）成本加酬金价

成本加酬金的价格形式适合于发包者工期要求紧迫，但又不具备详细的设计和明确的技术要求，投标报价的依据很不充分的工程，或者发包者与承包单位之间具有高度的信任，承包单位有独特的技术、特长和经验的工程。主要有：成本加酬金形式、成本加奖金形式、最高限额成本加固定数目酬金方式、根据预算成本规定奖罚方式。

采用成本加酬金的报价形式，虽然酬金较少，但承包单位可以不担任何风险，保收酬金，比较安全。由于这种报价形式竞争力差，在建设承包市场上采用的较少。

4．竣工结算价

一般来说，施工方中标价即为承发包合同价，亦为竣工结算价。但在建设项目实施过程阶段，由于多方面的情况变更，经常出现工程量变化，施工进度变化，以及发包方与承包方在执行合同中的争执等许多问题。这些问题的产生，一方面是由于勘察设计工作粗糙，以致在施工过程中发现许多招标文件中没有考虑或估算不准确的因素，如自然或社会原因引起的停工或工期拖延等等。由于工程变更所引起的工程量变化，承包方的索赔款等，都有可能使项目投资超出原来的预算投资。所以，在办理竣工结算时，以承包合同价款加变更签证结算。

竣工结算价的确定一般是施工企业在所承包的工程按照合同规定的内容全部完工、交工之后，向发包单位提交竣工结算书，由发包单位有关人员或监理人员审核后，再交工程造价管理部门或审计部门予以审定。

11.4.2　建设工程造价的有效控制

建设工程造价的有效控制是工程建设管理的重要组成部分。所谓建设工程造价控制，就是在投资决策阶段、设计阶段、建设项目发包阶段和建设实施阶段，把建设工程造价的发生控制在批准的造价限额以内，随时纠正发生的偏差，以保证项目管理目标的实现，以求在各个项目中能合理使用人力、物力、财力，取得较好的投资效益和社会效益。

1．建设工程造价控制目标的设置

控制是为确保目标的实现而服务的。一个系统若没有目标，就不需要、也无法进行控制。目标的设置应是很严肃的,应有科学的依据。

工程项目建设过程是一个周期长、数量大的生产消费过程,建设者在一定时间内占有的经验知识是有限的,不但常常受着科学条件和技术条件的限制,而且也受着客观过程的发展及其表现程度的限制,因而不可能在工程项目开始,就能设置一个科学的、一成不变的造价控制目标,而只能设置一个大致造价控制目标,这就是投资估算。随着工程建设实践、认识、再实践、再认识,投资控制目标一步步清晰、准确,这就是设计概算、设计预算、承包合同价和工程结算价等。也就是说,建设工程造价目标的设置应是随着工程项目建设实践的不断深入而分阶段进行的。具体来讲,投资估算应是设计方案选择和进行初步设计的建设工程造价控制目标;设计概算应是进行技术设计和施工图设计工程造价控制目标;设计预算或建安工程承包合同价则应是施工阶段控制建安工程造价的目标。造价控制目标是有机联系的整体,各阶段目标相互制约、相互补充、前者控制后者,后者补充前者,共同组成工程造价控制的目标系统。

目标要既有先进性又有实现的可能性,目标水平要能激发执行者的进取心和充分发挥他们的工作能力。若目标水平太低,如对建设项目造价高估冒算,则对建设者缺乏激励性,建设者也没有发挥潜力的余地,目标形同虚设;若水平太高,如在建设项目立项时造价就留有缺口,建设者一再努力也无法达到,则可能产生灰心情绪,使工程造价控制成为一纸空文。

2. 以设计阶段为重点的建设全过程造价控制

工程造价控制贯穿于项目建设全过程,这一点是没有异议的,但是必须重点突出。很显然,工程造价控制的关键在于施工前的投资决策和设计阶段,而在项目做出投资决策后,控制工程造价的关键就在于设计。

建设工程全寿命费用包括工程造价和工程交付使用后的经常开支费用(含经营费用、日常维护修理费用、使用期内大修理和局部更新费用)以及该项目使用期满的报废拆除费用等。设计费一般只相当于建设工程寿命费用的1%以下,但正是这少于1%的费用对工程造价的影响度占75%以上。图11-4是国外描述的建设过程各阶段工作影响工程项目投资的规律,这与我国的情况大致是吻合的,可以看出,影响工程费用最大的阶段,是约占一个工程项目总建设周期四分之一的工作阶段——技术设计结束前工作阶段。由此可见,设计质量对整个工程的效益是至关重要的。

长期以来,我国普遍忽视工程建设项目前期工作阶段的造价控制,而往往把控制工程造价的主要精力放在施工阶段——审核施工图预算、合理结算建安工程价款,算细账。这样做尽管也有效果,但毕竟是"亡羊补牢",事倍功半。要有效地控制建设工程造价,就要坚决地把控制重点转到建设前期阶段上来,当前尤其是抓住设计这个关键阶段,未雨绸缪,以取得事半功倍的效果。

3. 主动控制,以取得令人满意的结果

传统决策理论是建立在绝对的逻辑基础上的一种封闭式决策模型,它把人看做具有绝对理性的"理性的人"或"经济人",在决策时,会本能遵循最优化原则(即取影响目标的各种因素的最有利的值)来选择实施方案。而以美国经济学家西蒙首创的现代决策理论的核心则是"令人满意"准则。他认为,由于人的头脑能够思考和解答问题的容量同问题本身规模相比是渺小的,因此在现实世界里,要采取客观合理的举动,哪怕接近客观合理性,也是很困难的。因此,对决策人来说,最优化决策几乎是不可能的。西蒙提出了用"令人满意"这个词来代替

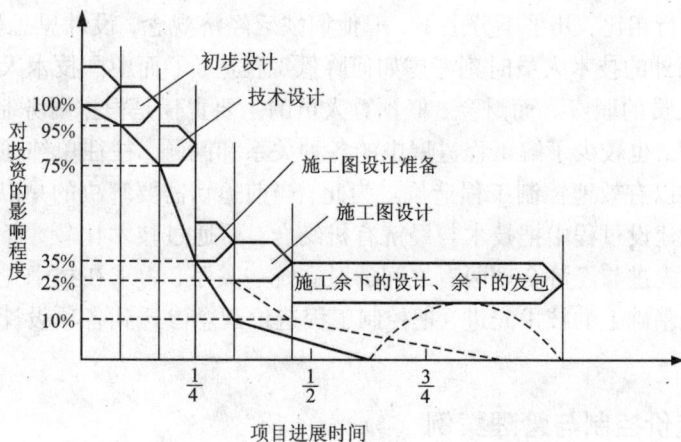

图 11-4　建设过程各阶段工作对工程项目投资费用的影响

"最优化"，他认为决策人在决策时，可先对各种客观因素、执行人据以采取的可能行动以及这些行动的可能后果加以综合研究，并确定一套切合实际的衡量准则。如某一可行方案符合这种衡量准则，并能达到预期的目标，则这一方案便是满意的方案，可以采纳；否则应对原衡量准则作适当的修改，继续挑选。

　　一般来说，造价工程师在项目建设时的基本任务是对建设项目的建设工期、工程造价和工程质量进行有效的控制，为此，应根据业主的要求及建设客观条件进行综合研究，实事求是地确定一套切合实际的衡量准则。只要造价控制的方案符合这套衡量准则，取得令人满意的结果，则应该说造价控制达到了预期的目标。

　　长期以来，人们一直把控制理解为目标与实际值的比较，以及当实际偏离目标值时，分析其产生偏差的原因，并确定下一步的对策。对工程项目建设全过程进行这样的工程造价控制当然是有意义的。但问题在于，这种立足于调查—分析—决策基础上的偏离—纠偏—再偏离—再纠偏的控制方法，只能发现偏离，不能使已产生的偏离消失，不能预防可能发生的偏离，因而只能说是被动控制。自 20 世纪 70 年代初开始，人们将系统论和控制论研究成果用于项目管理后，将"控制"立足事先主动地采取决策措施，以尽可能地减少以至避免目标值与实际值的偏离，这是主动的、积极的控制方法，因此，被称为主动控制。也就是说，我们的工程造价控制，不仅要反映投资决策，反映设计、发包和施工，被动地控制工程造价，更要能主动地影响投资决策，影响设计、发包和施工，主动控制工程造价。

　　4. 技术与经济相结合是控制工程造价最有效的手段

　　要有效地控制工程造价，应从组织、技术、经济、合同与信息管理等多方面采取措施。从组织上采取的措施，包括明确项目组织结构，明确造价控制者及其任务以使造价控制有专人负责，明确管理职能分工；从技术上采取措施，包括重视设计多方案选择，严格审查监督初步设计、技术设计、施工图设计、施工组织设计，深入技术领域研究节约投资的可能；从经济上采取措施，包括动态地比较造价的计划值和实际值，严格审核各项费用支出，采取对节约投资的有力奖励措施等。

　　应该看到，技术与经济相结合是控制工程造价最有效的手段。长期以来，在我国工程建设领域，技术与经济相分离。许多国外专家指出，中国工程技术人员的技术水平、工作能力、知识面，跟外国同行相比，几乎不分上下，但他们缺乏经济观念，设计思想保守，设计规范、施工规范落后。国外的技术人员时刻考虑如何降低工程造价，而中国技术人员则把它看成与自己无关的财会人员的职责。而财会、概预算人员的主要责任是根据财务制度办事，他们往往不熟悉工程知识，也较少了解工程进展中的各种关系和问题，往往单纯地从财务制度角度审核费用开支，难以有效地控制工程造价。为此，当前迫切需要解决的是以提高工程造价效益为目的，在工程建设过程中把技术与经济有机结合，要通过技术比较、经济分析和效果评价，正确处理技术先进与经济合理两者之间的对立统一关系，力求在技术先进条件下的经济合理，在经济合理基础上的技术先进，把控制工程造价观念渗透到各项设计和施工技术措施之中。

11.4.3　工程造价控制与管理案例

【例 11 - 4】　安家岭煤矿——中国煤炭工业的新标杆

来源：《人民日报》〔2006 年 3 月 20 日第 8 版〕；记者：彭嘉陵　刘广军

新建成的高度现代化的平朔煤炭工业公司安家岭露天煤矿（以下简称安家岭矿），从 2001 年 7 月主体工程基本完工开始联合试运行起，就非常及时地交上了煤炭市场价格稳步回升的好运。截至 2004 年底，该矿在全面进入试生产一年半中，共生产原煤 3700 万 t，产销商品煤 3460 万 t，实现利润 3.4 亿元。

一个估算投资需 97.43 亿元的煤炭项目，实际只花了 47 亿元；一个原设计 1500 万 t 的单一露天矿，最终变成了露井联采、资源利用率最好、效率最高的矿区，实际产能可达 3000 万 t……，这就是平朔安家岭矿。

经历几度生死沉浮，历经无数风雨坎坷，平朔二期安家岭项目，终于得见彩虹。中煤能源集团公司（下称中煤集团）及所属的平朔公司，在一系列巨大的风险和压力面前，把改革和创新发挥到了极致。

立项，倒算成本，力争以最少投资建成项目；担保，中煤集团公司承担极大风险

"安家岭项目真是太不容易了！"面对记者，平朔公司党委书记、副总经理刘泽民感慨万千。刘泽民 1982 年大学毕业就被分配到平朔矿区，亲历了与美国人合建安太堡露天矿和中国人自己建安家岭露井联采矿的风雨历程。

该矿在准备上马开发之时，正处于国内外煤炭市场价格一路下滑的阶段中，直到该项目正式开工建设的 1999 年底，国内外煤炭市场价格仍在继续下跌。

1998 年底到 1999 年 10 月，安家岭矿在开工前准备和配套辅助设施建设中遇到了困难。由于国家政府机构改革，金融和投资体制的政策陆续出台，中国银行不得不对安家岭矿建设项目停止提供贷款。于是，已经投入大量资金的安家岭矿建设项目骑虎难下。没有贷款，施工进展极其缓慢。这时，安家岭矿占地村的农民却早已腾出了自己的土地，他们因迟迟得不到安置费用，于是经常围攻安家岭矿指挥办事中心和工地，每次久劝不去，使工程建设陷入半停顿状态。

这并没有使平朔煤炭工业公司和负责开发安家岭项目的领导气馁，他们不停地想办法，不停地协调。终于争取到了列入利用日本对华政府贷款项目。

安家岭项目是我国"九五"期间利用日本能源贷款建设的重点项目，计划建成与安太堡露

天矿同等规模的年产1500万t的露天矿。安太堡是20世纪80年代初由美国能源大亨哈默与中方合资建设的,初期投资就达6.5亿美元,后来又追加16亿多元人民币。到了90年代中后期,建一个同等规模的露天矿大约需97.43亿元人民币。而安家岭矿所能用的日本能源贷款只有4亿美元。很明显,如果纯粹照搬安太堡模式,安家岭项目根本不可能立项。

据平朔公司董事长张宝山介绍,面对着项目上还是不上,曾经有过激烈的争论。上,意味着极大的风险:由于效益不好,美方已于几年前撤资走人,再投、再建,意味着重蹈覆辙。而且,美国人都不干了的事,我们为什么还干?不上,日元贷款就作废了,矿区没有新的经济增长点,由美方股权转过来的债务无法还清,平朔矿区生死难料。

为了还债,项目要上。从立项开始,安家岭项目就走上了一条与众不同的建设道路。

安家岭项目一开始就实行项目法人"终身"责任制。项目法人对项目的筹款、建设实施、生产经营、贷款偿还和资产的保值增值全程负责。"少花钱、迟花钱、多办事",项目建设投资管理变成了资本运营。

他们花了28天,算出至少需要68亿元才能建起来。可是,这个数目离实际资金仍然高出太多。不得已,他们只好倒算账,就是按当时的煤炭价格,算投资多少能够还清债务,最后可研估算是49.17亿元。这个数目比原可研估算整整减少了一半!这能行吗?有人认为这肯定是个"钓鱼工程"。

1998年底,安家岭露天煤矿拉开建设帷幕,正赶上亚洲金融危机。此后的几年,我国煤炭生产走入低谷,煤难卖,价大跌,款难收。这时,一些人对项目能否盈利表示怀疑,甚至断言:建成之日就是关闭之时。

屋漏偏遭连夜雨。开工不久,煤炭工业部撤销,原贷款的协议担保悬空,银行停止了项目的支款。

就在这"九死一生"的关键时刻,中煤集团重组,平朔公司加入中煤集团。

中煤重组后的第一次董事会会议就是研究安家岭项目。时任中煤集团董事长的经天亮认为,当前的煤炭市场虽然非常疲软,但建设成本也最低。低谷是暂时的,市场必然会复苏。这是不可多得的建设良机,要加快进度。争取了时间就等于节约了投资,争得了先机和主动。

于是,面对各种不同的看法和阻力,顶着巨大的风险和压力,中煤集团公司承担了连带责任担保,将安家岭项目从"死亡"的边缘拉了回来。

优化设计方案,改单一露天开采为露井联采;把不采区的煤采出来,实现资源最大利用

项目发展到2002年,内部环境、外部市场发生了深刻变化:矿坑打开后,发现煤炭硫分含量高,达不到环保要求,客户不要。这样的煤只能采一半,另外必须从其他地方配煤,否则卖不了;同时,各种原材料和土地征用费不断上涨。而此时,露天矿项目已投进去37亿元,剩下的10亿元不够完成后面所需投资。

怎么办?露天开采必须紧急刹车。于是,露井联采的战略构想跃然而生。

上井工矿的构想,来自于露天开采成本太高;上井工矿的构想,也来自于对资源的最大回收。20多年来,安太堡矿搬出了一座山,现在安家岭矿也开始搬山。两矿搬出的山下面,压着1亿多吨的煤;而两矿之间还有1.5亿t煤炭储量的不采区。也就是说,单一露天开采,总计有2.5亿t煤采不出来。

综合以上因素,露井联合开采应该是最佳方式。然而,平朔矿区自建设以来,一直以露

天开采闻名，大型井工矿建设在朔州地区没有任何现成的经验和模式可以借鉴。关键是，由于平朔矿区的煤顶板硬，煤层硬，埋藏浅，综采放顶煤工艺可能无法采用，而其他工艺太浪费资源。同时，面临着确保工期、质量、投资的艰巨任务，如果仓促上马，将承担决策失误的责任。

经天亮再一次面临艰难的抉择。他邀请专家到现场踏勘，开展技术交流和论证。

花了整整一年时间论证、研讨，先后做了16个方案，最终，中煤集团公司决定上井工矿，并采用综采放顶煤工艺。这就将安家岭项目由一个年产1500万t的单一露天矿，改成了一个年产1000万t的露天矿，加上一个年产500万t的井工矿。设计总能力不变，但实现形式发生了根本变化。

集成创新，各方力量联合攻关；部分进口设备合作制造，带动国内装备业

为了节省投资，安家岭项目从建设一开始，其设备配套主导思想是：立足国产、关键引进、适应当地、自我创新。中煤能源集团公司是我国煤炭行业产业链最完整的企业，拥有煤炭设计、施工、监理、生产、营销等一系列的产业优势。中煤集团充分利用这一优势，抽调各方面的精兵强将，集中力量大会战。通过采用新技术、新工艺，实现了集成创新，使安家岭项目成为我国煤矿自行设计、自主建设、自我配套的成功典范。

一次采矿设计，要对比20多个相近方案，遴选最优。项目初期，沈阳设计院对露天矿提出了5个优化方向，40项优化措施，使项目总投资得以控制。承担井工矿设计的西安设计院，大胆采用"一矿两井"的灵活建设模式，并成功采用综采放顶煤工艺。

在安家岭井工矿特殊地质条件下，采用综采放顶煤工艺，国内没有先例，而进口设备每套需2.4亿元。中煤集团决定集中集团力量，自主攻关制造井工矿综采设备。经过反复优化方案，决定由中煤装备集团组织北京煤机厂、张家口煤机公司，联合煤科院开采所联合制造。通过吸收国内外先进技术，经过反复攻关，实现了千万吨级综采工作面重大装备国产化，并拥有完全自主知识产权，造价仅为进口的一半。

对部分进口设备实行合作制造。在与国外公司合作制造挖掘机械过程中，国内厂家也提高了制造水平和产品质量。以前，我国只能制造$10m^3$以下的挖掘机，2005年太重集团生产出了第一台$35m^3$挖掘机，填补了国内空白。

把部分国产设备的运行和维护承包给生产厂家。这种反承包的方式，便于厂家发挥专业技术优势，保证设备的完好率和开工率，降低维修费用，也减少了矿区人员以及维修设备、工具的配置。对大型设备，鼓励国外生产厂家将部分产品分包给国内厂家，降低了采购价格和运行成本。

这样，安家岭项目总体实际投资47亿元，比原批准概算投资节省2亿多元。以吨煤157元的投资标准，建成了中国最现代化的包括露天矿、井工矿、选煤厂、铁路等配套的煤炭项目。吨煤157元的投资，只是一般国有大矿投资的一半。

平朔安家岭，将以一系列"中国第一"，在煤炭工业发展史上写下重要篇章：

中国最大、最先进的露天矿———设计年产1000万t，实际产能可达1500万t；

中国最大、最现代化的井工矿———设计年产500万t，实际产能可达1500万t，设备全部国产化；

中国第一座露井联采、煤炭回收率最高的资源节约型煤炭基地———露天矿回收率达96%，井工矿工作面回收率达85%；

亚洲最大的全重介动力煤选煤厂———年入选原煤 1500 万 t(图 11 - 5);

图 11 - 5　世界最大的选煤厂———中国山西省平朔矿务局安家岭选煤厂(15 Mt/a)

国内第一家一投产即可按期还本付息的煤炭项目———试生产以来已累计上缴税费 11 亿元,累计还贷 21 亿元。

安家岭,走出了一条我国煤炭工业"多、快、好、省"的发展新路,做到了出煤多、建设快、质量好、投资省。无疑,它将成为我国煤炭工业的新标杆。

11.5　工程项目建设组织管理

11.5.1 项目的组织机构

在项目开始以前,高层管理者必须确定采用何种组织机构,以便能将该项目的活动与企业的经营活动紧密结合。组织结构的主要类型有:纯项目小组、职能项目组和矩阵制。

1. 纯项目小组

纯项目小组又称项目线性组织形式,或项目化组织形式,如图 11 - 6 所示。

纯项目小组由一个装备齐全的项目小组负责该项目的全部工作。其优点为: ① 项目经理拥有充足的权利;② 小组成员只向一个上司负责。他们不必分出部分精力向职能部门管理者负责; ③ 联系线路短,可以迅速做出决策;④ 小组成员的自豪感、士气和信誉都很高。

缺点是: ① 资源重复配置,设备和人员都不能跨部门共享;② 忽视了组织目标和企业政

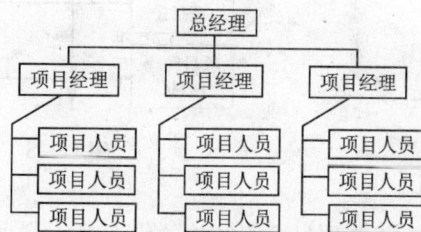

图 11 - 6　纯项目小组组织形式

策,小组成员无论在精神上还是在实质上都与组织发生了偏离;③ 由于削弱了职能部门的权利使组织在新技术和新知识方面落后了;④ 因为小组成员没有职能部门的"家",因此他们缺乏安全感,他们会为项目结束后的生计而担忧,并由此导致项目结束时间的迟缓。

2. 职能项目组

与纯项目小组相对的组织形式是职能项目组。职能项目组的职能部门为项目提供了一个"家"。如图 11 - 7 所示。

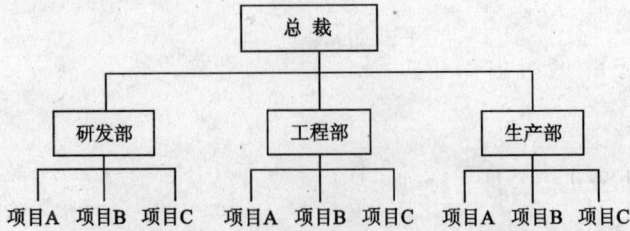

图 11－7　职能项目组的组织结构示意图

　　职能项目组的优点是：①每个小组成员都可以参加几个项目；②即使技术专家们离开了项目，他们仍留在职能部门中；③职能部门是小组成员在项目结束后的"家"，职能专家可以垂直发展；④特殊领域的职能专家组成一个关键部门，以协同解决项目存在的技术问题。

　　缺点为：①与职能部门不直接相关的项目各部分缺乏必要的变革；②小组成员的士气经常变得低落；③顾客的需求被放在了第二位，对顾客需求的反应速度减慢。

3. 矩阵制

　　矩阵制是最专业化的项目管理组织形式，它综合了职能项目组和纯项目小组的优点。每个项目执行时可从不同的职能部门抽调人员。项目经理（PM—Project Manager）决定执行什么任务以及何时执行，而职能部门管理者则控制可以使用哪些人和技术。矩阵制的项目组织形式如图 11－8 所示。

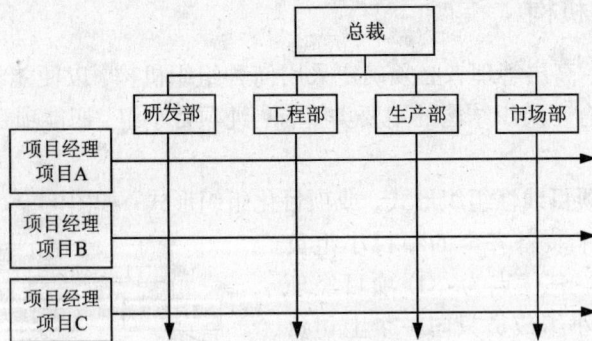

图 11－8　矩阵制的项目组织形式

　　矩阵制项目组织结构的优点是：① 加强了不同职能部门的联系；② 项目经理对项目的成功负责；③ 资源的重复配置实现最小化；④ 项目完成后小组成员还有一个职能部门的"家"；⑤ 遵循了企业的政策，增强了对项目的支持。

　　缺点：① 存在两个上司。经常出现对职能管理者的命令执行比项目经理的命令优先的情况；② 除非项目经理具有很强的谈判能力，否则项目要失败；③ 本位主义乘虚而入。经常出现项目经理为自己的项目囤积资源的现象，并由此损害了其他项目的利益。

　　对于项目管理来说，无论采用哪种组织形式（结构），与顾客接触的最主要的人是项目经理。当项目经理对一个项目的成功完全负责时，项目的沟通能力和柔性都极大地加强了。因此，项目经理除了对项目本身负责外，还要对顾客的满意、对项目小组成员的发展负责，并要对下属进行适当培训。

11.5.2　项目组织的主要内容

1. 各项工作的安排

工作安排是根据项目的总体目标和阶段性目标做出的对具体工作先后关系进行布置，并利用各种组织工作的工具进行表述，为项目的有效控制打下基础。

工作安排常用的组织的工具有：

（1）网络图。通过制订网络计划的步骤，绘制网络图，找出关键线路，指明项目的主要瓶颈（Bottle Neck）何在，有利于项目的顺利进行。

（2）项目进度表（甘特图，Gantt Chart）。项目进度表是组织项目时能够使用的另一个非常有用的工具。从项目进度表可以看出完成项目中某项工作需要花费的实际时间。与网络图类似，项目进度表显示了各个事件之间的独立性。

（3）行动计划（Action Plan）。行动计划也是一种基本的项目管理工具，它以表格的形式明确地确定了待做的工作、分工、所需资源（人力）、开始日期以及完成日期。

以上3种工具（方法）也是项目控制的主要方法，将在本章的11.6中进行讨论。

2. 有效的分工

组织项目时会涉及到使用不同的工具和方法来安排各项工作和正确分工。为了确保项目的成功完成，在分工时一定要做到"人尽其才"。

分工有以下4个步骤：

（1）在分工前进行周密计划；

（2）决定分工的对象；

（3）与接受分工的人沟通；

（4）对成功完成所分配任务的人员进行回报。

11.5.3　项目经理

项目的直接与主要管理者一般是项目经理。在一个项目立项之后，进行各项工作以前，首先要任命项目经理，项目经理对项目的计划、组织、实施负全权责任，对项目目标的实现负终极责任。

项目经理受有关方面委托，对项目实行全面领导，统一指挥，全面负责项目目标的实现。项目经理必须严密组织、灵活协调，对项目资金、进度、质量和其他方面进行控制，才能最终按期、按质完成项目有关方面提出的目标。项目经理在项目管理中处于中心地位，起决定性作用。

项目经理作为项目管理的基石，他的管理、组织、协调能力，他的知识素质、经验水平和领导艺术，甚至是个人性情都对项目管理的成败有着决定性的影响。

1. 项目经理的任务

项目经理的任务一般概括起来有以下几个方面：

（1）组织。即组织精干的项目管理班子，确定其组成结构、人员配备、规章制度、岗位责任，建立项目内外部沟通渠道。

（2）目标管理。即项目经理根据项目具体情况确定总体目标和阶段目标，进行目标分解，制定总体控制计划并落实实施。

（3）决策。即项目经理需要在项目运作中及时、正确地做出各种决策，调动各方面的积极性，保证项目目标的顺利实现。

（4）协调。在项目实施阶段，项目经理日常任务就是协调项目班子与各有关单位之间的活动及财务、技术关系。

（5）信息管理。项目经理既是指令的发布者，又是外源信息及基层信息的集中点。因此，他有责任建立一个完善的信息管理系统，确保项目班子内部横向与纵向的信息联系，使项目班子与外部信息联系畅通无阻，从而保证项目管理顺利进行。

（6）资金。为了保证项目和项目管理对资金的需要，项目经理必须取得和收回应当由本项目班子使用的款项；一旦出现合同变更时，应及时结算。项目经理必须处理好合同变更和索赔，确保本项目有足够的资金。

（7）项目经理的内部职责。向有关人员解释和说明项目文件，并以此作为今后检查、控制的依据；落实材料、设备的供应渠道；协调项目各结合部之间的关系；建立畅通的沟通渠道及指挥系统；预见问题、处理矛盾；有效监督、及时检查；组织好关键性的会议。

2. 项目经理的主要职责

项目经理对项目的实施和目标的实现负有最高责任。通过合理组织，周密计划和有效控制，把费用和进度控制在计划目标以内。项目经理最根本的责任是确保项目目标的实现，满足项目有关方面的要求和期望。

项目经理的主要职责有：①利用可用资源，在规定时间、成本和技术条件内完成一定的任务；②完成预定收益目标；③制定所有决策；④传递和沟通外部（如顾客、业主）与公司内部之间的信息；⑤处理所有可能出现的冲突和矛盾。

以建筑业为例，项目经理的主要职责详细列举如下：

（1）规划。熟悉所有合同文件；提出执行和控制项目的基本计划；指导准备项目管理流程；指导准备项目预算；指导准备项目进度计划；指导准备现场施工活动的组织、实施和控制计划；定期检查规划，及时修改变化内容。

（2）组织。提出项目组织结构图；检查项目责任和分工；参与选择项目关键人员；提供项目人力资源需求；检查项目组织，改进组织结构和调整人员安排。

（3）指挥。安排所有项目工作，使之满足合同要求；提出项目决策系统，在不同程度和管理水平上均有人决策；加速培养项目关键人才；培养和发扬项目集体精神；解决职能部门和项目之间出现的问题；对所有重大问题制定明确的处理原则。

（4）控制。监督项目活动，使之符合公司的目标、原则和制度；解释和交流，保证项目符合合同、设计等要求；保证个人行为符合合同规定和相关要求；建立变更通知流程，评估和交流变更内容；检查成本、进度和质量报告，保证计划的有效性；保持与各项目参与方的有效交流。

图11-9是对项目管理的相关责任进行描述，项目经理一般是项目管理的中心，是项目管理的最高责任者和组织者，因此，项目管理的责任实际上就成为项目经理的责任。

3. 项目经理的权限

一定的权限是确保项目经理承担相应责任的先决条件，也是项目管理取得成功的保证。

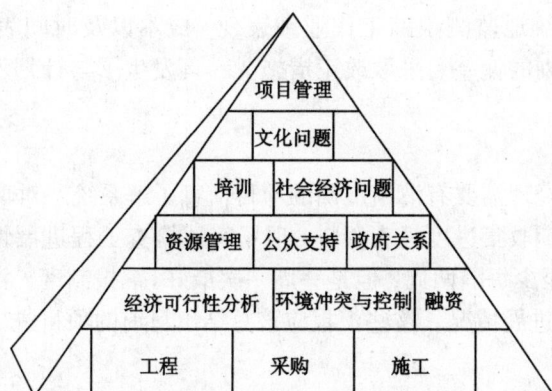

图 11 - 9 项目管理的相关责任

为了履行项目经理的职责,必须授予项目经理应有的权限,并用制度和合同具体确定下来。

项目经理应具有以下权利:

(1)用人权。项目经理应有权决定项目管理班子的组成、选择、聘任,对班子成员进行监督、考核、奖惩乃至辞退。

(2)财权。在财务制度允许的范围内,项目经理应有权根据项目需要和计划安排,动用资金,购置和使用固定资产,有权对项目管理班子的报酬和分配做出决策。

(3)进度计划权。项目经理应有权根据项目进度总目标和阶段性目标的要求,对项目进度进行检查、调整,分配资源。

(4)技术质量监督权。项目经理应有权批准有关方案和技术措施,必要时召开讨论会,把好技术和质量关,防止技术失误。

(5)物资采购权。项目经理应有权对采购方案、目标和到货要求,乃至对由此引起的重大问题做出决策,以确保项目顺利成功。

11.6 项目进度与质量控制

11.6.1 对项目进行控制的作用与做法

1.项目控制的目的

项目的控制包括建立对项目完成情况(项目工期进度、成本、质量等)的监督、汇报以及纠错等方法。项目计划一旦实施,就需要开始密切注意计划的进展情况。

在项目计划中,要专门安排出对进展的监督工作及对计划的检查工作。一般通过收集数据并将数据整理成"现状"报告来对计划进行监督。小组成员需定期开会,讨论这些报告并评估计划的进展情况,提出相应的控制措施。控制计划时需要使用的主要资料有项目时间表和项目预算表。

对项目计划进行适当控制的目的在于在工作进行中能够了解计划的各个方面或特征,从而保证项目能在满足其时间约束的前提下实现其总体目标。

2. 项目控制的过程

项目控制一般要系统地监测跟踪工作业绩表现、成本以及时间表。主要步骤有跟踪进程、检测项目进程与计划的偏差，采取改正措施。一旦发生了与计划不符的重大偏差，则应有调节系统进行改正。

1）跟踪进程

跟踪进程时，项目经理需要有清晰准确的项目信息了解系统。对项目计划执行情况进行监测的方法主要有：定期收集进度报表资料；现场实地检查工程进展情况；定期召开现场会议等等。应建立定期（至少每隔两周，但是一周一次最好）汇报制度。汇报应包括项目中各项工作自上次汇报以来的进展情况。这些汇报应该总结出目前的项目进展情况以及到现在为止整个项目的进度。

2）检测项目进程与计划的偏差

为了检测项目进程与计划的偏差，就需要将预算与实际支出进行比较。汇报形式可以为管理人员的决策提供有用的情况，汇报形式应该简洁。

3）采取改正措施

在采取改正措施时，需要找出问题所在，同时及时获取有助于处理这些问题的信息。一旦发生了与计划不符的重大偏差，下一步就应该决定是否需要改正，然后采取相应的措施。

3. 项目控制的具体做法

在控制项目时，可使用各种工具以及方法来对计划进行监督、汇报及调整。其中最有效的控制方法是那些不但能够提供所需的信息量，而且花费精力也最少的方法。项目控制的具体做法有：建立汇报制度，编写报告，召集会议，观察与讨论，建立项目进度表。

1）建立汇报制度

一旦项目开始实施，我们就希望确保它按计划运行。为了做到这一点，需要建立起汇报制度。汇报制度应具有以下特征：

① 提供及时、完整以及准确的现状情况；② 不增加过多的时间开销，从而提高效率；③ 易于被项目小组成员以及高级管理人员接受；④ 及时提醒我们悬而未决的问题以便采取措施；⑤ 对需要阅读报告的人来说易于理解

2）编写报告

从报告中，我们可以获取相当多的有用信息。以下列举了写报告时应该注意的几个关键性问题：① 使用适合项目经理需要的格式；② 提供所需示例；③ 设定相应的时限。

3）召集会议

会议也可作为一种控制手段。会议的好处列举如下：① 会议能够向我们提供比书面报告更详细的信息；② 会议具有交互特性，从会议中得来的信息非常易于与会者们共享；③ 召开会议是解决问题的理想工作方式。

4）观察与讨论

项目经理能够通过观察和讨论获得大量有用的情况，事实上大多数情况是通过观察、讨论了解到的。具体的问题如：

① 对你看到或感到的那些可以说明问题的线索或事情进行探究；② 积极寻找能够反映项目现状的方面；③ 利用自己与小组成员的亲密关系征集有用的情况。

5）建立项目进度表

项目进度表也被用于组织项目中的各项工作。在项目控制阶段，它被用于跟踪并汇报需做工作的完成情况。项目进度表可以告诉我们实际与计划的时间安排是否一致。同时提示我们采取相应的调整措施。

11.6.2 项目结构分解图（WBS 图）

项目结构分解是将整个项目分解成互相独立、互相影响、互相联系的活动。在国外的项目管理中，人们将这项工作的结果称为工作分解结构，即 WBS（work breakdown structure）。

1.项目结构分解的作用

（1）明确、准确地说明项目的范围。工作分解结构将一个项目分解成易于管理的几部分或几个细目，有助于确保找出完成工作范围所需的所有工作要素。所以，这些细目的完成或产出构成了整个项目工作的范围。

（2）为每项细目分配人员并明确其责任。清晰划分责任，自上而下将项目目标落实到具体的工作上，并将这些工作交给项目机构内外的个人或组织去完成。

（3）确定工作内容和工作顺序。

（4）为计划、预算、进度安排和费用控制奠定共同基础，确定项目进度测量和控制的标准。

（5）对各细目，进行较准确的时间、费用和资源需要量的估算，对项目整体和全过程的费用进行估算。

2.项目结构分解图（WBS 图）

项目结构分解图是将项目按照其内在结构或实施过程的顺序进行逐层分解而形成的结构示意图。它可以将项目内容分解到相对独立的、内容单一的、易于成本核算与检查的项目单元，并能把各项目单元在项目中的地位与构成直观地表示出来。

为了简化 WBS 的信息交流过程，常利用编码技术对 WBS 进行信息转换。WBS 编码由 4 位数组成。第一位数表示处于 0 级的整个项目；第二位数表示处于 1 级的子项目单元（或子项目）的编码；第三位数是处于 2 级的具体项目单元的编码；第四位数是处于 3 级的更细更具体的项自单元的编码。编码的每一位数字，由左至右表示不同的级别，即第一位代表 0 级，第二位代表 1 级，第三位代表 2 级，第四位代表 3 级。

WBS 图是实施项目、创造最终产品或服务所必须进行的全部活动的一张清单，也是进度计划、人员分配、预算计划的基础。

将项目结构图用表格来表示则为项目结构分析表。它类似于计算机中文件的目录路径。例如，上面的项目结构图可以用一个简单的表表示，在表上可以列出各项目单元的编码、名称、负责人、成本项目等说明。

由于工作分解既可以按项目的内在结构，又可以按项目的实施顺序进行分解。项目本身的复杂程度、规模大小各不相同，从而形成了 WBS 图的不同层次。WBS 图还可分为按项目实施过程分解的项目结构图和按项目产品结构分解的项目结构图。

鲁布革工程位于云南省罗平县与贵州省兴义市交界的黄泥河下游河段。工程以单一发电为开发目标，装机 60 万 kW，安装 4 台 15 万 kW 发电机组。鲁布革水电站是我国首个利用世界银行贷款建设和采用现代项目管理方法的项目，对部分工程实行国际竞争性招标，在全国率先实行项目管理。"鲁布革经验"在全国建筑行业产生了巨大影响，是我国项目管理实践的一个具有里程碑意义的成功典范。图 11 – 10 是该项目的 WBS 图和编码。

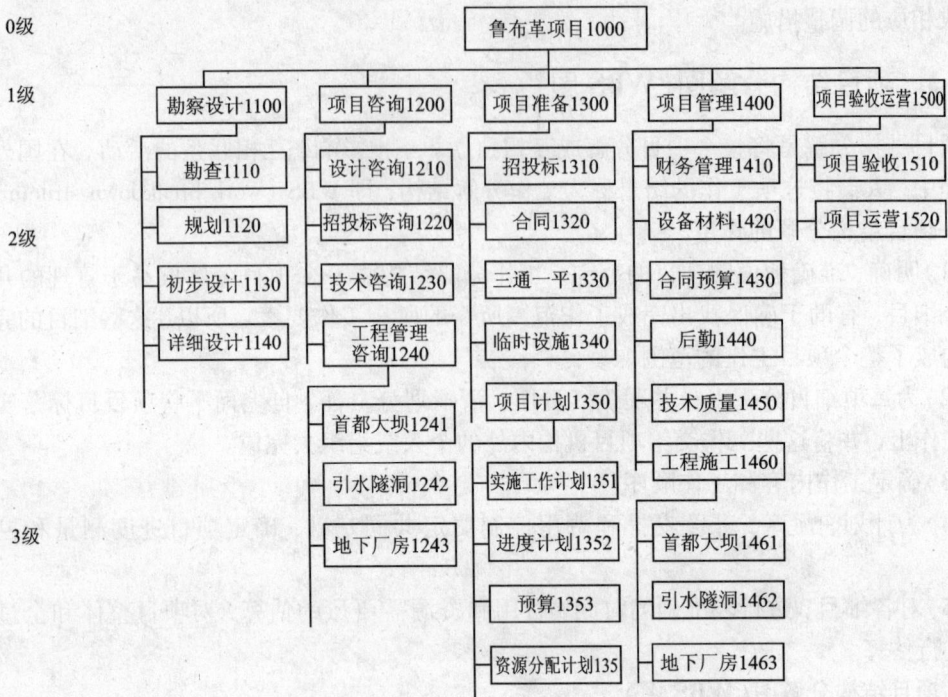

图 11 – 10　鲁布革水电站的项目 WBS 图和编码

11.6.3　项目进度表——甘特图

项目进度表也叫做甘特图（Gantt chart）。甘特（Henry L. Gantt，1861—1919），科学管理的倡导者之一，1887 年结识被称为科学管理之父的泰罗（F. W. Taylor），并共同工作 14 年。甘特为 20 世纪的科学管理做出了巨大贡献，其中他发明的计划进度控制图表——甘特图被誉为 20 世纪科学管理的重大贡献之一。甘特图是一种用于计划与进度安排的工具，由于它简单明了，至今在企业管理中仍被广泛应用。目前也有甘特图的计算机软件。

在项目管理中，甘特图是经常用来控制项目进程的一种方法。它把项目的计划和进度安排两种职能有效组合在一起。

在建立项目进度表时需要经过以下三个步骤：

步骤 1：沿着纵轴列出项目中的各项工作；

步骤 2：将横轴分割为适当的时间段；

步骤 3：画出代表工作所需时间长度的水平线。

图 11 – 11 是一新设备安装项目的实际进度与计划进度比较的甘特图，活动在图的左侧纵向列出，每项活动预计需用的时间由表示活动完成预计延续时间长短的线段或横条表示。可在图中加入一列来表示每项活动由谁负责。

在甘特图中，绘制活动线段或横条的人必须清楚活动之间的相互关系，即哪些活动在其

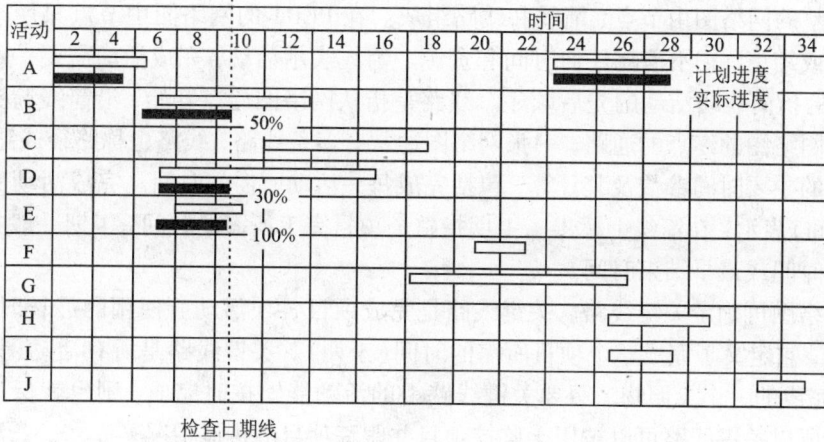

图 11 – 11 实际进度与计划进度的甘特图比较

他活动开始以前必须完成,哪些活动可以同时进行。传统甘特图的主要缺点之一是它不以图解的方式表达活动之间的相互关系。因此,如果一项活动被延误,其他哪些活动会受到影响不能被明显地表示出来。不过,目前大多数项目管理软件可以提供应用连接箭头表示活动间相互依存关系的甘特图。

将实际进度数据与计划进度数据进行比较,可以确定项目实际执行状况与计划目标之间的差距。为了直观反映实际进度偏差,通常采用表格或图形进行实际进度与计划进度的对比分析,从而得出实际进度比计划进度超前、滞后还是一致的结论。

将甘特图用于进行项目进度控制时,一般用一道竖线表示此刻的时间(即当天),这样甘特图的使用者可以清楚了解项目目前的进程,便于项目进度控制。

甘特图用于进行项目进度控制时,最好与网络图结合才能发挥应有的效力。此外,甘特图在使用时,要经常更新。如果用甘特图的计算机软件进行项目进度控制,可以使甘特图发挥更大作用。

11.6.4 网络图法

网络图是一套用于对项目的实施进行计划、控制的图形,它以图形的形式显示了项目中各项工作之间的关系,并直观地表示出所有各项工作以及每项工作的运行周期。

在任何给定项目的实施过程中,要考虑的三个最主要因素是工期、成本和资源可用性。人们为了有效地解决这三者之间的关系,使项目实施更为顺利,发明了许多项目管理的方法。在第二次世界大战后,大型高科技项目,以及许多大型军事、民用项目的实施,给传统的项目管理方法提出了挑战。在这样背景下诞生了一些新的项目管理方法,其中最有效的方法之一是网络图法。网络图法通常也称为网络计划技术或关键线路技术,在网络计划技术中,计划评审技术(program evaluation and review technique, PERT)和关键线路法(critical path method, CPM)是两种最著名的方法。

网络图法用网络图形描述一项目的全貌,并提示要将注意力集中在关键线路上。为使网络图能够最大限度发挥作用,须将项目中活动(或称任务、工作,下同)的含义、独立性和逻辑顺序明确下来，使项目小组清楚整个项目情况。

一张完整的网络图由节点、箭线和线路组成。在 PERT 的网络图中节点只用来表示一项活动的开始或结束，它不消耗任何时间和资源。箭线表示活动，完成活动需要一定的时间和资源，箭头的指向表明活动的先后顺序。线路是指从网络图始点开始，沿箭线箭头指向连续不断地达到网络图的终点的通路，一张网络图通常有多条线路，线路也称路径或路线。

网络图的主要时间参数及其计算，包括完成每一活动所需的时间。完成活动所需时间用 ET(期望时间)表示，在箭线上标出。工期指整个项目完工所需的时间，工期一般为终点活动的最迟结束时间或最早结束时间。

利用网络图可确定关键线路。关键线路是完成项目各项活动所使用的最长时间的路径。从本质上讲，它定义了完成整个项目所需的时间(工期)。关键线路是所有活动(无论关键与否)按计划完成的一个参照物。只要关键线路上的活动能够按时完成，则也就保证了项目的按时完成。所以关键线路可以被用于监控项目并跟踪项目的进展情况。

利用网络图进行项目管理的内容是进行网络计划的优化。网络计划优化的基本原则是：向关键线路要时间，向非关键线路要资源。网络计划优化主要有时间优化、时间－费用优化、时间－资源优化。

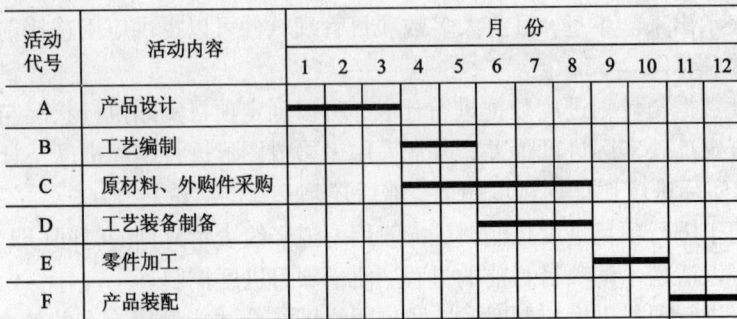

活动代号	活动内容	月 份											
		1	2	3	4	5	6	7	8	9	10	11	12
A	产品设计												
B	工艺编制												
C	原材料、外购件采购												
D	工艺装备制备												
E	零件加工												
F	产品装配												

图 11－12　用甘特图表示的进度计划

网络图与甘特图比较，各有其特点。图 11－12 为用甘特图表示制造某专用设备的各项活动的进度计划安排，用线条标出了各项活动的起止时间和延续时间。图 11－13为用网络图表示同一任务的进度计划安排，其中字母后的数字为活动的持续时间。

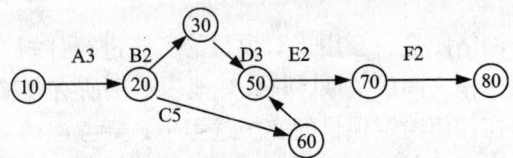

图 11－13　用网络图表示的进度计划

应用网络图表示进度计划方法的步骤一般为：

①项目分解。通常采用项目结构分解图：WBS 图；

②确定各项活动之间的先后关系，绘制网络图；

③估计活动所需的时间；

④计算网络参数，确定关键路线；

⑤优化。包括时间优化、时间－费用优化、时间－资源优化；

⑥监控。利用网络计划图对项目进行监视和控制，以保证项目按期完成；

⑦调整。按实际发生的情况对网络计划图进行必要的调整。

11.6.5　行动计划

行动计划(action plan)是一种基本的项目管理工具，它以表格形式明确地确定了待做的工作、分工、所需资源(人力)、开始日期以及完成日期。表 11 – 1 是某铁矿选矿研究行动计划。

表 11 – 1　某铁矿选矿研究行动计划

开始日期	行动	负责人	预计完成日期	完成状况	经费/元
2010 – 1 – 1	矿样采集、运输		2010 – 2 – 1		
2010 – 2 – 1	矿样破碎、制备		2010 – 2 – 15		
2010 – 2 – 1	工艺矿物学研究		2010 – 4 – 1		
2010 – 3 – 1	实验室小型试验		2010 – 5 – 1		
2010 – 6 – 1	1t/d 半工业试验		2010 – 6 – 30		
2010 – 7 – 20	工业试验		2010 – 9 – 20		

制订行动计划的目的在于将行动计划中所要做的工作具体表示出来。行动计划提出了这样一个问题，即"下面有哪些步骤？"

1)行动计划的内容

行动计划的主要内容如下：

① 为什么要采取这一行动？（提出问题）

② 需要做哪些工作以及这些工作会有什么影响？（具体工作）

③ 谁来做？（负责人/小组成员）

④ 何时完成？（预计完成日期）

⑤ 目前的工作进展如何？（工作现状）

2)行动计划的制订

行动计划由项目经理根据网络图中的信息、关键路径以及项目进度表制订而成。行动计划制订好后，项目经理将召集全体小组成员会议。所有的小组成员均需要了解该计划，并在项目开始之前明确自己的职能和作用。

3)行动计划的更新

行动计划应该通过软件在计算机中做成，而且要让全体小组成员定期查看。当其中某一项内容的状况发生改变时，小组成员应该及时进行更新，同时要将更新的内容告知其他所有成员。因此牢记以下几点很重要：

① 行动计划是用于管理的工具，应该定期更新；

② 行动计划每项工作都要有专人负责，要让小组每一个成员都了解整个项目的行动计划情况；

③行动计划的格式在各个行动过程中应该保持一致。

11.6.6 项目进度控制与调整

在项目实施过程中，及时、准确地掌握项目进度的实际情况是对项目进度进行有效控制的基础。项目控制监测系统过程见图 11－14。

1.项目实际进度与计划进度的比较分析与控制

1）甘特图法

这是最常用方法，已在本章介绍，参见图 11－12。

2）S 形曲线比较法

S 形曲线比较法以横坐标表示时间，纵坐标表示累计完成任务量，绘制成按计划时间累计完成任务量的 S 曲线，然后将工程项目实施过程中各检查时间实际累计完成任务量的 S 曲线也绘制在同一坐标系中，进行实际进度与计划进度比较的一种方法。项目实施过程中，每隔一段时间就应将实际进展情况绘制在原计划的 S 形曲线上进行直观比较。如图 11－15 所示，通过比较可以获得如下信息：①实际工程进展速度；②进度超前或拖后的时间；③工程量的完成情况；④后续工程进度预测。

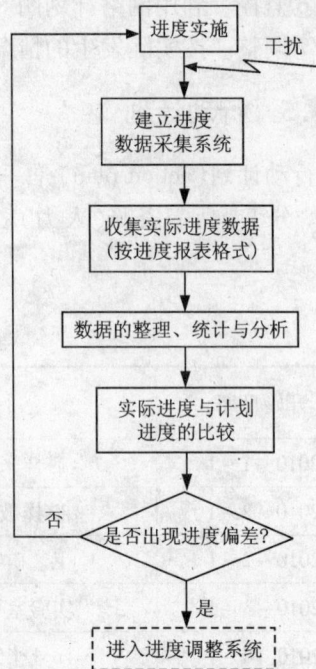

图 11－14 项目控制监测系统过程

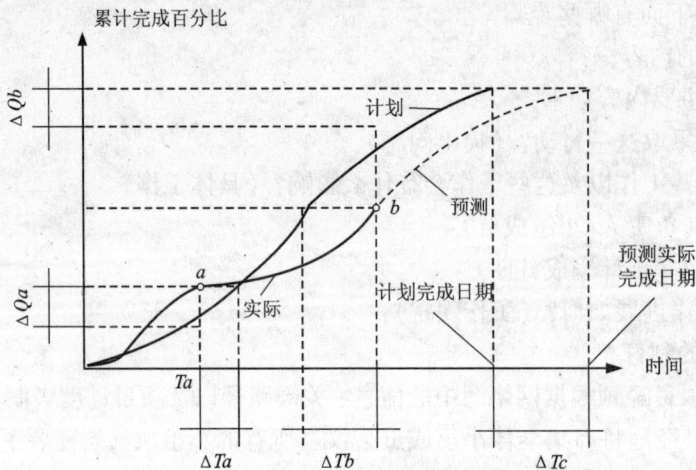

图 11－15 S 形曲线比较图

注：ΔTa——Ta 时刻实际进度超前的时间；

ΔQa——Ta 时刻超额完成的任务；

ΔTb——Tb 时刻实际进度拖后的时间；

ΔQb——Tb 时刻拖欠的任务量；

ΔTc——工期拖延预测值。

2.项目进度拖延的常见原因

进度拖延是项目实施过程中经常发生的现象,对进度拖延原因分析可采用因果关系分析图、影响因素分析表等方法,详细分析进度拖延的各种影响因素以及各因素影响量的大小。工程项目进度拖延的原因常见的有:

1)工程项目各相关单位之间的协调配合

工程项目是一个多专业、多方面协调合作的复杂过程,如果政府部门、业主、咨询单位、设计单位、物资供应单位、贷款单位、监理单位等各单位之间,以及土建、水电、通信、运输等各专业之间没有形成良好的协作,必然会影响工程建设的顺利实施。例如,工程设计通常是分阶段进行的,如果初步设计不能顺利得到批准,必然会影响到后续详细设计中的施工图设计、施工方案设计进度。又如资金方面,如果业主在工程预付款或进度款的支付中有所延迟,则会对承包商的施工进度造成影响。

2)工程变更

工程出现变更,如设计变更、设计错误、外界(如政府、上层机构)对项目提出新的要求或限制等等。当工程项目在已施工的部分发现一些问题或者由于业主提出了新的要求而必须进行工程变更时,会影响设计工作进度。例如,材料代用、设备选用的失误将会导致原有工程设计失效而重新进行设计。

3)风险因素

风险因素包括政治、经济、技术及自然等方面的各种预见或不可预见因素。政治方面有战争、内乱、罢工、拒付债务、制裁等;经济方面有延迟付款、汇率浮动、换汇控制、通货膨胀、分包单位违约等;技术方面有工程事故、试验失败、标准变化等;自然方面有地震、洪水等。

4)工期及相关计划的失误和管理过程的失误

计划工期及进度计划超出现实可能性;管理过程中的失误,如计划部门与实施者之间,总、分包商之间,业主和承包商之间缺少沟通,工作脱节等等。

3.项目进度控制调整

当项目实际进度偏离计划进度,并对项目进度计划的总目标或后续工作产生影响时,就必须根据项目实施的现有条件,对项目进度计划加以调整,以保证进度目标的实现。图11-16是控制的调整系统过程。

进度计划的调整方法主要有两种:

1)调整工作顺序,改变某些工作间的逻辑关系

当项目实施中产生的进度偏差影响到总工期,且有关工作的逻辑关系允许改变时,可以改变关键线路和超过计划工期的非关键线路上的有关工作之间的逻辑关系。在工作面及资源允许的情况下组织流水作业是其中的典型方法。例如,某钢筋混凝土结构建筑物的施工项目中,其主体工程由支模板、绑钢筋和浇注混凝土三个施工过程组成,其中每个施工过程都需要15天时间完成,主体工程的总工期是45天。如现有缩短工期的需要,可在工作面和资源

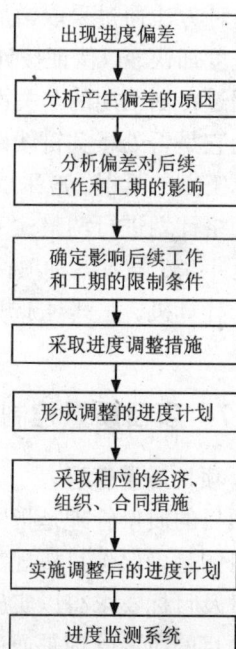

图11-16 控制的调整系统过程

允许的条件下把整个工作面划分为若干个工作段,采取流水作业的方法以充分发挥生产效率。在这里如果取三个工作段,则总工期减少为 25 天。如图 11 – 17 所示。

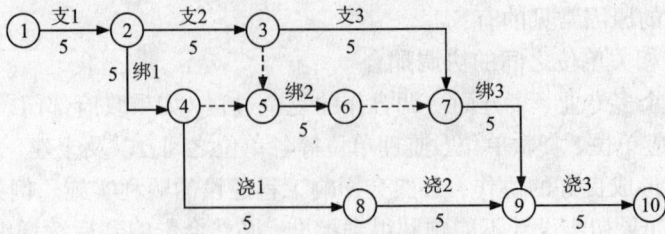

图 11 – 17 某主体工程流水作业网络计划

2)缩短某些工作的持续时间

这种方法通过采取增加资源投入、提高劳动效率等措施来缩短某些工作的持续时间,使工程进度加快,以保证按计划工期完成该项目。这些被压缩了持续时间的工作是位于关键线路和超过计划工期的非关键线路上的工作。如果某项工作进度拖延的时间超过其总时差,那么无论它是否处于关键线路,都将会对后续工作和总工期产生影响。在这种情况下,为了减少对总工期的延误,应采取措施缩短关键线路上后续工作的持续时间,并用工期优化的方法对原网络计划进行调整。

近年来,随着各种项目管理软件的日渐成熟和完善;项目的进度控制也越来越多地需要借助于计算机,尤其对于规模庞大的工程项目,项目管理软件为其进度的安排提供了广泛的支持。

11.6.7 项目质量控制

1. 项目质量管理

项目的质量管理是指围绕项目质量所进行的指挥、协调和控制等活动。进行项目质量管理的目的是确保项目按规定的要求满意地实现,它包括使项目所有的功能活动能够按照原有的质量及目标要求得以实施。

项目的质量管理是通过一系列活动、环节和过程而实现的。项目的质量计划应对这些活动、环节、过程加以识别和明确。当然,不同的项目,其质量管理的运行过程亦有区别,但就其运行过程计划而言,至少都应明确以下几点:

(1)项目质量环。简单地说,项目质量环就是影响项目质量的各个环节,是从识别需要到评定能否满足这些需要的各个阶段中,影响质量的相互作用的活动的概念模式。不同的项目,其质量环也有所不同。例如,施工项目的质量环一般是由八个阶段构成的,如图 11 – 18 所示。

(2)质量管理程序。应明确项目不同阶段的质量管理内容和重点,明确质量管理的工作流程等问题。

(3)质量管理措施。包括质量管理技术措施、组织措施等。

(4)质量管理方法。包括项目质量控制方法、质量评价方法等。

工程调研与任务承接 → 施工准备 → 材料采购 → 施工生产

检验与试验 → 功能试验 → 竣工交验 → 回访与保修

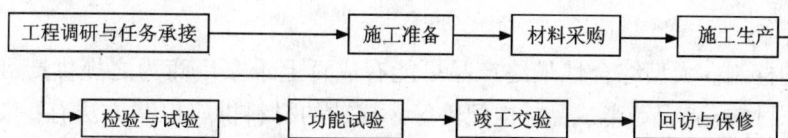

图 11－18 施工项目质量环

2. 项目质量计划

项目质量计划是围绕着项目所进行的质量目标制定、运行过程策划、确定相关资源等活动的过程。项目质量计划的结果是明确项目质量目标；明确为达到质量目标应采取的措施，包括必要的作业过程；明确应提供的必要条件，包括人员、设备等资源条件；明确项目参与各方、部门或岗位的质量职责。

项目的质量计划是针对具体项目的要求，以及应重点控制的环节所编制的对设计、采购、项目实施、检验等质量环的质量控制方案。质量计划往往并不是单独的一个文件，而是由一系列文件所组成。计划应尽可能简明。

质量计划应明确指出所开展的质量活动，并直接指出或间接指出（通过相应程序或其他文件）如何实施所需要的活动。其内容包括：

① 需达到的质量目标，包括项目总质量目标和具体目标；

② 质量管理工作流程，可以用流程图等形式展示过程的各项活动；

③ 在项目的各个不同阶段，职责、权限和资源的具体分配；

④ 项目实施中需采用的具体的书面程序和指导书；

⑤ 有关阶段适用的试验、检查、检验和评审大纲；

⑥ 达到质量目标的测量方法；

⑦ 随项目的进展而修改和完善质量计划的程序；

⑧ 为达到项目质量目标必须采取的其他措施，如更新检验技术、研究新的工艺方法设备、用户的监督、验证等。

3. 项目质量控制

质量控制是质量管理的一部分，其目的就是确保项目质量计划所提出的各项质量目标，如项目的性能性目标、可靠性目标、安全性目标、经济性目标、时间性目标和环境适应性目标等。

质量控制是在整个项目形成的每个阶段和环节，对影响其工作及质量的因素进行控制，以保证项目最终符合所规定的质量要求。

影响项目质量的因素主要有五大方面：人、材料、设备、方法和环境。对这五方面因素的控制，是保证项目质量的关键。

1）人的控制。人，是指直接参与项目的组织者、指挥者和操作者。人员素质是影响产品质量的最重要因素。首先是人员资格认证控制，即所有参与产品生产的人员都必须经过专业培训与考核；其次，是印章控制，即有关人员必须持有表明其资格的印章上岗，在一切记录上盖章，以示负责。因此，应提高人的素质，健全岗位责任制，改善劳动条件，公平合理地激励劳动热情；应根据项目特点，从确保项目质量出发，在人的技术水平、人的生理缺陷、人的心理行为、人的错误行为等方面控制；更为重要的是提高人的质量意识，形成人人重视质量的项目环境。

2）材料的控制。大型综合性最终产品可能有成百上千家厂商为之提供产品和服务。材料主要包括原材料、产品、半成品、构配件等。成功的材料供应控制方法有：供应商等级认可，形成定点采购；遵循严格审批程序，选择供应商；对供应商由质保部门进行初始评审和年度系统评审，以便确定是否保持供应商资格；对供应商提供的配套产品进行考核和评估，如发现质量问题，发出纠正措施通知。

3）设备工具的控制。对设备工具的控制，应根据项目的不同特点，合理选择，正确使用、管理和保养。

4）方法的控制。这里所指的方法，包括项目实施方案、工艺、组织设计、技术措施等。对方法的控制，主要通过合理选择、动态管理等环节加以实现。合理选择就是根据项目特点选择技术可行、经济合理、有利于保证项目质量、加快项目进度、降低项目费用的实施方法。动态管理就是在项目进行过程中正确应用，并随着条件的变化不断地进行调整。

5）环境的控制。影响项目质量的环境因素较多，有项目技术环境，如地质、水文、气象等；项目环境管理，如质量保证体系、质量管理制度等；劳动环境，如劳动组合、作业场所等。根据项目特点和具体条件，应采取有效措施对影响质量的环境因素进行控制。

11.6.8　项目组织与控制案例

【例 11－5】　包头钢铁集团公司炼钢厂 3# 转炉煤气回收工程的组织及进度控制

（作者：李智，孟俊婷，原载：阴山学刊，2000.4，79－81）

包钢炼钢厂 5×80 t 转炉煤气回收工程，是内蒙古自治区呼和浩特市和包头市环境改善项目之一。该工程由 8 万 m^3 威金斯式干式煤气柜、静电除尘器、煤气加压机、控制系统及各种规格的阀门组成。建成后的转炉煤气回收工程，每年可以回收煤气 2.84 亿 m^3、减少一氧化碳外排量 1.74 亿 m^3，改善了包头地区的生活环境，消除了一氧化碳浓度高、含量超标的安全隐患。

包钢炼钢厂转炉煤气回收工程是利用日本政府 6.3 亿日元低息贷款兴建的国家重点工程项目，该项目的建设对包头钢铁公司的节能、降耗、增效、环保有着良好的经济效益和社会效益。该工程又是包钢 5 座转炉煤气回收改造的开端，该工程组织的好坏，直接影响到包钢全年钢产量计划能否完成，经济效益能否切实有效地提高。

1. 工程组织面临的问题

（1）包钢设计院已根据包钢的生产情况设计出 3# 转炉煤气回收施工图，但没有设计与其他四座转炉互换的设计方案。

（2）与之相配套的 8 万 m^3 煤气罐工程已完成，3# 转炉已生产 1 万炉钢，创历史新高。已具备停炉施工的条件。

（3）工程所用的设备、材料、施工方案都已落实到位。

（4）工期紧，为了不影响包钢全年的生产任务，3# 转炉煤气回收工程最好利用 3# 转炉停产检修的时间进行，以充分利用这段时间，将工程改造项目与检修项目安排同步进行，减少停炉时间避免因停炉时间过长给公司的生产带来损失。

2.工程组织的难点

（1）一文一弯设备的拆除和安装。此次工程要拆除 3# 转炉烟气净化部分一文、一弯设备，共 6 件。理论计算最大件重 7.5 t，最小件重 1.25 t，因年久积灰实际最大件重 13 t，最小件重 2.3 t，都在标高为 21.27 m 和 29 m 之间的高空，属多层高空作业，障碍物多，机械设备派不上用场，只能靠人力用简单的工具进行施工，把拆除件从东侧移到西侧 13 m 的地方，才能用吊车吊下。拆除完成之后安装时需将更换的备件吊至西侧临时平台，用人力及简单工具往东移 13 m 才能进行安装，整个拆除安装工作要在连续、有序、严密组织下进行。

（2）转炉鼓风机房煤气眼镜阀的拆除和安装。根据生产工艺的要求转炉鼓风机房煤气眼镜阀需要更换 7 个，每个重约 5 t，其位置是煤气富集区，要做好煤气的安全防范工作，而其余四座转炉的有关阀门也在此区域，各种阀门多，管道与有关支架密如树林，各层平台交织错落，而阀门拆除区域的上方没有吊装工具的固定点，需要拆除的阀门又在 10 m 至 12 m 两层标高上下，且在吊车吊装的方向上空 22 m 的地方有正在生产的转炉烟气汇集放散管道相隔，吊车拆除和安装设备时只能站位于设备 20 m 以外的地方，吊杆伸长约 69 m，才能到达需拆除和安装设备区域上方，可见难度之大。

表 11 - 2 工程项目进度计划表

工程编号	单项工程和单位工程名称	开工日期	竣工日期	要求设计进度				要求设备进度			要求施工进度			道路、水电、接通日期			
				交付日期			设计单位	数量	交货日期	供应单位	进场日期	竣工日期	施工单位	供电		供水	
				技术设计	施工图	设备清单								数量	日期	数量	日期
1																	
2																	
3																	
4																	
5																	
6																	
.																	
.																	
.																	

3.对项目实施阶段进度进行控制

（1）设计前准备阶段进度控制。

① 向建设单位提供有关工期信息，协助建设单位确定工期目标。

② 编制项目总进度计划（见表 11 - 2）。

③ 编制准备阶段的详细工作计划，并控制该计划的执行。

④ 进行施工现场条件调研和分析。

根据工程情况施工单位计划网络工期安排为 28 天，调试期 1 天，共计 29 天。根据炼钢转炉生产情况，每座转炉日均炼钢 25 炉，每炉 80 t，日均产钢 2000 t，按 29 天计算，因施工造成直接经济损失约 8410 万元。因此，工期如何安排，多长为宜，事关重大。经深入实际，认真调研,对施工过程中的重点、难点、施工的时间及方法进行科学合理的分析,并与包头钢院经管系教授反复研究,利用多层次网络计划对施工工期进行优化,并反复论证,最终确定工期为 17 天,约提高经济效益 3480 万元。

(2)编制施工总进度计划并控制及执行。

(3)施工阶段工程进度控制。

① 开工前的要求

因此项工程与生产关系密切,工程能否按期完成,直接关系到包钢全年生产计划,因此,组织时,按生产设备大中修模式进行,具体要求为:

A. 施工设计图在 4 月底全部完成;

B. 材料在 5 月中旬全部到位;

C. 设备供应 6 月底全部到位。为 8 月 16 日正式开工打下坚实基础。

② 工程进度控制的方法

A. 行政控制。公司成立了由基建方面主管领导任 3# 转炉煤气回收工程总指挥的指挥部以保证行政命令的畅通,责任落实到人,以指挥协调工程进度。

B. 管理技术控制。在项目进展过程中,对计划进度与实际进度相比较,发现偏差及时采取纠正措施,以保证网络工期的顺利完成。如:原施工方案中转炉烟气净化的一文设备和相距 1 公里远的转炉鼓风机房煤气眼镜阀设备拆除与安装,计划用一台吊车进行作业,实际施工中发现很难保证两个项目在计划网络工期内完成,为此及时调来另一台吊车,保证了拆除和安装工作的提前完成。再如:设备单体试车和联动试车按网络安排 2 天时间不可能完成,在不影响其他项目情况下,将该项目提前 2 天试车,最后保证了工程网络工期提前 1 天达到生产条件。

(4)组织控制措施。

① 分工明确,责任落实到人。3# 转炉指挥部下设施工组、质检组、安全组、设备材料组、宣传组。

② 对工程项目进行分解,将项目按项目结构及进展阶段划分,并建立编码体系,此项工程共有四个施工单位参加,工程共分为六个项目同时展开,见图 11 - 19。

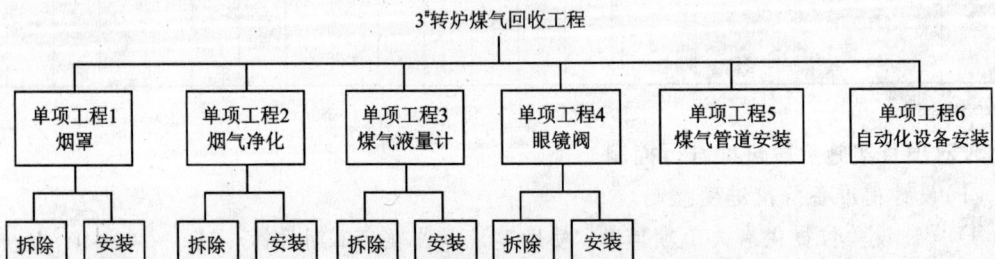

图 11 -19 3# 转炉煤气回收工程项目分解与编码

③ 确定进度协调工作制度。指挥部每天召开一次工程协调会,及时解决出现的问题。

④ 对影响进度目标实现的干扰和风险因素的概率及进度拖延的损失进行计算和预测,如:施工期正值雨季,避免因天气因素对工期的影响要进行分析和防范;夜间施工时考虑到人

员的安排及风险和安全因素，及时调整夜间工作的内容和时间，如：吊装工作和管道试漏工作不宜安排在夜间进行。

思考与练习

1. 描述工程项目的特征和项目管理的内容。
2. 项目建设的主要程序？
3. 项目招投标有何重要意义？
4. 为什么说以设计阶段为重点、技术与经济相结合是控制工程造价的有效手段？
5. 项目经理有哪些职责？
6. 项目组织与项目控制的主要内容是什么？
7. 使用甘特图和行动计划进行项目控制时有何优点？

附录　复利系数表

附表1　复利系数表(5%)

年份	一次支付		等额分付			
	终值系数	现值系数	终值系数	偿债基金系数	资金回收系数	现值系数
n	$(1+i)^n$	$\dfrac{1}{(1+i)^n}$	$\dfrac{(1+i)^n-1}{i}$	$\dfrac{i}{(1+i)^n-1}$	$\dfrac{i(1+i)^n}{(1+i)^n-1}$	$\dfrac{(1+i)^n-1}{i(1+i)^n}$
	$(F/P,i,n)$	$(P/F,i,n)$	$(F/A,i,n)$	$(A/F,i,n)$	$(A/P,i,n)$	$(P/A,i,n)$
1	1.05000	0.95238	1.00000	1.00000	1.05000	0.95238
2	1.10250	0.90703	2.05000	0.48780	0.53780	1.85941
3	1.15763	0.86384	3.15250	0.31721	0.36721	2.72325
4	1.21551	0.82270	4.31013	0.23201	0.28201	3.54595
5	1.27628	0.78353	5.52563	0.18097	0.23097	4.32948
6	1.34010	0.74622	6.80191	0.14702	0.19702	5.07569
7	1.40710	0.71068	8.14201	0.12282	0.17282	5.78637
8	1.47746	0.67684	9.54911	0.10472	0.15472	6.46321
9	1.55133	0.64461	11.02656	0.09069	0.14069	7.10782
10	1.62889	0.61391	12.57789	0.07950	0.12950	7.72173
11	1.71034	0.58468	14.20679	0.07039	0.12039	8.30641
12	1.79586	0.55684	15.91713	0.06283	0.11283	8.86325
13	1.88565	0.53032	17.71298	0.05646	0.10646	9.39357
14	1.97993	0.50507	19.59863	0.05102	0.10102	9.89864
15	2.07893	0.48102	21.57856	0.04634	0.09634	10.37966
16	2.18287	0.45811	23.65749	0.04227	0.09227	10.83777
17	2.29202	0.43630	25.84037	0.03870	0.08870	11.27407
18	2.40662	0.41552	28.13238	0.03555	0.08555	11.68959
19	2.52695	0.39573	30.53900	0.03275	0.08275	12.08532
20	2.65330	0.37689	33.06595	0.03024	0.08024	12.46221
21	2.78596	0.35894	35.71925	0.02800	0.07800	12.82115
22	2.92526	0.34185	38.50521	0.02597	0.07597	13.16300
23	3.07152	0.32557	41.43048	0.02414	0.07414	13.48857

续附表 1

年份	一次支付		等额分付			
	终值系数	现值系数	终值系数	偿债基金系数	资金回收系数	现值系数
24	3.22510	0.31007	44.50200	0.02247	0.07247	13.79864
25	3.38635	0.29530	47.72710	0.02095	0.07095	14.09394
26	3.55567	0.28124	51.11345	0.01956	0.06956	14.37519
27	3.73346	0.26785	54.66913	0.01829	0.06829	14.64303
28	3.92013	0.25509	58.40258	0.01712	0:06712	14.89813
29	4.11614	0.24295	62.32271	0.01605	0.06605	15.14107
30	4.32194	0.23138	66.43885	0.01505	0.06505	15.37245
31	4.53804	0.22036	70.76079	0.01413	0.06413	15.59281
32	4.76494	0.20987	75.29883	0.01328	0.06328	15.80268
33	5.00319	0.19987	80.06377	0.01249	0.06249	16.00255
34	5.25335	0.19035	85.06696	0.01176	0.06176	16.19290
35	5.51602	0.18129	90.32031	0.01107	0.06107	16.37419
36	5.79182	0.17266	95.83632	0.01043	0.06043	16.54685
37	6.8141	0.16444	101.62814	0.00984	0.05984	16.71129
38	6.38548	0.15661	107.70955	0.00928	0.05928	16.86789
39	6.70475	0.14915	114.09502	0.00876	0.05876	17.01704
40	7.03999	0.14205	120.79977	0.00828	0.05828	17.15909
41	7.39199	0.13528	127.83976	0.00782	0.05782	17.29437
42	7.76159	0.12884	135.23175	0.00739	0.05739	17.42321
43	8.14967	0.12270	142.99334	0.00699	0.05699	17.54591
44	8.55715	0.11686	151.14301	0.00662	0.05662	17.66277
45	8.98501	0.11130	159.70016	0.00626	0.05626	17.77407
46	9.43426	0.10600	168.68516	0.00593	0.05593	17.88007
47	9.90597	0.10095	178.11942	0.00561	0.05561	17.98102
48	10.40127	0.09614	188.02539	0.00532	0.05532	18.07716
49	10.92133	0.09156	198.42666	0.00504	0.05504	18.16872
50	11.46740	0.08720	209.34800	0.00478	0.05478	18.25593

附表2　复利系数表(6%)

年份	一次支付		等额分付			
	终值系数	现值系数	终值系数	偿债基金系数	资金回收系数	现值系数
n	$(1+i)^n$	$\dfrac{1}{(1+i)^n}$	$\dfrac{(1+i)^n-1}{i}$	$\dfrac{i}{(1+i)^n-1}$	$\dfrac{i(1+i)^n}{(1+i)^n-1}$	$\dfrac{(1+i)^n-1}{i(1+i)^n}$
	$(F/P,i,n)$	$(P/F,i,n)$	$(F/A,i,n)$	$(A/F,i,n)$	$(A/P,i,n)$	$(P/A,i,n)$
1	1.06000	0.94340	1.00000	1.00000	1.06000	0.94340
2	1.12360	0.89000	2.06000	0.48544	0.54544	1.83339
3	1.19102	0.83962	3.18360	0.31411	0.37411	2.67301
4	1.26248	0.79209	4.37462	0.22859	0.28859	3.46511
5	1.33823	0.74726	5.63709	0.17740	0.23740	4.21236
6	1.41852	0.70496	6.97532	0.14336	0.20336	4.91732
7	1.50363	0.66506	8.39384	0.11914	0.17914	5.58238
8	1.59385	0.62741	9.89747	0.10104	0.16104	6.20979
9	1.68948	0.59190	11.49132	0.08702	0.14702	6.80169
10	1.79085	0.55839	13.18079	0.07587	0.13587	7.36009
11	1.89830	0.52679	14.97164	0.06679	0.12679	7.88687
12	2.01220	0.49697	16.86994	0.05928	0.11928	8.38384
13	2.13293	0.46884	18.88214	0.05296	0.11296	8.85268
14	2.26090	0.44230	21.01507	0.04758	0.10758	9.29498
15	2.39656	0.41727	23.27597	0.04296	0.10296	9.71225
16	2.54035	0.39365	25.67253	0.03895	0.09895	10.10590
17	2.69277	0.37136	28.21288	0.03544	0.09544	10.47726
18	2.85434	0.35034	30.90565	0.03236	0.09236	10.82760
19	3.02560	0.33051	33.75999	0.02962	0.08962	11.15812
20	3.20714	0.31180	36.78559	0.02718	0.08718	11.46992
21	3.39956	0.29416	39.99273	0.02500	0.08500	11.76408
22	3.60354	0.27751	43.39229	0.02305	0.08305	12.04158
23	3.81975	0.26180	46.99583	0.02128	0.08128	12.30338
24	4.40893	0.24698	50.81558	0.01968	0.07968	12.55036
25	4.29187	0.23300	54.86451	0.01823	0.07823	12.78336
26	4.54938	0.21981	59.15638	0.01690	0.07690	13.00317
27	4.82235	0.20737	63.70577	0.01570	0.07570	13.21053
28	5.11169	0.19563	68.52811	0.01459	0.07459	13.40616

续附表2

年份	一次支付		等额分付			
	终值系数	现值系数	终值系数	偿债基金系数	资金回收系数	现值系数
29	5.41839	0.18456	73.63980	0.01358	0.07358	13.59072
30	5.74349	0.17411	79.05819	0.01265	0.07265	13.76483
31	6.08810	0.16425	84.80168	0.01179	0.07179	13.92909
32	6.45339	0.15496	90.88978	0.01100	0.07100	14.08404
33	6.84059	0.14619	97.34316	0.01027	0.07027	14.23023
34	7.25103	0.13791	104.18375	0.00960	0.06960	14.36814
35	7.68609	0.13011	1111.43478	0.00897	0.06897	14.49825
36	8.14725	0.12274	119.12087	0.00839	0.06839	14.62099
37	8.63609	0.11579	127.26812	0.00786	0.06786	14.73678
38	9.15425	0.10924	135.90421	0.00736	0.06736	14.84602
39	9.70351	0.10306	145.05846	0.00689	0.06689	14.94907
40	10.28572	0.09722	154.76197	0.00646	0.06646	15.04630
41	10.90286	0.09172	165.04768	0.00606	0.06606	15.13802
42	11.55703	0.08653	175.95054	0.00568	0.06568	15.22454
43	12.25045	0.08163	187.50758	0.00533	0.06533	15.30617
44	12.98548	0.07701	199.75803	0.00501	0.06501	15.38318
45	13.76461	0.07265	212.74351	0.00470	0.06470	15.45583
46	14.59049	0.06854	226.50812	0.00441	0.06441	15.52437
47	15.46592	0.06466	241.09861	0.00415	0.06415	15.58903
48	16.39387	0.06100	256.56453	0.00390	0.06390	15.65003
49	17.37750	0.05755	272.95840	0.00366	0.06366	15.70757
50	18.42015	0.05429	290.33590	0.00344	0.06344	15.76186

附表3　复利系数表(7%)

年份	一次支付		等额分付			
	终值系数	现值系数	终值系数	偿债基金系数	资金回收系数	现值系数
n	$(1+i)^n$	$\dfrac{1}{(1+i)^n}$	$\dfrac{(1+i)^n-1}{i}$	$\dfrac{i}{(1+i)^n-1}$	$\dfrac{i(1+i)^n}{(1+i)^n-1}$	$\dfrac{(1+i)^n-1}{i(1+i)^n}$
	$(F/P,i,n)$	$(P/F,i,n)$	$(F/A,i,n)$	$(A/F,i,n)$	$(A/P,i,n)$	$(P/A,i,n)$
1	1.07000	0.93458	1.00000	1.00000	1.07000	0.93458
2	1.14490	0.87344	2.07000	0.48309	0.55309	1.80802
3	1.22504	0.81630	3.21490	0.31105	0.38105	2.62432
4	1.31080	0.76290	4.43994	0.22523	0.29523	3.38721
5	1.40255	0.71299	5.75074	0.17389	0.24389	4.10020
6	1.50073	0.66634	7.15329	0.13980	0.20980	4.76654
7	1.60578	0.62275	8.65402	0.11555	0.18555	5.38929
8	1.71819	0.58201	10.25980	0.09747	0.16747	5.97130
9	1.83846	0.54393	11.97799	0.08349	0.15349	6.51523
10	1.96715	0.50835	13.81645	0.07238	0.14238	7.02358
11	2.10485	0.47509	15.78360	0.06336	0.13336	7.49867
12	2.25219	0.44401	17.88845	0.05590	0.12590	7.94269
13	2.40985	0.41496	20.14064	0.04965	0.11965	8.35765
14	2.57853	0.38782	22.55049	0.04434	0.11434	8.74547
15	2.75903	0.36245	25.12902	0.03979	0.10979	9.10791
16	2.95216	0.33873	27.88805	0.03586	0.10586	9.44665
17	3.15882	0.31657	30.84022	0.03243	0.10243	9.76322
18	3.37993	0.29586	33.99903	0.02941	0.09941	10.05909
19	3.61653	0.27651	37.37896	0.02675	0.09675	10.33560
20	3.86968	0.25842	40.99549	0.02439	0.09439	10.59401
21	4.14056	0.24151	44.86518	0.02229	0.09229	10.83553
22	4.43040	0.22571	49.00574	0.02041	0.09041	11.06124
23	4.74053	0.21095	53.43614	0.01871	0.08871	11.27219
24	5.07237	0.19715	58.17667	0.01719	0.08719	11.46933
25	5.42743	0.18425	63.24904	0.01581	0.08581	11.65358
26	5.80735	0.17220	68.67647	0.01456	0.08456	11.82578
27	6.21387	0.16093	74.48382	0.01343	0.08343	11.98671
28	6.64884	0.15040	80.69769	0.01239	0.08239	12.13711

续附3

年份	一次支付		等额分付			
	终值系数	现值系数	终值系数	偿债基金系数	资金回收系数	现值系数
29	7.11426	0.14056	87.34653	0.01145	0.08145	12.27767
30	7.61226	0.13137	94.46079	0.01059	0.08059	12.40904
31	8.14511	0.12277	102.07304	0.00980	0.07980	12.53181
32	8.71527	0.11474	110.21815	0.00907	0.07907	12.64656
33	9.32534	0.10723	118.93343	0.00841	0.07841	12.75379
34	9.97811	0.10022	128.25876	0.00780	0.07780	12.85401
35	10.67658	0.09366	138.23688	0.00723	0.07723	12.94767
36	11.42394	0.08754	148.91346	0.00672	0.07672	13.03521
37	12.22362	0.08181	160.33740	0.00624	0.07624	13.11702
38	13.07927	0.07646	172.56102	0.00580	0.07580	13.19347
39	13.99482	0.07146	185.64029	0.00539	0.07539	13.26493
40	14.97446	0.06678	199.63511	0.00501	0.07501	13.33171
41	16.02267	0.06241	214.60957	0.00466	0.07466	13.39412
42	17.14426	0.05833	230.63224	0.00434	0.07434	13.45245
43	18.34435	0.05451	247.77650	0.00404	0.07404	13.50696
44	19.62846	0.05095	266.12085	0.00376	0.07376	13.55791
45	21.00245	0.04761	285.74931	0.00350	0.07350	13.60552
46	22.47262	0.04450	306.75176	0.00326	0.07326	13.65002
47	24.04571	0.04159	329.22439	0.00304	0.07304	13.69161
48	25.72891	0.03887	353.27009	0.00283	0.07283	13.73047
49	27.52993	0.03632	378.99900	0.00264	0.07264	13.76680
50	29.45703	0.03395	406.52893	0.00246	0.07246	13.80075

附表4 复利系数表(8%)

年份	一次支付		等额分付			
	终值系数	现值系数	终值系数	偿债基金系数	资金回收系数	现值系数
n	$(1+i)^n$	$\dfrac{1}{(1+i)^n}$	$\dfrac{(1+i)^n-1}{i}$	$\dfrac{i}{(1+i)^n-1}$	$\dfrac{i(1+i)^n}{(1+i)^n-1}$	$\dfrac{(1+i)^n-1}{i(1+i)^n}$
	$(F/P,i,n)$	$(P/F,i,n)$	$(F/A,i,n)$	$(A/F,i,n)$	$(A/P,i,n)$	$(P/A,i,n)$
1	1.08000	0.92593	1.00000	1.00000	1.08000	0.92593
2	1.16640	0.85734	2.08000	0.48077	0.56077	1.78326
3	1.25971	0.79383	3.24640	0.30803	0.38803	2.57710
4	1.36049	0.73503	4.50611	0.22192	0.30192	3.31213
5	1.46933	0.68058	5.86660	0.17046	0.25046	3.99271
6	1.58687	0.63017	7.33593	0.13632	0.21632	4.62288
7	1.71382	0.58349	8.92280	0.11207	0.19207	5.20637
8	1.85093	0.54027	10.63663	0.09401	0.17401	5.74664
9	1.99900	0.50025	12.48756	0.08008	0.16008	6.24689
10	2.15892	0.46319	14.48656	0.06903	0.14903	6.71008
11	2.33164	0.42888	16.64549	0.06008	0.14008	7.13896
12	2.51817	0.39711	18.97713	0.05270	0.13270	7.53608
13	2.71962	0.36770	21.49530	0.04652	0.12652	7.90378
14	2.93719	0.34046	24.21492	0.04130	0.12130	8.24424
15	3.17217	0.31524	27.15211	0.03683	0.11683	8.55948
16	3.42594	0.29189	30.32428	0.03298	0.11298	8.85137
17	3.70002	0.27027	33.75023	0.02963	0.10963	9.12164
18	3.99602	0.25025	37.45024	0.02670	0.10670	9.37189
19	4.31570	0.23171	41.44626	0.02413	0.10413	9.60360
20	4.66096	0.21455	45.76196	0.02185	0.10185	9.81815
21	5.03383	0.19866	50.42292	0.01983	0.09983	10.01680
22	5.43654	0.18394	55.45676	0.01803	0.09803	10.20074
23	5.87146	0.17032	60.89330	0.01642	0.09642	10.37106
24	6.34118	0.15770	66.76476	0.01498	0.09498	10.52876
25	6.84848	0.14602	73.10594	0.01368	0.09368	10.67478
26	7.39635	0.13520	79.95442	0.01251	0.09251	10.80998
27	7.98806	0.12519	87.35077	0.01145	0.09145	10.93516
28	8.62711	0.11591	95.33883	0.01049	0.09049	11.05108

续附4

年份	一次支付		等额分付			
	终值系数	现值系数	终值系数	偿债基金系数	资金回收系数	现值系数
29	9.31727	0.10733	103.96594	0.00962	0.08962	11.15841
30	10.06266	0.09938	113.28321	0.00883	0.08883	11.25778
31	10.86767	0.09202	123.34587	0.00811	0.08811	11.34980
32	11.73708	0.08520	134.21354	0.00745	0.08745	11.43500
33	12.67605	0.07889	145.95062	0.00685	0.08685	11.51389
34	13.69013	0.07305	158.62667	0.00630	0.08630	11.58693
35	14.78534	0.06763	172.31680	0.00580	0.08580	11.65457
36	15.96817	0.06262	187.10215	0.00534	0.08534	11.71719
37	17.24563	0.05799	203.07032	0.00492	0.08492	11.77518
38	18.62528	0.05369	220.31595	0.00454	0.08454	11.82887
39	20.11530	0.04971	238.94122	0.00419	0.08419	11.87858
40	21.72452	0.04603	259.05652	0.00386	0.08386	11.92461
41	23.46248	0.04262	280.78104	0.00356	0.08356	11.96723
42	25.33948	0.03946	304.24352	0.00329	0.08329	12.00670
43	27.36664	0.03654	329.58301	0.00303	0.08303	12.04324
44	29.55597	0.03383	356.94965	0.00280	0.08280	12.07707
45	31.92045	0.03133	386.50562	0.00259	0.08259	12.10840
46	34.47409	0.02901	418.42607	0.00239	0.08239	12.13741
47	37.23201	0.02686	452.90015	0.00221	0.08221	12.16427
48	40.21057	0.02487	490.13216	0.00204	0.08204	12.18914
49	43.42742	0.02303	530.34274	0.00189	0.08189	12.21216
50	46.90161	0.02132	573.77016	0.00174	0.08174	12.23348

附表5　复利系数表(10%)

年份	一次支付		等额分付			
	终值系数	现值系数	终值系数	偿债基金系数	资金回收系数	现值系数
n	$(1+i)^n$	$\dfrac{1}{(1+i)^n}$	$\dfrac{(1+i)^n-1}{i}$	$\dfrac{i}{(1+i)^n-1}$	$\dfrac{i(1+i)^n}{(1+i)^n-1}$	$\dfrac{(1+i)^n-1}{i(1+i)^n}$
	$(F/P,i,n)$	$(P/F,i,n)$	$(F/A,i,n)$	$(A/F,i,n)$	$(A/P,i,n)$	$(P/A,i,n)$
1	1.10000	0.90909	1.00000	1.00000	1.10000	0.90909
2	1.21000	0.82645	2.10000	0.47619	0.57619	1.73554
3	1.33100	0.75131	3.31000	0.30211	0.40211	2.48685
4	1.46410	0.68301	4.64100	0.21547	0.31547	3.16987
5	1.61051	0.62092	6.10510	0.16380	0.26380	3.79079
6	1.77156	0.56447	7.71561	0.12961	0.22961	4.35526
7	1.94872	0.51316	9.48717	0.10541	0.20541	4.86842
8	2.14359	0.46651	11.43589	0.08744	0.18744	5.33493
9	2.35795	0.42410	13.57948	0.07364	0.17364	5.75902
10	2.59374	0.38554	15.93742	0.06275	0.16275	6.14457
11	2.85312	0.35049	18.53117	0.05396	0.15396	6.49506
12	3.13843	0.31863	21.38428	0.04676	0.14676	6.81369
13	3.45227	0.28966	24.52271	0.04078	0.14078	7.10336
14	3.79750	0.26333	27.97498	0.03575	0.13575	7.36669
15	4.17725	0.23939	31.77248	0.03147	0.13147	7.60608
16	4.59497	0.21763	35.94973	0.02782	0.12782	7.82371
17	5.05447	0.19784	40.54470	0.02466	0.12466	8.02155
18	5.55992	0.17986	45.59917	0.02193	0.12193	8.20141
19	6.11591	0.16351	51.15909	0.01955	0.11955	8.36492
20	6.72750	0.14864	57.27500	0.01746	0.11746	8.51356
21	7.40025	0.13513	64.00250	0.01562	0.11562	8.64869
22	8.14027	0.12285	71.40275	0.01401	0.11401	8.77154
23	8.95430	0.11168	79.54302	0.01257	0.11257	8.88322
24	9.84973	0.10153	88.49733	0.01130	0.11130	8.98474
25	10.83471	0.09230	98.34706	0.01017	0.11017	9.07704
26	11.91818	0.08391	109.18177	0.00916	0.10916	9.16095
27	13.10999	0.07628	121.09994	0.00826	0.10826	9.23722
28	14.42099	0.06934	134.20994	0.00745	0.10745	9.30657

续附 5

年份	一次支付		等额分付			
	终值系数	现值系数	终值系数	偿债基金系数	资金回收系数	现值系数
29	15.86309	0.06304	148.63093	0.00673	0.10673	9.36961
30	17.44940	0.05731	164.49402	0.00608	0.10608	9.42691
31	19.19434	0.05210	181.94342	0.00550	0.10550	9.47901
32	21.11378	0.04736	201.13777	0.00497	0.10497	9.52638
33	23.22515	0.04306	222.25154	0.00450	0.10450	9.56943
34	25.54767	0.03914	245.47670	0.00407	0.10407	9.60857
35	28.10244	0.03558	271.02437	0.00369	0.10369	9.64416
36	30.91268	0.03235	299.12681	0.00334	0.10334	9.67651
37	34.00395	0.02941	330.03949	0.00303	0.10303	9.70592
38	37.40434	0.2673	364.04343	0.00275	0.10275	9.73265
39	41.14478	0.02430	401.44778	0.00249	0.10249	9.75696
40	45.25926	0.02209	442.59256	0.00226	0.10226	9.77905
41	49.78518	0.02009	487.85181	0.00205	0.10205	9.79914
42	54.75370	0.01826	537.63699	0.00186	0.10186	9.81740
43	60.24007	0.01660	592.40069	0.00169	0.10169	9.83400
44	66.26408	0.01509	652.64076	0.00153	0.10153	9.84909
45	72.89048	0.01372	718.90484	0.00139	0.10139	9.86281
46	80.17953	0.01247	791.79532	0.00126	0.10126	9.87528
47	88.19749	0.01134	871.97485	0.00115	0.10115	9.88662
48	97.01723	0.01031	960.17234	0.00104	0.10104	9.89693
49	106.71896	0.00937	1057.189.57	0.00095	0.10095	9.90630
50	117.39085	0.00852	1163.90853	0.00086	0.10086	9.91481

附表6 复利系数表(12%)

年份	一次支付		等额分付			
	终值系数	现值系数	终值系数	偿债基金系数	资金回收系数	现值系数
n	$(1+i)^n$	$\dfrac{1}{(1+i)^n}$	$\dfrac{(1+i)^n-1}{i}$	$\dfrac{i}{(1+i)^n-1}$	$\dfrac{i(1+i)^n}{(1+i)^n-1}$	$\dfrac{(1+i)^n-1}{i(1+i)^n}$
	$(F/P,i,n)$	$(P/F,i,n)$	$(F/A,i,n)$	$(A/F,i,n)$	$(A/P,i,n)$	$(P/A,i,n)$
1	1.12000	0.89286	1.00000	1.00000	1.12000	0.89286
2	1.25440	0.79719	2.12000	0.47170	0.59170	1.69005
3	1.40493	0.71178	3.37440	0.29635	0.41635	2.40183
4	1.57352	0.63552	4.77933	0.20923	0.32923	3.03735
5	1.76234	0.56743	6.35285	0.15741	0.27741	3.60478
6	1.97382	0.50663	8.11519	0.12323	0.24323	4.11141
7	2.21068	0.45235	10.08901	0.09912	0.21912	4.56376
8	2.47596	0.40388	12.29969	0.08130	0.20130	4.96764
9	2.77308	0.36061	14.77566	0.06768	0.18768	5.32825
10	3.10585	0.32197	17.54874	0.05698	0.17698	5.65022
11	3.47855	0.28748	20.65458	0.04842	0.16842	5.93770
12	3.89598	0.25668	24.13313	0.04144	0.16144	6.19437
13	4.36349	0.22917	28.02811	0.03568	0.15568	6.42355
14	4.88711	0.20462	32.39260	0.03087	0.15087	6.62817
15	5.47357	0.18270	37.27971	0.02682	0.14682	6.81086
16	6.13039	0.16312	42.75328	0.02339	0.14339	6.97399
17	6.86604	0.14564	48.88367	0.02046	0.14046	7.11963
18	7.68997	0.13004	55.74971	0.01794	0.13794	7.24967
19	8.61276	0.11611	63.43968	0.01576	0.13576	7.36578
20	9.64629	0.10367	72.05244	0.01388	0.13388	7.46944
21	10.80385	0.09256	81.69874	0.01224	0.13224	7.56200
22	12.10031	0.08264	92.50258	0.01081	0.13081	7.64465
23	13.55235	0.07379	104.60289	0.00956	0.12956	7.71843
24	15.17863	0.06588	118.15524	0.00846	0.12846	7.78432
25	17.00006	0.05882	133.33387	0.00750	0.12750	7.84314
26	19.04007	0.05252	150.33393	0.00665	0.12665	7.89566
27	21.32488	0.04689	169.37401	0.00590	0.12590	7.94255
28	23.88387	0.04187	190.69889	0.00524	0.12524	7.98442

续附6

年份	一次支付		等额分付			
	终值系数	现值系数	终值系数	偿债基金系数	资金回收系数	现值系数
29	26.74993	0.03738	214.58275	0.00466	0.12466	8.02181
30	29.95992	0.03338	241.33268	0.00414	0.12414	8.05518
31	33.55511	0.02980	271.29261	0.00369	0.12369	8.08499
32	37.58173	0.02661	304.84772	0.00328	0.12328	8.11159
33	42.09153	0.02376	342.42945	0.00292	0.12292	8.13535
34	47.14252	0.02121	384.52098	0.00260	0.12260	8.15656
35	52.79962	0.01894	431.66350	0.00232	0.12232	8.17550
36	59.13557	0.01691	484.46312	0.00206	0.12206	8.19241
37	66.23184	0.01510	543.59869	0.00184	0.12184	8.20751
38	74.17966	0.01348	609.83053	0.00164	0.12164	8.22099
39	83.08122	0.01204	684.01020	0.00146	0.12146	8.23303
40	93.05097	0.01075	767.09142	0.00130	0.12130	8.24378
41	104.21709	0.00960	860.14239	0.00116	0.12116	8.25337
42	116.72314	0.00857	964.35948	0.00104	0.12104	8.26194
43	130.72991	0.00765	1081.08262	0.00092	0.12092	8.26959
44	146.41750	0.00683	1211.81253	0.00083	0.12083	8.27642
45	163.98760	0.00610	1358.23003	0.00074	0.12074	8.28250
46	183.66612	0.00544	1522.21764	0.00066	0.12066	8.28796
47	205.70605	0.00486	1705.88375	0.00059	0.12059	8.29282
48	230.39078	0.00434	1911.58980	0.00052	0.12052	8.29716
49	258.03767	0.00388	2141.98058	0.00047	0.12047	8.30104
50	289.00219	0.00346	2400.01825	0.00042	0.12042	8.30450

附表7　复利系数表(15%)

年份	一次支付		等额分付			
	终值系数	现值系数	终值系数	偿债基金系数	资金回收系数	现值系数
n	$(1+i)^n$	$\dfrac{1}{(1+i)^n}$	$\dfrac{(1+i)^n-1}{i}$	$\dfrac{i}{(1+i)^n-1}$	$\dfrac{i(1+i)^n}{(1+i)^n-1}$	$\dfrac{(1+i)^n-1}{i(1+i)^n}$
	$(F/P,i,n)$	$(P/F,i,n)$	$(F/A,i,n)$	$(A/F,i,n)$	$(A/P,i,n)$	$(P/A,i,n)$
1	1.15000	0.86957	1.00000	1.00000	1.15000	0.86957
2	1.32250	0.75614	2.15000	0.46512	0.61512	1.62571
3	1.52088	0.65752	3.47250	0.28798	0.43798	2.28323
4	1.74901	0.57175	4.99338	0.20027	0.35027	2.85498
5	2.01136	0.49718	6.74238	0.14832	0.29832	3.35216
6	2.31306	0.43233	8.75374	0.11424	0.26424	3.78448
7	2.66002	0.37594	11.06680	0.09036	0.24036	4.16042
8	3.05902	0.32690	13.72682	0.07285	0.22285	4.48732
9	3.51788	0.28426	16.78584	0.05957	0.20957	4.77158
10	4.04556	0.24718	20.30372	0.04925	0.19925	5.01877
11	4.65239	0.21494	24.34928	0.04107	0.19107	5.23371
12	5.35025	0.18691	29.00167	0.03448	0.18448	5.42062
13	6.15279	0.16253	34.35192	0.02911	0.17911	5.58315
14	7.07571	0.14133	40.50471	0.02469	0.17469	5.72448
15	8.13706	0.12289	47.58041	0.02102	0.17102	5.84737
16	9.35762	0.10686	55.71747	0.01795	0.16795	5.95423
17	10.76126	0.09293	65.07509	0.01537	0.16537	6.04716
18	12.37545	0.08081	75.83636	0.01319	0.16319	6.12797
19	14.23177	0.07027	88.21181	0.01134	0.16134	6.19823
20	16.36654	0.06110	102.44358	0.00976	0.15976	6.25933
21	18.82152	0.05313	118.81012	0.00842	0.15842	6.31246
22	21.64475	0.04620	137.63164	0.00727	0.15727	6.35866
23	24.89146	0.04017	159.27638	0.00628	0.15628	6.39884
24	28.62518	0.03493	184.16784	0.00543	0.15543	6.43377
25	32.91895	0.03038	212.79302	0.00470	0.15470	6.46415
26	37.85680	0.02642	245.71197	0.00407	0.15407	6.49056
27	43.53531	0.02297	283.56877	0.00353	0.15353	6.51353
28	50.06561	0.01997	327.10408	0.00306	0.15306	6.53351

续附 7

年份	一次支付		等额分付			
	终值系数	现值系数	终值系数	偿债基金系数	资金回收系数	现值系数
29	57.57545	0.01737	377.16969	0.00265	0.15265	6.55088
30	66.21177	0.01510	434.74515	0.00230	0.15230	6.56598
31	76.14354	0.01313	500.95692	0.00200	0.15200	6.57911
32	87.56507	0.01142	577.10046	0.00173	0.15173	6.59053
33	100.69983	0.00993	664.66552	0.00150	0.15150	6.60046
34	115.80480	0.00864	765.36535	0.00131	0.15131	6.60910
35	133.17552	0.00751	881.17016	0.00113	0.15113	6.61661
36	153.15185	0.00653	1014.34568	0.00099	0.15099	6.62314
37	176.12463	0.00568	1167.49753	0.00086	0.15086	6.62881
38	202.54332	0.00494	1343.62216	0.00074	0.15074	6.63375
39	232.92482	0.00429	1546.16549	0.00065	0.15065	6.63805
40	267.86355	0.00373	1779.09031	0.00056	0.15056	6.64178
41	308.04308	0.00325	2046.95385	0.00049	0.15049	6.64502
42	354.24954	0.00282	2354.99693	0.00042	0.15042	6.64785
43	407.38697	0.00245	2709.24647	0.00037	0.15037	6.65030
44	468.49502	0.00213	3116.63344	0.00032	0.15032	6.65244
45	538.76927	0.00186	3585.12846	0.00028	0.15028	6.65429
46	619.58466	0.00161	4123.89773	0.00024	0.15024	6.65591
47	712.52236	0.00140	4743.48239	0.00021	0.15021	6.65731
48	819.40071	0.00122	5456.00475	0.00018	0.15018	6.65853
49	942.31082	0.00106	6275.40546	0.00016	0.15016	6.65959
50	1083.65744	0.00092	7217.71628	0.00014	0.15014	6.66051

附表 8　复利系数表（20%）

年份	一次支付		等额分付			
	终值系数	现值系数	终值系数	偿债基金系数	资金回收系数	现值系数
n	$(1+i)^n$	$\dfrac{1}{(1+i)^n}$	$\dfrac{(1+i)^n-1}{i}$	$\dfrac{i}{(1+i)^n-1}$	$\dfrac{i(1+i)^n}{(1+i)^n-1}$	$\dfrac{(1+i)^n-1}{i(1+i)^n}$
	$(F/P,i,n)$	$(P/F,i,n)$	$(F/A,i,n)$	$(A/F,i,n)$	$(A/P,i,n)$	$(P/A,i,n)$
1	1.20000	0.83333	1.00000	1.00000	1.20000	0.83333
2	1.44000	0.69444	2.20000	0.45455	0.65455	1.52778
3	1.72800	0.57870	3.64000	0.27473	0.47473	2.10648
4	2.07360	0.48225	5.36800	0.18629	0.38629	2.58873
5	2.48832	0.40188	7.44160	0.13438	0.33438	2.99061
6	2.98598	0.33490	9.92992	0.10071	0.30071	3.32551
7	3.58318	0.27908	12.91590	0.07742	0.27742	3.60459
8	4.29982	0.23257	16.49908	0.06061	0.26061	3.83716
9	5.15978	0.19381	20.79890	0.04808	0.24808	4.03097
10	6.19174	0.16151	25.95868	0.03852	0.23852	4.19247
11	7.43008	0.13459	32.15042	0.03110	0.23110	4.32706
12	8.91610	0.11216	39.58050	0.02526	0.22526	4.43922
13	10.69932	0.09346	48.49660	0.02062	0.22062	4.53268
14	12.83918	0.07789	59.19592	0.01689	0.21689	4.61057
15	15.40702	0.06491	72.03511	0.01388	0.21388	4.67547
16	18.48843	0.05409	87.44213	0.01144	0.21144	4.72956
17	22.18611	0.04507	105.93056	0.00944	0.20944	4.77463
18	26.62333	0.03756	128.11667	0.00781	0.20781	4.81219
19	31.94800	0.03130	154.74000	0.00646	0.20646	4.84350
20	38.33760	0.02608	186.68800	0.00536	0.20536	4.86958
21	46.00512	0.02174	225.02560	0.00444	0.20444	4.89132
22	55.20614	0.01811	271.03072	0.00369	0.20369	4.90943
23	66.24737	0.01509	326.23686	0.0307	0.20307	4.92453
24	79.49685	0.01258	392.48424	0.00255	0.20255	4.93710
25	95.39622	0.01048	471.98108	0.00212	0.20212	4.94759
26	114.47546	0.00874	567.37730	0.00176	0.20176	4.95632
27	137.37055	0.00728	681.85276	0.00147	0.20147	4.96360
28	164.84466	0.00607	819.22331	0.00122	0.20122	4.96967

续附 8

年份	一次支付		等额分付			
	终值系数	现值系数	终值系数	偿债基金系数	资金回收系数	现值系数
29	197.81359	0.00506	984.06797	0.00102	0.20102	4.97472
30	237.37631	0.00421	1181.88157	0.00085	0.20085	4.97894
31	284.85158	0.00351	1419.25788	0.00070	0.20070	4.98245
32	341.82189	0.00293	1704.10946	0.00059	0.20059	4.98537
33	410.18627	0.00244	2045.93135	0.00049	0.20049	4.98781
34	492.22352	0.00203	2456.11762	0.00041	0.20041	4.98984
35	590.66823	0.00169	2948.34115	0.00034	0.20034	4.99154
36	708.80187	0.00141	3539.00937	0.00028	0.20028	4.99295
37	850.56225	0.00118	4247.81125	0.00024	0.20024	4.99412
38	1020.67470	0.00098	5098.37350	0.00020	0.20020	4.99510
39	1224.80964	0.00082	6119.04820	0.00016	0.20016	4.99592
40	1469.77157	0.00068	7343.85784	0.00014	0.20014	4.99660
41	1763.72588	0.00057	8813.62941	0.00011	0.20011	4.99717
42	2116.47106	0.00047	10577.35529	0.00009	0.20009	4.99764
43	2539.76527	0.00039	12693.82635	0.00008	0.20008	4.99803
44	3047.71832	0.00033	15233.59162	0.00007	0.20007	4.99836
45	3657.26199	0.00027	18281.30994	0.00005	0.20005	4.99863
46	4388.71439	0.00023	21938.57193	0.00005	0.20005	4.99886
47	5266.45726	0.00019	26327.28631	0.00004	0.20004	4.99905
48	6319.74872	0.00016	31593.74358	0.00003	0.20003	4.99921
49	7583.69846	0.00013	37913.49229	0.00003	0.20003	4.99934
50	9100.43815	0.00011	45497.19075	0.00002	0.20002	4.99945

附表9 复利系数表(25%)

年份	一次支付		等额分付			
	终值系数	现值系数	终值系数	偿债基金系数	资金回收系数	现值系数
n	$(1+i)^n$	$\dfrac{1}{(1+i)^n}$	$\dfrac{(1+i)^n-1}{i}$	$\dfrac{i}{(1+i)^n-1}$	$\dfrac{i(1+i)^n}{(1+i)^n-1}$	$\dfrac{(1+i)^n-1}{i(1+i)^n}$
	$(F/P,i,n)$	$(P/F,i,n)$	$(F/A,i,n)$	$(A/F,i,n)$	$(A/P,i,n)$	$(P/A,i,n)$
1	1.25000	0.80000	1.00000	1.00000	1.25000	0.80000
2	1.56250	0.64000	2.25000	0.44444	0.69444	1.44000
3	1.95313	0.51200	3.81250	0.26230	0.51230	1.95200
4	2.44141	0.40960	5.76563	0.17344	0.42344	2.36160
5	3.05176	0.32768	8.20703	0.12185	0.37185	2.68928
6	3.81470	0.26214	11.25879	0.08882	0.33882	2.95142
7	4.76837	0.20972	15.07349	0.06634	0.31634	3.16114
8	5.96046	0.16777	19.84186	0.05040	0.30040	3.32891
9	7.45058	0.13422	25.80232	0.03876	0.28876	3.46313
10	9.31323	0.10737	33.25290	0.03007	0.28007	3.57050
11	11.64153	0.08590	42.56613	0.02349	0.27349	3.65640
12	14.55192	0.06872	54.20766	0.01845	0.26845	3.72512
13	18.18989	0.05498	68.75958	0.01454	0.26454	3.78010
14	22.73737	0.04398	86.94947	0.01150	0.26150	3.82408
15	28.42171	0.03518	109.68684	0.00912	0.25912	3.85926
16	35.52714	0.02815	138.10855	0.00724	0.25724	3.88741
17	44.40892	0.02252	173.63568	0.00576	0.25576	3.90993
18	55.51115	0.01801	218.04460	0.00459	0.25459	3.92794
19	69.38894	0.01441	273.55576	0.00366	0.25366	3.94235
20	86.73617	0.01153	342.94470	0.00292	0.25292	3.95388
21	108.42022	0.00922	429.68087	0.00233	0.25233	3.96311
22	135.52527	0.00738	538.10109	0.00186	0.25186	3.97049
23	169.40659	0.00590	673.62636	0.00148	0.25148	3.97639
24	211.75824	0.00472	843.03295	0.00119	0.25119	3.98111
25	264.69780	0.00378	1054.79118	0.00095	0.25095	3.98489
26	330.87225	0.00302	1319.48898	0.00076	0.25076	3.98791
27	413.59031	0.00242	1650.36123	0.00061	0.25061	3.99033
28	516.98788	0.00193	2063.95153	0.00048	0.25048	3.99226

续附 9

年份	一次支付		等额分付			
	终值系数	现值系数	终值系数	偿债基金系数	资金回收系数	现值系数
29	646.23485	0.00155	2580.93941	0.00039	0.25039	3.99381
30	807.79357	0.00124	3227.17427	0.00031	0.25031	3.99505
31	1009.74196	0.00099	4034.96783	0.00025	0.25025	3.99604
32	1262.17745	0.00079	5044.70979	0.00020	0.25020	3.99683
33	1577.72181	0.00063	6306.88724	0.00016	0.25016	3.99746
34	1972.15226	0.00051	7884.60905	0.00013	0.25013	3.99797
35	2465.19033	0.00041	9856.76132	0.00010	0.25010	3.99838
36	3081.48791	0.00032	12321.95164	0.00008	0.25008	3.99870
37	3851.85989	0.00026	15403.43956	0.00006	0.25006	3.99896
38	4814.82486	0.00021	19255.29944	0.00005	0.25005	3.99917
39	6018.53108	0.00017	24070.12430	0.00004	0.25004	3.99934
40	7523.16385	0.00013	30088.65538	0.00003	0.25003	3.99947
41	9403.95481	0.00011	37611.81923	0.00003	0.25003	3.99957
42	11754.94351	0.00009	47025.77403	0.00002	0.25002	3.99966
43	14693.67939	0.00007	58770.71754	0.00002	0.25002	3.99973
44	18367.09923	0.00005	73464.39693	0.00001	0.25001	3.99978
45	22958.87404	0.00004	91831.49616	0.00001	0.25001	3.99983
46	28698.59255	0.00003	114790.37020	0.00001	0.25001	3.99986
47	35873.24069	0.00003	143488.96275	0.00001	0.25001	3.99989
48	44841.55086	0.00002	179362.20343	0.00001	0.25001	3.99991
49	56051.93857	0.00002	224203.75429	0.00000	0.25000	3.99993
50	70064.92322	0.00001	280255.69286	0.00000	0.25000	3.99994

附表10　复利系数表(30%)

年份	一次支付		等额分付			
	终值系数	现值系数	终值系数	偿债基金系数	资金回收系数	现值系数
n	$(1+i)^n$	$\dfrac{1}{(1+i)^n}$	$\dfrac{(1+i)^n-1}{i}$	$\dfrac{i}{(1+i)^n-1}$	$\dfrac{i(1+i)^n}{(1+i)^n-1}$	$\dfrac{(1+i)^n-1}{i(1+i)^n}$
	$(F/P,i,n)$	$(P/F,i,n)$	$(F/A,i,n)$	$(A/F,i,n)$	$(A/P,i,n)$	$(P/A,i,n)$
1	1.30000	0.76923	1.00000	1.00000	1.30000	0.76923
2	1.69000	0.59172	2.30000	0.43478	0.73478	1.36095
3	2.19700	0.45517	3.99000	0.25063	0.55063	1.81611
4	2.85610	0.35013	6.18700	0.16163	0.46163	2.16624
5	3.71293	0.26933	9.04310	0.11058	0.41058	2.43557
6	4.82681	0.20718	12.75603	0.07839	0.37839	2.64275
7	6.27485	0.15937	17.58284	0.05687	0.35687	2.80211
8	8.15731	0.12259	23.85769	0.04192	0.34192	2.92470
9	10.60450	0.09430	32.01500	0.03124	0.33124	3.01900
10	13.78585	0.07254	42.61950	0.02346	0.32346	3.09154
11	17.92160	0.05580	56.40535	0.01773	0.31773	3.14734
12	23.29809	0.04292	74.32695	0.01345	0.31345	3.19026
13	30.28751	0.03302	97.62504	0.01024	0.31024	3.22328
14	39.37376	0.02540	127.91255	0.00782	0.30782	3.24867
15	51.18589	0.01954	167.28631	0.00598	0.30598	3.26821
16	66.54166	0.01503	218.47220	0.00458	0.30458	3.28324
17	86.50416	0.01156	285.01386	0.00351	0.30351	3.29480
18	112.45541	0.00889	371.51802	0.00269	0.30269	3.30369
19	146.19203	0.00684	483.97343	0.00207	0.30207	3.31053
20	190.04964	0.00526	630.16546	0.00159	0.30159	3.31579
21	247.06453	0.00405	820.21510	0.00122	0.30122	3.31984
22	321.18389	0.00311	1067.27963	0.00094	0.30094	3.32296
23	417.53905	0.00239	1388.46351	0.00072	0.30072	3.32535
24	542.80077	0.00184	1806.00257	0.00055	0.30055	3.32719
25	705.64100	0.00142	2348.80334	0.00043	0.30043	3.32861
26	917.33330	0.00109	3054.44434	0.00033	0.30033	3.32970
27	1192.53329	0.00084	3971.77764	0.00025	0.30025	3.33054
28	1550.29328	0.00065	5164.31093	0.00019	0.30019	3.33118

续附 10

年份	一次支付		等额分付			
	终值系数	现值系数	终值系数	偿债基金系数	资金回收系数	现值系数
29	2015.38126	0.00050	6714.60421	0.00015	0.30015	3.33168
30	2619.99564	0.00038	8729.98548	0.00011	0.30011	3.33206
31	3405.99434	0.00029	11349.98112	0.00009	0.30009	3.33235
32	4427.79264	0.00023	14755.97546	0.00007	0.30007	3.33258
33	5756.13043	0.00017	19183.76810	0.00005	0.30005	3.33275
34	7482.96956	0.00013	24939.89853	0.00004	0.30004	3.33289
35	9727.86043	0.00010	32422.86808	0.00003	0.30003	3.33299
36	12646.21855	0.00008	42150.72851	0.00002	0.30002	3.33307
37	16440.08412	0.00006	54796.94706	0.00002	0.30002	3.33313
38	21372.10935	0.00005	71237.03118	0.00001	0.30001	3.33318
39	27783.74216	0.00004	92609.14053	0.00001	0.30001	3.33321
40	36118.86481	0.00003	120392.88269	0.00001	0.30001	3.33324
41	46954.52425	0.00002	156511.74750	0.00001	0.30001	3.33326
42	61040.88153	0.00002	203466.27175	0.00000	0.30000	3.33328
43	79353.14598	0.00001	264507.15328	0.00000	0.30000	3.33329
44	103159.08978	0.00001	343860.29926	0.00000	0.30000	3.33330
45	134106.81671	0.00001	447019.38904	0.00000	0.30000	3.33331
46	174338.86173	0.00001	581126.20576	0.00000	0.30000	3.33331
47	226640.52025	0.00000	755465.06748	0.00000	0.30000	3.33332
48	294632.67632	0.00000	982105.58773	0.00000	0.30000	3.33332
49	383022.47921	0.00000	1276738.26405	0.00000	0.30000	3.33332
50	497929.22298	0.00000	1659760.74326	0.00000	0.30000	3.33333

附表 11　复利系数表(35%)

年份	一次支付		等额分付			
	终值系数	现值系数	终值系数	偿债基金系数	资金回收系数	现值系数
n	$(1+i)^n$	$\dfrac{1}{(1+i)^n}$	$\dfrac{(1+i)^n-1}{i}$	$\dfrac{i}{(1+i)^n-1}$	$\dfrac{i(1+i)^n}{(1+i)^n-1}$	$\dfrac{(1+i)^n-1}{i(1+i)^n}$
	$(F/P,i,n)$	$(P/F,i,n)$	$(F/A,i,n)$	$(A/F,i,n)$	$(A/P,i,n)$	$(P/A,i,n)$
1	1.35000	0.74074	1.00000	1.00000	1.35000	0.74074
2	1.82250	0.54870	2.35000	0.42553	0.77553	1.28944
3	2.46038	0.40644	4.17250	0.23966	0.58966	1.69588
4	3.32151	0.30107	6.63288	0.15076	0.50076	1.99695
5	4.48403	0.22301	9.95438	0.10046	0.45046	2.21996
6	6.05345	0.16520	14.43841	0.06926	0.41926	2.38516
7	8.17215	0.12237	20.49186	0.04880	0.39880	2.50752
8	11.03240	0.09064	28.66401	0.03489	0.38489	2.59817
9	14.89375	0.06714	39.69641	0.02519	0.37519	2.66531
10	20.10656	0.04974	54.59016	0.01832	0.36832	2.71504
11	27.14385	0.03684	74.69672	0.01339	0.36339	2.75188
12	36.64420	0.02729	101.84057	0.00982	0.35982	2.77917
13	49.46967	0.02021	138.48476	0.00722	0.35722	2.79939
14	66.78405	0.01497	187.95443	0.00532	0.35532	2.81436
15	90.15847	0.01109	254.73848	0.00393	0.35393	2.82545
16	121.71393	0.00822	344.89695	0.00290	0.35290	2.83367
17	164.31381	0.00609	466.610.88	0.00214	0.35214	2.83975
18	221.82364	0.00451	630.92469	0.00158	0.35158	2.84426
19	299.46192	0.00334	852.74834	0.00117	0.35117	2.84760
20	404.27359	0.00247	1152.21025	0.00087	0.35087	2.85008
21	545.76935	0.00183	1556.48384	0.00064	0.35064	2.85191
22	736.78862	0.00136	2102.25319	0.00048	0.35048	2.85327
23	994.66463	0.00101	2839.04180	0.00035	0.35035	2.85427
24	1342.79725	0.00074	3833.70643	0.00026	0.35026	2.85502
25	1812.77629	0.00055	5176.50369	0.00019	0.35019	2.85557
26	2447.24799	0.00041	6989.27998	0.00014	0.35014	2.85598
27	3303.78479	0.00030	9436.52797	0.00011	0.35011	2.85638
28	4460.10947	0.00022	12740.31276	0.00008	0.35008	2.85650

续附 11

年份	一次支付		等额分付			
	终值系数	现值系数	终值系数	偿债基金系数	资金回收系数	现值系数
29	6021.14778	0.00017	17200.42223	0.00006	0.35006	2.85667
30	8128.54950	0.00012	23221.57000	0.00004	0.35004	2.85679
31	10973.54183	0.00009	31350.11951	0.00003	0.35003	2.85688
32	14814.28147	0.00007	42323.66133	0.00002	0.35002	2.85695
33	19999.27998	0.00005	57137.94280	0.00002	0.35002	2.85700
34	26999.02797	0.00004	77137.22278	0.00001	0.35001	2.85704
35	36448.68776	0.00003	104136.25075	0.00001	0.35001	2.85706
36	49205.72848	0.00002	140584.93851	0.00001	0.35001	2.85708
37	66427.73348	0.00002	189790.66699	0.00001	0.35001	2.85710
38	89677.44015	0.00001	256218.40044	0.00000	0.35000	2.85711
39	121064.54421	0.00001	345895.84059	0.00000	0.35000	2.85712
40	163437.13468	0.00001	466960.38480	0.00000	0.35000	2.85713
41	220640.13182	0.00000	630397.51948	0.00000	0.35000	2.85713
42	297864.17795	0.00000	851037.65130	0.00000	0.35000	2.85713
43	402116.64024	0.00000	1148901.82925	0.00000	0.35000	2.85714
44	542857.46432	0.00000	1551018.46949	0.00000	0.35000	2.85714
45	732857.57684	0.00000	2093875.93382	0.00000	0.35000	2.85714
46	989357.72873	0.00000	2826733.51065	0.00000	0.35000	2.85714
47	1335632.93378	0.00000	3816091.23938	0.00000	0.35000	2.85714
48	1803104.46061	0.00000	5151724.17316	0.00000	0.35000	2.85714
49	2434191.02182	0.00000	6954828.63377	0.00000	0.35000	2.85714
50	3286157.87946	0.00000	9389019.65559	0.00000	0.35000	2.85714

附表 12　复利系数表(40%)

年份	一次支付		等额分付			
	终值系数	现值系数	终值系数	偿债基金系数	资金回收系数	现值系数
n	$(1+i)^n$	$\dfrac{1}{(1+i)^n}$	$\dfrac{(1+i)^n-1}{i}$	$\dfrac{i}{(1+i)^n-1}$	$\dfrac{i(1+i)^n}{(1+i)^n-1}$	$\dfrac{(1+i)^n-1}{i(1+i)^n}$
	$(F/P,i,n)$	$(P/F,i,n)$	$(F/A,i,n)$	$(A/F,i,n)$	$(A/P,i,n)$	$(P/A,i,n)$
1	1.40000	0.71429	1.00000	1.00000	1.40000	0.71429
2	1.96000	0.51020	2.40000	0.41667	0.81667	1.22449
3	2.74400	0.36443	4.36000	0.22936	0.62936	1.58892
4	3.84160	0.26031	7.10400	0.14077	0.54077	1.84923
5	5.37824	0.18593	10.94560	0.09136	0.49136	2.03516
6	7.52954	0.13281	16.32384	0.06126	0.46126	2.16797
7	10.54135	0.09486	23.85338	0.04192	0.44192	2.26284
8	14.75789	0.06776	34.39473	0.02907	0.42907	2.33060
9	20.66105	0.4840	49.15262	0.02034	0.42034	2.37900
10	28.92547	0.03457	69.81366	0.01432	0.41432	2.41367
11	40.49565	0.02469	98.73913	0.01013	0.41013	2.43826
12	56.69391	0.01764	139.23479	0.00718	0.40718	2.45590
13	79.37148	0.01260	195.92869	0.00510	0.40510	2.46850
14	111.12007	0.00900	275.30017	0.00363	0.40363	2.47750
15	155.56810	0.00643	386.42024	0.00259	0.40269	2.48393
16	217.79533	0.00459	541.98833	0.00185	0.40185	2.48852
17	304.91347	0.00328	759378367	0.00132	0.40132	2.49180
18	426.87885	0.00234	1064.69714	0.00094	0.40094	2.48414
19	597.63040	0.00167	1491.57599	0.00067	0.40067	2.49582
20	836.68255	0.00120	2089.20639	0.00048	0.40048	2.49701
21	1171.35558	0.00085	2925.88894	0.00034	0.40034	2.49787
22	1639.89781	0.00061	4097.24452	0.00024	0.40024	2.49848
23	2295.85693	0.00044	5737.14232	0.00017	0.40017	2.49891
24	3214.19970	0.00031	8032.99925	0.00012	0.40012	2.49922
25	4499.87958	0.00022	11247.19895	0.00009	0.40009	2.49944
26	6.299.83141	0.00016	15747.07853	0.00006	0.40006	2.49960
27	8819.76398	0.00011	22046.90994	0.00005	0.40005	2.49972
28	12347.66957	0.00008	30866.67392	0.00003	0.40003	2.49980

续附 12

年份	一次支付		等额分付			
	终值系数	现值系数	终值系数	偿债基金系数	资金回收系数	现值系数
29	17286.73740	0.00006	43214.34349	0.00002	0.40002	2.49986
30	24201.43236	0.00004	60501.08089	0.00002	0.40002	2.49990
31	33882.00530	0.00003	84702.51324	0.00001	0.40001	2.49993
32	47434.80742	0.00002	118584.51854	0.00001	0.40001	2.49995
33	66408.73038	0.00002	166019.32596	0.00001	0.40001	2.49996
34	92972.22254	0.00001	232428.05634	0.00000	0.40000	2.49997
35	130161.11155	0.00001	325400.27888	0.00000	0.40000	2.49998
36	182225.55617	0.00001	455561.39043	0.00000	0.40000	2.49999
37	255115.77864	0.00000	637786.94660	0.00000	0.40000	2.49999
38	357162.09010	0.00000	892902.72524	0.00000	0.40000	2.49999
39	500026.92614	0.00000	1250064.81534	0.00000	0.40000	2.50000
40	700037.69659	0.00000	1750091.74148	0.00000	0.40000	2.50000
41	980052.77523	0.00000	2450129.43807	0.00000	0.40000	2.50000
42	1372073.88532	0.00000	3430182.21330	0.00000	0.40000	2.50000
43	1920903.43945	0.00000	4802256.09861	0.00000	0.40000	2.50000
44	2689264.81522	0.00000	6723159.53806	0.00000	0.40000	2.50000
45	3764970.74131	0.00000	9412424.35328	0.00000	0.40000	2.50000
46	5270959.03784	0.00000	13177395.09460	0.00000	0.40000	2.50000
47	7379342.65298	0.00000	18448354.13244	0.00000	0.40000	2.50000
48	10331079.71417	0.00000	25827696.78541	0.00000	0.40000	2.50000
49	14463511.59983	0.00000	36158776.49958	0.00000	0.40000	2.50000
50	20248916.23976	0.00000	50622288.09941	0.00000	0.40000	2.50000

参考文献

[1] 吴添祖. 技术经济学概念. 第 2 版. 北京：高等教育出版社, 2004

[2] 吴添祖主编. 技术经济学概论. 第 3 版. 北京：高等教育出版社, 2010

[3] 王凤科主编. 技术经济学. 南京：南京大学出版社, 2009

[4] 郎宏文, 王悦, 郝红军主编. 技术经济学. 北京：科学出版社, 2009

[5] 胡茂生等编著. 技术经济分析理论与方法. 北京：冶金工业出版社, 2009

[6] 王柏轩主编. 技术经济学. 上海：复旦大学出版社, 2007

[7] 李祥仪, 李仲学主编. 矿业经济学. 北京：冶金工业出版社, 2001

[8] 付家骥主编. 工业技术经济学(第三版). 北京：清华大学出版社, 1996

[9] 赵彬, 武育秦主编. 建筑工程经济与管理(第二版). 武汉：武汉理工大学出版社, 2002

[10] 钱·S·帕克(Chan S. Park) 著. 工程经济学原理(双语教学丛书) Fundamentals of Engineering. Economics. 北京：中国人民大学出版社, 2004

[11] 高百宁, 王凤科, 郭新宝. 技术经济学——方法、技术与应用. 北京：北京理工大学出版社, 2006

[12] 杨青, 胡艳, 喻金田. 技术经济学. 武汉：武汉理工大学出版社, 2003

[13] 陆参. 工程项目可行性研究指南. 北京：中国电力出版社, 2006

[14] 国家发展和改革委员会, 建设部. 建设项目经济评价方法与参数(第三版). 北京：中国计划出版社, 2006

[15] 付家骥, 雷家骕, 程源编著. 技术经济学前沿问题. 北京：经济科学出版社, 2003

[16] 付家骥主编. 技术创新学. 北京：清华大学出版社, 1998

[17] 王伟光主编. 中国公约行业技术创新实证研究. 北京：中国社会科学出版社, 2003

[18] 万君康著. 技术经济求索. 武汉：武汉理工大学出版社, 2008

[19] 许焕兴编著. 工程造价. 大连：东北财经大学出版社, 2003

[20] 技术经济学编写组. 技术经济学原理与务实. 北京：机械工业出版社, 2007

[21] 田恒久主编. 工程经济(第二版). 武汉：武汉理工大学出版社, 2008

[22] 徐大图主编. 工程造价的确定与控制. 北京：中国计划出版社, 1997

[23] 尹贻林主编. 工程造价和管理相关知识. 北京：中国计划出版社, 1997

[24] 孙裕君等编著. 现代项目管理学. 北京：科学出版社, 2005

[25] 王维才等编著. 投资项目可行性分析与项目管理. 北京：冶金工业出版社, 2004

[26] 彭嘉陵, 刘广军. 安家岭煤矿——中国煤炭工业的新标杆. 人民日报〔2006 年 3 月 20 日第 8 版〕

[27] 李智, 孟俊婷. 包头钢铁集团公司炼钢厂 3# 转炉煤气回收工程的组织及进度控制. 阴山学刊, 2000(4)：79 – 81

[28] 黄丹. 选矿厂设计. 北京：冶金工业出版社, 2010

[29] 陈建宏, 古德生. 矿业经济学. 长沙：中南大学出版社, 2007

[30] 长沙黑色冶金矿山设计研究院. 选矿设计手册. 北京：冶金工业出版社, 1988

[31] 王四光, 赖文生, 刘忠珍. 矿产资源资产与矿业权评估 原理·规划·案例. 北京：经济科学出版社, 1998

[32] 中华人民共和国国务院. 中华人民共和国矿产资源法实施细则. 1994 (3)

［33］梁海音，高鹤文. 市场失灵与政府失灵. 经济视角，2010(8)：32～34

［34］孟祥舟，李慧，李涛. 我国有色金属矿业政策综述. 中国国土资源经济，2004(8)：35～36，39

［35］王威，兰月. 2009 年全球矿业政策与管理动态概述. 国土资源情报，2010(1)：2～10

［36］万威武. 可行性研究与项目评价. 西安：西安交通大学出版社，2008

［37］卢明银编著. 技术经济学. 徐州：中国矿业大学出版社，2005

［38］祝爱民等. 技术经济学. 北京：机械工业出版社，2009